MANFRED REHBINDER

Abhandlungen zur Rechtssoziologie

Schriftenreihe zur
Rechtssoziologie und Rechtstatsachenforschung

Begründet von Prof. Dr. Dr. h. c. Ernst E. Hirsch
Herausgegeben von Prof. Dr. Manfred Rehbinder

Band 77

Abhandlungen zur Rechtssoziologie

Von

Manfred Rehbinder

Ausgewählt und eingeleitet von Thomas Würtenberger

Duncker & Humblot · Berlin

Die Deutsche Bibliothek – CIP-Einheitsaufnahme

Rehbinder, Manfred:
Abhandlungen zur Rechtssoziologie / von Manfred Rehbinder.
Ausgew. und eingeleitet von Thomas Würtenberger. – Berlin :
Duncker und Humblot, 1995
(Schriftenreihe zur Rechtssoziologie und Rechtstatsachenforschung ;
Bd. 77)
ISBN 3-428-08337-7
NE: Würtenberger, Thomas [Hrsg.]; Rehbinder, Manfred: [Sammlung];
GT

Fotoprint: Berliner Buchdruckerei Union GmbH, Berlin
Printed in Germany

ISSN 0720-7514
ISBN 3-428-08337-7

Gedruckt auf alterungsbeständigem (säurefreiem) Papier
gemäß der ANSI-Norm für Bibliotheken

Inhalt

Vorwort des Herausgebers

Die hiermit vorgelegte Auswahl rechtssoziologischer Schriften von Manfred Rehbinder aus Anlaß seines 60. Geburtstages faßt die wichtigsten Beiträge zu Methoden- und Grundsatzfragen der Rechtssoziologie zusammen. Sie führen zugleich zu den methodischen Grundlagen seines im Arbeitsrecht, Urheberrecht und Medienrecht weit gefächerten wissenschaftlichen Werkes. Einen Überblick über sein rechtssoziologisches Werk vermittelt die diesen Band abschließende Bibliographie. Zeitgleich erscheint in Japan eine Gesamtbibliographie, der eine Würdigung des Wissenschaftlers Manfred Rehbinder aus der Feder seines Zürcher Kollegen Robert Hauser vorangestellt ist.

Wie kaum ein anderer hat Manfred Rehbinder der Rechtssoziologie neue Impulse gegeben und sie geprägt. Eines seiner Anliegen ist die Fortentwicklung der Rechtssoziologie aus ihrer Tradition als notwendigem Element der fortschreitenden wissenschaftlichen Erkenntnis. Dem ist vor allem auch die von ihm herausgegebene «Schriftenreihe zur Rechtssoziologie und Rechtstatsachenforschung» verpflichtet. Hier sind die Klassiker der Rechtssoziologie wie Ehrlich, Nussbaum oder Geiger von Manfred Rehbinder neu ediert worden. Sie dienen ihm - vor allem in seiner «Rechtssoziologie» (3. Aufl. 1993) - immer wieder als Ausgangspunkt für die Entfaltung rechtssoziologischer Fragestellungen und für die Fortentwicklung der Rechtstatsachenforschung.

Ein besonderes Leitmotiv ist die interdisziplinäre Kooperation zwischen Rechtssoziologie, Rechtsvergleichung, Rechtsgeschichte und Rechtsdogmatik. Die Erkenntnisgrenzen der einzelnen Disziplinen werden abgesteckt und zugleich die Erkenntnismöglichkeiten des interdisziplinären Dialogs nachgezeichnet. Wie derartige leider nur wenig gepflogene Grenzüberschreitungen gelingen können, hat Manfred Rehbinder in nachahmenswerter Weise gezeigt.

Das rechtssoziologische Werk von Manfred Rehbinder ist durch seinen Lehrer Ernst E. Hirsch stark beeinflußt worden. Sein Lebensweg hat ihm zudem vielerlei Material für eine soziologische Rechtsvergleichung an die Hand gegeben. Nach der Habilitation an der Freien Universität Berlin im politisch unruhigen Jahr 1968 folgten eine Gastdozentur in der Türkei, seine Berufung nach Bielefeld im Jahre 1969 und nach Zürich im Jahre 1973, wo er seitdem lehrt. Seit vielen Jahren lehrt Manfred Rehbinder zudem als Honorarprofessor in Freiburg im Breisgau.

Das Erlebnis des Rechts in unterschiedlicher Ambiance und eine vergleichende Rechtssoziologie geben Rehbinder immer wieder Anlaß zu kritischer Mahnung, die von intellektuellem Humanismus und vom Streben nach sozialer Gerechtigkeit getragen ist. Für die sozial Benachteiligten und für materielle Rechtsgleichheit wird mit Nachdruck eingetreten. Unter diesem Blickwinkel einer kritischen Rechtssoziologie findet manche modische Strömung ihre berechtigte Kritik.

Die in den vorliegenden Beiträgen aufgegriffenen klassischen rechtssoziologischen Themen sind von bleibender Aktualität. Dies gilt nicht nur für die Pluralismus- und Demokratietheorie oder für Ursachen und Bekämpfung der Diskriminierung, die jüngst wieder zu einem bedrängenden politischen Thema wurde. Umgekehrt gilt aber auch: Die modernen Fragestellungen, etwa des Zugangs zum Recht in der Prozeßsoziologie, die den Arbeiten von Manfred Rehbinder wesentliche Anregungen verdankt, werden auf dem Hintergrund der historisch bewährten rechtssoziologischen Methode entwickelt.

Bei Manfred Rehbinder finden wir grundsätzliche Anregungen für eine Verfassungssoziologie, die Grundlage der Verfassungsdogmatik zu sein hat. In der Tat mündet eine Rechtsfindung, die auf die Einbeziehung der Erkenntnisse der Rechtssoziologie verzichtet, zu verfehlten Formen der Gefühlsjurisprudenz oder mit Blick auf das Bundesverfassungsgericht, wie er formuliert, zu Verfassungspoesie. Hier ist Rechtstatsachenforschung nötig, für die sich Manfred Rehbinder engagiert einsetzt und deren Entwicklung mit seinem Namen eng verbunden ist. Die anthropologischen Wurzeln der Grundrechte bei der Grundrechtsdogmatik, die rechtspsychologischen Voraussetzungen des Vertrauens in die Rechtssätze bei der Rückwirkungsdogmatik, die Bestimmung der Grenzen der Privatautonomie zwischen Freiheit und Pflicht zu sozialer Kooperation oder die soziologischen Grundlagen der Fehlentwicklung der modernen repräsentativen Demokratie liefern der Fortentwicklung des Verfassungsrechts, aber auch der politischen Praxis Anlaß für ein Überdenken überkommener Positionen.

Die Frage der Geltung des Rechts ist seit jeher ein zentrales Thema der Rechtssoziologie. Dem Konsens und der Akzeptanz des geltenden Rechts widmet Manfred Rehbinder besondere Aufmerksamkeit. Seiner und seiner Schüler (vor allem Christoph Meier, Zur Diskussion über das Rechtsgefühl, 1986) Analyse des Rechtsbewußtseins ist es zu verdanken, daß die rechtspsychologischen Grundlagen der Geltung des Rechts einer breiteren Diskussion zugänglich geworden sind. Die Rechtsdogmatik ist, was von der Rechtswissenschaft bisweilen verdrängt wird, auch von den herrschenden Vorstellungen über das, was gerecht oder «gleich» ist, geprägt. So ist auch die Demoskopie ein taugliches Instrument bei der Klärung der Realfaktoren des Rechts. Bereits in frühen Beiträgen wird für eine Prägung des kollektiven Rechtsbewußtseins durch Medien, Öffentlichkeitsarbeit und schulische Erziehung dahin plädiert, daß Rücksichtnahme und Toleranz zur Basis eines gemeinverträglichen Zusammenlebens werden. Daß zudem die Effektivität und die Sicherheit des Rechts im Rechtsstaat ganz wesentlich vom kollektiven Rechtsbewußtsein abhängig sind, ist bei der Rechtsetzung ebenso wie bei der Auslegung von Rechtsnormen eine unverzichtbare Maxime.

Seit jeher leistet die Rechtssoziologie einen wesentlichen Beitrag zur Begründung und zur Kritik der juristischen Methodenlehre. Rehbinder widerspricht manch vorschneller und unzutreffend tradierter Verurteilung der Freirechtsschule. Wenn die juristische Methodenlehre bei echten Rechtslücken keinen eindeutigen Weg zur richtigen Rechtserkenntnis zu weisen vermag, so liegt die Rechtsfortbildung in der Verantwortung des Richters. Diese maßstabbildende Funktion der dritten Gewalt führt zu einem Plädoyer für eine starke Richterpersönlichkeit, wie sie der Rechtskultur im angelsächsischen Raum entspricht, die aber unter dem Dogma der Gesetzesbindung des Richters nicht voll zur Entfaltung kommen kann.

Neben den Methoden- und Grundsatzfragen ist die Praxisorientierung ein wichtiges Leitmotiv des rechtssoziologischen Werkes von Manfred Rehbinder. Ein Vermessen sozialer Felder mit ihren rechtlichen Regelungen, Machtkonstellationen, Verhaltensweisen, Konflikten und Erwartungen bildet die feste Basis für Reformvorschläge. Keine soziologische Theorie der Rechtsentwicklung um der «großen» und damit die bunte Landkarte der Realität aus den Augen verlierenden Theorie willen, sondern soziologische Theorie für die Praxis des Rechts, ebenso für die Dogmatik wie für die Rechtspolitik, ist das Anliegen. Nur wer die Ursachen gesellschaftlicher Konflikte zu erfassen weiß, verleiht im Rechtsstaat dem Recht jene Steuerungsfunktion, derer es zur Herstellung von Frieden und Gerechtigkeit bedarf.

Freiburg (Br.), im November 1994

Thomas Würtenberger

Die Diskriminierung: Ihre Ursachen und ihre Bekämpfung

Kölner Zeitschrift für Soziologie und Sozialpsychologie 15 (1963), S. 338-353

I. Der soziale Sachverhalt der Diskriminierung und seine Bewertung durch die Rechtsordnung

Diskriminierung heißt ursprünglich ähnlich wie Differenzierung nichts weiter als «Unterscheidung». Jedoch hat dieses Wort im Laufe der Zeit eine Begriffsverengung erfahren. Heute versteht man darunter in den Sozialwissenschaften *eine Ungleichbehandlung, die mit der Zugehörigkeit zu einer bestimmten sozialen Gruppe oder zu einer bestimmten soziale Kategorie begründet wird*[1].

Das bedeutet zunächst, daß von Diskriminierung nur im Bereich des Soziallebens im engeren Sinne gesprochen wird. Zwar können auch bei interindividuellen Beziehungen wie Liebe oder Freundschaft auf der einen und Haß oder Antipathie auf der anderen Seite, bei denen jeder der Beteiligten den anderen in seiner persönlichen Einmaligkeit betrachtet, willkürliche Ungleichbehandlungen erfolgen. Aber Diskriminierung beginnt erst dort, wo es um soziale Beziehungen geht, d.h. um Beziehungen, bei denen es den «Sozialpartnern» weniger auf individuelle Besonderheiten als vielmehr auf bestimmte soziale Funktionen ankommt, die der andere wegen seiner Zugehörigkeit zu einer Gruppe oder Kategorie ausübt[2]. Hier sind die einzelnen beliebig auswechselbar, soweit sie nur derselben Gruppe oder Kategorie angehören. Deshalb wird auch die Ungleichbehandlung nicht mit rein persönlichen Eigenschaften, sondern mit der Zugehörigkeit zu diesen Gruppen oder Kategorien begründet.

Nicht jede Ungleichbehandlung im Sozialleben ist aber bereits als Diskriminierung anzusehen. Es muß vielmehr hinzukommen, daß sie willkürlich und

---

1 Vgl. z.B. die nur in den Formulierungen abweichenden Definitionen in: The Main Types and Causes of Discrimination (Memorandum submitted by the Secretary-General), hg. von United Nations, Commission on Human Rights. Lake Success, N.Y., 1949, Nr. 96, 27 (im folgenden zitiert: *Memorandum*); SIGMUND NEUMANN: Social Discrimination, in: Fairchild, Dictionary of Sociology, New York City 1944, 280; ROBIN M. JR. WILLIAMS: The Reduction of Intergroup Tensions. Social Science Research Council Bulletin No. 57, New York 1947, 39.

2 Vgl. *Memorandum* Fn. 1, Nr. 19 ff., 6 f. und WIDAR CESARINI SFORZA: Regel, Norm und soziale Struktur, in ARSP Beiheft 38 (1960), 75 ff.

damit ungerechtfertigt ist. Ungerechtfertigt sind solche Differenzierungen, die gegen den allgemeinen Gleichbehandlungsgrundsatz verstoßen. Dieser Gleichbehandlungsgrundsatz, der sich in der Konvention zum Schutze der Menschenrechte und Grundfreiheiten und in fast allen Verfassungstexten der Neuzeit findet[3], ist nur ein Ausdruck der allgemeinen Gerechtigkeitsidee und damit «zu einem guten Teile die Rechtsidee selbst»[4]. Das gilt jedenfalls für das Rechtsdenken westlicher Prägung[5]. Im Rechtsdenken des Ostblocks ist dagegen die Gleichheit nur ein Fernziel für die Zeit der klassenlosen Gesellschaft. Bis dahin ist eine nach parteipolitischen Zweckmäßigkeitserwägungen ausgerichtete Ungleichbehandlung zur Maxime der Rechts- und Sozialordnung erhoben, die mit Hilfe der Lehre von der «sozialistischen Gesetzlichkeit» gerechtfertigt wird[6]. Eine ähnliche Leugnung des Gleichbehandlungsgrundsatzes und damit eine Diskriminierung mit den Mitteln der Rechtsordnung findet sich auch in den übrigen totalitären, insbesondere in den faschistischen Staaten. Als besonders abschreckendes Beispiel aus der Ära des Dritten Reiches ist hier die «Verordnung über die Strafrechtspflege gegen Polen und Juden in den eingegliederten Ostgebieten» vom 4. Dezember 1941 (RGBl. I S. 759) zu nennen. Wie der damalige Staatssekretär FRANZ SCHLEGELBERGER den Entwurfs seines Ministeriums begründete, brachte sie «die politische Ungleichheit zwischen Deutschen einerseits und Polen und Juden andererseits klar zum Ausdruck»[7] Nur mit der von MARTIN BORMANN angeregten Einführung der Prügelstrafe wollte er «sich nicht einverstanden erklären», da sie «nicht dem Kulturstand des deutschen Volkes entspricht»[8].

Der Gleichbehandlungsgrundsatz enthält in seinen gesetzlichen Festlegungen meist eine Aufzählung derjenigen sozialen Kategorien, deren Heranziehung zur Begründung von differenzierenden Handlungsweisen sich stets als unzulässige Diskriminierung darstellt. So lautet Art. 14 der Menschenrechtskonvention:

---

3 Über die geschichtliche Entwicklung vgl. WERNER BÖCKENFÖRDE: Der allgemeine Gleichheitssatz und die Aufgabe des Richters, Berlin 1957, 38 ff.

4 So BGHZ 11, Anhang, 64.

5 Siehe dagegen KAREL ENGLIS in ARSP 47 (1961), 301, 322.

6 Vgl. dazu ERNST E. HIRSCH: Was bedeutet "sozialistische Gesetzlichkeit"? in JZ 62, 149 (153) = ders.: Das Recht im sozialen Ordnungsgefüge, Berlin 1966, 275 - 291.

7 Siehe darüber im einzelnen die Ausführungen von ROLAND FREISLER in DJ 1941, 1129 und 1942, 25.

8 Vgl. MARTIN BROSZAT: Nationalsozialistische Polenpolitik 1939 - 1945, Stuttgart 1961, 137 ff., 149.

»Der Genuß der in der vorliegenden Konvention festgelegten Rechte und Freiheiten muß ohne Unterschied des Geschlechts, der Rasse, Hautfarbe, Sprache, Religion, politischen oder sonstigen Anschauungen, nationalen oder sozialen Herkunft, Zugehörigkeit zu einer nationalen Minderheit, des Vermögens, der Geburt oder des sonstigen Status' gewährleistet werden.»

Ähnlich heißt es in Art. 3 Abs. 3 des Bonner Grundgesetzes:

»Niemand darf wegen seines Geschlechtes, seiner Abstammung, seiner Rasse, seiner Sprache, seiner Heimat und Herkunft, seines Glaubens, seiner religiösen oder politischen Anschauungen benachteiligt oder bevorzugt werden.»

Die Zulässigkeit weiterer Differenzierungen an Hand anderer als der eben genannten sozialen Kategorien bestimmt sich nach dem allgemeinen Gleichheitsgrundsatz, wie er in Art. 3 Abs. 1 des Bonner Grundgesetzes niedergelegt ist:

»Alle Menschen sind vor dem Gesetz gleich.»

Bei dieser formalen Rechtsgleichheit handelt es sich um eine Grundnorm der demokratischen Staatsform, an die Gesetzgebung, Verwaltung und Rechtsprechung gebunden sind (Art. 1 Abs. 3 GG). Folgt man der Rechtsprechung unserer höchsten Gerichte, die sich im wesentlichen mit den Ergebnissen anderer europäischer Gerichte deckt[9], dann liegt nach dem allgemeinen Gleichheitsgrundsatz (Art. 3 Abs. 1 GG) eine Diskriminierung nur dann vor, «wenn sich ein vernünftiger, sich aus der Natur der Sache ergebender oder sonstwie sachlich einleuchtender Grund für die gesetzliche Differenzierung der Ungleichbehandlung nicht finden läßt, kurzum, wenn die Bestimmung als willkürlich bezeichnet werden muß»[10]. Es kommt also darauf an, ob «ein legitimes Unterscheidungskriterium vorhanden ist, so daß die besondere Behandlung ... einer am Gerechtigkeitsgedanken orientierten Betrachtungsweise entspricht»[11]. Man

9 Vgl. den Bericht von Hans-Justus Rinck: Die höchstrichterliche Rechtsprechung zum Gleichheitssatz in der Bundesrepublik, der Schweiz, Österreich, Italien, den USA und Indien, in: Jahrbuch des Öffentlichen Rechts der Gegenwart N.F. Bd. 10 (1961), 269 ff.

10 So BVerfG 1, 14 (52), vgl. weiter BVerfG 1, 208 (247); 3, 126 (182); 3, 225 (243); 4, 144 (155); 4, 219 (243); 6, 84 (91) usf., BVerwG 2, 151 (153); 7, 325 (328 f.) usf., BGHZ 16, 353 und BAG in AP Nr. 10 und 13 zu Art. 3 GG.

11 BVerfG in NJW 61, 1107.

kann daher mit HERMANN HELLER sagen, daß der formale Gleichheitssatz seinen Inhalt «erst von den in der Verfassung selbst nicht oder nur zum kleinen Teil formulierten, lediglich in der gesellschaftlichen Wirklichkeit herrschenden Vorstellungen darüber (empfängt), was als gleich und was als ungleich gelten soll»[12]. Die allgemeinen Anschauungen darüber, welches Unterscheidungsmerkmal im Einzelfall sachgemäss ist und daher eine Differenzierung rechtfertigt und welches nicht, sind aber nicht nur von Land zu Land verschieden, sondern unterliegen auch ständiger Wandlung[13]. Das liegt in der menschlichen Existenz begründet, zu der ein «unaufhebbares Spannungsverhältnis zwischen Gleichheit und Ungleichheit»[14] gehört; denn je nach dem Blickwinkel der Betrachtung lässt sich aus der allgemeinen Menschennatur die Gleichheit, aus den individuellen Besonderheiten oder aus dem sozialen Standort die Ungleichheit des Menschen als soziale Tatsache entnehmen und mit dem bekannten naturrechtlichen Zirkelschluß[15] rechtfertigen. Jede Gesellschaft muß daher zu jeder Zeit neu versuchen, Gleichbehandlung und Differenzierung in ein sinnvolles Gleichgewichtsverhältnis zu bringen. Wird nämlich das allen Menschen Gemeinsame beiseite gedrängt und die Differenzierung überspannt, dann führt dies zur Verletzung von Würde und Freiheit des Menschen, kurz: zur «Unmenschlichkeit». Auf der andern Seite zerstört schrankenlose Gleichmacherei jede höhere Kultur[16]. Zu Recht hat RALF DAHRENDORF[17] kürzlich darauf hingewiesen, daß Ungleichheit nicht von vornherein böse oder doch ungerecht sei, sondern daß sie vielmehr in ihren beiden Erscheinungsformen[18], nämlich als soziale Ungleichheit durch unterschiedliche Herrschaftsverteilung (Klassenstruktur) und als Ungleichheit des Ranges oder Status durch unterschiedliches Prestige (soziale Schichtung), als Voraussetzung einer lebendigen und schöpferischen Gesellschaft angesehen werden muß[19]. Denn eine Gesellschaft ohne

---

12 HERMANN HELLER: Staatslehre, Leiden 1934, 257.

13 Ebenso GÖTZ HUECK: Der Grundsatz der gleichmäßigen Behandlung im Privatrecht, München und Berlin 1958, 331.

14 So GEORG DAHM: Deutsches Recht. Die geschichtlichen und dogmatischen Grundlagen des geltenden Rechts, Stuttgart und Köln 1951, 499.

15 Aus der "Natur" wird jeweils nur das herausgelesen, was vorher in sie hineingelegt worden ist .Vgl. dazu MANFRED REHBINDER: Die öffentliche Aufgabe und rechtliche Verantwortlichkeit der Presse, Berlin 1962, 23 f. mit Nachweisen.

16 DAHM (Fn. 14), ebd.

17 Aspekte der Ungleichheit in der Gesellschaft, in: Europäisches Archiv für Soziologie Bd. I (1960), 213 ff.

18 Ebd., 221 ff.

19 Ebd., 230 ff.

Herrschaftsausübung und ohne Sozialprestige gehört in das Reich der Utopie. Soll also der Gleichbehandlungsgrundsatz einen Sinn haben, so darf und wird er nicht jede Differenzierung verbieten. Vollkommene Gleichheit bedeutet Nivellierung auf allen Gebieten und ist, wenn überhaupt, dann nur mit massivem Zwang und Terror zu erreichen, weil sie sich gegen grundlegende Eigengesetzlichkeiten des Soziallebens richtet. Das Ergebnis wäre eine Gleichheit ohne Freiheit[20]. Die Grundfrage, die bei der Konkretisierung des allgemeinen Gleichbehandlungsgrundsatzes zu jeder Zeit neu gestellt und für jeden Einzelfall gesondert beantwortet werden muß, geht also dahin, wie groß die bei einem unkontrollierten Ablauf des Soziallebens entstehende Ungleichheit sein darf, um nicht dem sozialen Gleichheitsideal in seiner Beschränkung durch das Freiheitsideal zu widersprechen. Bei der Antwort wird einmal das Gleichheits-, das andere Mal das Freiheitsprinzip im Vordergrund stehen.

Der Gleichbehandlungsgrundsatz hat jedoch als Rechtsgebot nur in einem Teil der Rechtsordnung Geltung. Gesetzlich festgelegt ist er durch die Verfassungsbestimmungen für den Bereich des öffentlichen Rechts, also für das staatlichhoheitliche Handeln, und durch § 51 des BetrVerfG vom 11. Oktober 1952[21] für das Arbeitsrecht, soweit es bereits bestehende Arbeitsverhältnisse betrifft, also für das Berufsleben. Im Privatrecht ist sein Anwendungsbereich dagegen nur sehr beschränkt[22]. Das Privatrecht wird nämlich bestimmt durch das Prinzip der Privatautonomie, das dem einzelnen im Rahmen einer mehr oder weniger freien Marktwirtschaft freistellt, gegenüber wem er und warum er im Einzelfall rechtliche Bindungen eingeht oder nicht. Diskriminierungen können hier also nur in besonderen gesetzlich geregelten Fällen und in außergewöhnlich krassen Fällen unter dem Gesichtspunkt der Schikane, der Arglist oder der groben Sittenwidrigkeit als rechtswidrig betrachtet werden[23]. Diese Rechtslage entspricht

---

20 Vgl. zur Interdependenz von Gleichheit und Freiheit IVAR SUNDBOM: Über das Gleichheitsprinzip als politisches und ökonomisches Problem, Berlin 1962, 21 ff.

21 § 51 Satz 1 BetrVerfG lautet:
«Arbeitgeber und Betriebsrat haben darüber zu wachen, daß alle im Betrieb tätigen Personen nach den Grundsätzen von Recht und Billigkeit behandelt werden, insbesondere, daß jede unterschiedliche Behandlung von Personen wegen ihrer Abstammung, Religion, Nationalität, Herkunft, politischen oder gewerkschaftlichen Betätigung oder Einstellung oder wegen ihres Geschlechts unterbleibt.»

22 Insbesondere auf die Regelung von Gemeinschaftsverhältnissen, vgl. dazu die eingehende Untersuchung von GÖTZ HUECK (Fn. 13), insbesondere 169 ff., 323 ff.

23 Vgl. die amtliche Begründung zu § 26 Abs. 2 des Gesetzes gegen Wettbewerbsbeschränkungen, der ein allgemeines Diskriminierungsverbot für den Geschäftsverkehr von marktbeherrschenden Unternehmen, Kartellen und Unternehmen mit vertikaler

an sich unserer freiheitlichen Staatsauffassung, die es vermeidet, mit den Mitteln des Rechts allzu weit in den Freiheitsbereich des einzelnen einzudringen. Aber dadurch ist nicht ausgeschlossen, daß hier andere soziale Regulative eingreifen und damit über die rechtliche Regelung hinausgehen, um die herrschenden Wertvorstellungen über die Zulässigkeit oder Unzulässigkeit bestimmter sozialer Differenzierungen in die Wirklichkeit umzusetzen. Diskriminierungen liegen daher auch dann vor, wenn der dem Leitbild der sog. offenen Gesellschaft entsprechende Grundsatz der Gleichheit der Chancen verletzt wird.

So schwierig eine Abgrenzung von gerechtfertigter und unzulässiger Differenzierung auch im Einzelfall sein mag, so herrscht doch heute weitgehend Übereinstimmung darüber, daß solche Differenzierungen nicht gegen das Gleichbehandlungspostulat verstoßen, die

a) auf einem Verhalten des betreffenden Individuums beruhen, das ihm zuzurechnen ist, z.B. Fleiß oder Faulheit, rechtliches oder kriminelles Verhalten etc., oder die

b) auf persönlichen Eigenschaften beruhen, die zwar nicht dem Individuum zuzurechnen sind, die aber einen sozialen Wert haben, so insbesondere körperliche und geistige Fähigkeiten aller Art[24].

Umgekehrt kann man daher als gegen den Gleichbehandlungsgrundsatz verstoßend und damit als willkürlich solche Differenzierungen bezeichnen, die auf Ungleichheiten beruhen, welche dem betroffenen Individuum weder zuzurechnen sind noch nach den herrschenden Anschauungen für das Sozialleben irgendeine Bedeutung haben sollten. Diskriminierung ist also jede Ungleichbehandlung aufgrund der Zugehörigkeit zu solchen sozialen Kategorien, *die weder an persönliche Fähigkeiten oder Verdienste noch an ein bestimmtes zurechenbares Verhalten des betroffenen Individuums anknüpfen*[25].

Preisbindung ausspricht, in: EUGEN LANGEN: Kommentar zum Kartellgesetz, 3. Aufl., Neuwied - Berlin - Darmstadt 1958, 252 f., und BÖCKENFÖRDE (Fn. 3), 18 ff. (20).

24 Vgl. *Memorandum*, Fn. 1, Nr. 31, 8.

25 Vgl. *Memorandum*, Fn. 1, Nr. 33, 9, und Nr. 88, 26.

II. Diskriminierung und ihre Ursachen

Wird der Inhalt des allgemeinen Gleichbehandlungsgrundsatzes von den herrschenden Wertvorstellungen in bestimmter Weise konkretisiert und wird einem konkreten Gleichheitspostulat zuwidergehandelt, dann stellt sich die Frage, worauf diese Handlungsweise zurückzuführen ist. Ähnlich wie beim kriminellen Verhalten liegt auch hier ein Bruch zwischen sozialem Ideal und sozialer Wirklichkeit vor, und ähnlich vielschichtig sind auch hier die Gründe für diese Diskrepanz. Da Diskriminierung eine Differenzierung anhand bestimmter sozialer Kategorien ist, muß ihre Ursache in der inneren Einstellung zu diesen Kategorien zu finden sein. Diese Einstellung kann rational kontrolliert sein oder nicht. Fehlt es an einer echten Nachprüfung im Einzelfall, dann liegt ihr ein soziales Vorurteil zugrunde; denn als *soziales Vorurteil* im weiteren Sinne bezeichnen wir *jede stereotype Gefühlsreaktion gegenüber bestimmten sozialen Kategorien*[26]. Steht diese Gefühlsreaktion *im Widerspruch zum Gleichheitspostulat*, so wie wir es eben näher bestimmt haben, dann liegt ein Vorurteil im engeren, negativen Sinne vor. In diesem Sinne, nämlich zur Kennzeichnung einer ungerechten und daher falschen Wertung unter Heranziehung sozialer Kategorien wird das Wort «Vorurteil» heute vorwiegend gebraucht. Daher hat man der Diskriminierung als dem äußeren Verhalten das soziale Vorurteil als innere Ursache gegenübergestellt. Beide stehen jedoch nicht in einem einfachen Verhältnis von Ursache und Wirkung. Vielmehr ergibt ein genaueres Studium, daß zwischen ihnen eine Interdependenz besteht[27]. Wie sozialpsychologische Studien an Kindern ergeben haben, ist das soziale Vorurteil keine instinktive, sondern eine erlernte Reaktion[28]. Erlernt werden aber vom einzelnen diejenigen Reaktionsschemata, die in der persönlichkeitsformenden Umgebung bereits vorgebildet sind, und solche Gefühlsreaktionen, die vorurteilsfreien Diskriminierungen der Umwelt entsprechen. Bewirkt nämlich die Umwelt mit den Mitteln der sozialen Kontrolle, daß der einzelne die von ihr geübten Diskriminierungen ebenfalls vornimmt, so können sich selbst dann,

---

26 Vgl. die verschiedenen Begriffsbestimmungen bei SIMPSON und YINGER: Racial and Cultural Minorities: An Analysis of Prejudice and Discrimination, New York 1953, 13 ff.; ELLIOTT und MERRILL: Social Disorganisation, New York 1950, 618 f.; KIMBALL YOUNG: Sociology. A Study of Society and Culture, New York 1942, 669, und die ausgezeichnete sozialpsychologische Studie von MAX HORKHEIMER: Über das Vorurteil, in: FAZ Nr. 116 vom 20. Mai 1961.

27 JOSEPH H. FICHTER: Sociology, Chicago 1957, 197; *Memorandum*, Fn. 1, Nr. 40, 10.

28 HORKHEIMER (Fn. 26); *Memorandum*, Fn. 1, Nr. 44, 11; vgl. auch YOUNG (Fn. 26), ebd.; JAY RUMMEY und JOSEPH MAIER: Soziologie. Die Wissenschaft von der Gesellschaft, Nürnberg 1954, 85, und ELLIOTT und MERRILL (Fn. 26), 624.

wenn diesen Diskriminierungen ursprünglich keine Vorurteile zugrunde liegen, bei den Betroffenen neben der übernommenen Diskriminierung negative Gefühlsreaktionen einstellen (Beispiel: «Kommunisten» oder «Katholiken» sind schlechte Menschen). Genauso wie Vorurteile die Ursache für Diskriminierungen sein können, so können also auch Diskriminierungen die Ursache für Vorurteile sein. Wir sehen hier bereits, daß der circulus vitiosus von Diskriminierung und Vorurteil keineswegs geschlossen ist. Es gibt nämlich auch Diskriminierungen, die weniger emotional als rational determiniert sind und daher angewandt werden, ohne daß ihnen ein Vorurteil zugrunde liegt. Daneben können soziale Vorurteile auch unabhängig von den Umweltansichten im Individuum selbst entstehen, nämlich durch Verallgemeinerung von Einzelerlebnissen im Wege der Übertragung ihres Erfahrungswertes auf die gesamte soziale Kategorie. Das Verhältnis von Diskriminierung und Vorurteil ist daher wie folgt[29] bestimmt worden:

1. es gibt Vorurteile ohne Diskriminierung;
2. es gibt Diskriminierung ohne Vorurteile;
3. Diskriminierung kann einer der Gründe für Vorurteile sein;
4. Vorurteile können einer der Gründe für Diskriminierungen sein;
5. wahrscheinlich verstärken sie sich aber in den meisten Fällen gegenseitig.

Die beiden Grenzfälle sind also die des Vorurteils ohne Diskriminierung und der Diskriminierung ohne Vorurteil. Das Bestehen von Vorurteilen ohne Diskriminierung kann zwei Gründe haben: Entweder ist die mit dem Vorurteil verbundene Gefühlsreaktion so schwach oder von anderen Motivationen überdeckt, daß sie keine ausreichende Triebfeder für eine Diskriminierung abgibt, oder aber das dem Vorurteil entsprechende äußere Verhalten wird von anderen Umständen, insbesondere durch die Mittel der sozialen Kontrolle verhindert und in das Individiuum gleichsam zurückgedrängt. Ein Beispiel für beides ist die Rolle des Antisemitismus im Nachkriegsdeutschland. Es ist selbstverständlich, daß ein Vorurteil, das das Glaubensbekenntnis fast einer ganzen Nation war, nicht von heute auf morgen völlig ausgerottet werden kann. Weite Volkskreise, und nicht nur solche, die vom Nationalsozialismus geprägt wurden, sind heute noch in antisemitischen Vorstellungen befangen. Wenn es nur hier und da vereinzelt und nicht in weit grösserem Ausmaße zu Diskriminierungen auf antisemitischer Grundlage kommt, so liegt das einmal daran, daß der heutige Herrschaftsapparat einschliesslich der Medien, die hier eine bedeutende Aufgabe

---

29 So SIMPSON und YINGER (Fn. 26), 20; *Memorandum*, Fn. 1, Nr. 41, 11.

haben, in dieser Hinsicht wachsam ist und versucht, jede Regung dieser Art im öffentlichen Leben im Keim zu ersticken. Zum anderen kommt es bei vielen deshalb nicht zu Diskriminierungen, weil sie durch die Geschehnisse der nationalsozialistischen Gewaltherrschaft, die sie in ihrem vollen Ausmaß meist erst nach dem Zusammenbruch im Jahre 1945 erfahren haben, erschüttert und beschämt sind und daher selbst die leichteste Form der Diskriminierung unter dem Eindruck dieser Schreckensbilder unterdrücken. So kann das Vorurteil weiterbestehen, ohne daß es zu diskriminierenden Handlungen kommt.

Der zweite Grenzfall, nämlich die Diskriminierung ohne Vorurteil, ist deshalb selten, weil jede Diskriminierung, wie oben erwähnt, erfahrungsgemäß ein entsprechendes Vorurteil erzeugt. Dennoch sind Fälle zu beobachten, in denen die Diskriminierung lediglich auf sozialen Druck hin und entgegen der inneren Überzeugung des Diskriminierenden vorgenommen wird. So liegt es z.B. bei Gastwirten und Hoteliers, die persönlich keine Abneigung gegen Farbige haben, trotzdem aber gezwungen sind, Farbigen den Zutritt zu ihren Räumen zu untersagen, um nicht ihre übrigen Gäste zu verlieren. Desgleichen gibt es Fälle, in denen der Diskriminierung nichts weiter zugrunde liegt als der Wunsch eigener Interessenverfolgung, meist in Form wirtschaftlicher Ausbeutung.

Wenn wir uns jetzt dem Regelfall zuwenden, in dem der Diskriminierung ein entsprechendes Vorurteil zugrunde liegt, so finden wir die eigentliche Ursache der Diskriminierung erst dann, wenn wir die Entstehung dieses Vorurteils untersuchen. Jedes Vorurteil besteht aus einem Motivationsbündel, das sich theoretisch in zwei verschiedene Entstehungsbereiche trennen läßt, nämlich in persönliche und soziale Konfliktsituation. Es ist wiederholt versucht worden, die Entstehung von Vorurteilen ausschließlich aus persönlichen Schwierigkeiten zu erklären. Wenn dies auch in solcher Allgemeinheit nicht richtig ist, so kann doch nicht bestritten werden, daß dem Vorurteil sehr oft persönliche Konflikte zugrunde liegen. Man hat in den USA versucht, diese Ursachenbeziehung sozialpsychologisch zu erklären, und ist dabei zwei Wege gegangen. Der eine führte zur sogenannten *frustration-aggression*-Theorie, der andere zur Lehre von der autoritären Persönlichkeit.

Die *frustration-aggression*-Theorie geht vornehmlich auf Studien des Sozialpsychologen DOLLARD[30] zurück, die dieser den Beziehungen zwischen Farbi-

30 JOHN DOLLARD: Caste and Class in a Southern Town, New Haven, Conn. 1937, 2. Aufl. New York 1949, und DOLLARD, MILLER, DOOB, et. al.: Frustration and Aggression, New Haven, Conn. 1939.

gen und Weißen in den Südstaaten gewidmet hat. Sie beruht auf der Annahme, daß jede Frustration einen Aggressionstrieb auslöst[31]. Kein Mensch kann alle seine Ziele und Wunschvorstellungen verwirklichen. Er wird daran durch seine Mitmenschen, durch andere äußere Umstände oder durch seine eigene Unvollkommenheit gehindert. Die daherrührende Enttäuschung erzeugt in ihm ein Gefühl des Ärgers und der Erbitterung. Meist ist es ihm nicht möglich, dieses Gefühl in aggressiven Handlungen abzureagieren. In vielen Fällen wird die Ursache seines Scheiterns gar nicht auf einen bestimmten Menschen zurückzuführen sein, den er angreifen könnte, oder dieser Mensch ist ihm überlegen. Außerdem können es bestimmte Beurteilungsschemata verbieten, sich des wahren Urhebers der Frustration bewußt zu werden, etwa weil er als Freund gilt oder weil er ein Angehöriger der gleichen sozialen Gruppe ist, etc. In allen diesen und ähnlichen Fällen wird nun nach dieser Theorie der Aggressionstrieb in eine andere Richtung verdrängt. Das Individuum sucht also einen Sündenbock (daher auch die Bezeichnung «scapegoat theory»), den es für seine Frustrationen verantwortlich machen kann. Hierbei richtet sich seine Feindseligkeit meist gegen Fremdgruppen aller Art. Denn es ist der einfachste Weg der Verdrängung, sein Selbstbewußtsein dadurch zu stärken, daß man sich mit der Elite seiner Eigengruppe identifiziert und die Fremdgruppe ablehnt[32]. Um aber das Irrationale und Ungerechte dieser Feindschaft gegen die Fremdgruppe verständlich zu machen und zu rechtfertigen, wird eine Reihe von Tatsachen und Argumenten erfunden und geglaubt, die die Richtigkeit dieses durch Verdrängung entstandenen Vorurteils beweisen sollen. Dabei kann man beobachten, daß oft diejenigen Eigenschaften oder Verhaltensweisen dem Objekt des Vorurteils angelastet werden, die die durch das Vorurteil befangene Persönlichkeit selbst charakterisieren und die sie verdrängen möchte[33].

Ist man sich bewußt, daß die Erklärung des Vorurteils durch irrationale, emotionale Reaktionen infolge von Frustrationen nur eine der möglichen Konfliktsituationen berücksichtigt, aus denen heraus Vorurteile entstehen können, nämlich die persönliche Konfliktsituation, und ist man sich ferner bewußt, daß nicht jede Frustration unbedingt einen Aggressionstrieb auslöst, dann leistet die *frustration-aggression*-Theorie gute Dienste bei der Erklärung, warum Vorurteile sooft bei Leuten zu finden sind, die am wenigsten Grund hätten, auf andere Leute herabzusehen. Sie versagt jedoch bei der Erklärung, warum die

---

31 Vgl. zum folgenden SIMPSON und YINGER (Fn. 26), 72.

32 Vgl. *Memorandum*, Fn. 1, Nr. 53 a, 15.

33 Vgl. als Beispiel die Aufschlüsselung des Vorurteils der weißen Südstaatenbevölkerung hinsichtlich des Sexualverhaltens der Neger durch DOLLARD (Fn. 30), 363 ff.

Verdrängung ausgerechnet eine bestimmte Richtung nimmt, warum also ein Vorurteil gegenüber dieser und nicht gegenüber jener sozialen Gruppe oder Kategorie entsteht[34].

Die gleiche Schwäche, aber ebenfalls großen Erkenntniswert hat die Lehre von der autoritären Persönlichkeit[35]. Nach ihr läßt sich das Vorurteil auf eine bestimmte Persönlichkeitsstruktur zurückführen[36]. Diese ist gekennzeichnet durch den inneren Konflikt zwischen einem schwachen Ich und einem autoritären, d.h. mangelhaft integrierten Über-Ich. Da es dem Individuum nicht gelingt, das Über-Ich fest zu integrieren, löst das moralische Ungenügen gegenüber den Ansprüchen des autoritären Über-Ichs kein Schuldgefühl, sondern ein Gefühl eigener Schwäche aus, das sich in übersteigerter Bewunderung der Macht äußert. Die durch Frustrationen erzeugte Aggressivität führt infolgedessen - und hierin erweist sich diese Lehre nur als eine Fortentwicklung der *frustration-aggression*-Theorie - zur Extrapunitivität, d.h. zu dem Versuch, andere Personen für das eigene moralische Ungenügen zu bestrafen. Außerdem wird versucht, das Gefühl der eigenen Schwäche durch Teilhabe am sozialen Prestige der Eigengruppe und betonte Ablehnung der Fremdgruppe zu kompensieren[37].

Vorurteile haben somit im Rahmen persönlicher Konflikte eine dreifache Funktion:

1. sie demonstrieren die Teilhabe am Prestige und an der Macht der Eigengruppe;
2. sie «rechtfertigen» die Aggressivität gegenüber der Fremdgruppe, und
3. sie überdecken durch ihr stereotypisierendes Denken mangelhaftes Weltverständnis und das Gefühl des eigenen Ungenügens.

In diesen drei Richtungen helfen sie, die durch Frustrationen gestörte Persönlichkeit von ihren Schwierigkeiten abzulenken und einigermaßen wieder ins Gleichgewicht zu bringen. Da sie aber nur eine Ersatzbefriedigung oder Kompensation bieten können und verhindern, daß die eigentliche Quelle der Fru-

34 So richtig SIMPSON und YINGER (Fn. 26), 82.

35 ADORNO, FRENKEL-BRUNSWIK, LEVINSON und SANFORD: The Authoritarian Personality, New York 1950.

36 Vgl. zum folgenden die Darstellung bei PETER HEINTZ: Soziale Vorurteile. Ein Problem der Persönlichkeit, der Kultur und der Gesellschaft, Köln 1957, 120 ff.

37 Vgl. über die Prestigefunktion sozialer Vorurteile ebd., 88 ff.

strationen voll erkannt und beseitigt wird, führen sie in vielen Fällen geradezu zur Verstärkung der Störungen[38].

Neben den persönlichen Konflikten entstehen Vorurteile aber auch aus Interessenkonflikten oder werden zumindest durch diese verstärkt. Viele Vorurteile werden nämlich als Waffe im Kampf der sozialen Gruppen um Macht, Prestige und Wohlstand benutzt[39]. Sie sind alle meist durch einen bestimmten Gruppenegoismus, oft in Form des Ethnozentrismus (Nationalismus) gekennzeichnet, d.h. durch die Tendenz, alle Gruppengenossen als gleich, die anderen jedoch als minderwertig anzusehen[40]. Das geschieht dadurch, daß die Wertungsmaßstäbe für fremdes Verhalten den Wertvorstellungen und Verhaltensmaximen der eigenen Gruppe entnommen und zur Begründung der Feindseligkeit gegenüber allen Fremdgruppen herangezogen werden. Diese Haltung entsteht nicht allein aus den Frustrationen unterprivilegierter Schichten der eigenen Gruppen, sondern wird zu nicht geringem Teil erzeugt und gefördert durch die herrschenden Schichten, die sich der Notwendigkeit gegenübersehen, sich der Zustimmung und Gefolgschaft der Beherrschten zu versichern. Werden also Vorurteile in einer wirtschaftlichen und gesellschaftlichen Wettbewerbssituation verwandt, so ist ihre Funktion eine doppelte[41]: Diejenigen, die durch den Wettbewerb am schärfsten betroffen werden (die Unterprivilegierten), reagieren darauf wie in jeder anderen Konfliktsituation. Sie greifen nach dem Vorurteil, um ihrer Jagd nach dem «Sündenbock» eine rationale, dem Rechtfertigungsbedürfnis entgegenkommende Begründung zu geben. Das setzt voraus, daß dann die Richtigkeit und Berechtigung des Vorurteils mindestens rational geglaubt wird. Bei der herrschenden Schicht braucht das nicht unbedingt der Fall zu sein. Diese benutzt nämlich oft das Vorurteil, um die Beherrschten in eine bestimmte Richtung zu manipulieren und sich dadurch indirekt in ihrer Führerrolle bestätigen zu lassen. Sie bestimmt also, welche Gruppe oder Kategorie aus welchen Gründen als minderwertig anzusehen ist, und zwar meist zu dem Zwecke, diese auszubeuten oder aber um von den von ihr selbst verursachten Pressionen der Unterprivilegierten abzulenken. Die Vorurteile dienen ihr nur als Rechtfertigung oder Ablenkung von der Verfolgung ihrer wirtschaftlichen oder gesellschaftlichen Ziele. Sie braucht daher von ihrer Richtigkeit keinesfalls innerlich überzeugt zu sein und wird es meist auch nicht.

---

38 So SIMPSON und YINGER (Fn. 26), 73.

39 Vgl. ebd., 99 ff.

40 Vgl. dazu näher *Memorandum*, Fn. 1, Nr. 47 c, 12.

41 SIMPSON und YINGER (Fn. 26), 100.

Während heute bei der wirtschaftlichen Ausbeutung rassische Vorurteile im Vordergrund stehen, waren es in früheren Jahrhunderten vorwiegend solche religiöser Natur. Es darf hier nur an die vielen Untersuchungen erinnert werden, die die wirtschaftlichen Hintergründe der Kreuzzüge, besonders der Ausrottung der Albigenser, oder des Kampfes gegen die Hugenotten, der unzähligen Pogrome u.ä. dargelegt haben[42]. Aber auch heute noch spielen religiöse Vorurteile eine bedeutende Rolle in wirtschaftlichen und politischen Machtkämpfen. Das wichtigste Beispiel ist hier wohl der Kampf gegen den Kommunismus; denn der Kommunismus steht ja nicht nur in Opposition zu den westlichen Wirtschaftssystemen, sondern er ist auch - obwohl er als Lehrgebäude durchaus mit religiösen Auffassungen wie denen des Christentums vereinbar wäre[43] - in Praxis und Lehre mehr oder weniger areligiös. Der Kampf gegen ihn wird daher sowohl auf wirtschaftliche als auch auf religiöse Argumente gestützt. Zu Recht haben SIMPSON und YINGER[44] darauf hingewiesen, daß man oft gar nicht auseinanderhalten könne, ob es dem Opponenten um religiöse oder um wirtschaftliche Dinge gehe, oder welche überwiegen. Sie weisen auf den Kampf der katholischen Kirche gegen das kommunistische System in Ungarn hin und meinen, daß dieser nicht zuletzt auf die Tatsache zurückzuführen sei, daß unter der kommunistischen Herrschaft der Grundbesitz der katholischen Kirche von ungefähr 42% der Gesamtfläche Ungarns auf jetzt etwa 5 % zurückgegangen ist.

Da aber religiöse Fragen heute im Gegensatz zu früheren Jahrhunderten in den Hintergrund des allgemeinen Interesses gerückt sind, liegt der Schwerpunkt von Gruppendiskriminierungen nunmehr in den westlichen Ländern bei den Rassenvorurteilen. Eine sehr gelungene Zusammenfassung der Funktion dieser Rassenvorurteile findet sich bei RUMNEY und MAIER[45]. Dort heißt es:

> »Rassenvorurteile entstehen nicht aufgrund irgendwelcher instinktiver oder angeborener Abneigung, sondern weil es sich lohnt. Psychologisch besteht ihre Funktion darin, die Kampflust gegen eine bestimmte Gruppe zu lenken, welche jeweils als gesellschaftlich sanktionierter Sündenbock

---

42 Vgl. allgemein zur Verwendung religiöser Argumente zu wirtschaftlichen und anderen Zwecken J. MILTON YINGER: Religion in the Struggle for Power. A Study in the Sociology of Religion, Durham 1946.

43 Vgl. dazu die Ausführungen von MARCEL REDING: Marxismus und Atheismus, in: Marxismus und Leninismus (Universitätstage 1961, Veröffentlichung der Freien Universität Berlin) 1961, 160 ff.

44 Fn. 26, 103.

45 Fn. 28, 85 f.

hingestellt wird, sowie darin, das Gefühl der eigenen Wichtigkeit durch die Zugehörigkeit zur «Herrenrasse» zu bestärken. Wirtschaftlich dienen sie dazu, «Fremde» aus der Konkurrenz um erstrebte Berufe auszuschalten, das allgemeine Lohnniveau zu drücken und die Mitglieder der Minderheiten in der «gottgewollten Ordnung» zu halten, indem man sie zwingt, dienende und untergeordnete Stellungen anzunehmen. Politisch können die Rassenvorurteile von «Führern» oder «Eliten» leicht gehandhabt werden, um ihre eigene Macht oder die ihrer Anhänger zu stärken; indem sie politische Spannungen auf ein wehrloses Opfer ablenken, suchen sie, die eigene Gruppe in verschworener Gemeinschaft zusammenzuhalten, und dem gemeinsamen Feind gegenüber stellen sie eine Volksgemeinschaft dar, die mit einem Beuteanteil abgespeist wird, damit sie nicht zerfällt. Gesellschaftlich verschaffen sie der Majorität z.B. handfeste Vorteile, eine Reihe von Rechtfertigungen, auf daß ihre Kultur, d.h. was ihr an Werten, Brauchtum, Sitten und Religion überkommen ist, unversehrt bleibe. Kurz: es gibt Rassenvorurteile, weil sie auf vielerlei Art Zinsen bringen.»

Wir sahen bereits, daß diese Ausführungen nicht nur für Rassenvorurteile allein, sondern mutatis mutandis auch für alle anderen Vorurteile Geltung haben. Die Bedeutung des wirtschaftlichen Elements eines Vorurteils hängt selbstverständlich von der gesellschaftlichen Gesamtsituation ab, nämlich vorwiegend davon, ob sich Klassenstruktur und soziale Schichtung gerade in einer starken Wandlung oder Krise befinden oder aber ob sie relativ gesichert und anerkannt sind.

Weder die auf FREUD fussende Erklärung mit persönlichen Konflikten noch die auf MARX zurückgehende Erklärung mit wirtschaftlichen Gruppenkonflikten oder sonstigen Interessenkonflikten, die praktisch meist miteinander kombiniert werden müssen, können verständlich machen, warum ein bestimmtes Vorurteil auch ohne aktuelle Manipulation durch die herrschenden Schichten eine bestimmte Richtung nimmt und warum es auch bei solchen Personen anzutreffen ist, bei denen persönliche Schwierigkeiten oder Interessenkonflikte ihrer Bezugsgruppe als Ursache dieses Vorurteils nicht feststellbar sind. Hier hilft nur die Erkenntnis weiter, daß der Inhalt und die Richtung von Vorurteilen Bestandteil des kulturellen Erbes sein können[46]. Eine Fülle von Vorurteilen ist nämlich die Folge historischer, längst überwundener Konflikte und wird nur deshalb traditionell aufrechterhalten, weil diese Vorurteile sich als wirksames Mittel der

46 Vgl. HEINTZ (Fn. 36), 64 ff.

Gruppenintegration erwiesen haben. Sie gehören mit der Unzahl anderer gruppenbildender und gruppenerhaltender stereotyper Wertungen zu dem Gesamtkomplex sozialer Normen, den wir als Kultur bezeichnen.

Nehmen wir als Beispiel all diejenigen Vorurteile, die das Verhältnis von Deutschland und Frankreich belasten, dann sehen wir, wie langsam und zögernd solche Vorurteile durch gegenteilige Erfahrungen abgebaut werden. Während die Übermittlung traditioneller Vorurteile wie die Übermittlung der übrigen kulturellen Werturteile durch den Vorgang des Lehrens und Lernens geschieht, wird ihre Aufrechterhaltung durch die Schaffung gewisser Fakten bewirkt. Die Erkenntnis und Bekämpfung von Diskriminierungen und Vorurteilen wird nämlich dadurch erschwert, daß diese sich in einer Vielzahl von Fällen auf äußere Umstände berufen können, welche sie scheinbar rechtfertigen. Sieht man jedoch genauer hin, so sind solche Umstände nur die Folge vorausgegangener (ungerechtfertigter) Diskriminierungen. Diese Interdependenz von Ursache und Wirkung ist am Beispiel der Diskriminierung der Negerbevölkerung in den USA herausgearbeitet worden, deren angebliche Unreife und Minderwertigkeit, die zur Rechtfertigung von Diskriminierungen stets angeführt wird, soweit sie tatsächlich besteht, zu einem guten Teil nur die Folge einer über zweihundert Jahre währenden Diskriminierung ist, die mit der Unreife und Minderwertigkeit begründet wurde[47]. Die oft zu beobachtende Anpassung an die negativen Erwartungen der Umwelt ist dabei teilweise als Selbstschutz zu verstehen, da derjenige, der sich in seinen Vorurteilen bestärkt sieht, eher auf aggressive Handlungen zu verzichten bereits ist. Teilweise ist sie aber auch durch die Angst zu erklären, die eigene Identität zu verlieren, die durch die Zugehörigkeit zu der vorurteilsbelasteten sozialen Kategorie, hier also zu der der «colored people», bewirkt wird[48]. Zu Recht hat daher MACIVER von dem Rassenvorurteil als einer sich selbst realisierenden Prophetie[49] gesprochen.

Diese Aussage kann und muß zu einem allgemeinen Prinzip jedes Vorurteils verallgemeinert werden[50]. Denn da jedes Vorurteil zu einer entsprechenden Diskriminierung tendiert und diese Diskriminierung Fakten schafft, die das

---

47 Vgl. GUNNAR MYRDAL: An American Dilemma. The Negro Problem and Modern Democracy, New York 1944, 75 ff.; ROBERT K. MERTON: Social Theory and Social Structure, Glencoe, Ill. 1949, 179 ff.

48 Vgl. HEINTZ (Fn. 36), 38.

49 "Self-fulfilling prophecy", vgl. R. M. MACIVER: The More Perfect Union, New York 1948, 52 ff.

50 Vgl. zum folgenden *Memorandum*, Fn. 1, Nr. 56 ff., 16 f. und die ähnlichen Ausführungen von SIMPSON und YINGER (Fn. 26), 148 ff.

Vorurteil vordergründig rechtfertigen, kann man sagen, daß jedes Vorurteil die Tendenz hat, seine eigene Rechtfertigung zu bewirken, die es nicht mehr als Verstoß gegen den Gleichbehandlungsgrundsatz und damit nicht mehr als Vorurteil im engeren, negativen Sinne erscheinen lässt. Ist also ein Vorurteil erst einmal in der Welt, dann kann es leicht geschehen, daß es durch einen circulus vitiosus von Ursache und Wirkung diskriminierender Praktiken aufrechterhalten und sogar verstärkt wird. Prüft man daher, ob eine Gleichbehandlung nach dem Gleichheitsgrundsatz gerechtfertigt ist oder nicht, so ist besonders darauf zu achten, ob und inwieweit das zur Rechtfertigung herangezogene Kriterium nur die Auswirkung eines traditionellen Vorurteils ist. Denn darin liegt ja gerade die besondere Gefährlichkeit vieler Vorurteile, daß sie durch selbst geschaffene Fakten ständig bestärkt werden. Es wäre einfacher, sie zu bekämpfen und auszurotten, wenn sie allein auf Irrtum und Selbsttäuschung beruhen würden.

III. Diskriminierung und ihre Bekämpfung

Erkennt man die Interrelation von Diskriminierung und Vorurteil und überblickt man die Vielfältigkeit der möglichen Ursachen von Vorurteilen, dann erklären sich auch die außerordentlichen Schwierigkeiten, denen man sich gegenübersieht, wenn man die «soziale Krankheit» der Diskriminierung bekämpfen will. Reicht bereits bei der Verbrechensbekämpfung das Mittel des Strafrechts - abgesehen von der Unzulänglichkeit dieses rechtlichen Ordnungssystems als solchem - nicht aus, wenn nicht andere sozialpolitische Maßnahmen hinzukommen, so ist das bei dem Kampf gegen die Diskriminierung in noch weit größerem Ausmaße der Fall. Dies erklärt sich daraus, daß der Gleichbehandlungsgrundsatz als Rechtsgebot nur beschränkte Geltung hat, zum anderen daraus, daß die Quelle der Diskriminierung, nämlich das Vorurteil, nicht direkt und oft nur in sehr geringem Ausmaß mit den Mitteln des Rechts beseitigt werden kann. Der bekannte englische Völkerrechtler BRIERLEY[51] hat die Beschränkung des Rechts einmal so ausgedrückt, daß das Recht keineswegs ein soziologisches «Mädchen für alles» sei, vielmehr ein Werkzeug höchst spezieller Art, dessen Eignung als Mittel zur Kontrolle menschlichen Verhaltens begrenzt sei. Das zeigt sich auch hier; denn das Recht zielt unmittelbar nur auf äußeres Verhalten, weil es allein in diesem Bereich kontrollierbar durchgesetzt werden kann. Ein Verbot von Vorurteilen derart, daß jedermann nur als Individuum und nicht als Angehöriger einer bestimmten sozialen Kategorie beurteilt

51 Die Zukunft des Völkerrechts, Zürich 1947, 22 f.

werden solle, würde dagegen ein inneres Verhalten erfordern und wäre infolgedessen als Rechtsnorm nicht geeignet. Rechtliche Massnahmen können sich also nur gegen die Diskriminierung als solche richten, d.h. gegen die Symptome dieser sozialen Krankheit, nicht gegen ihre Ursachen. Und selbst hierin sind dem demokratischen Staat erhebliche Grenzen gesetzt. Bei der Beantwortung der Frage, inwieweit die Rechtsordnung in das Sozialleben eingreifen, wie weit m.a.W. ein rechtsfreier Raum bestehen bleiben soll, in dem das gesellschaftliche Leben dem freien Spiel der Kräfte und lediglich dem Einfluß anderer sozialer Ordnungen, wie z.B. der Moral, der Sitte oder der Konvention, überlassen wird, hat sich nämlich der demokratische Staat westlicher Prägung zwischen den beiden Polen eines völligen laissez faire, laissez passer und einer bis zur letzten Konsequenz durchgeführten rechtlichen Zwangsregelung aller sozialen Machtverhältnisse zugunsten der Freiheit des Individuums im Gebrauche seiner Machtmittel, also zugunsten des rechtsfreien Raumes entschieden und verhindert lediglich Auswüchse und Missbräuche dieser Freiheit. Wir haben bereits gesehen, wie sich diese Beschränkung in der Beschränkung des rechtlichen Geltungsbereichs des Gleichbehandlungsgrundsatzes äußert.

Dennoch wäre es verfehlt, wollte man die Wirksamkeit und Bedeutung der Rechtsordnung als Waffe gegen die Diskriminierung unterschätzen. Es kann dabei auf eine von MACIVER angeregte, verdienstvolle Untersuchung von MORROE BERGER[52] verwiesen werden, die schon deshalb bemerkenswert ist, weil es sich hier um eine der wenigen rechtssoziologischen Spezialuntersuchungen handelt. BERGER beschäftigt sich mit den Ergebnissen und den Chancen der Bekämpfung von Rassendiskriminierungen in den USA durch Gesetz und Rechtsprechung und kommt dabei zu Ergebnissen, die sich ohne Schwierigkeiten verallgemeinern lassen[53]. Er weist nach, daß das Recht trotz des beschränkten Geltungsbereichs des Gleichbehandlungspostulats als Rechtsnorm dennoch die Möglichkeit besitzt, indirekt auf die Freiheitssphäre einzuwirken, in die ein direkter Eingriff in der Demokratie nicht möglich ist. Das kann auf verschiedene Weise geschehen. Steht z.B. hinter dem rechtlichen Gleichheitssatz das volle Gewicht des staatlichen Sanktionsapparats (so wie das in der Bundesrepublik und in Westberlin nicht zuletzt wegen des ausgeprägten verwaltungsrechtlichen Rechtsschutzes der Fall ist, zumal diskriminierende Gesetze im Gegensatz zu vielen anderen Staaten kaum noch in Geltung stehen), so begünstigt das bei der vorurteilsbefangenen Persönlichkeit die Einsicht, daß auch die nicht ausdrücklich mit Sanktionen bedrohte Diskriminierung von den Inhabern

52 Equality by Statute. Legal Controls over Group Discrimination, New York 1952.

53 Vgl. hier insbesondere 170 ff.

der staatlichen Macht verurteilt wird, und bereitet dadurch den Weg zum Abbau des zugrunde liegenden Vorurteils. Das ist um so eher der Fall, je mehr das Vorurteil aus persönlichen Konflikten resultiert; denn wir haben gesehen, daß es sich in solchen Fällen meist um ängstliche Konformisten handelt, die sich jeder Machtäußerung bereitwillig unterwerfen. Wird also die Gefahr gebannt, daß der Gleichbehandlungsgrundsatz im Rechtsleben zu einem bloßen Lippenbekenntnis herabsinkt, dann wird die Machtäußerung, die hinter jedem Rechtssatz steht, ihre Wirkung nicht verfehlen. Weiterhin kann das Recht auch ohne unmittelbare Verbotsnormen und Sanktionsandrohungen Diskriminierungen im rechtsfreien Raum verhüten und Vorurteile beseitigen, indem es planmäßig das ökonomische und politische System ändert, soweit es ihre Entstehung fördert. Auf diesem Wege kann versucht werden, solche Vorurteile und Diskriminierungen zu bekämpfen, die vorwiegend aus Gruppenkonflikten entstehen[54].

Immerhin erfordert das große Geschicklichkeit und weise Zurückhaltung. Einmal werden sich viele soziale Sachverhalte Steuerungsversuchen durch die Rechtsordnung widersetzen, wodurch die Lage nur verschlimmert würde. Zum anderen bringt jedes rechtliche Eingreifen die Gefahr mit sich, gegenteilige Wirkungen zu erreichen[55]. Eine einseitige Änderung der sich im Gruppenkampf herausgebildeten Machtverteilung kann zu Ressentiments führen und damit zur Quelle neuer Vorurteile und Diskriminierungen werden. Ferner muß man sich davor hüten, daß die «Hilfestellung» des Rechts zu einer Privilegierung führt. So hat man zu Recht den Plan fallen gelassen, einen besonderen strafrechtlichen Ehrenschutz gegen Beleidigungen auf antisemitischer Grundlage zu schaffen, weil man damit - wie man es ausdrückte - den durch solche Vorschriften besonders geschützten Personenkreis in einen goldenen Käfig sperren würde.

Endlich macht BERGER zutreffend darauf aufmerksam, daß die Beschränkung der Rechtsnormen auf die Regelung des äußeren Verhaltens nicht besagt, daß sie nicht auch indirekt die innere Haltung beeinflussen könne. Die in den Normen zum Ausdruck kommende Wertentscheidung und das von ihnen geforderte äußere Verhalten beruhen auf einer bereits bestehenden oder bewirken (wenn sie sich in der Rechtswirklichkeit durchsetzen) in kurzer Zeit eine neue Koordination des Gebarens, die als selbständiger Ordnungsmechanismus den Normbrecher zum Nonkonformisten macht und damit entsprechendem sozialen Druck

54 Über Änderungen der Rechtsordnung, die für andere Länder in Betracht kommen, vgl. *Memorandum*, Fn. 1, Nr. 148 ff., 45 ff.

55 So auch *Memorandum*, Fn. 1, Nr. 146, 44 f.

aussetzt. Dieser soziale Druck führt oft nicht nur zum Unterlassen von Diskriminierungen, sondern infolge der sozialen Ablehnung möglicherweise auch zur Aufgabe des Vorurteils.

Je mehr die diskriminierende und (oder) vorurteilsbefangene Persönlichkeit durch das Recht direkt oder indirekt dazu gedrängt wird, Diskriminierungen und (oder) Vorurteile aufzugeben, desto mehr wird sie zunächst bestrebt sein, ihre Haltung zu rechtfertigen und zu verteidigen. Daher müssen ganz abgesehen davon, daß der Rechtsmechanismus als Menschenwerk immer nur unvollkommen arbeiten kann, noch andere Maßnahmen mit den rechtlichen Möglichkeiten Hand in Hand gehen, um Diskriminierungen mit größtmöglichem Erfolg auszuschalten. Diese Maßnahmen können auf sozialpolitischem Gebiet im allgemeinen und auf erzieherischem Gebiet im besonderen liegen. Abgesehen von Änderungen und Ergänzungen der Rechtsordnung, die bereits oben erwähnt wurden, muß auch innerhalb des Rahmens der bestehenden Rechtsordnung mit allgemeinen sozialpolitischen Maßnahmen versucht werden, alle diejenigen ökonomischen und politischen Umstände zu beseitigen, die zur Entstehung oder zur Aufrechterhaltung von Vorurteilen beitragen. Was im einzelnen unternommen werden muß, hängt ganz von dem betreffenden Vorurteil ab und läßt sich nicht allgemein abhandeln. Auch hier ist aber aus den oben aufgezeigten Gründen große Vorsicht geboten.

Das auf die Dauer gesehen wirksamste Mittel im Kampf gegen die Diskriminierung sind jedoch eine breite Volksaufklärung mit Hilfe der Massenkommunikationsmittel und eine entsprechende Erziehung in den Schulen und schulähnlichen Instituten. Hierbei muß in dreifacher Richtung vorgegangen werden[56]. In erster Linie ist zu zeigen, daß den einzelnen Diskriminierungen in der Regel falsche Vorstellungen tatsächlicher Art zugrunde liegen. Entweder sind die Fakten falsch oder entstellt, mit denen die Diskriminierung begründet wird, oder aber die tatsächlich bestehenden Unterschiede werden in ihrer Bedeutung für das Sozialleben falsch eingeschätzt. Dies muß viel systematischer und intensiver betrieben werden, als es bisher geschieht. Ein erfreulicher Schritt in dieser Richtung ist kürzlich von BERGEN EVANS[57] unternommen worden, der es sich zur Aufgabe stellte, allgemein verbreitete Vorurteile zu sammeln und auf ihren Wahrheitsgehalt zu überprüfen, und bei einer Fülle von solchen oft als Volksweisheit geschätzten Gemeinplätzen zu niederschmetternden Ergebnissen kam. Auf diesem Wege muß weitergearbeitet werden, wobei es ganz entschei-

---

56 Ähnlich ebd. Nr. 160, 51.

57 Histoire naturelle des sottises, Paris 1961.

dend darauf ankommt, den von der Wissenschaft erarbeiteten Ergebnissen mit Hilfe der Massenkommunikationsmittel und durch geschickte Darstellung auch einen entsprechend weiten Wirkungsradius zu verschaffen. Die zweite Richtung, in die öffentliche Aufklärung und Erziehung gehen müssen, ist die Stärkung der Überzeugung von der inneren Berechtigung sowohl des rechtlichen als auch des moralischen Gleichbehandlungspostulats. Da es sich hierbei um Fragen der Gerechtigkeit handelt, muß insofern mehr die emotionale als die rationale Ebene des menschlichen Verständnisses angesprochen werden. Dazu werden aber auch zweckmäßigerweise Hinweise auf die schädlichen Auswirkungen von Diskriminierungen auf das Sozialleben treten. Die dritte Richtung ist die schwierigste. Neben der bloßen Aufklärung über die faktische Unrichtigkeit der für Diskriminierungen gegebenen Gründe und über das durch Diskriminierung bewirkte rechtliche und moralische Unrecht muß versucht werden, die Diskriminierung dadurch zu beseitigen, daß man die in vielen Fällen bestehenden irrationalen Motivationen in das Bewußtsein hebt. Es ist evident, daß eine solche Massenpsychotherapie gefährlich ist, und zwar nicht nur für die «Patienten». Geht man ungeschickt vor, wird man leicht das Gegenteil erreichen[58]. Hängt gar die Existenz der vorurteilsbefangenen Persönlichkeit entscheidend von der Aufrechterhaltung der Illusion einer Rechtfertigung ihres Vorurteils ab, so wird die Aufklärung als existenzieller Angriff gewertet und entsprechend beantwortet. Zusammen mit denjenigen, die ein Vorurteil nur dazu benutzen, um damit andere für ihre eigenen Zwecke in bestimmter Weise zu manipulieren, werden sich dann auch die Manipulierten selbst gegen den Aufklärer wenden und versuchen, ihn zum Schweigen zu bringen, weil sie die Wahrheit zwar ahnen, aber nicht ertragen können. Die Geschichte von Aufklärung und Erziehung als Geschichte des Kampfes gegen menschliche Dummheit und Selbstsucht beweist, daß stets gegen erheblichen Widerstand und meist mit großem Einsatz - wenn auch nicht immer mit dem Leben, so doch oft mit der wirtschaftlichen und gesellschaftlichen Existenz - gearbeitet werden mußte, eine Aufgabe, der sich nur Idealisten unterzogen haben. Wir sollten sie aber nicht allein den Wahrheitsfanatikern überlassen, sondern uns überlegen, ob nicht das Ziel, nämlich ein geordnetes und harmonisches Sozialleben, jedes, und zwar auch unseres Einsatzes wert ist.

---

58 So nachdrücklich *Memorandum*, Fn. 1, Nr. 177, 56.

Die Rechtstatsachenforschung im Schnittpunkt von Rechtssoziologie und soziologischer Jurisprudenz

Jahrbuch für Rechtssoziologie und Rechtstheorie 1 (1970), S. 333-359

«Dogmatik ohne Soziologie ist leer, Soziologie ohne Dogmatik ist blind.»

(H.U. KANTOROWICZ auf dem Ersten Deutschen Soziologentag, 1910)[1]

Als wir uns in diesem Arbeitskreis zum ersten Male zusammenfanden, um in Kurzreferaten eine erste Orientierung über den jeweiligen Standort zu geben, von dem aus wir Rechtssoziologie bisher betrieben hatten, hat uns NIKLAS LUHMANN in einem eindrucksvollen Vortrag seine Konzeption der Rechtssoziologie als einer soziologischen Theorie des Rechts entwickelt[2]. Seine Verengung der Rechtssoziologie auf den theoretischen Aspekt schien einleuchtend. Hat doch THEODOR GEIGER im Vorwort zu seinen bis heute führend gebliebenen «Vorstudien zu einer Soziologie des Rechts» gemeint, es sei gleichgültig, ob man seine Ausführungen als allgemeine Rechtstheorie oder als Rechtssoziologie ansehen wolle[3]. Dennoch hat MAIHOFER in der anschließenden Diskussion zu Recht darauf aufmerksam gemacht, daß man nicht den empirischen Aspekt vergessen dürfe, wolle man das Ganze der Rechtssoziologie in den Griff bekommen. Wie jede andere Bindestrichsoziologie habe auch die Rechtssoziologie neben der Theorie die Empirie zum Ziele. Rechtssoziologie könne somit nicht nur theoretisch, sie könne und müsse als Wirklichkeitswissenschaft auch empirisch betrieben werden.

Nun erscheint im Titel des von ERNST E. HIRSCH begründeten Berliner Forschungsinstituts neben der Rechtssoziologie auch die Rechtstatsachenforschung. Auch FECHNER hat die Rechtstatsachenforschung zum Gegenstand seines Seminars in Tübingen gemacht. Als ich dann kürzlich einige Schriften von ARTHUR

---

1 HERMANN KANTOROWICZ: Rechtswissenschaft und Soziologie, hg. von TH. WÜRTENBERGER, 1962, 139.

2 N. LUHMANN: Grundlagen der Rechtssoziologie, Niederschrift des Kolloquiums bei der Deutschen Forschungsgemeinschaft vom 23. Juni 1967, Anlage I.

3 THEODOR GEIGER: Vorstudien zu einer Soziologie des Rechts, hg. von TRAPPE, 1964, 39.

NUSSBAUM zur Rechtstatsachenforschung neu herausgab[4], um bei der gegenwärtigen Inflation von Neudrucken nicht die Dinge zu kurz kommen zu lassen, die uns hier am Herzen liegen, stellte sich mir erneut die Frage, ob nicht die Rechtstatsachenforschung das sei, was mit dem empirischen Aspekt der Rechtssoziologie gemeint ist. Ist empirische Rechtssoziologie bisher als Rechtstatsachenforschung bezeichnet worden? Oder könnte sie wenigstens sinnvoll so bezeichnet werden? Und wenn nein: In welchem Verhältnis steht dann überhaupt die Rechtssoziologie zur Rechtstatsachenforschung? Ich glaube, daß es sich lohnt, diesen mehr akademisch anmutenden Fragen nachzugehen; denn sie führen uns auf Zusammenhänge, deren Kenntnis von unmittelbar praktischem Nutzen ist.

I. Die Rechtstatsachenforschung in der Sicht von ARTHUR NUSSBAUM

NUSSBAUM selbst, der Begründer der Rechtstatsachenforschung[5], hat die Kennzeichnung seiner Schule als «soziologisch» scharf abgelehnt. Ihm ging es lediglich «um eine Ergänzung der Dogmatik»[6], um «die Einfügung der Realien in das System der Rechtswissenschaft»[7]. Dazu, so meinte er, brauche man keine Soziologie[8]. Soziologie und Rechtswissenschaft hätten verschiedene Methoden[9]. Gegenstand der Rechtswissenschaft seien Normen und nicht Naturgesetze[10]. Daher habe die Jurisprudenz ihre eigene, nicht naturwissenschaftliche Methode[11]. Er greift EHRLICH mit der (unzutreffenden) Begründung an, dieser habe Rechtswissenschaft und Soziologie vermischt[12], und wirft LLEWEL-

4 ARTHUR NUSSBAUM: Die Rechtstatsachenforschung. Programmschriften und praktische Beispiele. Ausgewählt u. eingeleitet von MANFRED REHBINDER. Schriftenreihe zur Rechtssoziologie und Rechtstatsachenforschung Bd. 12, Berlin 1968.

5 Vgl. dazu *meine* Einleitung zum ebengenannten Sammelband (Fn. 4), 12.

6 NUSSBAUM (Fn. 4), 55.

7 Ebd., 48.

8 NUSSBAUM: Some Aspects of American "Legal Realism", in: Journal of Legal Education 12 (1959/60), 182 - 192, 192: "... in order to promote legal realism, we need not surrender to experimental jurisprudence, to sociology, or even to social engineering".

9 NUSSBAUM (Fn. 4), 57, Anm. 1.

10 Ebd., 20.

11 Ebd., 90.

12 Ebd., 62, Anm. 22.

LYN und anderen vor, durch übermäßigen Gebrauch außerrechtlicher Begriffe das Rechtsdenken zu verwirren[13].

Nun dürften wir allerdings in heutiger Sicht nicht umhinkommen, einen guten Teil dessen, was NUSSBAUM unter Rechtstatsachenforschung verstand, als soziologisch zu bezeichnen. Rechtstatsachenforschung bedeutet nämlich nach NUSSBAUM «die systematische Untersuchung der sozialen, politischen und anderen tatsächlichen Bedingungen, auf Grund derer einzelne rechtliche Regeln entstehen, und die Prüfung der sozialen, politischen und sonstigen Wirkungen jener Normen[14]». Neben dem Inhalt der Rechtsnormen muß also die Rechtswissenschaft auch ihre Ziele, ihre Anwendungsformen und ihre Wirkungen untersuchen[15], wobei auch solche Normen zu berücksichtigen sind, die in der Rechtsgemeinschaft tatsächlich befolgt werden, obwohl sie nicht in Gesetzbüchern oder Gerichtsentscheidungen niedergelegt wurden[16]. NUSSBAUM wußte zwar, daß es sich hier um eine Ursachenforschung handelte, die er ausdrücklich als nicht zur Jurisprudenz gehörig erklärt hatte[17]: «Es ist auch rein methodologisch zuzugeben (schrieb er), daß die kausale Betrachtung der Erscheinungen des Rechtslebens zunächst in die Soziologie und nicht in eine Normenlehre gehört, wie die Jurisprudenz es ist»[18]. Aber da die Kenntnis der typischen Erscheinungen des Rechtslebens für das volle Verständnis der Rechtsnormen erforderlich ist, so meinte er, handele es sich hier «um einen für den Juristen hochbedeutsamen Gegenstand, zu dessen Untersuchung auch wiederum der Jurist in erster Linie befähigt ist»[19]. Die Untersuchung jener rechtstatsächlichen Erscheinungen biete deshalb «neben dem soziologischen zugleich ein juristisches Interesse»[20].

Es liegt auf der Hand, daß eine solche Erklärung nicht ausreicht; mag es im übrigen auch gerade das Sympathische am Werk von NUSSBAUM sein, daß er sich - sehr im Gegensatz zu seinen Zeitgenossen - mit methodologischer Grundlagendiskussion nicht lange aufgehalten, sondern endlich mit der prakti-

13 Ebd., 65.

14 Ebd., 67.

15 Ebd., 12, 24.

16 Ebd., 67.

17 Ebd., 20.

18 Ebd., 126.

19 Ebd., 28.

20 Ebd., 127.

schen Arbeit begonnen hat[21]. ERNST E. HIRSCH hat zu Recht betont, daß Rechtstatsachenforschung nach den Vorstellungen NUSSBAUMs eine «juristische Disziplin»[22] sei. Aber er verengt NUSSBAUMs Forschungsansatz auf eine bloße Normenforschung, wenn er hinzufügt, in der Rechtstatsachenforschung gehe es um die «Erforschung dessen, was in der Lebenswirklichkeit Rechtens ist», und dies sei für den Soziologen nur dann interessant, «wenn die Ursachen untersucht und aufgedeckt werden, welche für das Auseinanderfallen von Gesetzestext und Rechtswirklichkeit ... determinierend sind, ... und wenn (diese) Feststellungen geeignet sind, wissenschaftliche Hypothesen über soziale Gesetzmäßigkeiten zu überprüfen»[23]. So gesehen müßte man nicht von Rechtstatsachen-, sondern besser von Rechtsnormenforschung oder von Realrechtsforschung sprechen, etwa im Wortsinne von legal realism. Aber NUSSBAUM hat mehr gewollt. Zwar war ihm die Norm «stets Mittel- und Zielpunkt»[24] seiner Untersuchung. Aber neben die Norm gehörte für ihn noch «ein bestimmter Komplex von induktiv zu erforschenden Tatsachen»[25], eben die Rechtstatsachen, und darunter verstand er «diejenigen Tatsachen, deren Kenntnis für ein volles Verständnis und eine sachgemäße Anwendung der Normen erforderlich ist»[26]. Sie sind politischer, gesellschaftlicher, wirtschaftlicher und psychologischer Natur und kennzeichnen sich «durch ihre spezifisch juristische Färbung»[27]. Ihre Auswahl aus der Fülle des tatsächlichen Materials erfolgt mit «Rücksicht auf die besonderen Bedürfnisse des Juristen»[28]. Worum es sich bei diesen Rechtstatsachen im einzelnen handelt, was mit anderen Worten der Untersuchungsgegenstand der Rechtstatsachenforschung ist, läßt sich wie folgt umreißen:

NUSSBAUM geht von einem «erweiterten Normenbegriff» aus. Die Normen, die nach seiner eben zitierten Definition der Rechtstatsachenforschung auf ihre Entstehung und ihre Wirkung hin untersucht werden sollen, sind alle «allgemeinen Regeln, die das Verhalten der Rechtsgenossen in rechtlich bindender

---

21 Vgl. *meine* Einleitung, ebd., 11 - 15. Diese praktische Zielsetzung fand ein Echo bei ERNST STEINER: Von der Rechtstatsachenforschung, in SJZ 52 (1956), 158 - 160.

22 ERNST E. HIRSCH: Rechtssoziologie heute, in HIRSCH/REHBINDER: Studien und Materialien zur Rechtssoziologie, 1967, 35 Anm. 31.

23 Ebd., 21.

24 NUSSBAUM (Fn. 4), 31.

25 Ebd., 21.

26 Ebd., 21.

27 Ebd., 21 f.

28 Ebd., 31.

Weise bestimmen»[29]. Infolgedessen gehören dazu neben den gesetzlichen Normen auch die außergesetzlichen Normen, also neben dem Gesetzesrecht auch die «freien Rechtsbildungen»[30]. Diese letzteren bestehen, genetisch betrachtet, aus zwei Gruppen, nämlich aus solchen Normen, die sich allmählich durch Gewohnheit bilden, und solchen, die durch bewußte rechtschöpferische Akte geschaffen werden[31]. Zu den durch Gewohnheit entstehenden Normen gehören außer den nur noch selten anzutreffenden Normen des echten Gewohnheitsrechts in erster Linie die Verkehrsbräuche, insbesondere die Handelsbräuche, und ferner die typischen Rechtsgeschäfte (Kautelarjurisprudenz, gemischt-rechtliche Verträge usw.). Zu den bewußten Rechtschöpfungen gehören die Normen, die aufgrund von Autonomie geschaffen werden (Satzungen = «Partikulargesetz zweiten Ranges»), ferner Rechtschöpfung durch Vertrag wie Tarifverträge oder auch einseitige Normenschöpfungsakte wie gewisse Allgemeine Geschäftsbedingungen (= «Vertragsrecht zweiter Instanz»[32])[33]. Alle diese Normen im zweiten Sinne, die gesetzlichen und die freigeschaffenen Normen, sollen nun, wenn man NUSSBAUMs Forderungen einmal in eine Reihenfolge des Vorgehens ordnet, zunächst in ihrer Faktizität untersucht werden. Denn NUSSBAUM fordert hinsichtlich der freien Rechtsbildung «die systematische Ermittlung»[34] und hinsichtlich des Gesetzes die Untersuchung seiner «tatsächlichen Geltung»[35], d.h. der «Formen der tatsächlichen Anwendung»[36]. Diese tatsächliche Anwendung ist in erster Linie in der Rechtsprechung fixiert[37]. Daneben muß aber auch die außerhalb der Rechtsprechung liegende Praxis der Justiz- und anderen Behörden, ferner derjenigen typischen Institutionen untersucht werden, die auf einem bestimmten Gebiet rechtsgeschäftlich handelnd hervortreten[38].

Sind auf diese Weise die tatsächlich geltenden Rechtsnormen gefunden, so kommt es zu der von NUSSBAUM geforderten Untersuchung ihrer Entstehung und ihrer Wirkung. Denn die Kenntnis der Bedingungen ihrer Entstehung und

29 Ebd., 49.

30 Ebd., 27.

31 Ebd., 49.

32 Ebd., 128.

33 Ebd., 49 f.

34 Ebd., 49.

35 Ebd., 51.

36 Ebd., 24.

37 Ebd., 53.

38 Ebd., 25.

Wirkung ist, wie es in seiner Rechtstatsachendefinition heißt, «für ein volles Verständnis und eine sachgemäße Anwendung der Normen erforderlich»[39]. Zur Entstehung der frei geschaffenen Rechtsnormen sagt NUSSBAUM, die Rechtstatsachenforschung verlange «die Untersuchung ihres Zustandekommens und der Methode ihrer Feststellung»[40]. Hinsichtlich des tatsächlich angewandten Gesetzesrechts fordert er «eine Untersuchung der in der Rechtsprechung obwaltenden psychologischen Antriebe»[41], ferner eine «psychologisch-genetische» Untersuchung dogmatischer Theoreme auf ihren Zusammenhang mit allgemeinen Zeitströmungen. Auf diese Weise könnten lehrmäßige Streitfragen als «zeitgeschichtlich bedingter Ausdruck umfassenderer Erscheinungen des Geistes- und Wirtschaftslebens»[42], insbesondere als Ausfluß wirtschaftlicher Entwicklungen[43], verstanden werden. Kennt man die Ursachen für die Entstehung der Norm, so kennt man auch ihren Zweck. Dann bleibt noch zu prüfen, ob die Norm in ihrer tatsächlichen Anwendung auch den gewünschten Zweck erreicht. NUSSBAUM fordert daher auch die Untersuchung der Wirkungen der Normen[44], sagt aber darüber in seinen Programmschriften wenig. Nur an einer Stelle bemerkt er, ebenso wie die Strafrechtswissenschaft die Verbrechen auf Erscheinungsformen und Ursachen erforsche, um sie wirksamer bekämpfen zu können, müsse auch die Privatrechtswissenschaft ihr Augenmerk auf die Schleichwege des Rechtsverkehrs richten, um sie als solche zu erkennen und durchkreuzen zu können[45].

Dieser kurze Abriß macht hinreichend deutlich, daß NUSSBAUM neben der «Erforschung dessen, was in der Lebenswirklichkeit Rechtens ist»[46], auch die Interdependenz von Recht und Sozialleben untersuchen und damit Ursachenforschung betreiben wollte. Dies aber würden wir heute eindeutig als soziologische Forschung bezeichnen. In diesem Sinne hat EMGE recht, wenn er sagt, die Rechtstatsachen gehörten zweifellos in die Soziologie[47]. Aber selbst wenn wir

---

39 Ebd., 21.

40 Ebd., 49.

41 Ebd., 54.

42 Ebd., 94.

43 Ebd., 75.

44 Ebd., 24.

45 Ebd., 115.

46 So HIRSCH (Fn. 22), 21.

47 CARL AUGUST EMGE: Die Bedeutung der rechtssoziologischen Sachverhalte für die Dogmatik, in: HIRSCH/REHBINDER: Studien und Materialien zur Rechtssoziologie,

einmal davon ausgehen, daß NUSSBAUM - wie nicht zu bestreiten - den überwiegenden Teil seiner Ausführungen der Feststellung der tatsächlichen Geltung des Rechts (sei es gesetzlicher Herkunft, sei es frei geschaffen) gewidmet hat, so ist damit noch nicht gesagt, daß die Rechtstatsachenforschung deshalb allein und ausschließlich eine juristische Disziplin sein müsse. NUSSBAUM meinte dies zwar, weil er als Tatsachen, die es zu erforschen gelte, nur die für die sachgemäße Rechtsanwendung erforderlichen Tatsachen bezeichnete. Es ist aber einsichtig, daß er bei der Untersuchung der tatsächlichen Geltung des Rechts auch die Rechtsnorm selbst als Tatsache behandelt, da er nicht nach ihrem normativen Sinn, sondern nach ihrer faktischen Geltung fragt. KARL N. LLEWELLYN, der Hauptvertreter des amerikanischen legal realism, der sich mit seiner Forderung nach Erforschung der Rechtstatsachen (gathering and interpretation of facts about legal behaviour) als Nachfolger von EHRLICH und NUSSBAUM bezeichnete, hat besonders klar den doppelten Aspekt jeder Norm herausgearbeitet[48]. Norm oder Regel bedeutet stets zweierlei, und zwar einmal die Faktizität (Regelhaftigkeit oder Regelmäßigkeit) des Verhaltens (rules of doing something; descriptive rules; prediction rules; practices) und zum anderen die bloße Normativität, die Richtschnur (rules for doing something, prescriptive rules; ought-rules; precepts). Die erste Bedeutung gehört der Seinssphäre an und ist von der Sollenssphäre der Normativität scharf zu unterscheiden. LLEWELLYN schlägt daher vor, hier nicht mehr von Norm, sondern von Praxis (practices) zu sprechen. Da NUSSBAUM nun in diesem Sinne nicht die Norm, sondern die Praxis erforschen wollte, nicht das Hypotheken*recht*, sondern das Hypotheken*wesen*[49], könnte man meinen, er selbst und auch HIRSCH hätten unrecht, hier von einer juristischen Disziplin zu sprechen; denn Rechtstatsachenforschung würde dann zur Seinswissenschaft und damit zur Soziologie gehören. Dies würde jedoch übersehen, daß zwischen der Rechtssoziologie und einer «reinen» (normativen) Rechtslehre methodologisch noch ein Zwischenbereich existiert, nämlich die soziologische Jurisprudenz.

1967, 182 - 196, 183.

48 Vgl. zum folgenden REHBINDER: KARL N. LLEWELLYN als Rechtssoziologe, in KZfSS 18 (1966), 532 - 556 (541 - 543).

49 Vgl. NUSSBAUM: Lehrbuch des Deutschen Hypothekenwesens, 2. Aufl. 1921.

II. Die erkenntnistheoretische Trennung von Rechtssoziologie und soziologischer Jurisprudenz

Denn wenn NUSSBAUM die Rechtstatsachenforschung als juristische Disziplin begriff, so deshalb, weil er die Realien begrifflich verarbeiten und damit in das System der Rechtswissenschaft einfügen wollte[50]. Der Grund aber, warum er sich weigert, dieses Vorgehen trotz der von ihm erkannten Seinswissenschaftlichkeit der Tatsachenforschung als soziologisch zu bezeichnen, liegt - um hier einmal die von ihm propagierte «psychologisch-genetische Betrachtung» auf ihn selbst anzuwenden - an seiner Abhängigkeit von der damaligen und bis heute noch nachwirkenden «Zeitströmung» auf erkenntnistheoretischem Gebiet, nämlich der neukantianischen Dichotomie von Sein und Sollen[51]. Das zeigt sich in seiner Stellungnahme zum Werk von EUGEN EHRLICH. Anfänglich mißversteht er EHRLICH völlig und hält ihm vor, Gegenstand der Rechtswissenschaft seien Normen und keine Naturgesetze[52]. Später verweist er auf die Rechtssoziologie von MAX WEBER, den er «mit seiner höchst genauen Trennung von Rechtswissenschaft und Soziologie und mit seiner nachdrücklichen Betonung einer wertfreien Haltung fast als Gegenpol zu EHRLICH» betrachtet, und wirft EHRLICH zu Unrecht[53] eine Vermischung von Rechtswissenschaft und Soziologie vor[54]. Gerade die Rechtssoziologie von MAX WEBER hat uns aber gezeigt, daß jene «höchst genaue Trennung» von Rechtssoziologie und Dogmatik zur Errichtung einer chinesischen Mauer führen und damit die Rechtssoziologie zur Nutzlosigkeit eines Elfenbeinturm-Daseins verurteilen kann. WEBERS «Idealtyp» der Dogmatik ist nämlich infolge seiner puristischen Trennung von Sein und Sollen die Begriffsjurisprudenz. Er wendet sich dagegen, daß «soziologische und ökonomische oder ethische Räsonnements an die Stelle juristischer Begriffe treten»[55]. Eben dies aber, das Aufgeben «streng logischen» Deduzierens aus Begriffssystemen und die Ersetzung oder doch zumindest Ergänzung rein dog-

---

50 So NUSSBAUM (Fn. 4), 48.

51 Dazu näher MANFRED REHBINDER: Die Begründung der Rechtssoziologie durch Eugen Ehrlich, 1967, 98 - 104, 112.

52 NUSSBAUM (Fn. 4), 20. Vgl. dazu die (gegen KELSEN gerichtete) Entgegnung von EHRLICH bei REHBINDER ebd., 103.

53 Daß EHRLICH in Wahrheit das Prinzip der Wertfreiheit vertrat und auch erkenntnistheoretisch die beiden Bereiche von Jurisprudenz und Soziologie trennte, habe ich in *meiner* in Fn. 51 genannten Schrift, 71 - 77 und 98 - 101, nachgewiesen. Zu den weiteren Vorwürfen NUSSBAUMS vgl. ebd. 89 - 108 und unten im Text bei Fn. 89.

54 NUSSBAUM (Fn. 4), 62 - 64.

55 MAX WEBER: Rechtssoziologie, hg. von J. WINCKELMANN, 2. Aufl. 1967, 346.

matischer Argumente durch solche aus den Rechtstatsachen ist - wie wir heute wissen - weder eine methodologische Unmöglichkeit (Vorwurf des Methodensynkretismus) noch, wie WEBER meinte, ein Rückschlag gegen den Rationalismus[56]. Es handelt sich dabei um Verfahren, die wir als soziologische Jurisprudenz bezeichnen.

Blickt man die internationale Literatur daraufhin durch, was man unter soziologischer Jurisprudenz versteht, so kommt man zu dem überraschenden Ergebnis, daß eine exakte Definition fehlt. Der Rechtstheoretiker WOLFGANG FRIEDMANN behauptet sogar, daß eine solche zur Zeit auch noch gar nicht möglich sei[57]. Dennoch würde ich wie folgt sagen: Soziologische Jurisprudenz ist die Lehre von der soziologisch orientierten Aufstellung, Anwendung und Durchsetzung der Rechtsnormen durch den Rechtsstab[58]. Sie ist angewandte Soziologie; denn sie will die Ergebnisse rechtssoziologischer Forschung für die Rechtspolitik oder für die Rechtsanwendung nutzbar machen[59]. Rechtssoziologie, die Grundlagenwissenschaft der soziologischen Jurisprudenz, ist echte Seinswissenschaft, die über die Richtigkeit oder Unrichtigkeit von Wertentscheidungen nichts aussagen kann[60]. Soziologische Jurisprudenz ist dagegen eine normative Disziplin; denn sie beschäftigt sich mit Wertentscheidungen, mit Soll-Urteilen. Rechtssoziologie verzeichnet lediglich die Tatsachen, sie bewertet sie nicht[61]. Soziologische Jurisprudenz nimmt Wertungen vor, aber nur aufgrund umfassender Kenntnis des sozialen Befundes. Denn ohne die Kenntnis des lebenden Rechts, seiner Entwicklungsgesetze und der «Gesetze» seiner Wirksamkeit ist eine wissenschaftlich begründete Gesetzgebung und Rechtsfindung nicht möglich[62].

---

56 Dazu ausführlich MANFRED REHBINDER, Max Webers Rechtssoziologie: eine Bestandsaufnahme , in: R. KÖNIG/WINCKELMANN: Max Weber zum Gedächtnis, 1963, 470 - 488 (481 - 484). Vgl. auch schon PHILIPP HECK: Begriffsbildung und Interessenjurisprudenz, 1932, 222 f.

57 WOLFGANG FRIEDMANN: Legal Theory, 4. Aufl. 1960, 194: "An accurate definition of scope and meaning of sociological jurisprudence meets as yet with insuperable difficulties."

58 So schon REHBINDER (Fn. 51), 77.

59 Vgl. ERNST E. HIRSCH: Das Recht im sozialen Ordnungsgefüge, 1966, 44 f.

60 Vgl. KARL N. LLEWELLYN: Jurisprudence. Realism in Theory and Practice, 1962, 87: "Science does not teach us where to go. It never will."

61 So schon EUGEN EHRLICH: Grundlegung der Soziologie des Rechts, 1913, 314.

62 Vgl. REHBINDER (Fn. 51), 74.

Eine Trennung von Rechtssoziologie und soziologischer Jurisprudenz findet sich bei einer ganzen Reihe von Schriftstellern, jedoch mit verschiedener Akzentuierung. So meint GURVITCH, Rechtssoziologie sei eine theoretische, soziologische Jurisprudenz sei eine praktische oder angewandte Wissenschaft, eine Technik[63]. Diese Abgrenzung wird von ROSCOE POUND aufgenommen. Er hält jedoch GURVITCH zu Recht entgegen, daß auch die soziologische Jurisprudenz, die nach POUND die Aufgabe des social engineering hat, theoretisch-allgemein und nicht nur rein praktisch betrieben werden könne[64]. Man muß in der Kritik an GURVITCH aber noch weitergehen: Auch die Rechtssoziologie ist nicht nur theoretisch: denn sie kann und muß auch empirisch betrieben werden[65]. Der Gegensatz zur Praxis ist nicht die theoretische, sondern die reine Wissenschaft. Wobei man sich durchaus streiten kann, ob man nicht von einem streng positivistischen Wissenschaftsbegriff ausgehen und nur diese reine Wissenschaft eine Wissenschaft und die angewandte, mit Wertungen befasste Wissenschaft nicht besser eine praktische oder technische Kunstlehre nennen sollte[66]. So bezeichnet der australische Rechtssoziologe GEOFFREY SAWER die sociological jurisprudence im Gegensatz zur sociology of law als «art of legal administration»[67], den soziologischen Juristen, als dessen Hauptvertreter er JHERING[68], POUND und GÉNY nennt, als adviser of legal practitioners[69], dessen Standort innerhalb des Rechts zu suchen sei[70]. Auch eine neuere amerikanische Darstellung der Rechtssoziologie sieht die Aufgabe der soziologischen Jurisprudenz in der Umsetzung der Erkenntnisse der Rechtssoziologie in die Praxis des social engineering. Soziologische Jurisprudenz sei daher goal-orientated[71].

Eine etwas ausführlichere Begründung für die begriffliche Trennung der jeweiligen Bereiche findet sich bei TIMASHEFF. Er schreibt, die Jurisprudenz

---

63 GEORGES GURVITCH: Sociology of Law, 1942, 11.

64 ROSCOE POUND: Sociology of Law, in: GURVITCH/MOORE: Twentieth Century Sociology, 1945, 297 - 341, 301 f.

65 So gegen POUNDs Trennung von sociology of law and sociological jurisprudence schon REHBINDER, Roscoe Pound (1870 - 1964), in JZ 1965, 482 - 484, 484.

66 Dazu REHBINDER (Fn. 51), 101.

67 GEOFFREY SAWER: Law in Society, 1965, 24.

68 FRIEDMANN (Fn. 57), 280, bezeichnet JHERING als "father of modern sociological jurisprudence".

69 SAWER (Fn. 67), 20.

70 Ebd., 16: "Within the law-standpoint".

71 DAVIS, F. J./FOSTER/JEFFERY/DAVIS: Society and the Law, 1962, 26 f.

arbeite ideographisch und behandle Einzelphänomene (individual phenomena), die Rechtswissenschaft dagegen (science of law), und das ist für ihn die Rechtssoziologie, arbeite nomographisch und behandle naturwissenschaftliche Gesetzmäßigkeiten (natural laws, uniformities). Soziologische Jurisprudenz verbinde das Studium der Normen mit der Erforschung des entsprechenden menschlichen Verhaltens in der Gesellschaft. Sie zeige, wie das Gesetzesrecht durch Gewohnheitsrecht und Gerichtspraxis überrollt werde und in welcher Weise bei der teleologischen Interpretation einer Norm der durch sie geregelte soziale Sachverhalt zu berücksichtigen sei[72]. Anders die Rechtssoziologie: «For the sociology of law, not the transformed norms of conduct, themselves, but the fact of their transformation is of interest and creates an incentive for generally studying the process of modifying patterns of written law by means of conflicts with other social phenomena and structures»[73]. Beide Gebiete beschäftigen sich mit anderen Worten mit der Interdependenz von Recht und Gesellschaft. Die Rechtssoziologie studiert sie jedoch im Hinblick auf allgemeine Gesetzmäßigkeiten, während die soziologische Jurisprudenz lediglich (aus «praktischen Gründen») einen bestimmten Einzelfall (zu einem bestimmten Zeitpunkt, an einem bestimmten Ort) im Auge hat.

Gegen diese Abgrenzung durch TIMASHEFF wendet sich JULIUS STONE[74]. Er macht zu Recht darauf aufmerksam, daß aus TIMASHEFFs eigenen Ausführungen zu entnehmen sei, wie die soziologische Jurisprudenz nicht nur im konkreten Einzelfall, sondern über den Einzelfall hinausgehend auch allgemein, d.h. theoretisch betrieben werden könne. STONE selbst dagegen ist, soweit ich sehen kann, der einzige moderne Rechtssoziologe, der die Möglichkeit einer Abgrenzung von Rechtssoziologie und soziologischer Jurisprudenz ausdrücklich verneint, und zwar mit der Begründung, eine Rechtssoziologie als eigenständiges Wissenschaftsgebiet könne es gar nicht geben. Das Recht als Gegenstand der Soziologie - so führt er gegen HUNTINGTON CAIRNS aus - könne man nicht auf bestimmte soziale Phänomene beschränken[75], da es alle Kulturerscheinungen durchdringe[76]. Anstelle einer autonomen Rechtssoziologie gäbe es nur

---

72 N. S. TIMASHEFF: An Introduction to the Sociology of Law, 1939, 27 - 29.

73 Ebd., 39.

74 JULIUS STONE: Social Dimensions of Law and Justice, 1966, 32 Anm. 67.

75 Ebd., 33.

76 Ebd., 30. Das ist hier insoweit richtig, als die soziologische Jurisprudenz, wenn sie auf soziologische Daten zurückgreift, auf die Daten der jeweiligen Spezialsoziologien rekurriert, also etwa das Familienrecht auf die Daten der Familiensoziologie. Aber umgekehrt braucht ja auch die Rechtssoziologie zur Verifizierung bestimmter Hypo-

soziologische Aspekte der Rechtswissenschaft[77]. Deshalb nennt er auch den dritten Band seines magnum opus der Rechtswissenschaft, seine Rechtssoziologie: «Social Dimensions of Law and Justice».

Die Argumentation von STONE scheint mir jedoch wenig überzeugend. Sie unterliegt Bedenken in zweifacher Hinsicht. Zunächst ist zuzugeben, daß es kaum einen sozialen Sachverhalt gibt, der nicht zum Gegenstand von Rechtsregeln gemacht werden könnte. Aber es muß bestritten werden, daß sich das Recht nicht genügend von anderen sozialen Phänomenen abgrenzen lasse, um zum Gegenstand einer speziellen Soziologie gemacht werden zu können. Gleichgültig, ob man den staatlichen oder ob man den pluralistischen («soziologischen») Rechtsbegriff vertritt, nach dem auch der Ordnung einer Gruppe Rechtsqualität zugesprochen werden kann[78]: Recht ist nicht *jede* Gruppenordnung, sondern nur diejenige Gruppenordnung, die durch einen speziellen Rechtsstab garantiert und durchgesetzt wird. Das sollte seit dem Scheitern von EHRLICHs Abgrenzungsversuch nicht mehr bestritten werden[79]. Und wenn das Recht von anderen sozialen Phänomenen abgegrenzt werden kann, weil man es am Handeln des Rechtsstabes ansiedeln muß, dann kann es auch Gegenstand einer speziellen Soziologie sein. STONE scheint anzunehmen, und damit kommen wir zum zweiten Einwand gegen seine Ausführungen, daß dem die Theorie von der Dreidimensionalität des Rechts entgegenstehe, die den Bereich der Rechtswissenschaft in Rechtsphilosophie, die die Idealität des Rechts, in Rechtsdogmatik, die die Normativität des Rechts, und in Rechtssoziologie unterteilt, die die Faktizität des Rechts untersucht[80]. Mir scheint jedoch die Dreidimensionalität des Rechts die Annahme einer eigenständigen Rechtssoziologie nicht auszuschliessen. Rechtssoziologie ist eben eine echte Bindestrichwissenschaft. Sie beschäftigt sich mit dem Recht und ist daher Bestandteil der Rechtswissenschaft im weiteren Sinne, und sie ist Teilgebiet der Soziologie, ohne daß man durch diese Annahme gleich gezwungen wäre, die Soziologie zur umfassenden

---

thesen Daten aus anderen Gebieten, z.B. zur Überprüfung von Hypothesen über die Wirkungschancen von Gesetzen braucht sie Daten etwa aus der Psychologie. Es kommt, wie gleich im Text ausgeführt wird, für die Abgrenzung der Forschungsbereiche nicht so sehr auf die Herkunft der Daten, sondern mehr auf das Erkenntnisziel an. Im Hinblick auf die Herkunft der Daten könnte man allenfalls die Rechtssoziologie und rechtserhebliche Soziologien unterscheiden.

77 Ebd., 35.

78 So ebd., 34.

79 Dazu näher REHBINDER (Fn. 51), 104 - 112.

80 Nachweise bei REHBINDER, ebd., 113 - 115.

Sozialwissenschaft zu machen, die auch die Rechtssoziologie mit einschliesst. Denn über die Eigenständigkeit einer wissenschaftlichen Disziplin entscheidet nicht ihr Untersuchungsgegenstand, wie man STONE verstehen könnte, sondern ihre Forschungsmethode und damit ihr Erkenntnisziel. Es führt deshalb zu Mißverständnissen, wenn man die Rechtswissenschaft (im weiteren Sinne der trialistischen Theorie) als einheitliches Ganzes betrachtet. Erkenntnistheoretisch sind Rechtssoziologie und Rechtsdogmatik streng zu trennen, auch wenn die Rechtsdogmatik als soziologische Jurisprudenz betrieben wird. Das zeigen am besten die heute noch gültigen Ausführungen zur Abgrenzungsproblematik in methodologischer Sicht, die KANTOROWICZ auf dem Ersten Deutschen Soziologentag gemacht hat. An der Eigenständigkeit der Rechtssoziologie jedenfalls und ihrer Abgrenzungsmöglichkeit von der soziologischen Jurisprudenz sollte nach allem kein Zweifel bestehen.

III. Rechtstatsachen als soziologische Daten

Wir können daher als erstes Zwischenergebnis festhalten, daß Rechtstatsachenforschung in der Sicht von NUSSBAUM eine juristische Disziplin ist, nämlich - wie gleich näher auszuführen sein wird - der seinswissenschaftliche Bestandteil der soziologischen Jurisprudenz. Dann aber fragt sich, ob Rechtstatsachenforschung nicht auch daneben und zugleich die zutreffende Bezeichnung für die empirische Seite der Rechtssoziologie sein könnte. Denn sobald soziologische Theorien oder Hypothesen über das Recht empirisch überprüft werden, erfordert dies die Feststellung der relevanten sozialen Fakten. Es ist jedoch nicht sicher, ob nicht diejenigen Tatsachen, die die soziologische Jurisprudenz untersucht, anderer Art sind als die Tatsachen der empirischen Rechtssoziologie. Die Wirklichkeit der soziologischen Jurisprudenz könnte nämlich eine andere sein als die Wirklichkeit der Rechtssoziologie. RENÉ KÖNIG hat hier zur Kennzeichnung zweier getrennter Sphären die Unterscheidung von Rechtswirklichkeit und sozialer Wirklichkeit des Rechts eingeführt: «Die Rechtswirklichkeit, die nur rein rechtswissenschaftlich relevant ist, erwächst aus der Rechtsverwirklichung, der Rechtsanwendung, die überall die Rechtsnorm voraussetzt. Die soziale Wirklichkeit des Rechts im Sinne der Soziologie bezielt dagegen den sozialen "Unterbau" von Regelungen, aus denen nach mannigfaltigen Umwegen auch die Rechtsnormen erwachsen, bis sie sich zum Kultursystem des Rechts verdichten»[81].

81 RENÉ KÖNIG: Das Recht im Zusammenhang der sozialen Normensysteme, in: HIRSCH/REHBINDER: Studien und Materialien zur Rechtssoziologie, 1967, 36 - 53, 48.

Wenn ich aber KÖNIG richtig verstehe, so fällt diese Unterscheidung nicht mit der Trennung von soziologischer Jurisprudenz und Rechtssoziologie zusammen. Die Rechtswirklichkeit der Juristen, die KÖNIG im Auge hat, ist die faktische Auswirkung der rechtlichen Normen; wobei offenbleibt, worin diese Auswirkung zu sehen ist: vermutlich im Handeln der Rechtsunterworfenen. Die soziale Wirklichkeit des Rechts ist dagegen der soziale Kontext, der «Unterbau» des rechtlichen Normativsystems. KÖNIG spricht hier an anderer Stelle[82] von der «Soziologie des Rechtswesens». Es geht also um die sozialen Bedingungen, unter denen und mit denen das Recht arbeitet. Nun ist offensichtlich, daß die Rechtstatsachen, die NUSSBAUM erforschen will, Bestandteil sowohl der Rechtswirklichkeit in diesem Sinne als auch der sozialen Wirklichkeit des Rechts sind; denn NUSSBAUM will ja alle Tatsachen erforschen, «deren Kenntnis für ... eine sachgemäße Anwendung der Normen erforderlich ist»[83]. Ihm geht es mit anderen Worten um die Kenntnis «der sozialen, politischen und anderen tatsächlichen Bedingungen, aufgrund deren einzelne rechtliche Regeln entstehen», und die Kenntnis «der sozialen, politischen und sonstigen Wirkungen jener Normen»[84]. Rechtstatsachen befinden sich also auch im Bereich der sozialen Wirklichkeit des Rechts, im «Unterbau»; denn dieser ist entscheidend für die Wirkung einer Norm.

Damit ist aber noch nicht die Frage entschieden, ob es nicht sinnvoll wäre, auch die Fakten der empirischen Rechtssoziologie als Rechtstatsachen zu bezeichnen. NUSSBAUMs Definition stünde dem nicht entgegen. Es gibt aber Verwendungen dieses Begriffs in der Literatur, die gegenüber NUSSBAUMs Terminologie enger und spezifischer sind. Hier ist an erster Stelle der Rechtstatsachenbegriff zu nennen, wie er uns im Werk von EUGEN EHRLICH entgegentritt[85]. EHRLICH betrachtet bekanntlich die Rechtstatsachen als Quelle gesellschaftlichen Rechts. Rechtstatsachen sind für ihn nur solche Lebensverhältnisse, an die der menschliche Geist Regeln der Verbandsordnung anknüpft. Diese als Rechtsquelle wirkenden sozialen Fakten («Werkstätten des Rechts») beschränkt er auf vier Grundtypen, nämlich auf Übung, Herrschaft, Besitz und Willenserklärung[86]. Sie sind für den faktischen Rechtszustand entscheidend. Sie gilt es

---

82 RENÉ KÖNIG und WOLFGANG KAUPEN: Soziologische Anmerkungen zum Thema "Ideologie und Recht", in: HIRSCH/REHBINDER, ebd., 356 - 372, 362.

83 So NUSSBAUM (Fn. 4), 21.

84 Ebd., 67.

85 Ausführlich zuerst in seiner Rektoratsrede: Die Tatsachen des Gewohnheitsrechts, 1907, sodann in seiner Grundlegung der Soziologie des Rechts, 1913, Kap. V.

86 Vgl. REHBINDER (Fn. 51), 29 - 34, mit näheren Belegen.

daher auch zu verändern, soll das staatliche Recht als Hebel des sozialen Lebens wirken[87]. Das jeweilige lebende Recht, das im modernen Staat aus dem Zusammenspiel von staatlichem Recht, Juristenrecht und gesellschaftlichem Recht entsteht, zeigt sich am aktuellen Zustand der Rechtstatsachen. Diese Rechtstatsachen muß die Rechtssoziologie erforschen. Die aus ihnen unmittelbar abzuleitenden konkreten Regeln des Handelns sind das, was andere - so EHRLICH - als Natur der Sache bezeichnen[88].

Als NUSSBAUM seine erste Programmschrift über Rechtstatsachenforschung schrieb (1914), war dieser engere Rechtstatsachenbegriff von EHRLICH schon publiziert. NUSSBAUM hat ihn auch gekannt, wie seine mehrfachen polemischen Seitenhiebe gegen EHRLICH zeigen[89]. Um so mehr verwundert, daß er sich nie damit ausdrücklich auseinandergesezt hat. Am Ende seines Lebens beklagt er sich sogar, daß Ausdruck und Methode der Rechtstatsachenforschung in den USA irrtümlich EHRLICH zugeschrieben würden, der doch selbst (was unzutreffend ist[90]) niemals irgendwelche Tatsachenforschung publiziert habe[91]. Man kann sich dieses offensichtliche Übergehen von EHRLICHs Ausführungen zur Rechtstatsachenforschung nur so erklären, daß zwischen diesen beiden Autoren ein Prioritätenstreit bestand, wie er sich häufig in der Wissenschaftsgeschichte findet[92]. Auch EHRLICH hat ja in scharfen Bemerkungen um die Anerkennung

87 Ebd., 60 - 65.

88 Ebd., 66 f.

89 So z.B. NUSSBAUM (Fn. 4), 20: Die soziologische Jurisprudenz im Sinne von EHRLICH verkenne, daß Gegenstand der Rechtswissenschaft Normen und nicht Naturgesetze seien; S. 36: EHRLICHs "Institut für lebendes Recht" fordere prinzipielle Bedenken heraus, da man den Rechtsstoff nicht in einen lebenden und in einen toten Teil zerlegen könne; dann insbesondere S. 62 - 64 (vgl. dazu oben im Text bei Fn. 53) und S. 67: EHRLICH gehöre zu den begeisterten Verfechtern des Rechtsrealismus, die selbst keinerlei nennenswerte Tatsachenforschung getrieben haben.

90 Vgl. EUGEN EHRLICH: Recht und Leben, Gesammelte Schriften zur Rechtstatsachenforschung und zur Freirechtslehre, 1967, 11 - 79, und dazu REHBINDER (Fn. 51) , 21 - 25.

91 NUSSBAUM (Fn. 8), 190 Anm. 47: «The indicated term and method (sc. Rechtstatsachenforschung) have been attributed erroneously to the Austrian EUGEN EHRLICH. EHRLICH uses merely the customary and nontechnical (?) term Tatsachen des Rechts, to which he attributes a "historical" significance, strangely restricted to usage, domination, possession, declaration of will; nor has EHRLICH ever published any actual fact research.»

92 Eine interessante wissenssoziologische Analyse derartiger Prioritätenstreite gibt ROBERT K. MERTON: Resistance to the Systematic Study of Multiple Discoveries in

seiner Priorität gegenüber mehreren Autoren gekämpft, so insbesondere gegenüber FRANÇOIS GÉNY[93], MARTIN WOLFF[94] und HERMANN KANTOROWICZ[95]. Wer von beiden, NUSSBAUM oder EHRLICH, in heutiger Sicht als Begründer der Rechtstatsachenforschung anzusehen ist, ist - wenn man diese Frage nicht überhaupt als müßig erachtet - gar nicht so einfach zu entscheiden, zumal sich für beide Vorläufer finden lassen[96], vor allem bei Vertretern der historischen Rechtsschule[97]. Wenn man aber bei praktischen Disziplinen nicht so sehr die programmatische Forderung, sondern die praktische Durchführung zum Kriterium nimmt («bilde Künstler, rede nicht!»[98]), also nicht die Worte, sondern die Taten entscheiden lässt, dann wird man zweifellos NUSSBAUM den Vorzug geben müssen, der in eigener Person vier einschlägige Monographien und mehrere Aufsätze voller Faktenforschung geschrieben und zahlreiche weitere Arbeiten angeregt hat[99]. Demgegenüber ist EHRLICHs empirische Forschung, wiewohl vorhanden, so doch verhältnismäßig gering und nur als erster Anfang zu betrachten[100].

EHRLICHs Rechtstatsachenbegriff hat jedoch in der theoretischen Rechtssoziologie der Gegenwart einen bedeutenden Vertreter gefunden, nämlich GURVITCH. Auch GRUVITCH setzt Rechtstatsache und Rechtsquelle gleich. Er spricht vom «normativen Faktum» und versteht darunter «jede Manifestation des sozialen Lebens, die fähig ist, Recht zu erzeugen, d.h. dem Recht als primäre oder

---

Science, in: Europäisches Archiv für Soziologie IV, 2 (1963), 237 - 282.

93 Vgl. EHRLICH (Fn. 90), 170 - 172.

94 Ebd., 11.

95 In einem Brief vom Januar 1913 an ERNST FUCHS, dessen Inhalt mir dessen Sohn ALBERT S. FOULKES (Sydney) freundlicherweise mitgeteilt hat, heisst es u.a.: "Es hat mich, offen gestanden, immer ein wenig gewundert, mich von Ihnen als Nachtreter von KANTOROWICZ behandelt zu sehen. Ich trete den auch von mir bereitwilligst anerkannten Verdiensten gar nicht nahe, wenn ich darauf hinweise, dass mein Vortrag über Freie Rechtsfindung im Jahre 1903 erschienen ist, die Flugschrift von GNÄUS FLAVIUS (wenn ich nicht irre) im Jahre 1906."

96 Vgl. REHBINDER (Fn. 51), 13.

97 Schon bei SAVIGNY: Vom Beruf unserer Zeit für Gesetzgebung und Rechtswissenschaft, 1814, 30, heisst es: "Das Recht nämlich hat kein Daseyn für sich, sein Wesen vielmehr ist das Leben der Menschen selbst, von einer besonderen Seite angesehen."

98 So der Wahlspruch von NUSSBAUM, vgl. Fn. 4, 67.

99 Vgl. die Nachweise in *meiner* Einleitung zu NUSSBAUM (Fn. 4), 13 - 15.

100 Vgl. REHBINDER (Fn. 51), 21 - 25.

materielle Quelle zu dienen»[101]. Und an anderer Stelle der wahrhaft erbärmlichen deutschen Übersetzung seiner Rechtssoziologie heisst es, Normfakten seien «die spontanen Quellen der Positivität des Rechtes, seiner Gültigkeit. "Urquellen", die in einem ständigen Dynamismus einbezogen sind und das wirkliche Leben des Rechtes prägen»[102]. Nicht jede rechtlich relevante Tatsache ist also eine Rechtstatsache. Eine Rechtstatsache setzt vielmehr nach GRUVITCH[103], wie jede wissenschaftliche Tatsache, eine Konstruktion voraus; denn die soziale Wirklichkeit des Rechts sei weder eine unmittelbare Gegebenheit noch ein Inhalt der Wahrnehmung, sondern eine unserer Vernunft entsprungene Konstruktion, die sowohl von der sinnlichen Wirklichkeit als auch von der sozialen Wirklichkeit teilweise abgelöst ist.

Diese letztere Erklärung weist darauf hin, daß GURVITCH die Rechtstatsache als fait social im Sinne DURKHEIMS betrachtet. Wie PARSONS herausgearbeitet hat, lassen sich im Werk von DURKHEIM soziologische Tatbestände (faits sociaux) und soziologische Daten unterscheiden[104]. Der soziologische Tatbestand ist eine bestimmte Art des Handelns, die im Bereich einer gegebenen Gesellschaft allgemein auftritt[105]. Er hat nichts mit Durchschnitt oder Häufigkeit eines Verhaltens zu tun, sondern ist Bestandteil eines von außen wirkenden Kollektivbewußtseins und besitzt damit eine Wirklichkeit sui generis[106]. Auf diese Weise wirkt er normativ auf das Verhalten der Handelnden[107]. Wissenschaftslogisch handelt es sich beim soziologischen Tatbestand um eine empirisch verifizierbare Aussage über Erscheinungen (Phänomene) in Termini eines begrifflichen Schemas oder Systems[108]. Demgegenüber sind soziologische Daten Aussagen über beobachtete oder beobachtbare Eigenschaften eines konkreten Phänomens, die niemals aus Begriffen allein abgeleitet, sondern einzig in der Beobachtung erfaßt werden können. Als solche Daten nennt DURKHEIM ausdrücklich die Normen eines bestimmten Rechtskodex[109].

---

101 GEORGES GRUVITCH: Grundzüge der Soziologie des Rechts, 1960, 130.

102 Ebd., 38 f.

103 Ebd., 44 f.

104 Vgl. zum folgenden die Analyse von RENÉ KÖNIG in seiner Einführung zu EMILE DURKHEIM: Die Regeln der soziologischen Methode, 1961, 38 - 66.

105 Ebd., 40.

106 Ebd., 41.

107 Ebd., 52.

108 Ebd., 38.

109 Ebd., 39. Dazu die Kritik von KÖNIG (Fn. 81), 49.

Diese Unterscheidung DURKHEIMs zwischen soziologischen Tatbeständen und soziologischen Daten macht deutlich, daß es günstiger ist, die Bezeichnung Rechtstatsache nicht in dem engeren Sinne von EHRLICH und GURVITCH, sondern im weiteren Sinne von NUSSBAUM zu verwenden. Jede empirische Soziologie besteht aus zwei Stufen, nämlich aus dem Sammeln von Daten und dem Verdichten dieser Daten zu soziologischen Tatbeständen. Allein die soziologischen Tatbestände als Tatsachen zu bezeichnen, führt zu unnötigen Mißverständnissen; denn auch das Sammeln von Daten ist ja Faktenforschung[110]. Auch beschränkt auf die soziologische Jurisprudenz wäre ein engerer Rechtstatsachenbegriff unpraktikabel. Zwar ist für die soziologische Jurisprudenz der normierende Effekt des soziologischen Tatbestandes, seine Eigenschaft als Rechtsquelle, von entscheidender Bedeutung. Aber wie gleich auszuführen ist, beschränkt die soziologische Jurisprudenz sich nicht auf die genetische Betrachtung, sondern untersucht die Norm auch unter dem Hebel-Aspekt nach ihrer Effektivität. Die Wirkung einer Norm braucht jedoch nicht wiederum und allein in normierenden Fakten zu bestehen.

Gleichfalls mißverständlich wäre es übrigens, wollte man EUGEN HUBER folgen und die besonders ausgesuchten und geordneten, normierenden Fakten, die soziologischen Tatbestände, als Realien des Rechts bezeichnen. Unter Realien des Rechts versteht HUBER gewisse Erscheinungen, mit denen eine jede Rechtsordnung zu rechnen hat und auf denen notwendig das Recht aufgebaut werden muß[111]. Sie «gehören sowohl zur Gestaltung als zur Anwendung des Rechts, indem sie für beides gewisse Bedingungen setzen, die weder von der Gesetzgebung noch vom Richter übersehen werden dürfen»; sie bilden das Element, «das dem Recht einen gewissen Inhalt mit Notwendigkeit anweist»[112]. Werden sie auf irgendeine Weise in eine bestimmte Rechtsordnung aufgenommen, werden sie zu Materialien[113]. Für HUBER läßt sich das Recht auf Ideen und Realien zurückführen. Ideen bestimmen die Gesetzgebung von innen heraus, d.h. aus dem vernünftigen Bewußtsein. Realien dagegen «bewirken eine Bestimmung von außen, indem sie die Bildung der Rechtssätze nach vorhandenen Wirklichkeiten, die dem Bewußtsein aus der Erfahrung

110 Unrichtig ist daher insoweit die Bemerkung von MÜLLER-ERZBACH (Wohin führt die Interessenjurisprudenz?, 1932, 93), die Ergebnisse der Rechtstatsachenforschung seien das, was die Franzosen unter faits sociaux verstünden.

111 EUGEN HUBER: Recht und Rechtsverwirklichung, 2. Aufl. 1925, 31 f.

112 Ebd., 281.

113 Ebd., 32.

dargeboten werden, beeinflussen»[114]. Realien unterliegen dabei nicht dem stetigen Wandel des Veränderlichen, sondern bilden das Bleibende, die unerläßliche äußere Voraussetzung jeder Gesetzgebung[115]. Huber unterscheidet ausdrücklich die stets wandelbaren menschlichen Interessen, über deren rechtlichen Schutz der Gesetzgeber entscheidet, und die hinter diesen Interessen liegenden realen Verhältnisse, die der Gesetzgeber jederzeit hinzunehmen habe, wie sie sind, und die das stets notwendige Material der Gesetzgebung bilden: Realien »sind von Natur eine der Gesetzgebung sich aufdrängende Macht, nicht im Sinne der Positivierung einer bestimmten Rechtsordnung, sondern in dem Verstande, daß sie ausnahmslos von der Gesetzgebung als ihr Material anerkannt werden müssen»[116]. Als solche Realien nennt HUBER[117] den Menschen in seiner anthropologischen Existenz (als Individuum oder in Verbindung mit anderen), die sog. Naturalien, d.h. die natürlichen Verhältnisse, unter denen der einzelne Mensch lebt (unmittelbar wirkende Naturkräfte, wirtschaftliche Verhältnisse, Unterhalts- und Lebensbedingungen, Technik), sowie die sog. Überlieferung, d.h. den vorhandenen Rechtszustand (seine Festigung aufgrund natürlicher Momente oder aufgrund der Beharrungstendenz jeder bestehenden Ordnung, ferner die Art der gegenwärtigen Gestalt der Rechtssätze).

Zweifellos ist es nun Aufgabe der Rechtstatsachenforschung, derartige dem Recht quasi vorgegebene und relativ stabile Realien oder «Tatsachen» festzustellen und näher zu analysieren. Es würde jedoch Unklarheiten vermeiden, wenn man hier nicht von Tatsachen, sondern spezifischer von Sachzusammenhängen oder sachlogischen Strukturen sprechen würde, sollte man den schillernden und abgenutzten und daher wohl unbrauchbaren Ausdruck «Natur der Sache» vermeiden wollen. Der Umkreis der Rechtstatsachenforschung ist weiter. Er umfaßt auch den sozialen Kontext dieser sachlogischen Strukturen. Er umfaßt auch ihre Auswirkungen, ohne deren Kenntnis eine sachgemäße Rechtsanwendung und Rechtsetzung nicht möglich ist. Er umfaßt schließlich auch die stets sich wandelnden Interessen. Kurzum: Die Rechtstatsachen der Rechtstatsachenforschung sind soziologische Daten.

---

114 Ebd., 281.

115 Ebd., 283 f.

116 Ebd., 284 f.

117 Ebd., 286 f.

IV. Rechtstatsachenforschung als seinswissenschaftlicher Bestandteil der soziologischen Jurisprudenz

So gesehen deckt die Bezeichnung Rechtstatsachenforschung sowohl ein Vorgehen im Sinne der soziologischen Jurisprudenz als auch ein Vorgehen im Sinne empirischer Rechtssoziologie. Das bleibt jetzt näher auszuführen, und zwar zunächst für das den Juristen in erster Linie interessierende Gebiet der soziologischen Jurisprudenz. Die soziologische Jurisprudenz beschäftigt sich, wie gesagt, mit der soziologisch ausgerichteten Aufstellung, Anwendung und Durchsetzung der Rechtsnormen durch den Rechtsstab. Die Aufstellung von Rechtsnormen, d.h. die Rechtsetzung, ist wissenschaftlich eine Frage der Rechtspolitik. Die Anwendung und Durchsetzung von Rechtsnormen, d.h. die Rechtspflege, ist wissenschaftlich eine Frage der Rechtsdogmatik. Wir behandeln zunächst die Bedeutung der Rechtstatsachenforschung für die Rechtsdogmatik.

1. Rechtstatsachenforschung im Rahmen der Rechtsdogmatik

NUSSBAUM betrachtete die Rechtstatsachenforschung lediglich als Ergänzung der Dogmatik[118]. Er forderte die Einfügung der Realien in das System der Rechtswissenschaft[119]. Dies geht, wie wir bereits gesehen haben, in zwei Schritten vor sich. Zunächst wird die lebende Norm, d.h. die Rechtsnorm in ihrer tatsächlichen Geltung untersucht. Ist diese dann ermittelt, so kommt es in einem nächsten Schritt zur Ursachenforschung (Frage nach der Interdependenz von Recht und Sozialleben). Schon der erste Schritt, die Ermittlung der tatsächlich geltenden Norm, ist eine Faktenfrage; denn es wird nicht nach dem juristischen Sinn der Norm, sondern nach ihrer Existenz gefragt. Die Norm wird als Tatsache behandelt. Das scheint einleuchtend, soweit es nicht um Normen des gesetzten Rechts geht, sondern um die sogenannten freien Rechtsbildungen, die erst einmal faktisch festgestellt werden müssen. Es gilt aber auch, wie gleich zu zeigen ist, für die dogmatische Behandlung des gesetzten Rechts.

Die freien Rechtsbildungen sind Einbruchstellen des Soziallebens in das Normensystem des gesetzten Rechts. Sie sind nur dort zulässig, wo die gesetzte Rechtsordnung einen Freiheitsbereich für die eigene Rechtsgestaltung übrigläßt. Sprengen sie diesen ihnen zugestandenen Rahmen und setzen sie sich gegenüber

---

118 NUSSBAUM (Fn. 4), 55.

119 Ebd., 48.

entgegenstehenden Normen des gesetzten Rechts durch, handelt es sich um den Sonderfall einer Überlagerung des gesetzten Rechts durch neues «freies» Recht, das dem gesetzten Recht seine Wirksamkeit und damit seine faktische Existenz nimmt. Im Normalfall bewegen sich freie Rechtschöpfungen also im Bereich rechtlich eingeräumter Autonomie. THEODOR GEIGER spricht hier von legislatorischer Autorisation[120]. Die Schöpfung selbst kann - wie Nussbaum richtig bemerkt[121] - auf zweifache Weise erfolgen, und zwar entweder durch bewußten rechtschöpferischen Akt oder langsam durch Gewohnheit. Bewußte Rechtschöpfungen, die meist dispositives Recht außer Kraft setzen, sind Satzungen aller Art (Gesamtakte), Verträge und einseitige Willenserklärungen (insbesondere Testamente) samt ihren Zwischenformen (z.B. Tarifverträge als Kombination von körperschaftlicher Satzungsgewalt und Vertrag; Allgemeine Geschäftsbedingungen als Normenverträge zweier Verbände, als Satzung eines Verbandes oder als Willenserklärung eines Unternehmens). Dabei mag hier dahingestellt bleiben, ob es sich bei diesen Rechtschöpfungen im Rahmen rechtlich eingeräumter Autonomie um Normen des objektiven Rechts oder um Rechtsgeschäfte handelt[122]. Auf jeden Fall sind die so geschaffenen Bestimmungen Rechtsregeln, die für den konkreten Einzelfall massgebend sind und daher faktisch ermittelt werden müssen.

Langsam durch Gewohnheit entstehende Rechtsnormen sind für NUSSBAUM die heute nur noch sehr seltenen Normen des echten Gewohnheitsrechts, dann aber insbesondere die Verkehrsgebräuche und die typischen Rechtsgeschäfte. Neben den gesetzlichen Normaltypen bestimmter Rechtsgeschäfte, die im dispositiven Recht verankert sind, entstehen im Laufe der Zeit neue, gesellschaftliche Normaltypen. Es handelt sich hier um das Problem der typischen «atypischen» oder gemischtrechtlichen Verträge, d.h. um die neuen Durchschnittstypen, die die gesetzlichen Normaltypen in der Rechtswirklichkeit verdrängen. Die Normen dieser neuen typischen Rechtsgeschäfte müssen faktisch ermittelt werden, um derartigen Erscheinungen im Wege der «Auslegung» (Vertragsergänzung) gerecht werden zu können. Soweit sie in der Notariatspraxis entwickelt werden, heißt das Stichwort: Kautelarjurisprudenz. Die Verkehrsgebräuche, unter ihnen besonders die Handelsbräuche, sind ihrer Herkunft nach Sitte oder Brauch. Sie werden aber zu Rechtsnormen aufgrund rechtlicher Verweisungsnormen: «Wenn dem Richter aufgegeben wird, nach Treu und Glau-

---

120 THEODOR GEIGER, Vorstudien zu einer Soziologie des Rechts, 1947, 137.

121 NUSSBAUM (Fn. 4), 49.

122 Gegen den Sinn solcher Unterscheidungen ausführlicher: MANFRED REHBINDER, Die Rechtsnatur des Tarifvertrages, in: JR 1968, 167 - 171.

ben, d.h. nach den Regeln des Anstandes und der Billigkeit, zu urteilen, wenn er bei der Beurteilung von Handlungen und Unterlassungen bald auf die Verkehrssitte, bald auf die im Handelsverkehr geltenden Gewohnheiten und Gebräuche Rücksicht nehmen soll, wenn er Rechtsgeschäfte und -handlungen an den guten Sitten zu messen hat, so handelt es sich bei derartigen Generalklauseln um rechtlich bindende *Verweisungen* auf außerrechtliche (metajuristische) Sozialordnungen, ... deren Vorhandensein und Geltung von der Rechtsordnung deshalb vorausgesetzt wird, weil diese das Sozialleben nur teilweise regelt, regeln kann und regeln will[123]». Auch wenn diese Verweisungen nicht nur auf eine bloß faktische Regelhaftigkeit des Verhaltens, sondern auf eine wertende, normative Regelmäßigkeit, also nicht nur auf Seinsgesetzlichkeiten, sondern auf Sollensnormen verweisen, muß der betreffende Maßstab erst einmal empirisch ermittelt werden[124]. Dieses Gebiet, das Ausfüllen der generalklauselartigen Verweisungsnormen durch die für den Einzelfall erforderliche Faktenforschung, ist eine der wichtigsten Aufgaben der Rechtstatsachenforschung im Bereiche der Dogmatik.

Einbruchstellen des Soziallebens in das rechtliche Normensystem sind aber nicht nur die freien Rechtschöpfungen im Rahmen der legislatorischen Autorisation. Es fallen darunter auch die Fälle der von THEODOR GEIGER[125] sogenannten judikatorischen Option. Hier lag der Schwerpunkt der Freirechtslehre[126], die das Dogma von der Geschlossenheit des Rechtssystems, besser: der Lückenlosigkeit der Rechtsordnung überwand und dem Richter die Aufgabe der Rechtsfortbildung zusprach. Diese Rechtsfortbildung sollte unabhängig vom positiven Recht (Ablehnung der begrifflichen Konstruktionen), sie sollte «soziologisch» sein. Wie aber eine solche soziologische Rechtsfindung auszusehen habe, das konnte sie nicht wirklich klären.

Immerhin finden sich bei einigen Freirechtlern bemerkenswerte Ansätze. EHRLICH, der zu den Begründern der Freirechtsschule zu zählen ist[127], verwies

---

123 ERNST E. HIRSCH: Zu einer «Methodenlehre der Rechtswissenschaft», in: JZ 1962, 329 - 334, 333.

124 So für den Sonderfall der Verweisung auf die Grundsätze ordnungsmäßiger Buchführung: M. REHBINDER, Gelten die neuen Bewertungsvorschriften des Aktienrechts auch für Unternehmen mit anderer Rechtsform?, in: NJW 1966, 1549 - 1551.

125 GEIGER, Fn. 120.

126 Dazu umfassend KLAUS RIEBSCHLÄGER: Die Freirechtsbewegung. Zur Entwicklung einer soziologischen Rechtsschule, 1968.

127 Vgl. REHBINDER (Fn. 51), 77- 88; RIEBSCHLÄGER (Fn. 126), 33 - 35.

für die Ausfüllung von Lücken der Rechtsordnung auf seine «Tatsachen des Rechts». Diese waren für ihn Rechtsquellen des gesellschaftlichen Rechts, aus denen man konkrete Handlungsnormen ableiten kann, Normen aus der «Natur der Sache», den subsistenten Normen von THEODOR GEIGER vergleichbar[128]: «Die Normen "aus der Natur der Sache" oder "die sich aus dem Begriffe ergeben", sind die Regeln des Handelns, die ein Rechtsverhältnis im Leben beherrschen; sie sind ein Werk des Lebens, nicht des Gesetzgebers oder einer anderen zum Setzen von Normen berufenen Gewalt, und sie können wohl wissenschaftlich erkannt und festgestellt, aber nicht angeordnet oder vorgeschrieben werden»[129]. Die konkreten Handlungsnormen muß der Jurist dann in einen abstrakten Rechtssatz verwandeln, und zwar durch Verallgemeinerung und durch Vereinheitlichung[130]. Bei dieser Verallgemeinerung und Vereinheitlichung der vielfältigen Lebensregeln zu abstrakten Rechtssätzen kommt es zur Umwandlung einer Tatfrage in eine Rechtsfrage. Diese Umwandlung ist mit einer Wertung verbunden. Dem berühmten Art. 1 des Schweizerischen Zivilgesetzbuches folgend, muß der Richter nach derjenigen Rechtsnorm entscheiden, die er als Gesetzgeber aufstellen würde. Dabei soll er bewährter Lehre und Überlieferung folgen, und das heißt für EHRLICH, er soll Organ gesellschaftlicher Gerechtigkeit[131] sein. Dieses Moment der Wertung, der Umwandlung der Tatfrage in die Rechtsfrage, unterscheidet die (wissenschaftliche) Rechtssoziologie von der (praktischen) Jurisprudenz. Rechtswissenschaft wird so zur Leitungswissenschaft, zum social engineering.

Auch KANTOROWICZ[132] verweist auf Art. 1 ZGB und meint, die wichtigsten Konsequenzen für das Verhältnis von Rechts- und Sozialwissenschaften lägen auf dem Gebiete des Judizierens sine lege. Denn die schöpferische Findung freien Rechts bedürfe rechtssoziologischer Begründung. Diese Begründung sieht er allerdings in den «jeweilig im Volk herrschenden Werturteilen», die als Tatsachen des sozialen Lebens vom Richter «auf soziologischem Wege zu erkennen» seien. IGNATZ KORNFELD verweist beim Bestehen von Gesetzeslücken auf die ungesetzten Rechtsquellen, die er in «gleichmäßigen unmittelbaren Motivationen der Rechtsgenossen zu einem durch sachliche, soziale

128 THEODOR GEIGER (Fn. 120), 58.

129 EUGEN EHRLICH (Fn. 61), 288.

130 Zur freirechtlichen Methodenlehre von EHRLICH vgl. eingehend REHBINDER (Fn. 51), 81 - 88, mit Nachweisen.

131 EHRLICH (Fn. 61), 161.

132 HERMANN KANTOROWICZ (Fn. 1), 126 - 129.

Interessen bestimmten Verhalten» sieht[133]: «Die Bildung von Rechtsregeln erfolgt hierbei auf zweifache Weise:

a) Es wird eine Reihe bisher stattgehabter gleichmäßiger Handlungsweisen rechtlich-sozialen Inhaltes konstatiert und daraus im Wege der Analogie gefolgert, daß sich alle in ähnlichen Lebenslagen befindlichen Rechtsgenossen voraussichtlich in ähnlicher Weise verhalten werden: *Rechtsgewohnheit*;

b) es wird im eigenen Bewußtsein eine rechtlich-soziale Zweckvorstellung konstatiert und daraus im Wege der Analogie gefolgert, daß eine gleichartige Zweckvorstellung bei allen Rechtsgenossen der Regel nach obwalte und deren soziales Verhalten bestimmen werde: *positives Rechtsgefühl*.»

Beide Rechtsquellen, meint KORNFELD, wirkten aber nicht getrennt, sondern stets zusammen. Gewohnheitsrecht entstehe nicht ohne Rechtsgefühl, und Rechtsgefühl führe nicht zu Rechtsregeln ohne die Vorstellung eines gewohnheitsmäßigen Verhaltens. Nur lasse die Rechtsgewohnheit vom äußeren Verhalten auf eine regelmäßige motivierende Zweckvorstellung und das Rechtsgefühl von der Zweckvorstellung auf ein regelmäßiges äußeres Verhalten schließen.

Als letzten in diesem Zusammenhang interessanten Autor sei noch auf HUGO SINZHEIMER hingewiesen. Er gehört mit seinem Vortrag über «Die soziologische Methode in der Privatrechtswissenschaft» (1909) zu denjenigen, die über die Umwandlung der Tatfrage in die Rechtsfrage am gründlichsten nachgedacht haben. SINZHEIMER unterscheidet bei der soziologischen Rechtsfindung die Tatbestandsermittlung und die Rechtsdarlegung. Die Tatbestandsermittlung erfolgt in zwei Stufen, und zwar erst deskriptiv und dann analytisch[134]. Zunächst ist deskriptiv möglichst vollständig das ganze Material zu sammeln, das über die konkreten rechtlichen Gestaltungen bestimmter gesellschaftlicher Lebenserscheinungen zu finden ist. SINZHEIMER bringt hier ein Beispiel, das in heutiger Sicht besonders eindrucksvoll ist, nämlich den Tarifvertrag, der ja damals weder gesetzlich geregelt noch rechtlich hinreichend erfaßt und anerkannt war. Für eine spezielle Frage des Tarifvertrages, nämlich die Frage nach der Rechtswirksamkeit sogenannter Tarifausschlußklauseln ist übrigens auf dem Deutschen Juristentag des Jahres 1966 wieder das Fehlen einer Rechtstatsachenforschung beklagt worden. Es hieß dort in der Diskussion: «Wir dürfen die

---

133 IGNATZ KORNFELD: Soziale Machtverhältnisse. Grundzüge einer allgemeinen Lehre vom positiven Recht auf soziologischer Grundlage, 1911, 89 - 134, Zitate auf S. 89.

134 HUGO SINZHEIMER: Die soziologische Methode in der Privatrechtswissenschaft, 1909, 15 - 18.

Problematik nicht von den allgemeinen gesellschaftlichen Bedingungen abstrahieren». «Die Rechtswissenschaft sollte einmal von der Tatsachenforschung der Soziologie Kenntnis nehmen»[135].

Sind also z.B. die Tarifverträge, so wie sie langsam hier und da in den verschiedenen Wirtschaftszweigen abgeschlossen wurden, als Ausgangsmaterial der Rechtsfindung deskriptiv erfaßt, dann wird - wie SINZHEIMER ausführt - diese Materialsammlung analytisch bearbeitet, d.h., es werden aus den konkreten Tatsachen durch Systematisierung bestimmte Tatbestände des Rechtslebens gewonnen, z.B. wird rein empirisch durch systematische Analyse festgestellt, daß der Tarifvertrag in den sog. obligatorischen und in den normativen Teil zerfällt. Ist die Tatbestandsermittlung abgeschlossen, kommt es zur Rechtsdarlegung. Diese ist entweder Rechtsanwendung oder Rechtsauffindung[136]. Rechtsanwendung findet statt, wenn ein Rechtssatz vorhanden ist, unter den sich der festgestellte Tatbestand subsumieren läßt, und sei es auch erst nach einer komplizierten hermeneutischen Analyse im Sinne der herkömmlichen Dogmatik. Rechtsauffindung muß erfolgen, wenn selbst die komplizierteste Rechtsanwendung nicht zum Erfolg führt. Dann muß entweder eine Norm des objektiven, ungesetzten Rechts gefunden werden, d.h. Gewohnheitsrecht neuer Provenienz; denn wie schon ZASIUS sagt, ist das Rechtsleben reicher als der Buchstabe des Gesetzes. Oder es müssen die Rechtsfolgen dessen gefunden werden, was die Parteien tatsächlich gewollt haben, d.h. die rechtliche Form für den dem fraglichen Tatbestand entsprechenden Willensinhalt. Erforderlich ist dabei jeweils ein schöpferisches Element, das von einer eingehenden Interessenforschung, insbesondere einer Erforschung der Rechtsanschauungen und Rechtsgefühle auszugehen hat. Lebenserfahrung allein reicht nicht aus; denn sie ist zufällig. Erforderlich ist vielmehr eine volle Anschauung des Rechtslebens. Nur diese sichert die sachliche Richtigkeit der erforderlichen Wertung[137].

Aus allem wird wohl hinreichend deutlich, daß gerade die Rechtsfortbildung, d.h. die dogmatische Überwindung von Rechtslücken, ohne Rechtstatsachenforschung nicht auskommt. Aber nicht nur die freien Rechtschöpfungen, auch die gesetzten Normen müssen in der Dogmatik unter ihrem faktischen Aspekt behandelt werden. Nur so stellt sich nämlich heraus, ob nicht inzwischen eine Überlagerung des gesetzten Rechts durch freies Recht, insbesondere durch Richterrecht, eingesetzt hat. Es muß mit anderen Worten das law in the books,

---

135 OLAF RADKE, in: VerhDJT 46.II (1967) D 133 f.

136 SINZHEIMER (Fn. 134), 18 - 24.

137 Ebd., 26 f.

das Papierrecht, vom law in action, vom lebenden Recht getrennt und ausgesondert werden[138]. Gerade NUSSBAUM hat immer wieder den reinigenden Effekt solcher Tatsachenforschung betont. Rechtstatsachenforschung ist für die Dogmatik, wie er sagt, ein «unentbehrlicher Wegweiser». Sie eröffnet die Möglichkeit, gegenstandslose Probleme als solche zu erkennen, und bedeutet daher «die Freimachung mißbrauchter geistiger Energie zu fruchtbarerer Arbeit»[139].

Lebendes Recht ist geltendes Recht, das wirksam ist. Die Wirksamkeit einer Norm ergibt sich aus einer Untersuchung in dreifacher Hinsicht. Zunächst erfolgt eine funktionale Betrachtung der betreffenden Norm im Hinblick auf das rechtliche Normensystem, in das sie eingebettet ist. Jede Norm ist nicht isoliert, sondern im Kontext des sie umgebenden Normengefüges zu lesen. Sodann ergibt sich die Wirksamkeit einer Norm aus ihrer Anwendung durch den Rechtsstab, aus der Rechtspraxis, und schließlich ergibt sie sich aus dem entsprechenden Verhalten der Rechtsunterworfenen. Welche Bedeutung das Verhalten der betroffenen Rechtsgenossen für die Wirksamkeit hat, soll später untersucht werden. Entscheidend ist jedenfalls im allgemeinen das Verhalten des Rechtsstabes. Wie ich an anderer Stelle näher ausgeführt habe[140], ist die Wirksamkeit einer Rechtsnorm ihre Chance, vom Rechtsstab angewandt oder befolgt zu werden. KANTOROWICZ nennt dies etwas eng: ihre Gerichtsfähigkeit[141]. Lebendes Recht ist diejenige Sollensordnung, die im faktischen Verhalten des Rechtsstabes ihre Entsprechung findet. Es ist derjenige Normenbereich, in dem die Sollensordnung durch die Rechtspraxis gedeckt ist, oder - um erneut mit THEODOR GEIGER zu sprechen - derjenige Bereich, in dem Normgefüge und Realordnung identisch sind[142].

Will also Dogmatik fruchtbar und lebensnah sein, darf sie sich nur und allein mit dem lebenden Recht beschäftigen. Dieses kann sie nur durch systematische Faktenforschung ermitteln. Das bedeutet: «Der Jurist kann jetzt keinen Schritt

---

138 Vgl. ROSCOE POUND: Law in Books and Law in Action, in: American Law Review 44 (1910), 12 ff.

139 Fn. 4, 24 f.; Vorwort zu: Das Nießbrauchrecht des BGB unter den Gesichtspunkten der Rechtstatsachenforschung, 1919, und öfter.

140 Fn. 51, 108 - 115.

141 KANTOROWICZ: Der Begriff des Rechts (1963), 87 - 90; ebenso EUGENIO BULYGIN: Der Begriff der Wirksamkeit, in: ERNESTO GARZON VALDES (Hg.), Lateinamerikanische Studien zur Rechtsphilosphie (ARSP- Beiheft 41), 1965, 56.

142 THEODOR GEIGER (Fn. 120), 22 f.

mehr tun, ohne zugleich die Arbeit des Soziologen zu leisten, ohne die Rechtssoziologie zur Hilfe zu rufen» (GURVITCH)[143]. Dabei bedeutet die dogmatische Behandlung des lebenden Rechts zweierlei: einmal die wissenschaftliche, nach Funktionszusammenhängen vorgenommene Verdichtung des Rechtsstoffes zu einem Rechtssystem und zum anderen die Berücksichtigung der Rechtspraxis bei der Ermittlung des normativen Sinnes und damit bei der Rechtsanwendung[144].

Ein lebensnahes Rechtssystem, das an den Funktionen der Rechtsnormen ausgerichtet ist, muß neben der lebenden Norm noch weitere Tatsachen berücksichtigen. Denn die Systematisierung des Rechtsstoffes, die ja durch Typisierung erfolgt, braucht für die Typenbildung die jeweilig maßgebenden Gesichtspunkte, und zwar gilt dies sowohl für die induktiv-deduktive als auch für die topische Systematisierung. Besonders LARENZ hat auf die Notwendigkeit der Rechtstatsachenforschung für das Typendenken aufmerksam gemacht[145]. Der praktische Nutzen eines lebensnahen Rechtssystems liegt nicht nur in der (theoretischen) Rechtsdarstellung, sondern insbesondere in der (konkreten) Rechtsanwendung; denn ein gutes Rechtssystem erleichtert die Auslegung. Auch bei der Auslegung sind neben der Faktizität der Norm noch andere Rechtstatsachen zu berücksichtigen. Die Normenforschung wird hier zur Ursachenforschung, die ihre dogmatischen Argumente einer Untersuchung der Interdependenz von Recht und Sozialleben entnimmt. Die Frage nach der Wirksamkeit der Norm wird hier eine Frage nach ihrer Wirksamkeit in Hinblick auf das Handeln der Rechtsadressaten. Man fragt nicht mehr nach der Wirksamkeit, die in der Chance der Anwendung oder Befolgung durch den Rechtsstab besteht, sondern nach der Wirksamkeit bei den Rechtsunterworfenen, also im spezifischen Sinne nach ihrer «Wirkung». Wir bezeichnen diese Auslegung am Maßstab der Wirkung als teleologische Auslegung.

---

143 Fn. 101, 17.

144 Hier ist besonders auf die Ausführungen von FRITZ RITTNER hinzuweisen: Die Rechtswissenschaft als Teil der Sozialwissenschaften, in: Zur Einheit der Rechts- und Staatswissenschaften, 1967, 97 - 122 (112 - 119). Er ordnet die Erkenntnisaufgaben der Rechtsdogmatik in die Reihenfolge: Sammeln des Rechtsstoffes, Systematisieren des Rechtsstoffes, Herausarbeitung einzelner Institute und ihrer Funktionszusammenhänge und schliesslich Auslegung der Rechtssätze. Schon S. PACHMAN: Über die gegenwärtige Bewegung in der Rechtswissenschaft, 1882, 103, nannte als Vorteil der Verbindung von normativer und faktischer Behandlung des Rechts den Nutzen für die Darstellung des Rechts und den Nutzen für die Interpretation.

145 KARL LARENZ: Methodenlehre der Rechtswissenschaft, 1960, 341 f.

Die teleologische Auslegung ist eine der vier klassischen Auslegungsmethoden, deren Rangverhältnis untereinander bekanntlich bis heute ungeklärt ist. Sie steht neben der grammatischen, der historischen und der systematischen Auslegung[146]. Ihr Bestreben, die konkrete Rechtsanwendung am jeweiligen Normzweck auszurichten, macht sie zu einer soziologischen Auslegung; denn eine Zweckforschung ist ohne soziologische Ursachenforschung nicht möglich[147]. Diese Ursachenforschung geht in zwei Richtungen. Die eine Richtung denkt genetisch. Sie erforscht diejenigen Interessen, die zur Normbildung geführt haben,um dann den Sinn der Norm in der Bewertung dieser Interessen zu sehen. Hier liegt der Schwerpunkt der sogenannten Interessenjurisprudenz[148]. «Jedem Gesetz liegt (wie der BGH in seiner bekannten Grundig-Entscheidung sagt) eine Interessenabwägung zugrunde, die in bestimmter Weise auf das soziale Leben einwirken will»[149]. Die zweite Richtung der Ursachenforschung untersucht daher die tatsächliche Wirkung der Norm auf das Sozialleben, sei es die bisher schon erfolgte oder die zu erwartende. Auf diese Weise kann sie diejenige Konkretisierung der abstrakten Norm wählen, die in ihrer Auswirkung den mit der Norm verfolgten Zielvorstellungen gerecht wird.

2. *Rechtstatsachenforschung als Grundlage der Rechtspolitik*

Soziologische Jurisprudenz ist nicht nur soziologische Rechtsanwendung, sie ist auch soziologische Rechtsetzung. Daher kurz noch einige Worte zur Rolle der Rechtstatsachenforschung in der Rechtspolitik. Verglichen mit der Rechtspolitik ist die bis heute doch recht kümmerliche Rechtssoziologie ein blühender Garten. Es ist keine Übertreibung, wenn man feststellt: Rechtspolitik als Wissenschaft ist so gut wie überhaupt nicht vorhanden. Um so mehr ist es zu begrüßen, daß nunmehr gleich zwei Zeitschriften neu gegründet wurden, die sich

---

146 Einen Überblick über die gegenwärtige Fortbildung dieser klassischen Auslegungsmethoden gibt HELMUT COING: Die juristischen Auslegungsmethoden und die Lehren der allgemeinen Hermeneutik, 1959, besprochen von ERNST E. HIRSCH in: JZ 1961, 299 f.

147 So besonders deutlich schon KANTOROWICZ (Fn. 1), 121.

148 PHILIPP HECK, einer der Begründer und Hauptvertreter dieser Schule, betont zu Recht, daß Interessenforschung identisch sei mit der Feststellung von Rechtstatsachen im Sinne NUSSBAUMs (Fn. 56, 131). Vgl. aber zur notwendigen Trennung von faktischer Interessenforschung und normativer Interessenbewertung KANTOROWICZ (Fn. 1), 130.

149 BGHZ 17, 266 (276).

ihrer annehmen wollen[150]. Immer wieder ist beklagt worden, daß beim heutigen Stand der rechtssoziologischen Forschung jedes Gesetz ein Schuß ins Dunkle sei. Deshalb gehörten auch zum Forschungsprogramm von POUNDs sociological jurisprudence, die sich das social engineering zur Aufgabe gemacht hatte, soziologische Untersuchungen zur Vorbereitung von Gesetzgebungsaufgaben, die Erforschung der Mittel, Rechtsvorschriften schlagkräftig (effective in action) zu machen, sowie die Errichtung eines Rechtspflegeministeriums, das sich mit der systematischen Überwachung des Rechts und seiner Anpassung an die soziale Wirklichkeit beschäftigen sollte[151].

Der Gedanke ständiger Anpassung der Rechtsnormen an die Bedürfnisse des Tages setzt natürlich ein Umdenken voraus, das dem Recht seinen relativen Ewigkeitswert nimmt. Recht wird - wie LUHMANN in seinem Beitrag über die Positivität des Rechts hervorhebt - variabel. Das erklärt die Zurückhaltung, mit der die amerikanische experimental jurisprudence bisher aufgenommen wurde, die mit dem Gedanken des social engineering auf dem Gebiete der Gesetzgebung ernst machte. Das Recht dem sozialen Experiment auszuliefern, erschien vielen als nahezu blasphemisch. Und doch haben wir soeben in Deutschland ein klassisches Beispiel solcher experimental jurisprudence erlebt. Ich meine Art. 8 des Achten Strafrechtsänderungsgesetzes (BGBl 1968 I, 741). Sie erinnern sich: bis zum Ablauf des 31. März 1969 wurde die Strafvorschrift gegen die Verbreitung verfassungsfeindlicher Publikationen (§ 86 n. F.StGB) ausser Kraft gesetzt, soweit sie der Einfuhr von Zeitungen und Zeitschriften aus dem Osten entgegensteht. Die Regierung wurde verpflichtet, über die Auswirkungen dieser Rechtsänderung zu berichten. Danach soll dann erneut über diese Frage entschieden werden.

Genauso geht die experimental jurisprudence vor, die mit den Namen BEUTEL und COWAN verknüpft ist. FREDERICK K. BEUTEL unterscheidet dabei folgende Stufen[152]: Zunächst werden die sozialen Phänomene erforscht, die das Recht regeln sollen. Dann wird eine Norm aufgestellt, die das betreffende soziale Problem lösen soll. Darauf wird die Auswirkung dieser Norm im gesellschaftli-

---

150 Zeitschrift für Rechtspolitik (als Beilage zur Neuen Juristischen Wochenschrift, Verlag C. H. BECK) und Kritische Justiz (Europäische Verlagsanstalt).

151 Vgl. MANFRED REHBINDER: Roscoe Pound (1879 - 1964), in: JZ 1965, 482 - 484, 484.

152 FREDERICK K. BEUTEL: Some Potentialities of Experimental Jurisprudence as a New Branch of Social Science, 1957, 18 f. Eine deutsche Fassung des Buches wird in Kürze in der Schriftenreihe zur Rechtssoziologie und Rechtstatsachenforschung erscheinen.

chen Leben festgestellt. Nunmehr wird eine Hypothese aufgestellt, die die Gründe für die betreffende Reaktion des Soziallebens erklärt. Diese Hypothese wird dann durch ihre Erweiterung auf ähnliche Probleme zu einer rechtlichen Gesetzmäßigkeit verdichtet. Falls die betreffende Norm ganz oder teilweise wirkungslos war, wird ein neues Gesetz in Kraft gesetzt und der Prozeß wiederholt. Eventuell werden auch gleich oder später nach mehrmaligen Versuchen die gewünschten sozialen Ziele als unerreichbar zugunsten anderer Ziele aufgegeben.

Rechtspolitik fragt und entscheidet, welche sozialen Ziele mit welchen rechtlichen Mitteln und auf welchen rechtlichen Wegen erreicht werden sollen[153]. Sie ist wie jede Politik die Kunst des Möglichen. Was aber im Recht und mit den Mitteln des Rechts praktisch möglich ist, das zu erkunden ist Aufgabe der Rechtstatsachenforschung. Sie ist es, die dem Gesetzgeber die Daten bereitstellt, die es ihm erlauben, die Wirkungschance der von ihm zu treffenden Entscheidungen und Anordnungen abzuschätzen[154]. Wie JUTTA LIMBACH zu Recht betont, ist erst bei voller Kenntnis der Rechtstatsachen dem Gesetzgeber die politische Entscheidung möglich, wie hohe Anforderungen er an den Bürger stellen kann und inwieweit er sich um seiner eigenen Wirksamkeit willen dem sozialen Sachverhalt anpassen muß. Nur die Kenntnis der Rechtstatsachen kann «den Gesetzgeber davor bewahren, sein Ansehen zu verlieren und das bürgerliche Vertrauen auf das Gesetz zu untergraben; denn das widerfährt ihm ohne Zweifel, wenn er die Normadressaten erheblich überfordert und sie damit zum Boykott oder zur Umgehung seiner Anordnungen zwingt»[155]. Erkenntnistheoretisch ist dabei klar, daß sich Rechtstatsachenforschung auf die bloße Analyse der konkreten faktischen Gestaltungsmöglichkeiten beschränkt. Die Auswahl und damit die wertende Entscheidung ist allein Sache der Politik[156].

V. Rechtstatsachenforschung als empirischer Teil der Rechtssoziologie

Wir erwähnten bereits, daß NUSSBAUM zugeben mußte, die Rechtstatsachenforschung gehöre als kausale Betrachtung der Erscheinungen des Rechtslebens

153 So die Definition von ERNST E. HIRSCH (Fn. 59), 45.

154 Vgl. HIRSCH, ebd.

155 JUTTA LIMBACH: Theorie und Wirklichkeit der GmbH, 1966, 122; allgemein zur Beziehung von Rechtspolitik und Rechtstatsachenforschung ebd. 120 - 124.

156 Vgl. HIRSCH (Fn. 59), 24.

«rein methodologisch ... zunächst in die Soziologie»[157]. Sie hat aber in der Soziologie, wie die Abgrenzung der beiden Forschungsbereiche (reine) Rechtssoziologie und (angewandte) soziologische Jurisprudenz zeigte, eine andere Aufgabe als im Rahmen der Jurisprudenz. Rechtstatsachen werden hier nicht als Grundlage gebraucht für rechtsdogmatische oder rechtspolitische Wertungen, sondern sie sollen dazu dienen, einzelne Hypothesen über bestimmte, das Recht betreffende soziale Gesetzmässigkeiten zu verifizieren. Rechtstatsachenforschung muß erweisen, ob bestimmte theoretische Aussagen über die Entstehung und Wirkung des Rechts in der Gesellschaft der Wirklichkeit entsprechen oder nicht. Sie entscheidet also über die wissenschaftliche Wahrheit rechtssoziologischer Theoreme. Überspitzt formuliert: Erst durch Rechtstatsachenforschung wird Rechtssoziologie belangvoll. Dabei genügt es nicht, daß man seine Aussagen mit mehr oder weniger zufällig gefundenen Daten, gewöhnlich meist mit Lesefrüchten aus der Rechtsgeschichte, garniert. Die Illustration einer Hypothese, meinte schon DURKHEIM in seinen «Regeln der soziologischen Methode», ist noch lange kein Beweis[158]. Eine methodisch einwandfreie Verifizierung setzt vielmehr voraus, daß nicht isolierte Daten benutzt werden, die eben nur die Hypothese illustrieren, sondern methodisch ausgewählte und nach Regeln aufgestellte Serien von Daten[159]. Wie dabei vorzugehen ist, ist vom Einzelfall abhängig und soll hier nicht näher behandelt werden. Auch was konkret zu untersuchen ist, ist Sache des Einzelfalles. Denn dies hängt mit von der jeweilig zu verifizierenden Hypothese ab. Allgemein läßt sich nur soviel sagen, daß jede mehr oder weniger allgemein gehaltene Aussage über die Interdependenz von Recht und Sozialleben voraussetzt, daß erst einmal aus der Masse des in Kraft stehenden, d.h. normativ geltenden Rechts das Papierrecht von lebenden Recht geschieden wird. Denn nur das lebende Recht ist eine soziale Realität und kann sozial wirksam sein. Insoweit ist HIRSCH zuzustimmen, wenn er hervorhebt, daß erst von der Basis des lebenden Rechts aus eine rechtssoziologische Fragestellung sinnvoll sei[160]; sei es, daß man fragt, warum die Rechtspraxis die Norm des gesetzten Rechts in bestimmter Weise verändert hat oder warum bestimmte freie Rechtschöpfungen entstanden sind, sei es, daß man fragt, warum die Rechtspraxis bei den Rechtsunterworfenen zu bestimmten Reaktionen führt.

---

157 Fn. 18.

158 DURKHEIM (Fn. 104), 21.

159 So RENÉ KÖNIG (Fn. 81), 74.

160 HIRSCH (Fn. 22), 35 Anm. 31.

Wie jede empirische Soziologie besteht auch die Rechtssoziologie aus zwei Erkenntnisstufen. Zuerst wird der soziale Befund erhoben, und dann wird nach den Gesetzmäßigkeiten gefragt, die die Ursache bestimmter sozialer Prozesse sind. Vereinfacht: Erst Faktenforschung, dann Ursachenforschung. Dabei ist gleichgültig, ob man erst eine Arbeitshypothese hat und dann die Verifizierung anhand der Fakten versucht oder ob man erst den sozialen Sachverhalt erhebt und dann daraus auf eine Gesetzmäßigkeit schließt. In der Praxis wird meist kombiniert; der Blick wandert zwischen Theorie und Empirie mehrfach hin und her: die Hypothese wird aufgrund eines vorläufigen Befundes aufgestellt oder modifiziert, und dann wird versucht, sie durch systematische Überprüfung zu verifizieren.

Faktenforschung bedeutet zunächst die Erforschung des lebenden Rechts. FECHNER unterscheidet hier mit SCHÖNFELD drei Stufen. Zunächst die allgemeine und abstrakte Feststellung des Rechtssatzes, der eine unbestimmte Vielzahl von Fällen regelt (Frage der Positivierung), dann die Feststellung des Richterspruchs, der für den Einzelfall sagt, was Rechtens ist (Frage der Individualisierung), und schließlich «als letzte und nackte Tatsächlichkeit» die Vollziehung des Richterspruchs, seine tatsächliche Durchsetzung im Sozialleben[161]. Diese Abstufung der Tatsächlichkeit des Rechts zeigt bereits, daß das Recht vornehmlich im Handeln des Rechtsstabes zu beobachten ist. LLEWELLYN, der diese Aussage zum Mittelpunkt seiner soziologischen Rechtstheorie gemacht hat, unterscheidet jedoch insgesamt drei Wege der Rechtstatsachenforschung[162], nämlich

1. die Untersuchung des ideologischen Bereiches zum Zwecke der Feststellung von Normen, die in der Gesellschaft für verbindlich gehalten werden und an denen die Rechtsunterworfenen ihr tatsächliches Verhalten orientieren (Rechtsbewußtsein);

2. die Untersuchung des Soziallebens zum Zwecke der Feststellung derjenigen Verhaltensmuster, nach denen das Leben in den einzelnen Gruppen abläuft (rechtsrelevantes Sozialleben), und

3. die Untersuchung des Rechtsstabes zum Zwecke der Feststellung von Reaktionsschemata für bestimme soziale Situationen (Handeln des Rechtsstabes).

---

161 ERICH FECHNER: Rechtsphilosophie. Soziologie und Metaphysik des Rechts, 1956/1962, 97.

162 Vgl. zum folgenden REHBINDER (Fn. 48), 551 f., mit Nachweisen.

Alle diese Forschungsrichtungen haben sicher ihre Berechtigung, nur muß man die Akzente richtig setzen. Stellt man die Untersuchung zu 1. in den Vordergrund, betreibt man also Rechtssoziologie, wie GURVITCH will, als Soziologe des Geistes, dann erhebt sich sofort die Schwierigkeit, wie man Rechtsregeln von bloßen Gerechtigkeitspostulaten, von Wünschen und Moralvorstellungen abgrenzen soll. Hier hilft man sich meist dadurch, daß man von Recht nur dann spricht, wenn bei Abweichungen von der für verbindlich gehaltenen Norm eine autoritative Instanz in Erscheinung treten und auf den Normbrecher einwirken kann. Dieser Rückgriff auf so reale Phänomene wie die Reaktion eines Rechtsstabes zeigt jedoch, daß wir bei der empirischen Erforschung des Rechts den Bereich des Ideologischen nicht überbewerten dürfen. Es wäre aber ebenso falsch, statt dessen die Untersuchung zu 2. in den Vordergrund zu rücken. Zwar hat man der Sanktionstheorie vorgeworfen, daß sie sich allein am Rechtsbruch orientiere, also am Ausnahmefall, während der Regelfall, nämlich das Alltagsleben außer Betracht bleibe. Aber wenn man sich mit EUGEN EHRLICH allein am regelmäßigen Verhalten der Gruppe orientiert, also in erster Linie die folkways untersucht, auf die EHRLICH seinen Ausdruck «lebendes Recht» bezog[163], dann kommt man ebenfalls in Verlegenheit, wie man Rechtsnormen von den Verhaltensmustern anderer Sozialordnungen abgrenzen soll. EHRLICH entwickelte zur Überwindung dieser Schwierigkeit seine sozialpsychologische «Gefühlstheorie», welche die Abgrenzung danach vornehmen will, welche «Gefühlstöne» eine Abweichung von der Norm hervorruft: Empörung (Rechtsbruch), Entrüstung (Sittenverletzung), Ärgernis (Anstandsverstoss), Mißbilligung (Taktlosigkeit), Lächerlichkeit (Verfehlen des guten Tones) oder kritische Ablehnung (Nichtbeachtung der Mode). Auf die offensichtlichen Schwächen dieser Theorie soll hier nicht näher eingegangen werden[164]. Doch eines ist klar: die Rechtsqualität einer Norm kann nicht von ihrer inneren Bejahung und Zustimmung durch die einzelnen Rechtsunterworfenen abhängen. Ein äußeres Verhalten, nämlich die Unterwerfung durch Duldung des Rechtsstabhandelns in toto, muß genügen.

Das Verhalten der Gruppe ist also für die Rechtsqualität nur insoweit wichtig, als die Reaktion des Rechtsstabes die nötige Autorität besitzen muß. Denn die Autorität entscheidet über den Grad der normativen Verbindlichkeit des Rechts[165]. Diese Verbindlichkeit, d.h. die normative Geltung, beruht darauf, daß die normsetzende Instanz bei der Willensbildung und Willensäußerung die

163 Vgl. REHBINDER (Fn. 51), 115 f.

164 Dazu näher REHBINDER (Fn. 51), 104 - 108.

165 Vgl. zum folgenden ebd., 118 f.

verfassungsmäßig (normativ) vorgeschriebenen Verfahrensweisen und die sonstigen Anweisungen beachtet hat, deren Einhaltung die Normierung als offiziell und bindend (legitim) kennzeichnet. Wie stark jedoch die normative Geltung im einzelnen ist, hängt davon ab, inwieweit die Gruppe den Rechtsstab als Ganzes anerkennt, d.h. inwieweit der Rechtsstab in der Gruppe Autorität besitzt. In politisch unruhigen Zeiten wird die Autorität geringer, in politisch stabilen Verhältnissen wird die Autorität grösser sein. Je nachdem ist auch der Verbindlichkeitsgrad des Rechts, der nicht mit der im folgenden erwähnten Effektivitäts-Quote gleichzusetzen ist, größer oder geringer. Im übrigen aber entscheidet über die Rechtsqualität das Handeln des Rechtsstabs und damit die Forschungsrichtung zu 3. Das Gruppenhandeln kann lediglich für die Frage nach dem Rechtsinhalt wichtig sein, nämlich dann, wenn das rechtliche Normensystem Einbruchstellen von Gruppennormen (folkways) vorsieht, wie wir sie eben bei der Rolle der Rechtstatsachenforschung im Rahmen der Rechtsdogmatik behandelt haben.

Jedoch das Recht arbeitet nicht im luftleeren Raum. Es ist ein Mittel sozialer Kontrolle und als solches dazu bestimmt, das Sozialleben, d.h. das Gruppenverhalten zu steuern und zu korrigieren[166]. Ob es diese Aufgabe tatsächlich erfüllt, kann nur durch Beobachtung des Gruppenverhaltens festgestellt werden. Gelingt es nicht, die in den Rechtsnormen zum Ausdruck kommenden Verhaltenserwartungen im Gruppenleben zu realisieren, hat das Recht seine Aufgabe verfehlt. Es kommt daher im Sozialleben, wie LLEWELLYN[167] sagt, oft zu einem Kampf zwischen law-supporter und law-consumer, also zwischen Rechtsstab und Gruppe, von dessen Ausgang der Erfolg des Rechts abhängt. Als Rechtswirklichkeit ist deshalb das Interaktionsfeld von Rechtsstab (Rechtspraxis) und Gruppe anzusehen. Zur Aussage über die Rechtswirklichkeit gehört daher auch eine Aussage über das Verhältnis der Häufigkeit, in dem das rechtlich erwartete Verhalten zum abweichenden Verhalten steht, d.h. eine Aussage über den Grad der sozialen Wirksamkeit des Rechts. Diesen Wirkungsgrad bezeichnet man im Anschluß an die Untersuchungen von THEODOR GEIGER als Effektivitäts-Quote[168]. Die Bedeutung solcher Effektivitätsuntersuchungen für die teleologische Auslegung haben wir bereits aufgezeigt. Zur Faktenforschung gehört also nicht nur die Rechtsfrage, sondern auch die Wirkungsfrage. Beides zusammen bildet den sozialen Befund, die Rechtswirklichkeit. Sobald nun soziale Gesetzmäßigkeiten in der Rechtswirklichkeit angenommen werden, geht

166 Zum folgenden ebd., 117.

167 LLEWELLYN (Fn. 60), 446.

168 Fn. 120, 177 - 182, 219 - 224.

Faktenforschung in Ursachenforschung über. Man fragt, warum die Rechtswirklichkeit so ist und nicht anders: warum es zu bestimmten Normen des lebenden Rechts kommt (genetische Rechtssoziologie) oder warum das Recht bestimmte soziale Auswirkungen hat (Recht als Regulator = Hebelwirkung). Und man beantwortet diese Fragen mit allgemeingültigen Aussagen, mit Seinsgesetzlichkeiten. Ursachenforschung in diesem Sinne bedeutet Übergang von der Rechtswirklichkeit zur sozialen Wirklichkeit des Rechts im Sinne von RENÉ KÖNIG. Sie ist ebenfalls Tatsachenforschung, nur sucht sie nicht solche Rechtstatsachen, die im Verhalten des Rechtsstabes oder im Verhalten der Rechtsunterworfenen bestehen, sondern solche Rechtstatsachen, die die Entstehung oder Wirkung dieser Verhaltensweisen erklären. Ursachenforschung ist das eigentliche Ziel, die «zentrale Aufgabe»[169] der Rechtssoziologie. Ausgehend vom Normeninhalt[170] wird der gesamte soziale Kontext einbezogen, soweit er im Einzelfall relevant wird, und zwar um so genauer, je konkreter die Hypothese ist, die es zu verifizieren gilt. Es kommt heute in der Rechtssoziologie nicht mehr so sehr darauf an, die bekannten «großen Hypothesen»[171] aufzustellen und zu überprüfen. Was wir brauchen, sind soziologische Tatbestände im Sinne DURKHEIMS, sind Theorien mittlerer Reichweite im Sinne MERTONS. Ich darf hier abschliessend als eines der vielen ermutigenden Beispiele auf die Sanktionsforschungen von POPITZ und seinen Schülern verweisen[172].

Zusammenfassend läßt sich also feststellen, daß Rechtstatsachenforschung die empirische Seite der Rechtssoziologie ist und daß sie als solche im Rahmen einer soziologischen Jurisprudenz zum Bestandteil der Rechtswissenschaft werden kann. Rechtstatsachenforschung bewirkt damit eine Verklammerung von Rechtswissenschaft im engeren Sinne der Jurisprudenz und von Soziologie, zweier Bereiche, die nicht nur die reine Rechtslehre eines KELSEN, sondern auch die Rechtssoziologie eines MAX WEBER nicht scharf genug voneinander trennen konnte. Beide Bereiche sind im Sinne des Mottos dieser Abhandlung miteinander verwoben: Soziologische Jurisprudenz beurteilt rechtssoziologische Sachverhalte, und Rechtssoziologie analysiert das Ergebnis dieser Beurteilung.

---

169 So ERICH FECHNER, in: AcP 151 (1950/51), 352, 356.

170 Vgl. zur «normative analysis» als einem von fünf «approaches» der empirischen Rechtssoziologie WILLIAM M. EVAN: Law and Sociology, 1962, 5 f.

171 Dazu JEAN CARBONNIER: Die grossen Hypothesen der theoretischen Rechtssoziologie, in: HIRSCH/REHBINDER: Studien und Materialien zur Rechtssoziologie, 1967, 135 - 150.

172 HEINRICH POPITZ: Über die Präventivwirkung des Nichtwissens. Dunkelziffer, Norm und Strafe, 1968; GERD SPITTLER: Norm und Sanktion, 1968.

Die Erkenntnis von der vereinigenden Funktion der Rechtstatsachenforschung ist im Grunde keineswegs neu. Als gegen Ende des vorigen Jahrhunderts im Werke von JHERING der Gedanke einer soziologischen Jurisprudenz (in erkenntnistheoretisch höchst anfechtbarer Weise) auftauchte, kam es zur ersten grundlegenden Diskussion dieses Gedankens in Rußland, und zwar in St. Petersburg, durch den heute vergessenen Rechtstheoretiker SEMEN V. PACHMAN. PACHMAN warf JHERING Methodensynkretismus vor und sprach erstmals klar vom Dualismus zweier Wissenschaften, nämlich der Rechtswissenschaft im engeren Sinne, die das innere Gebiet des Rechtes, den Inhalt der rechtlichen Normenwelt, betreffe, und der Rechtssoziologie, die er die soziale Theorie des Rechts nannte, die die äußere, dem Leben zugewandte Seite des Rechts betreffe[173]. Trotz des methodologischen Dualismus, sagte PACHMAN, komme es in der Praxis zur Verknüpfung dieser beiden Zweige der Rechtswissenschaft; denn «eine Rechtsforschung (ist) ohne Studium der factischen Seite der Rechtsnormen und Rechtsverhältnisse gar nicht denkbar». Und er beendete diesen Gedanken mit den Worten: «In diesem Sinne kann man sagen, daß beide Wissenschaften auf dem Boden der factischen Grundlagen und Bedingungen zusammentreffen; dieses ist der Boden, auf dem sie sich einander naturgemäß nähern»[174].

173 S. PACHMAN: Über die gegenwärtige Bewegung in der Rechtswissenschaft, 1882, 42. Eine Neuausgabe dieser interessanten Abhandlung wird in Kürze in der Schriftenreihe zur Rechtssoziologie und Rechtstatsachenforschung erscheinen.

174 Ebd., 94, 96.

Der Tankstellenvertrag im Blickfeld der Rechtstatsachenforschung

J. Schweitzer Verlag, Berlin 1971

Einleitung

Die vorliegende Studie ist die Originalfassung einer Abhandlung, die in englischer Übersetzung in der International Encyclopedia of Comparative Law erscheinen wird. Man hatte mich gebeten, den Einfluß der Großindustrie auf das Vertragsrecht mit einer Fallstudie aus dem deutschen Recht zu belegen. Wenn ich zu diesem Zwecke den Tankstellenvertrag gewählt habe, so war ich mir durchaus bewußt, daß ich damit einen ähnlichen Sachverhalt aufgriff wie der entsprechende Beitrag aus dem amerikanischen Recht, nämlich die Arbeit von MACAULAY über den automobile dealer franchise. Es gibt jedoch zwei Gründe, die für diese Wahl sprechen.

Zum einen ist der Tankstellenvertrag zwischen den Mineralölfirmen und den Tankstellenhaltern nach deutscher Vertragspraxis kein Eigenhändlervertrag wie der Autohändlervertrag, sondern nach herrschender Meinung ein Handelsvertretervertrag. Es kann also gezeigt werden, daß die wirtschaftliche Macht der Großindustrie nicht nur in Austauschverträgen, sondern auch in Geschäftsbesorgungsverträgen ihren Ausdruck findet. Derartige Geschäftsbesorgungsverträge, die von wirtschaftlicher Übermacht diktiert sind, sind zwar auch in anderen Wirtschaftszweigen zu finden, die nicht unmittelbar etwas mit dem Auto zu tun haben, so z.B. im Reisebürogewerbe[1]. Der Tankstellenvertrag hat hier aber zum zweiten den Vorteil, daß das Tatsachenmaterial bereits in weiten Teilen durch das deutsche Bundeskartellamt erhoben worden ist. Wer das Ausmaß an Zeit und Mühe registriert hat, das MACAULAY auf seine Erhebungen über den automobile dealer franchise verwenden mußte[2], kann ermessen, was hier durch Verwendung der vom Kartellamt ermittelten Tatsachen an eigener Arbeit gespart werden konnte. Ähnliche Erhebungen, wie sie das Bundeskartellamt

1 Vgl. ALFRED SCHÜLLER: Vermachtungserscheinungen im tertiären Sektor, in ORDO 19 (1968), 171 - 256, 233.

2 STEWART MACAULAY: Law and the Balance of Power. The Automobile Manufacturers and their Dealers, New York 1966, XVII f.

durchführte und wie sie nur zum Teil in seinem Beschluß vom 22. Mai 1968[3] enthalten sind, wurden von der britischen, irischen und der kanadischen Kartellbehörde durchgeführt und in Buchform veröffentlicht[4]. Sie ergeben im großen und ganzen das gleiche Bild.

I. Die wirtschaftlichen Fakten

Die Gleichartigkeit der Rechtstatsachen in den drei genannten Ländern darf nicht verwundern. Sind doch die bedeutenden Mineralölfirmen, die heute in Deutschland die Tankstellenverträge abschließen, Tochterfirmen jener 7 großen internationalen Mineralölkonzerne, die etwa 65 % der nachgewiesenen Erdöllager der Welt kontrollieren, nämlich der Standard Oil Company of New Jersey, der Secony Mobil Oil Company, der Standard Oil Company of California, der Texas Company und der Gulf Oil Corporation (alle Vereinigte Staaten) sowie der British Petroleum Company und der Royal Dutch/Shell-Gruppe (England und Niederlande)[5]. Etwa 90 % der Benzinproduktion und 5 - 7 % der Dieselproduktion der deutschen Gesellschaften werden über öffentliche Tankstellen dem Verbrauch zugeführt, das waren im Jahre 1964 rd. 8,2 Mio Tonnen Benzin und etwa 500'000 Tonnen Diesel[6]. Das Tankstellennetz bestand Anfang 1970 im Bundesgebiet aus 45'849 Einheiten. Diese verteilten sich auf die bedeutenden Gesellschaften wie aus Tabelle 1 ersichtlich[7].

Die Zahl der sog. freien Tankstellen, die keine Markenbenzine bestimmter Gesellschaften vertreiben, betrug demgegenüber 1'649, das sind rd. 3,59 %. Diese setzten rd. 22 % des Vergaserkraftstoffes ab. Von den gebundenen Tankstellen gehören nach den Feststellungen des Bundeskartellamtes etwa 40 % den

---

3 BM - 22 10 00 - RT - 46/67, auszugsweise veröffentlicht in BB 1968, 723 - 725.

4 The Monopolies Commission: Petrol. A Report of the Supply of Petrol to Retailers in the United Kingdom, London 1965; Fair Trade Commission: Report of Enquiry into the Conditions which obtain in regard to the supply and distribution of Motor Spirit and Motor Vehicle Lubricating Oil with special reference to exclusive dealing arrangements in the retailing of these products, Dublin 1961; Restrictive Trade Practices Commission: Report on an Inquiry into the Distribution and Sale of Automotive Oils, Greases, Anti-Freeze, Additives, Tires, Batteries, Accessories, and Related Products, Ottawa 1962.

5 BP Benzin und Petroleum AG (Hg.): Das Buch vom Erdöl, Hamburg 1963, 3.

6 STAHMER: Erdöl-Informationsdienst Nr. 36 v. 5. März 1965; MÜLLER: Die Tankstelle, ein lukratives Geschäft? in: Die Mineralölwirtschaft 1965, 237 ff.

7 STAHMER: Erdöl-Informationsdienst Nr. 28 vom 16. Januar 1970, 1.

Gesellschaften und 60 % den Tankstellenhaltern selbst[8]. Die Zahl der gesellschaftseigenen Tankstellen hat jedoch ständig zugenommen und soll gegenwärtig etwa 50 % betragen[9].

Gesellschaft	Zahl der Tankstellen	Prozentsatz
Aral AG	7'260	15,83 %
Deutsche Shell AG	6'090	13,28 %
Esso AG	5'950	12,98 %
BP Benzin und Petroleum AG	4'790	10,45 %
Texaco	3'254	7,10 %
Gasolin AG	3'160	6,89 %
DEA	1'932	4,21 %
AVIA	1'165	2,76 %
Fina	975	2,13 %
Total	835	1,82 %
Chevron	821	1,79 %
Stinnes Fanal	795	1,73 %
	37'027	80,97 %

Neben dem Verkauf von Treib- und Schmierstoffen befassen sich die Tankstellen auch mit dem Verkauf von Autozubehör (Reifen, Batterien, Zündkerzen usw.) und Autopflegemitteln aller Art. Bei den Autopflegemitteln wird der Anteil der Tankstellen am Gesamtumsatz zwischen 60 und 75 % geschätzt[10]. Dabei sind die Mineralölgesellschaften nach dem 2. Weltkrieg zunehmend dazu übergegangen, durch fremde Firmen in Lizenz hergestellte Pflegemittel unter ihrem Markennamen über gesellschaftsgebundene Tankstellen vertreiben zu lassen. Nach einem im Jahre 1956 in Berlin durchgeführten Betriebsvergleich von 24 Tankstellen[11] entfielen

8 BKartA in BB 1968, 723.

9 Auskunft des Zentralverbandes des Tankstellen- und Garagengewerbes e.V.

10 BKartA (Fn. 3), in BB insoweit nicht abgedruckt.

11 Vgl. DIETRICH NIPPOLD: Der Tankstellenvertrag, Diss. Würzburg 1966, 12.

77,7 % des Umsatzes auf Vergaserkraftstoff
4,7 % des Umsatzes auf Dieselkraftstoff
5,6 % des Umsatzes auf Öle und Fette
2,3 % des Umsatzes auf Reifen und Zubehörverkauf
2,3 % des Umsatzes auf Wagenpflege
7,4 % des Umsatzes auf Garagenvermietung.

Das bedeutete, daß damals etwa 80 % des Umsatzes auf den Vertrieb von Kraftstoffen entfiel. Heute beträgt der Anteil des Kraftstoff- und Ölverkaufs nach Auskunft des Zentralverbandes des Tankstellen- und Garagengewerbes im allgemeinen weniger als 50 %.

Die Einnahme der Tankstellenhalter besteht aus Provisionen für den Verkauf von Treib- und Schmierstoffen sowie Autopflegemitteln, den Vergütungen für den Pflegedienst und den Handelsspannen beim Verkauf von Autozubehör. Die Provisionssätze sind bei den meisten Gesellschaften nach den jeweiligen Umsätzen gestaffelt und richten sich ferner danach, ob es sich um eine gesellschaftseigene oder um eine dem Tankstellenhalter gehörige, sog. partnereigene Tankstelle handelt[12]. Da sie sich insgesamt bei Benzin zwischen 5,5 bis 8,4 Pf. je Liter (partnereigene Tankstelle) bzw. 4,8 Pf. (gesellschaftseigene Tankstelle) bewegen, die Betriebsunkosten aber nach dem eben herangezogenen Betriebsvergleich bei 16,25 % des Gesamtumsatzes liegen, hat man errechnet, daß bei einer *durchschnittlichen* Tankstelle die Unkosten höher sind als die Einnahmen[13]. Der Tankstellenhalter muß deshalb versuchen, die Unkosten zu senken, etwa durch faktisch unentgeltliche Beschäftigung von Familienangehörigen, und sich nach Möglichkeit Nebeneinnahmen verschaffen, wie z.B. durch Betrieb einer Reparaturwerkstatt, durch Autohandel oder durch Garagen- oder Autovermietung.

Alles das ist heute weitgehend der Fall. So finden wir bei den Tankstellen neben dem Verkauf von Kraft- und Schmierstoffen nicht nur Autopflegedienst (Wagenpflege, Abschmierdienst), Autohilfe (Reifenreparatur, Batterieladestation), Handel mit Autozubehör (Reifen, Batterien, Zündkerzen) und Garagenvermietung (Einzel- oder Sammelunterstellung), sondern auch Autoreparaturwerkstätten, Schlossereien, Schmiedebetriebe, Gaststätten (Motels, Espresso-

12 Vgl. die Angaben bei NIPPOLD (Fn. 11), 11.

13 NIPPOLD (Fn. 11), 13.

Bars) sowie Kohle- und Heizölhandel[14]. Die juristischen Betriebsarten unterscheiden sich nach den Eigentumsverhältnissen und dem Verhältnis zur Mineralölgesellschaft[15]. In der Regel handelt es sich um Einzelfirmen; größere Betriebe sind zuweilen Personengesellschaften. Der Einsatz fremder Arbeitskräfte ist nur bei größeren Betrieben und solchen üblich, die auch nachts geöffnet sind. Im übrigen sind vielfach Familienangehörige als Angestellte mit tätig.

II. Die Regeltypen der Tankstellenverträge

1. Von den 45'849 Tankstellen Anfang 1970 waren nur 1'649, also 3,59 %, als sog. freie Tankstellen, d.h. ausschließlich im eigenen Namen und auf eigene Rechnung als Zwischenhändler (Eigenhändler) tätig. Diese freien Tankstellen sind an keine Mineralölfirma gebunden, sondern kaufen ihre Ware dort, wo sie bei bester Qualität am billigsten ist. Die großen Mineralölfirmen versuchen, die freien Tankstellen durch Aufkaufen, durch Liefersperren oder durch gezielte Benzinpreissenkungen ihrer gebundenen Tankstellen zurückzudrängen, da sie in der Regel preisgünstiger arbeiten und deshalb unerwünschte Wettbewerber sind. Dennoch ist es ihnen nicht gelungen, sie völlig vom Markt verschwinden zu lassen. Es ist allgemein bekannt, daß die freien Tankstellen ihr Benzin sogar zum erheblichen Teil von den Markenfirmen beziehen.

2. Die Abmachungen zwischen den Mineralölfirmen und den übrigen, sog. gebundenen Tankstellen werden nicht individuell ausgehandelt, sondern sind in Vertragsformularen enthalten. Eine Durchsicht dieser Vertragsformulare zeigt, daß die großen Gesellschaften in ihren Bedingungen kaum konkurrieren, daß diese sogar zum Teil wörtlich übereinstimmen[16]. Im Einzelfall ausgehandelte Sondervereinbarungen werden auf dem Formular selbst oder auf einem geson-

---

14 WALTHER FRANKEN: Betriebswirtschaftliche und steuerliche Besonderheiten bei Tankstellen. Branchen-Sonderdienst der Steuer- und Wirtschafts-Kurzpost Heft 134, Freiburg o.J.

15 G. DÉON: Besteuerung der Tankstellen und Garagenbetriebe. Gewerbedienst der Neuen Wirtschafts-Briefe Heft 13, Herne/Berlin 1963, 5.

16 Die Formulare der wichtigsten Firmen sind mir zugänglich gewesen. Vgl. auch die übereinstimmenden Feststellungen bei SCHÜLLER (Fn. 1), 225, und NIPPOLD (Fn. 11), 15. Zur geschichtlichen Entwicklung vgl. ADOLF HOLLÄNDER: Der Tankstellenvertrag, in: Festschrift EDUARD HEILFRON, 1930, 91 - 134; HORST EBERHARD: Der Tankstellenvertrag, Diss. Jena 1936; ASKAR VON KISTOWSKI: Der Tankstellenvertrag, Diss. Köln 1962; DIETER MÖHRMANN: Tankstellentypen und Wettbewerbsarten im Treib- und Schmierstoffvertrieb, Diss. Hamburg 1962.

derten Blatt maschinenschriftlich beigefügt. In aller Regel vertreibt der Tankstellenhalter danach die von der Mineralölgesellschaft gelieferten Treib- und Schmierstoffe auf Provisionsbasis im Namen und für Rechnung der Gesellschaft. Alle anderen Geschäfte kann der Tankstellenhalter als Eigenhändler durchführen. Nur in den Verträgen einer größeren Gesellschaft ist auch der Verkauf von Treib- und Schmierstoffen im eigenen Namen und damit als Kommissionär vorgesehen.

3. Die Gesellschaften haben im allgemeinen zwei Arten von Vertragsformularen. Die eine wurde für diejenigen Tankstellen entwickelt, bei denen die Verfügungsgewalt über den Grund und Boden bei Abschluß des Vertriebsvertrages dem Tankstellenhalter zusteht (partnereigene Tankstelle). Die andere gilt für solche, bei der die Gesellschaft die Verfügungsgewalt hat (gesellschaftseigene Tankstelle). Im Falle der partnereigenen Tankstelle treten meist die Gesellschaften an die Grundstückseigentümer heran und schließen mit diesen Verträge über die Errichtung und den Betrieb von Tankstellen. Falls der Tankstellenhalter selbst Eigentümer des Grundstücks ist, vermietet er es der Gesellschaft. Die Miete wird durch die Provision mit abgegolten. Ist der Tankstellenhalter nicht Eigentümer, steht er der Gesellschaft dafür ein, daß der Eigentümer seine Zustimmung zur Errichtung und Unterhaltung der Tankstelle erteilt.

Der Tankstellenhalter errichtet die Baulichkeiten der Tankstelle mit den dazugehörigen Anlagen nach den Planungsrichtlinien der Gesellschaft. Die Baulichkeiten werden sein Eigentum oder Eigentum des Grundstückseigentümers. Die tanktechnischen Anlagen werden dagegen von der Gesellschaft gestellt und verbleiben auch in deren Eigentum. Sofern sie mit dem Grund und Boden fest verbunden sind, wird der vorübergehende Zweck der Verbindung im Hinblick auf § 95 Abs. 1 S. 1 BGB im Vertrag festgelegt[17].

Zur Errichtung der Baulichkeiten und der dazugehörenden Anlagen gewährt die Gesellschaft dem Tankstellenhalter in der Regel eine Finanzierungshilfe in Form eines Darlehens und/oder eines verlorenen Baukostenzuschusses und verlangt dafür eine langjährige Ausschließlichkeitsbindung (zwischen 20 und 30 Jahren), die sich jeweils um 1 bis 5 Jahre verlängert. Die Höhe der Finanzierungshilfe richtet sich nach dem zu erwartenden Umsatz. Oft deckt sie nicht nur die Baukosten für die Tankstelle, sondern bildet auch noch den Eigenkapitalanteil für eine Reparaturwerkstätte oder für Garagen. Die Tilgung erstreckt sich auf die gesamte Laufzeit des Tankstellenvertrages, wenn nicht im Interesse der

17 Zur Gültigkeit einer solchen Vereinbarung vgl. BGH NJW 1959, 1487 - 1489.

steuerlichen Abschreibungen eine kürzere Zeit gewählt wird. Die Ausschließlichkeitsbindung an die Gesellschaft wird für die Laufzeit des Vertrages durch eine beschränkt persönliche Dienstbarkeit gesichert. Die Vergütung für dieses sog. Tankstellenrecht wird ebenfalls durch die Provision abgegolten.

Die Kosten für die Instandhaltung der gesamten Anlage und die laufenden Betriebskosten sind vom Tankstellenhalter selbst zu tragen. Dieser kann den Vertrag nur aus wichtigem Grunde, die Gesellschaft kann ihn auch aus wirtschaftlichen Gründen vor Ablauf kündigen. Für den Fall der Vertragsbeendigung werden Vormietrechte entsprechend den gesetzlichen Bestimmungen über das Vorkaufsrecht und/oder auch Vorkaufsrechte vereinbart.

4. Im Falle der gesellschaftseigenen Tankstelle steht das Grundstück mit den entsprechenden Baulichkeiten und tanktechnischen Anlagen im Eigentum der Mineralölgesellschaft oder ist von dieser unmittelbar von Dritten gemietet. Hier wird die Tankstelle dem Tankstellenhalter kostenlos oder pachtweise auf unbestimmte Zeit überlassen. Der Tankstellenhalter hat die laufenden Betriebsunkosten zu tragen, die Kosten für die Instandhaltung der Anlage selbst trägt jedoch die Gesellschaft. Beide Parteien können den Vertrag mit einer Frist von drei Monaten zum Quartalsende, gelegentlich mit noch kürzerer Frist kündigen.

5. Der Tankstellenvertrag ist nach allem ein gemischtrechtlicher Vertrag, der neben einer besonderen Art der Geschäftsbesorgung Elemente des Werkvertrages hinsichtlich der Errichtung der Tankstellenbaulichkeiten, des Verwahrungsvertrags hinsichtlich der Betriebsstoffe, des Darlehns- oder Finanzierungsvertrages, des Mietvertrages, des Pachtvertrages oder der beschränkt persönlichen Dienstbarkeit enthalten kann. Das muß jetzt für einzelne Punkte näher ausgeführt werden.

III. Der Inhalt der Verträge im einzelnen

Wie oben bereits gezeigt, sind heute ca. 95 % der Tankstellen gesellschaftsgebunden. In den Beziehungen zwischen ihnen und den Gesellschaften ist die Vertragsfreiheit auf ein Minimum eingeengt, weil die Gesellschaften Formularverträge benutzen, die inhaltlich weitgehend übereinstimmen. Die Tankstellenhalter haben daher meist nur die Wahl zwischen dem Formularvertrag oder dem Verzicht auf einen Vertragsabschluß[18]. Da die Formularverträge in Rechtspre-

18 NIPPOLD (Fn. 11), 21; SCHÜLLER (Fn. 1), 225.

chung und Literatur ganz überwiegend als Handelsvertreter-Verträge qualifiziert werden[19], soll im folgenden gezeigt werden, wie die Gesellschaften ihre Marktmacht dazu benutzt haben, den empirischen Normaltyp des Handelsvertreters, wie er der gesetzlichen Regelung zugrundeliegt, in ihrem Sinne abzuändern. In einem weiteren Schritt der Untersuchung wird jeweils zu fragen sein, ob ein derart abgeänderter Vertragstyp überhaupt noch als Handelsvertreter-Vertrag angesehen werden kann.

1. Vermittlungstätigkeit des Tankstellenhalters?

Der Handelsvertreter gehört in die Gruppe der kaufmännischen Hilfspersonen, wie Kommissionär, Spediteur oder Lagerhalter, und steht damit als Typ zwischen dem kaufmännischen Angestellten und dem Zwischenhändler[20]. Der Unterschied zum Zwischenhändler besteht darin, daß der Zwischenhändler Eigenhändler ist, der seine Geschäfte im eigenen Namen und auf eigene Rechnung abschließt und das wirtschaftliche Risiko dieser Geschäfte selbst trägt, während der Handelsvertreter, wenn er überhaupt Geschäfte selbst abschließt, nur im Namen und für Rechnung des Unternehmers handelt, für den er tätig ist, so daß Risiko und Chance des vermittelten Geschäftes dem Unternehmer zufallen. Hieraus ergibt sich, daß die Tätigkeit des Tankstellenhalters nicht einheitlich zu beurteilen ist. Treib- und Schmierstoffe werden in aller Regel auf Provisionsbasis im Namen und für Rechnung der Mineralölgesellschaften verkauft. Dagegen werden gewöhnlich Autozubehör und zum Teil auch die Autopflegemittel im eigenen Namen und auf eigene Rechnung vertrieben. Insofern ist der Tankstellenhalter also Eigenhändler, der die übliche Handelsspanne verdient. Als die größeren Gesellschaften etwa seit 1965 begannen, auch Autopflegemittel unter ihrem Markennamen zu vertreiben, die für sie in Lizenz produziert werden, wurden die gesellschaftsgebundenen Tankstellen vertraglich verpflichtet, ausschließlich diese Markenpflegemittel zu verkaufen und in ihrem Betriebe zu verwenden. Nachdem aber das Bundeskartellamt im eingangs er-

---

19 BGHZ 42, 224; BGH NJW 1969, 1663; BGH NJW 1959, 1679; BGH NJW 1963, 100; KONRAD DUDEN: Kündigung von Tankstellenverträgen nach § 624 BGB, in: NJW 1962, 1326; HANS WÜRDINGER: Urteilsanmerkung, in: NJW 1963, 1550, weitere Nachweise bei NIPPOLD (Fn. 11), 19.

20 ERNST E. HIRSCH: Der gesetzlich fixierte «Typ» als Gefahrenquelle der Rechtsanwendung (erläutert am Beispiel des Handelsvertreters), in ders.: Das Recht im sozialen Ordnungsgefüge, Berlin 1966, 161 - 192, 172 f., ferner PETER ULMER: Der Vertragshändler, 1969.

wähnten Beschluss vom 22. Mai 1968[21] diese Ausschließlichkeitsbindung für Pflegemittel bei partnereigenen Tankstellen für unzulässig erklärt hat, ist man jetzt zum Teil dazu übergegangen, auch die Pflegemittel im Namen und für Rechnung der Gesellschaft vertreiben zu lassen.

Soweit der Tankstellenhalter nach Vorstehendem nicht als Eigenhändler tätig ist, könnte er Handelsvertreter sein. Dies setzt nach der Legaldefinition des § 84 HGB voraus, daß er «mit der Vermittlung oder dem Abschluß von Geschäften ständig betraut ist». Es gehört also zum Wesen des Handelsvertreters, daß er sich um die Vermittlung oder den Abschluß von Geschäften zu bemühen hat[22]. Wie ein Vergleich der §§ 84 und 93 HGB einerseits mit § 652 BGB andererseits ergibt, setzt die Vermittlung eines Vertrages mehr voraus als den bloßen Nachweis zum Abschluß. Der Handelsvertreter muß sich um die Willensbildung des potentiellen Kunden bemühen. Diese Kundenpflege ist nach § 86 Abs. 1 HGB seine Hauptpflicht, so daß ein Handelsvertreter-Verhältnis nicht vorliegt, wenn nur ein passives Warten auf abschlußbereite Kunden geschuldet ist[23].

Unter diesem Gesichtspunkt ist es zweifelhaft, ob der Tankstellenhalter als Handelsvertreter angesehen werden kann. Er ist im Gegensatz zum üblichen Handelsvertreter an seine Tankstelle gebunden. Seine Tätigkeit besteht in der Bedienung einer zum Teil aus Durchgangskundschaft bestehenden Abnehmerschaft, deren Kaufentschluß bereits gefaßt ist, bevor sie die Tankstelle anfährt. Auch kann von einer Kundenwerbung meist nicht die Rede sein; denn ausschlaggebend für den Kaufentschluß sind in erster Linie der Standort der Tankstelle und die Sogwirkung der Marke, nicht aber irgendeine unternehmerische Aktivität des Tankstellenhalters[24]. Der übliche Kundendienst ist eine von den Gesellschaften vorgeschriebene Leistung, mit der diese ausdrücklich werben. Anders ist es nur, wenn Tankstellen Reparaturen ausführen und der Kunde nur deshalb regelmäßig zu «seiner» Tankstelle fährt, weil er sich durch regelmäßiges Tanken eine anständige und schnelle Reparatur «erkaufen» will. Dann

---

21 Vgl. Fn. 3.

22 H.C. NIPPERDEY: Handelsvertreter und Eigen(Vertrags)-Händler, in: Festschrift HEDEMANN, Berlin 1958, 207 - 236; SCHLEGELBERGER-SCHRÖDER: HGB, 4. Aufl. 1961, § 84 RZ 17, 19; WÜRDINGER in RGRKomm. zum HGB, 2. Aufl. 1953, § 84 Anm. 7.

23 So ausführlich HIRSCH (Fn. 20), 181 f., mit weiteren Nachweisen.

24 So richtig EWALD: Die Auschließlichkeit im Tankstellenvertrag, in BB 1953, 307, 308; VEITH: Ausgleichsanspruch des Tankstellenverwalters, in BB 1963, 1277 ff.; HIRSCH (Fn. 20), 191.

kann man diesen Sachverhalt auch so sehen, daß der Tankstellenhalter durch seine Leistungen den Kunden geworben hat. Bei derartigen Stammkunden kann daher von einer Vermittlungstätigkeit des Tankstellenhalters gesprochen werden.

2. *Selbständigkeit des Tankstellenhalters?*

Der Handelsvertreter ist als Geschäftsmittler nicht nur vom Zwischenhändler, sondern auch vom kaufmännischen Angestellten abzugrenzen. Der kaufmännische Angestellte (Handlungsgehilfe, Handlungsreisende) ist als Arbeitnehmer in die Organisation des kaufmännischen Unternehmers eingegliedert und untersteht, soweit er nicht die Stellung eines leitenden Angestellten hat, der umfassenden arbeitsrechtlichen Direktionsgewalt des Unternehmers. Der Handelsvertreter ist demgegenüber selbständiger Gewerbetreibender und Arbeitgeber seiner eigenen Angestellten. Er ist selbst Kaufmann und als solcher den Weisungen seines Geschäftsherrn (Auftraggebers, Unternehmers) nur in ähnlich beschränktem Maße unterworfen wie andere kaufmännische Hilfspersonen[25]. Man hat deshalb häufig die Frage aufgeworfen, ob der Tankstellenhalter angesichts der gegenwärtigen Vertragsgestaltung nicht in Wahrheit Angestellter der Mineralölgesellschaften sei. Diese Frage nach der rechtlichen Qualifizierung hat durchaus praktische Bedeutung. Ist der Tankstellenhalter nämlich Angestellter, dann können häufig auftretende Zweifelsfragen ohne Schwierigkeiten entschieden werden, wie die Anwendbarkeit der Kündigungsfrist des § 624 BGB, die Betriebsstätteneigenschaft der Tankstelle nach § 16 Abs. 2 Nr. 2 StAnpG, das Bestehen eines Ausgleichsanspruchs nach § 89 b HGB, eines Zeugnisanspruchs nach § 630 BGB und der Sozialversicherungspflicht, die Zuständigkeit des Arbeitsgerichts und die Zahlung von Handelskammerbeiträgen. Ferner hätte der Tankstellenhalter Kündigungsschutz sowie Anspruch auf Urlaub und auf Gehaltsfortzahlung im Krankheitsfall. Schließlich würden für ihn die Arbeitszeitordnung, das Betriebsverfassungsgesetz und die Lohnpfändungsbeschränkungen gelten[26].

Das Gesetz hat zur Abgrenzung des Handelsvertreters vom Angestellten auf die arbeitsrechtliche Rechtsprechung zurückgegriffen und den Begriff der Selbständigkeit zum Kriterium der Handelsvertreter-Tätigkeit gemacht. Es stehen sich also die Begriffe Selbständigkeit und Abhängigkeit gegenüber.

---

25 So auch die Abgrenzung von HIRSCH (Fn. 20), 173.

26 Über diese und weitere praktische Auswirkungen der Abgrenzung zum Arbeitnehmer vgl. NIPPOLD (Fn. 11), 19 - 59.

Dabei ist allerdings zu berücksichtigen, daß der Handelsvertretervertrag seiner Rechtsnatur nach ein Dienstvertrag ist, der auf eine Geschäftsbesorgung gerichtet ist. Der Geschäftsherr kann dem Handelsvertreter also im Rahmen des Handelsvertreter-Verhältnisses Weisungen erteilen. Es stehen sich deshalb in Wahrheit das Direktionsrecht des Arbeitgebers und das Weisungsrecht des Geschäftsherrn gegenüber. Es kommt damit auf das Maß der Abhängigkeit oder den Grad der Weisungsgebundenheit an. Da der Handelsvertreter selbständiger Gewerbetreibender ist, dürfen die Weisungen nur die Erledigung der übertragenen Aufgaben, nicht die Durchführung und Ausgestaltung des Handelsgewerbes berühren. Wie immer man auch über die Praktikabilität dieser Abgrenzung denken mag[27]: Die Weisungen müssen nach dem Gesetz die persönliche Freiheit unberührt lassen. Was in diesem Sinne unter persönlicher Freiheit zu verstehen ist, definiert das Gesetz wie folgt: «Selbständig ist, wer im wesentlichen frei seine Tätigkeit gestalten und seine Arbeitszeit bestimmen kann» (§ 84 Abs. 1 S. 2 HGB).

a) Weisungsgebundenheit

Sieht man daraufhin die Vertragsformulare der Gesellschaften durch, so finden sich im Hinblick auf die Gestaltung der Tätigkeit Weisungen der verschiedensten Art. Ein Teil davon soll sicherstellen, daß der Tankstellenhalter die Tankstelle nach außen hin als selbständiger Gewerbetreibender führt. Dazu gehören Vertragsklauseln, nach denen er die Eröffnung seines Gewerbes als Handelsvertreter gemäss § 14 GewO, § 165d RAO bei der Gemeindebehörde anzuzeigen, sich bei der alljährlichen Personenstandsaufnahme als selbständiger Gewerbetreibender und nicht als Arbeitnehmer zu bezeichnen, eine Umsatz- und Gewerbesteuererklärung einzureichen und das Einkommen selbständig beim Finanzamt zu deklarieren habe. Es wird ihm mitgeteilt, daß für ihn die Lohnsteuer- und Sozialversicherungspflichten keine Anwendung fänden, so daß er selbst für einen Versicherungsschutz sorgen müsse. Derartige Weisungen betreffen aber nur die Einhaltung der öffentlich-rechtlichen Pflichten aus der Stellung als Handelsvertreter und stehen daher der Annahme eines selbständigen Tätigkeitsbereichs nicht entgegen.

Andere Weisungen betreffen die Behandlung des Eigentums der Gesellschaft. Bei gesellschaftseigenen Tankstellen wird dem Tankstellenhalter das gesamte Grundstück gegen eine Unkostenentschädigung («Pacht») überlassen, bei part-

---

27 Vgl. etwa die gequälten Ausführungen von NIPPOLD (Fn. 11), 27 - 30.

nereigenen Tankstellen stehen zumindest die tanktechnischen Anlagen im Eigentum der Gesellschaft. Die Gesellschaften verpflichten die Tankstellenhalter daher zur Verwaltung ihres Eigentums mit der Sorgfalt eines ordentlichen Kaufmanns und zur Einhaltung ihrer «Richtlinien». Diese Richtlinien regeln u.a. die Verwaltung der Station sowie die Pflege der technischen Anlagen und Betriebseinrichtungen. Ferner wird der Tankstellenhalter verpflichtet, eventuelle Schäden sofort zu melden und ohne Erlaubnis der Gesellschaft keine Reparaturen vorzunehmen. Die Gesellschaft ist zu jederzeitigen Kontrollen berechtigt. Auch die hier auftretenden Weisungen stehen der Annahme eines selbständigen Tätigkeitsbereiches des Tankstellenhalters rechtlich nicht entgegen; denn es geht hier um die Nutzung fremden Eigentums, und die Weisungen stellen noch keine konkreten Anweisungen im Einzelfall dar, wie sie nach dem Direktionsrecht einem Arbeitgeber möglich wären.

Einige Weisungen beziehen sich auf die Durchführung der übernommenen Geschäfte. So wird festgelegt, daß Treib- und Schmierstoffe, neuerdings z.T. auch Pflegemittel, im Namen und für Rechnung der Gesellschaft unter Verwendung der betreffenden Markenbezeichung verkauft werden müssen. Dabei sind die festgelegten Preise einzuhalten. Der Verkaufspreis und ein Hinweis darauf, daß die Gesellschaft Vertragspartner des Kunden ist, werden an den Zapfstellen angebracht. Es müssen die von der Gesellschaft vorgeschriebenen Quittungsformulare verwandt werden. Kreditverkäufe sind regelmäßig untersagt. Für die übrigen Geschäfte soll der Tankstellenhalter Eigenhändler sein. Alle diese Weisungen betreffen die Verkaufsmodalitäten und gehören damit durchaus zum Handelsvertreter-Verhältnis.

Weitere in den Vertragsformularen enthaltene Weisungen begründen die Verpflichtung, bestimmte Aufzeichnungen über die ausgeführten Geschäfte vorzunehmen und periodische Berichte zu übersenden; die Gesellschaften können die Unterlagen jederzeit einsehen und überprüfen. Soweit sich das Kontrollrecht nicht auf die Eigengeschäfte bezieht, sind solche Weisungen durchaus im Rahmen des Handelsvertreter-Verhältnisses. Nach § 86 Abs. 2 HGB hat der Handelsvertreter dem Geschäftsherrn die erforderlichen Nachrichten zu geben, namentlich ihm unverzüglich von jeder Geschäftsvermittlung und von jedem Geschäftsabschluß Mitteilung zu machen. Der Geschäftsherr hat also ein Recht auf ausreichende Information. Er kann eine geordnete Zusammenstellung der Einnahmen und Ausgaben verlangen (§§ 675, 666, 259 BGB), die auf Wunsch herauszugeben ist (§ 667 BGB).

Einige andere Weisungen beziehen sich auf das Auftreten und die Tätigkeit. Sie sind meist in gesonderten Richtlinien oder Betriebsvorschriften enthalten.

Neben mehr technischen Anweisungen und Sicherheitsvorschriften finden sich dort Vorschriften über die Kleidung, die der Tankstellenhalter und sein Personal bei der Bedienung tragen sollen, wie die vereinnahmten Gelder aufzubewahren sind und ähnliches, was der Aufrechterhaltung einer einheitlichen Absatzorganisation der Gesellschaft oder der Sicherheit ihrer Werte dient. Über die rechtliche Beurteilung dieser Weisung vgl. sogleich unter b.

Weisungen können schließlich noch faktisch im Rahmen einer Art Mitspracherecht ausgeübt werden, das sich einige Gesellschaften hinsichtlich der Auswahl von Hilfspersonen ausbedingen. Die Formulare sind hier jedoch sehr vorsichtig, da ein echtes Mitspracherecht einen unzulässigen Eingriff in die persönliche Selbständigkeit des Tankstellenhalters als Handelsvertreter bedeuten würde. Es findet sich daher die Formulierung, die Gesellschaft solle bei der Auswahl gehört werden und werde den Tankstellenhalter bei der Ausbildung des Tankstellenpersonals beraten. Eine Anhörung könnte sich vielleicht noch mit der Treuepflicht des Handelsvertreters rechtfertigen lassen, ein echter Anspruch auf Mitsprache dagegen sicher nicht[28]

Während früher die Betriebszeiten der Tankstellen meist von den Gesellschaften genau vorgeschrieben wurden, finden sich heute nur Klauseln wie etwa «bestimmte Betriebszeiten einzuhalten» oder «die Tankstelle während der branchenüblichen Geschäftsstunden unter Berücksichtigung des vorhanden Wettbewerbs das ganze Jahr hindurch geöffnet zu halten». Man will mit diesen Formulierungen offensichlich vermeiden, in die freie Bestimmung der Arbeitszeit und damit in die Selbständigkeit des Handelsvertreters einzugreifen, und man möchte andererseits sicherstellen, daß die Tankstelle während des Stoßgeschäfts offen bleibt, das im allgemeinen morgens zwischen 7.30 - 8.30, mittags zwischen 10 - 12 und abends ab 17 Uhr liegt. Die Berücksichtigung üblicher Geschäftsstunden und des vorhandenen Wettbewerbs bedeutet aber faktisch, daß die Halter kleinerer Tankstellen, die sich keine Hilfskraft leisten können, häufig weit mehr als 14 Stunden täglich Dienst tun müssen, um nicht einen empfindlichen Umsatzrückgang zu erleiden, der die Gesellschaft zur Vertragskündigung berechtigt. Auf diese Weise wird in einem erheblichen Teil der Fälle eine Arbeitszeit erzwungen, die weit über die eines vergleichbaren Arbeitnehmers hinausgeht.

---

28 Ebenso NIPPOLD (Fn. 11), 38 f.

b) Auftreten gegenüber Dritten

Die Selbständigkeit des Handelsvertreters, die sich von der Abhängigkeit des Angestellten unterscheidet, kann aber nicht allein am Grade der Weisungsgebundenheit gemessen werden. Ein zum Besuch der Kundschaft auf die Reise gesandter kaufmännischer Angestellter kann in der Wahl seines Reiseweges und der Einteilung seiner Zeit faktisch freier gestellt sein als ein Handelsvertreter, der jeden Morgen einen Tagesplan von seinem Unternehmen entgegennehmen und jeden Abend Bericht erstatten muß[29]. Die Rechtsprechung läßt daher das Gesamtbild des Einzelfalles entscheiden[30] und hat eine Reihe anderer Kriterien entwickelt, von denen die meisten das Auftreten gegenüber Dritten betreffen[31]. Diese Kriterien des selbständigen Auftretens nach außen treffen heute auf fast alle Tankstellenhalter zu. So ist der Tankstellenhalter insbesondere Mitglied der Industrie- und Handelskammer und nimmt selbständig die von der Industrie- und Handelskammer kontrollierten Anmeldungen zum Handelsregister und die von den Gewerbebehörden überwachten Anmeldungen zum Gewerbeamt vor. Er führt eigene Handelsbücher und gibt Steuererklärungen als selbständiger Gewerbetreibender ab. Er verwendet im geschäftlichen Schriftverkehr eigene Briefköpfe, hat eigene Geschäftsräume und trägt seine Geschäftsunkosten selbst.

Ein weiteres Kriterium jedoch, das bereits klar durch die Regelung des Gesetzes vorgeschrieben ist, trifft auf den Tankstellenhalter nicht zu, nämlich das Handeln unter eigenem Namen. Ein Handelsvertreter ist stets Kaufmann im Sinne des Handelsgesetzbuches (§ 1 Abs. 2 Ziff. 7 HGB). Ein Kaufmann tritt im Geschäftsleben unter seiner Firma (§ 17 HGB) oder, falls er Minderkaufmann ist, unter seinem bürgerlichen Namen auf. «Jeder im wirtschaftswissenschaftlichen Sinne echte Handelsvertreter, d.h. jeder Geschäftsvermittler, welcher die für einen Handelsvertreter typischen Funktionen im Wirtschaftsleben ausübt, für den also die Vorschriften der §§ 84 ff. HGB doch wohl bestimmt sind, tritt auch dann *unter* seiner Firma oder *unter* seinem Namen auf, wenn er (als Abschlußagent) in fremdem Namen und für fremde Rechnung Geschäfte vermittelt und abschließt. Lehre und Rechtsprechung zu den §§ 84 ff. HGB beachten diesen auch rechtlich grundlegenden Unterschied nicht genügend und

---

29 So zu Recht HIRSCH (Fn. 20), 173.

30 Vgl. BFH in BB 1962, 401.

31 Vgl. z.B. OLG München NJW 1957, 1767; OLG Celle MDR 1958, 341; OLG München VersR 1964, 235; sowie die Nachweise und Ausführungen bei SCHRÖDER (Fn. 22), § 84 Anm. 5; WÜRDINGER (Fn. 22), § 84 Anm. 9; BAUMBACH/DUDEN: HGB, 17. Aufl. 1966, § 84 Anm. 5 B.

lassen sich durch die Definition des § 84 Abs. 1 Satz 1 HGB verleiten, die §§ 1 Abs. 2 Ziff. 7 und 17 HGB zu übersehen. Dadurch werden die Tankstellenverträge (so schreibt zu Recht ERNST E. HIRSCH[32]) unrichtig eingeordnet». Ein derartiges Handeln unter eigenem Namen ist nämlich beim Tankstellenhalter in der Regel nicht zu finden. Dieser tritt vielmehr bei den hier relevanten Geschäften unter dem Namen der Firma auf, für die er tätig ist. Die Rechnungs- und Quittungsformulare, die er weisungsgemäß verwendet, enthalten meist als Kopf die Firma oder einen schlagwortartig abgekürzten Teil der Firma der Ölgesellschaft, und über die handschriftliche Quittungsunterschrift kommt ein Stempel, der aus dem Firmenschlagwort der Gesellschaft und dem Zusatz «Tankstelle» oder «Station» mit dem Namen des Tankstellenhalters besteht. In vielen Fällen wird zwischen Leistungen im Namen und für Rechnung der Gesellschaft und Leistung im eigenen Namen unterschieden, in anderen nicht. Das großenteils nicht rechtskundige Publikum muß - so richtig HIRSCH - aus dieser Gestaltung der Formulare den Schluß ziehen, daß der Tankstellenhalter *unter fremdem Namen*, nämlich unter dem Namen der jeweiligen Gesellschaft, tätig wird, deren Firma oder Firmenschlagwort am Kopf des Formulars oder des Stempels steht und gegenüber dem Zusatz «Station» oder «Tankstelle» vorherrscht. Der Tankstellenhalter ist dadurch in seinem Auftreten dem Verkaufsleiter des Kettenladens eines Lebensmittelunternehmens vergleichbar, der unter fremden Namen, also nicht als selbständiger Kaufmann auftritt und deshalb kein Handelsvertreter ist.

c) Ausschließlichkeitsbindung

Der Handelsvertreter kann im Prinzip auch gleichzeitig andere Firmen vertreten. Ein erheblicher Teil der deutschen Handelsvertreter besteht allerdings aus vom Gesetz in § 92a HGB anerkannten sog. Ein-Firmen-Vertretern, wobei die Zahlenangaben zwischen 14 und 50 % schwanken[33]. Auch ohne vertragliche Bindung an eine einzelne Firma folgt in der Regel bereits aus der Interessenwahrungspflicht des Handelsvertreters (§ 86 Abs. 1 HGB), daß dieser der von ihm vertretenen Firma keine Konkurrenz machen darf[34]. Beim Tankstellenhalter ist das Konkurrenzverbot, von einigen wenigen Großtankstellen abgesehen, die mehrere Marken führen, durch Ausschließlichkeitsbindungen gesichert. Diese beziehen sich auf den Abschluß von Fremdgeschäften, in einigen Fällen

---

32 Fn. 20, 190 f.

33 SCHÜLLER (Fn. 1), 213.

34 BGHZ 42, 59 (61); BGH LM Nr. 53 zu § 242 (B a) BGB

auch auf die Tätigkeit als Eigenhändler, ferner auf die Deckung des Eigenbedarfs und (bei partnereigenen Tankstellen) auf die Ausübung des Eigentums am Grundstück. So heißt es z.B. in den Vertragsbedingungen einer der großen Gesellschaften:

> «Ich darf den Betrieb und die Lagerung von Treibstoffen, Schmierstoffen oder anderen Waren der von Ihnen erzeugten oder vertriebenen Art für andere Unternehmen als das Ihre oder auch für eigene Rechnung nicht ausführen und verpflichte mich, evtl. Eigenbedarf ausschließlich von Ihnen zu beziehen. Ich habe alle Maßnahmen zu unterlassen, die dem von mir übernommenen Vertrieb nachteilig sein können, und darf auch andere Personen, die sich mit dem Verkauf der vorgenannten Erzeugnisse beschäftigen, weder direkt noch indirekt unterstützen.»

Die Ausschließlichkeitsbindung wird mit Hilfe einer im Grundbuch eingetragenen sog. Tankstellendienstbarkeit gesichert. Diese ist eine für die Dauer von 20 - 30 Jahren bestellte beschränkt persönliche Dienstbarkeit. Vereinbart wird meist etwa folgender Inhalt: «Die Gesellschaft X hat, solange ein Vertragsverhältnis mit Y oder dessen Rechtsnachfolger besteht, jedoch mindestens bis zum ..., das ausschließliche und der Ausübung nach übertragbare Recht des Vertriebs von Autotreibstoffen und Schmierstoffen jeder Art sowie der Errichtung und Unterhaltung einer Tankstelle». Die gelegentlich getroffene weitere Vereinbarung, daß nämlich auf dem Grundstück andere Treib- und Schmierstoffe als diejenigen der Gesellschaft nicht verkauft oder vertrieben werden dürfen, ist vom BGH wegen mangelnden Zusammenhangs mit dem Eigentumsrecht am Grundstück für unwirksam erklärt worden[35]. Aber auch die Vereinbarung eines ausschließlichen Vertriebsrechts ist in dieser Form wegen mangelnder Verbindung mit dem Eigentumsrecht unwirksam und muß von Amtswegen im Grundbuch gelöscht werden. Wirksam ist allein die Vereinbarung eines Ausschließlichkeitsrechts für die Errichtung und Unterhaltung einer Tankstelle[36].

Fraglich ist, ob sich die vertragliche Ausschließlichkeitsbindung auch auf eine Reparaturwerkstätte des Tankstellenhalters bezieht. Ist die Fassung des Tankstellenvertrages nicht eindeutig, muß sie wohl entsprechend der Unklarheitenregel, wie sie bei den Allgemeinen Geschäftsbedingungen entwickelt wurde, zu Ungunsten der Gesellschaft ausgelegt werden, die das Vertragsformular entworfen hat. Der BGH hat deshalb die Rechtslage nach der gesetzlichen Treuepflicht

---

35 BGH NJW 1959, 670.

36 Vgl. eingehend NIPPOLD (Fn. 11), 147 ff.

des Handelsvertreters beurteilt und eine Werbung für Öle der Konkurrenz untersagt, andererseits aber nach Treu und Glauben für zulässig angesehen, daß der Tankstellenhalter «mit Rücksicht auf die besonderen Verhältnisse eines Werkstattbetriebes ... zur Bedienung der Kunden, die bisher andere Öle in ihren Fahrzeugen verbrauchten, nach Maßgabe des auftretenden Bedarfs auch diese anderen Autoöle führt»[37]. Ähnliches gilt für die Beurteilung der Frage, ob die vertragliche Ausschließlichkeitsbindung für eine neue Tankstelle oder eine neue Werkstatt gilt, die der Tankstellenhalter später eröffnet. Hier verpflichtet ihn die gesetzliche Treuepflicht lediglich, das «Einzugsgebiet» der gesellschaftsgebundenen Tankstelle zu beachten. Außerhalb dieses Gebietes liegt keine Konkurrenz gegenüber der gebundenen Tankstelle vor, so daß der Tankstellenhalter insofern frei ist[38]. Gehen die vertraglichen Abmachungen aber eindeutig weiter, so kann der dadurch bewirkte Eingriff in die wirtschaftliche Freiheit unzulässig sei, wie unter IV 2 dargelegt wird.

d) Kaufmännische Dispositionsbefugnis

Zwar steht das Weisungsrecht des Geschäftsherrn der Annahme einer selbständigen Unternehmerstellung des Handelsvertreters nicht entgegen. Verbunden aber mit der Ausschließlichkeitsbindung in der von den Gesellschaften praktizierten Art wird man nicht mehr von einer selbständigen Unternehmerstellung des Tankstellenhalters sprechen können. Die Abgrenzung der weisungsgebundenen Selbständigkeit von der arbeitsrechtlichen Abhängigkeit muß nämlich nach ähnlichen Kriterien vorgenommen werden, nach denen man bloße Betriebsstätten von echten Niederlassungen unterscheidet[39]. Verkaufsstellen, Depositenkassen und dergl. sind keine Niederlassungen im Sinne des HGB, sondern unselbständige Abteilungen derjenigen Niederlassung, von der aus sie geleitet werden. Dem «Leiter» einer solchen Betriebstätte fehlt die kaufmännische Dispositionsbefugnis; denn die Verwaltung geschieht von der Zentralstelle aus. Er ist daher nur kaufmännischer Angestellter mit gewissen Leitungsbefugnissen. Weil die wirtschaftliche und organisatorische Selbständigkeit fehlt, kann die Betriebstätte auch nicht ins Handelsregister eingetragen werden; denn sie ist kein Unternehmensbestandteil und muß daher das rechtliche Schicksal des Gesamtunternehmens teilen. «Anders bei einer Zweigniederlassung, die als örtlich begrenzte Leitungs- und Verwaltungsstelle im Rahmen eines dezen-

---

37 BGH LM Nr. 53 zu § 242 (Ba) BGB.

38 NIPPOLD (Fn. 11), 105 - 107.

39 In diesem Sinne bereits HIRSCH (Fn. 20), 174.

tralisierten Unternehmens gegenüber der Hauptniederlassung ein derartiges Maß von wirtschaftlicher und organisatorischer Selbständigkeit besitzt, daß sie das Schicksal des Gesamtunternehmens nicht teilen muß, sondern unter Umständen verkauft und als selbständiges Unternehmen weiter betrieben oder bei Konkurs eines ausländischen Unternehmens im Inland vom ausländischen Konkurs nicht betroffen wird»[40].

Die gesellschaftsgebundene Tankstelle ist in der Regel in der Situation der bloßen Betriebstätte. Beim Tankstellenvertrag steht, wie es der BGH formuliert hat, «die Schaffung eines zuverlässigen Absatzsystems für die Marke des Erzeugers im Vordergrund»[41]. Deshalb sollen die Tankstellenhalter auch nicht selbständig disponierende Kaufleute, sondern Warenverteiler sein, die sich in die von den Gesellschaften gelenkten und geleiteten Absatzorganisationen reibungslos einfügen. Von eigener wirtschaftlicher Betätigung, geschäftlicher Disposition und planender, kalkulierender Tätigkeit kann - jedenfalls soweit die Bindung an die betreffende Gesellschaft reicht - nicht die Rede sein[42]. So ist der Tankstellenhalter vertraglich an die Richtlinien der Gesellschaft für Lieferungen und Abrechnungen gebunden, muß in vielen Fällen das von der Gesellschaft vorgeschriebene Buchhaltungssystem verwenden und Überwachungs- und Eingriffsrechte dulden, die vorgesehenen Werbemassnahmen durchführen und dergl. Auch kann eine gebundene Tankstelle nicht in eine freie Tankstelle umgewandelt werden, ohne den grössten Teil der alten Kundschaft zu verlieren.

Insgesamt bleibt also dem Tankstellenhalter gegenüber der Gesellschaft kein größerer Aktionsradius als etwa dem Leiter eines Lebensmittelkettenladens. Das aber reicht nicht aus, um die selbständige Kaufmannseigenschaft eines Handelsvertreters zu begründen. Der Tankstellenvertrag ist damit entgegen der h.M. in seinen wesentlichen Elementen ein Arbeitsvertrag.

3. *Die vertragliche Überbürdung des wirtschaftlichen Risikos*

Anhand weiterer Bestimmungen der Formularverträge läßt sich zeigen, daß dem Tankstellenhalter trotz seiner Abhängigkeit in vielen Punkten das äußere Erscheinungsbild eines selbständigen Handelsvertreters beigelegt wird, um ihm

---

40 HIRSCH, ebd.

41 BGH NJW 1959, 1679, 1680.

42 HIRSCH (Fn. 20), 191 f.

wirtschaftliche Risiken überbürden zu können, die ein leitender Angestellter nicht zu tragen hätte.

a) Fehlender Bestandsschutz

aa) Wie in der gesetzlichen Zuerkennung eines Ausgleichsanspruchs zum Ausdruck kommt, ist für den Handelsvertreter der Kundenstamm sein wichtigstes Kapital. Dieses wird ihm in der Regel durch Einräumung eines Gebietsschutzes gesichert. Ein solcher Gebietsschutz wird jedoch im Tankstellenvertrag nicht gewährt. Im Gegenteil wird ausdrücklich die Direktlieferung durch die Gesellschaft vorbehalten. Diese versorgt im sog. Propregeschäft privilegierte Großabnehmer wie z.B. Kaufhäuser, Verbrauchermärkte oder Genossenschaften unter Gewährung von Preisnachlässen, die zum Teil höher sind als die Provisionssätze der Tankstellenhalter[43]. Zum anderen muß ein Tankstellenhalter infolge der von den Gesellschaften seit Jahren verfolgten Politik der Ausweitung des Tankstellennetzes jederzeit damit rechnen, daß sein Einzugsgebiet durch eine neuen Tankstelle derselben Gesellschaft geschmälert wird. Dabei wird zuweilen die Umsatzsteigerung einer Tankstelle als Beweis für die Existenzfähigkeit einer weiteren Tankstelle im Umkreis der bisherigen gewertet, so daß der Tankstellenhalter evtl. für besondere Anstrengungen durch die eigene Gesellschaft «bestraft» wird[44], eine Situation, die den leitenden Angestellten nicht so hart trifft, weil er nicht ausschließlich auf den Umsatz angewiesen ist.

bb) Ein weiterer entscheidender Punkt in diesem Zusammenhang ist die Kündigungsmöglichkeit. Bei gesellschaftseigenen Tankstellen können die Tankstellenverwalterverträge in der Regel 6 Wochen zum Quartalsschluß oder mit einer Frist von 3 Monaten gekündigt werden. Dem Tankstellenhalter werden dadurch die Rechte aus § 2 des Gesetzes über die Fristen für die Kündigung von Angestellten (RGBl. 1926 I 399) genommen. Einige der großen Gesellschaften haben jedoch neuerdings ihre Verträge der dort vorgesehenen Staffelung der Kündigungsfrist bis zu 6 Monaten angepaßt. Bei partnereigenen Tankstellen besteht die Bindung der Stationärverträge bis zu 30 Jahre und verlängert sich jeweils um 1 Jahr oder um 5 Jahre. Der Tankstellenhalter hat also nicht das Recht des Angestellten aus § 624 BGB, nach 5-jähriger Laufzeit des Vertrages zu kündigen. Die häufig vertretene Meinung, daß § 624 BGB auf den Tank-

43 Vgl. SCHÜLLER (Fn. 1), 227 ff.

44 Ebd., 230 f.

stellenvertrag anwendbar sei, ist jedenfalls vom BGH zurückgewiesen worden[45]. Der Tankstellenhalter hat nach h.M. als Selbständiger auch nicht den Zeugnisanspruch aus § 630 BGB, obwohl dafür ein Bedürfnis besteht[46]. Die Gesellschaften haben sich dagegen vertraglich ausbedungen, langfristige Stationärverträge vorzeitig aus wirtschaftlichen Gründen zu kündigen, während die Ertragslosigkeit für den Tankstellenhalter kein Kündigungsgrund ist.

cc) Während die Tankstellenhalter früher um ihre Anerkennung als Angestellte gekämpft haben, um in den Genuß des Kündigungsschutzes zu kommen, ist seit der Änderung des Handelsvertreter-Rechts ein Wechsel der Einstellung festzustellen[47]. Jetzt wollen sie selbständige Handelsvertreter sein, weil der Handelsvertreter nun bei Vertragsende den sog. Ausgleichsanspruch nach § 89b HGB hat. Über die praktische Bedeutung dieses zwingend vorgeschriebenen Ausgleichsanspruchs bestehen jedoch falsche Vorstellungen. Zunächst einmal kann er nicht immer geltend gemacht werden. Er entfällt nämlich bei vertraglicher Auflösung des Vertragsverhältnisses in beiderseitigem Einvernehmen, bei Kündigung durch den Handelsvertreter, die nicht durch das Unternehmen veranlaßt wurde, bei Kündigung des Unternehmers aus wichtigem Grunde wegen schuldhaften Verhaltens des Handelsvertreters und bei schuldhaftem Verhalten des Handelsvertreters nach erfolgter fristgerechter Kündigung[48]. Dann aber ist die Höhe äußerst schwierig festzustellen[49]; denn es stellt sich «die mit den Mitteln des Gerichts kaum zu entscheidende Frage, ob Kunden an der Tankstelle vom Tankstellenhalter geworben oder ob sie durch die Werbewirkung der Marke angezogen wurden, mithin durch die eigene Leistung des Benzinlieferanten»[50]. Bei Tankstellen an Autobahnen oder außerhalb geschlossener Ortschaften hat der BGH für den Regelfall das Bestehen von Stammkund-

45 BGH NJW 1969, 1662 - 1665 = JZ 70, 368 mit Anm. von BALLERSTEDT. In England ist aufgrund des Eingreifens der Kartellbehörden erreicht worden, daß die Laufzeit der Stationärverträge nicht mehr als 5 Jahre beträgt, sofern nicht dem Tankstellenhalter nach dieser Zeit das Recht eingeräumt wird, den Vertrag nach evtl. Darlehenstilgung mit einer Jahresfrist zu kündigen, vgl. K. MARKERT: Die Neuregelung des englischen Tankstellenvertriebs, in WuW 16 (1967), 194 f.

46 Vgl. NIPPOLD (Fn. 11), 69 f.

47 NIPPOLD (Fn. 11), 21 f., und allgemein zum Handelsvertreter HIRSCH (Fn. 20), 175.

48 Vgl. im einzelnen W. KÜSTNER: Der Ausgleichsanspruch des Handelsvertreters, 2. Aufl. 1967, 193 ff.

49 NIPPOLD (Fn. 11), 180.

50 LOUIS FERDINAND HEYER: Rechtsfragen an Tankstellen und Garagen, Würzburg 1964, 65.

schaft, die durch besonderen Kundendienst des Tankstellenhalters geworben sein könnte, und damit das Bestehen eines Ausgleichsanspruches verneint[51]. Im allgemeinen muß eine Kartei der Stammkundschaft vorgewiesen werden können[52]. Im übrigen wird die Höhe im Streitfall zuweilen durch die Vereinbarung des Gerichtsstandes am Sitz der Gesellschaft beeinflusst, da der Hausanwalt des Tankstellenhalters meist bei dem über die Höhe nach Ermessen entscheidenden Gericht nicht zugelassen ist[53].

b) Mangelnde Sicherung des Einkommens

Obwohl die Tankstellenhalter hinsichtlich des Vertriebs völlig den Weisungen der Gesellschaft unterworfen sind, sind sie lediglich auf ihre Provision angewiesen und stehen daher wirtschaftlich mit den Gesellschaften in einer Risikogemeinschaft. Während der Angestellte in der Regel auch dann sein Gehalt bekommt, wenn im Betrieb Störungen auftreten, ist in den Tankstellenverträgen meist ausdrücklich vorgesehen, daß in Fällen, in denen die Gesellschaft ohne Verschulden nicht liefern kann, ein Schadensersatzanspruch nicht besteht. Weiterhin sind dem Tankstellenhalter eine Reihe von Sicherungsrechten genommen. Das im Namen der Gesellschaft vereinnnahmte Geld geht vereinbarungsgemäss sofort in das Eigentum der Gesellschaft über, wobei lediglich die Provision abgezogen werden darf. Für sonstige Ansprüche aus dem Vertragsverhältnis stehen nach den meisten Verträgen dem Tankstellenhalter Aufrechnungs- und Zurückbehaltungsrechte nicht zu. In den Stationärverträgen ist ferner das Pfandrecht des Vermieters an eingebrachten Sachen (§ 559 BGB) ausgeschlossen.

c) Sicherheitsleistung, Versicherungspflicht und Ausfallhaftung

Die von der Gesellschaft gelieferten Betriebsstoffe bleiben bis zum Verkauf ihr Eigentum, das wirtschaftliche Risiko der Abfüllung und Lagerung trägt aber der Tankstellenhalter; denn dieser hat auf Weisung der Gesellschaft eine Haftpflicht- und Diebstahlversicherung abzuschließen, die auch die vereinnahmten Gelder erfaßt. Es handelt sich hier um eine Erweiterung der allgemeinen Bestimmung, daß der Tankstellenhalter alle Betriebsunkosten zu tragen hat. Im

51 BGH NJW 1965, 248.

52 NIPPOLD (Fn. 11), 177.

53 Sicher richtig beobachtet von SCHÜLLER (Fn. 1), 233.

übrigen sehen alle Vertragsformulare vor, daß der Tankstellenhalter für den Warenbestand und die Investitionen der Gesellschaft Sicherheiten leistet.

Obwohl den Tankstellenhaltern ausdrücklich untersagt ist, Kreditverkäufe vorzunehmen, sind diese bei Stammkunden üblich und von den Gesellschaften stillschweigend geduldet. Sie sichern sich dadurch, daß sie die Tankstellenhalter eine vertragliche Haftung für die Zahlung des kreditierten Kaufpreises übernehmen lassen[54].

d) *Wirtschaftliche Abhängigkeit*

Auf den besonderen, nach arbeitsrechtlichen Grundsätzen ausgestalteten Schutz für arbeitnehmerähnliche Handelsvertreter (§ 92a HGB, Art. 3 ÄndG HGB [BGBl 1953 I 771]) können sich die Tankstellenhalter nicht berufen; denn einmal sind sie - mangels ausdrücklichen Verbots einer Nebenbeschäftigung und angesichts ihrer Eigenhändlertätigkeit - keine Ein-Firmen-Vertreter im dort vorausgesetzten Sinne, und zum anderen liegen sie über der dort vorgesehenen Einkommensgrenze von DM 1'000.--, da damit der Bruttoverdienst gemeint ist, der die Betriebsunkosten nicht berücksichtigt[55]. Aber die mangelnde Preisfreiheit, das in einigen Verträgen ausdrücklich vorbehaltene Recht zur einseitigen Änderung der Vergütungsstaffel und zur Änderung des Abrechnungssystems, das Recht zur Kontrolle und Übernahme der Verwaltung und das Recht zur Kündigung aus wirtschaftlichen Gründen führen insgesamt zu einer derart großen wirtschaftlichen Abhängigkeit, daß von einer selbständigen kaufmännischen Dispositionsbefugnis nicht mehr gesprochen werden kann. Der Umfang der wirtschaftlichen Abhängigkeit bewirkt hier also eine persönliche Abhängigkeit, so daß in Wahrheit kein Handelsvertreter-Vertrag, sondern ein Arbeitsverhältnis vorliegt.

IV. Versuche, die Macht der Mineralölgesellschaften zu beschränken

1. Wie bereits hervorgehoben, haben die Tankstellenhalter heute nur die Wahl, die in etwa gleichlautenden Formularverträge der Gesellschaften zu unterschreiben oder auf den Vertragsabschluß überhaupt zu verzichten. Die oligopolisti-

---

54 Eine besondere Delkredere-Provision ist für diese Haftungsübernahme nach § 86 b Abs. 3 S. 2 HGB nicht erforderlich, LG Essen BB 1961, 425.

55 Dazu näher NIPPOLD (Fn. 11), 55 - 59.

schen Marktbedingungen, die das Verhältnis von Mineralölproduzenten und Tankstellenhaltern bestimmen, bestehen im wesentlichen infolge der weltweiten Beherrschung der Mineralölproduktion durch die «internationalen Mineralölfarben». Sie werden dadurch verstärkt, daß sich die Bundesregierung in ihrer Energiepolitik auf die Mitarbeit dieser Konzerne stützt und dies mit der Einräumung von Sonderrechten bezahlen muß[56]. Durch das am 1. Januar 1966 in Kraft getretene Gesetz über Mindestvorräte an Erdölerzeugnissen[57] wurden die Importeure zu einer schrittweise erhöhten Mindestvorratshaltung verpflichtet, die ab 1970 45 Tage (für Raffinerien 65 Tage) beträgt. Diese gesetzliche Vorratspflicht erhöht die Kosten des Markteintritts, so daß mit neuen Importeuren als Wettbewerbern nicht mehr zu rechnen ist[58].

Die hier zutage tretende «Verstrickung staatlicher und privater Interessen»[59] bewirkt, daß die ständige Machterweiterung der Gesellschaften staatlicherseits kaum auf Widerstände stößt. Wir haben heute faktisch ein Benzinpreiskartell, gegen das bisher trotz einiger Anläufe nichts wirksam unternommen wurde. Im Kampf gegen die freien Tankstellen haben die Gesellschaften einen Lieferboykott durchgeführt und die an sie gebundenen Tankstellenhalter mit Kündigungen bedroht, um eine Rabattgewährung zu deren Lasten durchzusetzen, ohne daß es zu energischen Reaktionen des Bundeskartellamtes kam[60]. Zwar haben es die Gesellschaften nicht vermocht, die freien Tankstellen völlig vom Markt zu verdrängen, aber mehrere Faktoren wirken zusammen, daß diese eine ernsthafte Konkurrenz nicht befürchten lassen. So wird die Möglichkeit eines Lieferboykotts durch die großen Gesellschaften den freien Tankstellen dadurch gefährlich, daß der Staat durch die Mindestvorratshaltungspflicht und durch die Ablehnung der Liberalisierung preisgünstiger Treibstoffimporte aus den Ostblockländern eine fühlbare Lieferkonkurrenz ausschaltet. Ferner dürfen nach der Rechtsprechung zum Wettbewerbsrecht die freien Benzine trotz ihrer Identität mit Markenbenzinen nicht als Markenqualität angepriesen werden[61]. Die Transporte der Außenseiter unterliegen - soweit diese nicht von den Markengesellschaften

---

56 Vgl. SCHÜLLER (Fn. 1), 222 - 224.

57 BGBl. 1965 I 1217.

58 So K.H. BIEDENKOPF: Zur Selbstbeschränkung auf dem Heizölmarkt, BB 1966, 1115.

59 SCHÜLLER (Fn. 1), 223.

60 Der BGH hat jedoch inzwischen eine derartige Kündigung für sittenwidrig erklärt (NJW 1970, 855).

61 BGH DB 1965, 1324 f.

beziehen - der Beförderungssteuer, während die Konzerntransporte über die Pipelines laufen u.a. mehr[62].

2. Die Weisungsgebundenheit zusammen mit der Ausschließlichkeitsbindung hat in vielen Fällen dazu geführt, daß die Tankstellenhalter in Wirklichkeit weit schlechter dastehen als entsprechende Angestellte. Das wird durch eine Erhebung belegt, die vom Fachverband Tankstellen und Garagen im Zentralverband des Kraftfahrzeughandels und -gewerbes e.V. im Jahre 1964 bei je 875 Tankstelleneigentümern und -pächtern des Bundesgebietes (ohne Berlin) mit folgendem Ergebnis durchgeführt wurde:

			Pächter: 875	Eigentümer: 875
1)	wöchentl. Öffnungszeit			
	bis	48 Stunden	3 (ca. 0,2 %)	5 (ca. 0,7 %)
	bis	72 Stunden	53 (ca. 5 %)	110 (ca. 13 %)
	bis	100 Stunden	677 (ca. 78 %)	610 (ca. 69 %)
	über	100 Stunden	142 (ca. 16 %)	150 (ca. 17 %)
	davon sonntags geöffnet			
	bis	6 Stunden	233 (ca. 24 %)	140 (ca. 16 %)
	bis	10 Stunden	210 (ca. 27 %)	152 (ca. 18 %)
	über	10 Stunden	328 (ca. 37 %)	457 (ca. 52 %)
	geschlossen		104 (ca. 12 %)	126 (ca. 14 %)
2)	Mitarbeit des Tankstellenhalters			
	bis	48 Stunden	13 (ca. 2 %)	47 (ca. 5 %)
	bis	72 Stunden	158 (ca. 18 %)	139 (ca. 16 %)
	bis	100 Stunden	609 (ca. 68 %)	399 (ca. 46 %)
	über	100 Stunden	49 (ca. 6 %)	73 (ca. 8 %)
	nicht mitarbeitend		46 (ca. 6 %)	217 (ca. 25 %)

62 Vgl. SCHÜLLER (Fn. 1), 229 f.

Mitarbeit der Ehefrau

bis	48 Stunden	301	203
bis	72 Stunden	169	87
bis	100 Stunden	137	120
über	100 Stunden	4	10
		611 (ca. 70 % der Betriebe)	420 (ca. 48 % der Betriebe)
darunter Ehefrauen mit Kindern bis zu 14 Jahren		238 (ca. 40 % der mitarbeitenden Ehefrauen)	130 (ca. 34% der mitarbeitenden Ehefrauen

3) Mitarbeit von Angehörigen
Söhne, Töchter, Vater, Mutter)

bis	48 Stunden	132	128
bis	72 Stunden	44	61
bis	100 Stunden	26	66
über	100 Stunden	4	13

4) Personalverhältnisse

a) ohne Tankwarte, Wagenpfleger, Aushilfskräfte	181 (ca. 21 % der Betriebe)	194 (ca. 22 % der Betriebe)
b) ohne Lehrlinge	451 (ca. 52 % der Betriebe)	521 (ca. 59 % der Betriebe)

5) Altersversorgung der Inhaber

a) Lebensversicherung	677	652
b) Angestellten- und Invalidenversicherung	526	451
c) sonstige Altersversorgung	4	11
d) ohne Altersversorgung	27	28
e) keine Angaben	13	16

Altersversorgung		
a) als ausreichend angesehen	377 (ca. 43 %)	541 (ca. 62 %)
b) als unzureichend angesehen	474 (ca. 54 %)	300 (ca. 34 %)
c) keine Angaben	24 (ca. 3 %)	34 (ca. 4 %)

6) Urlaub des Tankstellenhalters 1963

bis 1 Woche	102 (ca. 12 %)	72 (ca. 8 %)
bis 2 Wochen	215 (ca. 25 %)	229 (ca. 26 %)
bis 3 Wochen	90 (ca. 10 %)	106 (ca. 12 %)
über 3 Wochen	15 (ca. 1 %)	17 (ca. 2 %)
ohne Urlaub	417 (ca. 48 %)	397 (ca. 46 %)
keine Angaben	36 (ca. 4 %)	54 (ca. 6 %)

Zu Recht ist es also gerade im Hinblick auf den Mineralölhandel von kompetenter Seite als absurd bezeichnet worden, «daß in der Zeit, in der das echte Arbeitnehmerverhältnis aus würdeloser Sklaverei herausgeführt worden ist, bei den wirtschaftlich unselbständigen Dienstleistungszweigen eine gegenläufige Entwicklung zu beobachten ist»[63]. Im Gegensatz zur Entwicklung, wie sie MACAULAY schildert, sind in Deutschland erst einige Anfänge zu verzeichnen, diesem Trend entgegenzuwirken. Von den Gerichten war und ist eine Hilfe nicht zu erwarten. Sie schützen in ihrer Wettbewerbsrechtsprechung die großen Marken und haben es auch abgelehnt, einzelne Verträge als wirtschaftliche Knebelung nach § 138 BGB für sittenwidrig und damit für nichtig zu erklären. Die langdauernde und enge Bindung der angeblich selbständigen Tankstellenhalter an die Gesellschaft wird so lange nicht für sittenwidrig gehalten, als

63 SCHÜLLER ebd., 246.

die Gesellschaft ihnen zur Gründung einer Existenz verholfen hat[64]. Ob die Existenzgründung stets als Argument ausreicht, erscheint fraglich. Ein Fall der Nichtigerklärung eines Vertrages nach § 138 BGB ist aber bisher nicht bekannt geworden[65].

3. Dagegen finden wir in Deutschland wie in anderen Ländern auch[66] ein Vorgehen der Kartellbehörden, das allerdings nicht von den Tankstellenhaltern, sondern von den freien Tankstellen (Benzinpreiskrieg)[67] und einem vom Markt verdrängten Hersteller von Autopflegemitteln ausgelöst wurde. Nachdem durch Beschluß des Bundeskartellamtes vom 22. Mai 1968[68] die Ausschließlichkeitsbindung partnereigener Tankstellen für Pflegemittel untersagt wurde und die meisten Gesellschaften nun die Pflegemittel auf Handelsvertreter-Basis vertreiben lassen, kommt es jetzt entscheidend auf die Frage an, ob Handelsvertreter-Verträge mit ihrer Ausschließlichkeitsbindung der Mißbrauchsaufsicht nach § 18 GWB unterliegen. Dann wären bei entsprechendem Vorgehen des Bundeskartellamtes die Tankstellenhalter evtl. nur noch im Verkauf von Benzin, nicht aber hinsichtlich anderer Produkte ausschließlich an ihre Gesellschaft gebunden. Diese Frage ist heute noch offen[69]. Ein weiteres Vorgehen des Bundeskartellamtes steht zu erwarten. Allerdings schützt § 18 GWB gegenwärtig nicht gegen wirtschaftliche Ausbeutung.

4. Aber selbst wenn die rechtlichen Bindungen an die Gesellschaften gelockert würden, würde das faktisch den Tankstellenhaltern keine Besserung ihrer Situation bringen. Wie das Bundeskartellamt zu Recht festgestellt hat, haben die

64 OLG Hamburg, Urteil vom 7. Dezember 1956, abgedruckt bei HEYER (Fn. 49), Anhang B Nr. 1.

65 Vgl. näher zu dieser Frage NIPPOLD (Fn. 11), 98 - 105.

66 z.B. Großbritannien, Irland und Kanada, vgl. Fn. 4.

67 Vgl. H. KREIS: Tankstellenrabatte in kartellrechtlicher Sicht, in BB 1969, 73 ff.

68 Fn. 3.

69 *Dafür* das Bundeskartellamt in seinem Beschluß vom 22. März 1968 (Fn. 3) und D. NIPPOLD: Ausschliesslichkeitsbindung in Tankstellenverträgen nach § 18 GWB überprüfbar?, in WRP 1967, 122 ff.; H. KREIS: Ausschliesslichkeitsbindung in Tankstellenverträgen, in BB 1967, 942; SCHMIDT/THIELE: Die Ausschliesslichkeitsbindung des Tankstellenhalters für Treib- und Schmierstoffe, in BB 1968, 886 ff.; K. MARKERT: Tankstellennebengeschäft und Antitrustrecht, in WuW 18 (1969), 546 ff.; *dagegen* FRITZ RITTNER: Die Ausschliesslichkeitsklausel in dogmatischer und rechtspolitischer Betrachtung, 1957, 141; RASCH in WuW 1958, 208, 211 ff.; A. RIESENKAMPF: Die Ausschliesslichkeitsbindung des Tankstellenhalters für Treib- und Schmierstoffe, BB 1968, 732 f.

Gesellschaften «gegenüber ihren Tankstellenpartnern ein wirtschaftliches Übergewicht mit der Folge, daß der Tankstellenpartner sich abhängig fühlt und deshalb - nicht zuletzt auch, um an sich zulässige Kündigungen zu vermeiden - von ganz geringfügigen Ausnahmen abgesehen auch nicht vertraglich fixierten Vorstellungen und Wünschen der Mineralölunternehmen Rechnung trägt»[70]. Man plante daher von Regierungsseite, die langfristige Bindung bei partnereigenen Tankstellen, die bis zu 30 Jahre beträgt und auf den Rechtsnachfolger übergeht, durch gesetzliche Kündigungsmöglichkeiten zu beschränken[71]. Der Zentralverband des Tankstellen- und Garagengewerbes e.V., in dem sich die Tankstellenhalter zusammengeschlossen haben, wollte ferner nach dem Beispiel der Arbeitslosenversicherung für seine Mitglieder eine Rechtsschutzversicherung abschließen, die diese vor den Folgen einer Vertragskündigung durch die Gesellschaften schützen soll[72]. Häufiger wurde erwogen, die Öffentlichkeit durch Streik auf den Machtmißbrauch der Ölkonzerne aufmerksam zu machen[73]. Bisher ist jedoch praktisch nichts geschehen. Die beste Lösung wäre wohl, wenn man erreichen könnte, daß die Rechtsnatur des Tankstellenvertrages als gemischtrechtlicher Arbeitsvertrag erkannt würde. Dann könnte man die Schutzvorschriften des Arbeitsrechts und andere oben erwähnte Vorschriften zur Anwendung bringen[74]. Diese Lösung dürfte jedoch in letzter Konsequenz keiner der beiden Seiten genehm sein und paßt auch nicht in das offizielle gesellschaftspolitische Konzept vom selbständigen Mittelstand.

---

70 Beschluß (Fn. 3), 38 f.

71 Vgl. Stellungnahme der Bundesregierung zur kleinen Anfrage der SPD zu den Verhältnissen im Tankstellengewerbe, Bundestagsdrucksache V/866 vom 10. August 1966, 5.

72 Frankfurter Allgemeine Zeitung vom 5. Oktober 1967 (Nr. 231).

73 Vgl. SCHÜLLER (Fn. 1), 246.

74 Diese Lösung klingt an bei NIPPOLD (Fn. 11), 59 und SCHÜLLER (Fn. 1), 238.

Die Kosten der Rechtsverfolgung als Zugangsbarriere der Rechtspflege

Mißstände und Reformbestrebungen in der Bundesrepublik Deutschland

Jahrbuch für Rechtssoziologie und Rechtstheorie 4 (1976), S. 395-413

Seit dem Ende der 60er Jahre mehren sich in der BRD die kritischen Stimmen[1], die darauf aufmerksam machen, daß das verfassungsmäßig verbriefte Recht auf Rechtsschutz für jedermann[2] in einigen Bereichen leerläuft, weil die Kosten der Rechtsverfolgung die Durchsetzung der materiellen Rechtsposition mit Hilfe der Rechtspflege unbillig erschweren, wenn nicht gar verhindern. Allzu lange hatte sich die zivilprozeßrechtliche Literatur damit begnügt, die sozialen Probleme, die mit den Kosten der Rechtsverfolgung verknüpft sind, mit einer mehr oder weniger unkritischen Darstellung des Instituts des Armenrechts zur Seite zu schieben. Als dann durch die Gutachtertätigkeit von ERICH FECHNER im «Feldmühlefall»[3] das Problem kleinerer Aktionäre in das Blickfeld rückte, die an sich nicht arm waren, aber gegen ein mächtiges Wirtschaftsunter-

---

1 ERICH FECHNER: Kostenrisiko und Rechtswegsperre, in: JZ 1969, 349 - 354; WOLFGANG DÄUBLER: Bürger ohne Rechtsschutz?, in: BB 1969, 545 - 551; KLAUS F. RÖHL: Zur Reform des Armenrechts, in: ZRP 1970, 274 - 275; UWE SEETZEN: Prozeßkosten und sozialer Rechtsstaat, in: ZRP 1971, 35 - 38; EGON SCHNEIDER: in: JurA 1971, 57 - 112 (104 ff.); FRITZ BAUR: Armenrecht und Rechtsschutzversicherung, in: JZ 1972, 75 - 78 (geringfügig verändert unter demselben Titel in Studi in memoria di CARLO FURNO, 1973 [91 - 101]), EIKE SCHMIDT: Der Arme und sein Recht, in: JZ 1972, 679 - 682; ERIKA BOKELMANN: «Rechtswegsperre» durch Prozeßkosten, in ZRP 1973, 164 - 171. Frühere Kritik bereits bei HIENDL, NJW 1960, 1749; TRIBIAN, DRiZ 1962, 416; SCHUMANN: Anwaltsbl. 1963, 73; KOEBEL, NJW 1964, 392 und 1967, 535. Nach Abschluß des Manuskriptes erschien die Stellungnahme von K. REDEKER in: NJW 1973, 1153 - 1162 (1159 f.) sowie H. KOLLHOSSER: Der Arme und sein Recht, in: VersR. 1974, 829 - 838; H.-M. PAWLOWSKI: Zur Funktion der Prozeßkosten, in: JZ 1975, 197 - 202, und G. BAUMGÄRTEL: Chancengleichheit vor Gericht, in: JZ 1975, 425 - 430.

2 Der sog. Justizgewährungsanspruch ergibt sich für Prozesse gegen den Staat als Hoheitsträger aus Art. 19 Abs. 4 GG. Für die anderen Prozesse wird er zum Teil aus Art. 103 Abs. 1 GG, zum Teil aus Art. 6 Abs. 1 MRK oder aus dem Rechtsstaatsprinzip hergeleitet, vgl. DÄUBLER (Fn. 1), 550 mit Nachweisen.

3 E. FECHNER/PETER SCHNEIDER: Verfassungswidrigkeit und Rechtsmißbrauch im Aktienrecht, 1960, 59 f.

nehmen mit einem großen Streitwert antreten mußten, wurde das Kostenrisiko in FECHNERs Seminar für Rechtsphilosophie und Rechtstatsachenforschung aus rechtssoziologischer Sicht näher untersucht, wodurch die gegenwärtige Diskussion in Gang kam. FRITZ BAUR war der erste anerkannte Zivilprozeßrechtler, der das Thema aufgriff und eine versicherungsrechtliche Lösung vorschlug. Nunmehr ist die Problematik sogar in eine weit verbreitete systematische Darstellung des Zivilprozeßrechts gewandert[4]. Im Bundesministerium der Justiz bestehen Pläne, das Armenrecht trotz der Forderung der Bundesländer nach Erhöhung ihrer Einnahmen aus der Rechtspflege durch eine allgemeine Regelung über die Herabsetzung des Streitwerts im Rahmen der Reform des Zivilprozesses zu ergänzen (s. unter V.).

Das Institut des Armenrechts war bereits in der deutschen Zivilprozeßordnung (ZPO) von 1879 enthalten. Lange vor den entsprechenden sozialstaatlichen Regelungen anderer Länder war hier das Deutsche Reich ähnlich wie bei der Sozialversicherung für Arbeitnehmer mit einer für die damalige Zeit respektablen «sozialen Tat»[5] vorangegangen, die zudem noch in der Folgezeit durch die Gewährung eines Honoraranspruchs des Anwalts der armen Partei gegen den Staat sowie durch die Erstreckung des Armenrechtsanspruchs auf Parteien kraft Amtes und (stark eingeschränkt) auf juristische Personen ausgebaut wurde. Von daher ist es verständlich, daß sich die Prozeßrechtsliteratur bis in die Gegenwart mit einer Darstellung des positiven Rechts begnügte und allenfalls in Teilfragen Kritik übte. Wie sehr Deutschland durch sein Institut des Armenrechts ursprünglich sozialpolitisch führend war, zeigt deutlich der Kampf von KARL N. LLEWELLYN um entsprechende gesellschaftliche Selbsthilfemaßnahmen noch nach dem Zweiten Weltkrieg durch Übernahme der Leitung der Legal Aid Society in den USA[6]. Fehlender Blick über die Grenzen ließ dann aber übersehen, daß schon seit einiger Zeit kein Anlaß mehr war, sich auf Lorbeeren auszuruhen, daß vielmehr Länder wie Frankreich, Schweden, England oder Italien[7] nicht nur

4 LENT/JAUERNIG: Zivilprozeßrecht, 16. Aufl. 1972, 281.

5 So zu Recht BAUR (Fn. 1), 75.

6 Vgl. M. REHBINDER: KARL N. LLEWELLYN als Rechtssoziologe, in: Kölner Zeitschrift für Soziologie und Sozialpsychologie 18 (1966), 532 - 556 (553).

7 Vgl. R.M. JACKSON: The Machinery of Justice in England, 6 ed. Cambridge 1972, 435 - 454; GINSBURG/BRUZELIUS: Civil Procedure in Sweden, The Hague 1965, 367 ff.; EKELÖF: Das schwedische Untergerichtsverfahren, 1968; HERZOG: Civil Procedure in France, The Hague 1967, 542 ff.; STEIN: Compendium van het burgerlijk procesrecht, Deventer 1968, 34 ff.; VECCHIONE: Spese Giudiziale, in Novissimo Digesto Italiano 17, Turin 1970, 1120 - 1143; MAURO CAPPELLETTI: Giustizia e societa, Milano 1972.

ihren Rückstand an Sozialstaatlichkeit in diesem Punkte aufgeholt haben, sondern darüber hinaus neue Wege gegangen sind, die jetzt das einst so fortschrittliche Armenrecht deutlich als rückständig ausweisen. Worum geht es im einzelnen, und was ist zu tun?

I. Rechtswegsperre trotz Armenrecht

Justiz ist nach der Zuständigkeitsverteilung des Grundgesetzes Sache der Länder (das Bundesverfassungsgericht und die Bundesgerichte ausgenommen, vgl. Art. 92 GG). Grund genug, daß keine Bundesjustizstatistik herausgegeben wird. Die alte Reichsjustizstatistik wiederaufleben zu lassen, würde sicher einen bedauerlichen Mangel an Föderalismus offenbaren. So wird es daher wohl noch einige Zeit dauern, bis wir wissen, wieviele Gerichtsverfahren unseres sozialen Rechtsstaats unter Inanspruchnahme des Armenrechts begonnen werden. Bis dahin müssen wir mit Schätzungen vorlieb nehmen. Folgen wir einem kompetenten Autor, so liegt der Durchschnitt bei knapp 10 % der Verfahren[8]. In 10 % der Fälle ist also zunächst im summarischen Verfahren darüber zu entscheiden, ob die beabsichtigte Rechtsverfolgung oder Rechtsverteidigung eine hinreichende Aussicht auf Erfolg bietet und nicht mutwillig erscheint und ob die Partei außerstande ist, ohne Beeinträchtigung des für sie und ihre Familie notwendigen Unterhaltes die Kosten des Prozesses zu bestreiten. Diese in § 114 Abs. 1 ZPO für den Zivilprozeß aufgestellten Voraussetzungen gelten auch für andere Verfahren wie das verwaltungsgerichtliche Verfahren (§ 166 Abs. 1 VwGO), das finanzgerichtliche Verfahren (§ 142 Abs. 1 FinGO), das Klageerzwingungsverfahren (§ 172 Abs. 3 StPO), das Privatklageverfahren (§ 379 Abs. 3 StPO), für das Verfahren vor dem Bundessozialgericht (§ 167 SGG)[9] sowie sinngemäß für das arbeitsgerichtliche Verfahren (§ 11 a ArbGG). Sind die Voraussetzungen erfüllt, hat die betreffende Partei einen Rechtsanspruch auf

---

8 So BAUR (Fn. 1), 75; siehe auch die Statistik für Baden-Württemberg bei EIKE SCHMIDT (Fn. 1), 680. Die Prognos AG (Europäisches Zentrum für Angewandte Wirtschaftsforschung, Basel) hat eine Auswertung der amtlichen Zählkartenstatistik von 1971 vorgenommen. Wie mir ihr Mitarbeiter Dr. ERHARD BLANKENBURG freundlicherweise mitgeteilt hat, ergibt sich danach bei den Zivilprozessen vor den Amtsgerichten ein Anteil von 6,17 % und bei den erstinstanzlichen Zivilprozessen vor den Landgerichten ein Anteil von 12,23 %, bei dem Armenrecht beantragt wurde. Der erhöhte Anteil beim Landgericht läßt sich im wesentlichen auf Ehescheidungsverfahren zurückführen.

9 Über die Regelung im sozialgerichtlichen Verfahren vor den Sozialgerichten und Landessozialgerichten vgl. unter II.

Bewilligung des Armenrechts. Die Unzulänglichkeiten dieser Regelung liegen einmal in den Voraussetzungen des Rechtsanspruchs und zum anderen in der Ausgestaltung des Armenrechts selbst.

1. Anspruchsvoraussetzungen des Armenrechts

a) Da das Verfahren der unbemittelten Partei zunächst zu Lasten des Steuerzahlers geführt werden soll, muß nach § 114 Abs. 1 ZPO vorab geprüft werden, ob eine hinreichende Erfolgsaussicht besteht und ob die betreffende Partei nicht «mutwillig» handelt, d.h. ob ein Dritter nicht unter diesen Umständen bei verständiger Würdigung der Lage von einem Gerichtsverfahren absehen würde. Schon hier kommt es zu einer Benachteiligung der «armen» gegenüber einer «reichen» Partei. Denn die Frage der Erfolgsaussicht wird im Armenrechtsverfahren, das lediglich vorweg über die Bewilligung des Armenrechts entscheiden soll, notwendig nur summarisch geprüft, d.h. ohne Vertiefung in rechtlicher und tatsächlicher Hinsicht (§ 118 a ZPO). Auch wenn dabei in der Praxis meist großzügig verfahren wird, wird hier durch die summarische Art der Vorprüfung der Unbemittelte in seiner Rechtsverfolgung beschränkt[10]. Jedes Gerichtsverfahren bringt - je nach Qualität der Richter und nach Unklarheit der Sach- und Rechtslage - eine mehr oder weniger hohe Wahrscheinlichkeitsquote der «Unrichtigkeit»[11] mit sich. Die Belastung nur der unbemittelten Partei mit einem solchen Vorverfahren bedeutet also ihr gegenüber eine Erschwerung der Rechtsverfolgung. Sollte sie ferner nach sachlich ungerechtfertigter Ablehnung ihres Antrages auf Armenrechtsbewilligung auf eigene Kosten das Verfahren durchführen, besteht zudem die Gefahr, daß diejenigen Richter, die ihr das Armenrecht wegen mangelnder Erfolgsaussicht verweigert haben, in dem nun folgenden Verfahren befangen sind, da sie ihre Entscheidung über das Armenrecht nunmehr «verteidigen» wollen[12].

Hinzu kommt, daß sich gerade bei schwieriger Sach- und Rechtslage der Schwerpunkt des Prozesses häufig ins Armenrechtsverfahren verlagert, wo die eigentliche Entscheidung vorweggenommen wird[13]. Die unbemittelte Partei muß sich daher bereits für das Armenrechtsverfahren einen Anwalt nehmen,

---

10 So BAUR (Fn. 1), 76.

11 Will man überhaupt davon ausgehen, daß es in unklaren Rechtsfragen eine «richtige» Entscheidung gibt.

12 Darauf hat zu Recht BAUR (Fn. 1), 76, Anm. 8, aufmerksam gemacht.

13 Vgl. TRIBIAN (Fn. 1), 416.

was ihr im Falle der Ablehnung der Armenrechtsbewilligung - worauf DÄUBLER hinweist[14] - nicht unbeträchtliche Kosten verursacht.

b) Noch größere Mißstände zeigen sich bei der zweiten Anspruchsvoraussetzung für die Gewährung des Armenrechts, nämlich bei der Armut. Wann im konkreten Fall der «notwendige Unterhalt» im Sinne des § 114 Abs. 1 ZPO gesichert ist, ist nicht klar. Man kann sich am «notdürftigen Unterhalt» der §§ 850 b ZPO, 1611 BGB, am pfändungsfreien Betrag nach § 850 c ZPO oder am «standesgemässen», d.h. am angemessenen Unterhalt des § 1610 BGB orientieren. In der Praxis geht man meist von dem ziffernmäßig festgelegten und berechenbaren pfändungsfreien Einkommen aus und rundet es großzügig nach oben ab, bleibt jedoch - «weil Staatsgelder im Spiele sind» - unter dem angemessenen Unterhalt[15]. Wer um sein Recht kämpfen will, soll sich also einschränken müssen.

Ob es allerdings in einem sozialen Rechtsstaat zulässig sein sollte, die Rechtsdurchsetzung notfalls von einer Einschränkung des angemessenen Lebensunterhalts abhängig zu machen, das konnte als rechtspolitisches Problem nur solange offenbleiben, als man meinte, daß davon nur wenige betroffen würden. In jüngerer Zeit scheint man nun aber auf breiter Basis zu realisieren, daß auch andere als nur Unbemittelte Prozesse mit geringem oder mittlerem Streitwert bei wirtschaftlicher Betrachtung und genügender Aufklärung gar nicht führen können, sollten ihre Aussichten nicht völlig eindeutig sein. Nach einer von FRITZ BAUR veröffentlichten Zusammenstellung betragen z.B. die Gerichts- und Anwaltsgebühren ohne Auslagen (z.B. für Zeugen und Sachverständige) in zwei Instanzen

bei einem Streitwert von	DM 200.--	DM 336.--
bei einem Streitwert von	DM 1'500.--	DM 1'675.--
bei einem Streitwert von	DM 10'000.--	DM 5'368.--

Bei Inanspruchnahme von drei Instanzen sind die Gerichts- und Anwaltsgebühren bei einem Streitwert von DM 10'000.-- fast genauso hoch, nämlich DM 9'112.--[16]. Man braucht also gar nicht arm zu sein, um bei den gegenwärtigen Kostenregelungen von der gerichtlichen Geltendmachung seiner Rechte absehen zu müssen. Wenn diese Situation noch nicht weithin bekannt ist, so nur

14 DÄUBLER (Fn. 1), 546.

15 DÄUBLER (Fn. 1), 564 mit Nachweisen.

16 BAUR (Fn. 1), 76.

deshalb, weil die meisten mit der naiven Anschauung vor die Gerichte ziehen, im Recht zu sein und deshalb keine Kosten tragen zu müssen. Über ihr wahres Risiko werden sie meistens erst aufgeklärt, wenn es zu spät ist, nämlich wenn der Richter auf einen Vergleich drängt.

2. *Ausgestaltung des Armenrechts*

Hat eine Partei die Hürde der Anspruchsvoraussetzungen für die Bewilligung des Armenrechts genommen, bedeutet das noch lange nicht, daß nunmehr für sie das Kostenrisiko entfällt. Zunächst einmal bezieht sich das Armenrecht nur auf die Gerichtskosten und gewisse Auslagen sowie (in Prozessen mit Anwaltszwang) auf die Gebühren des beigeordneten Anwalts (vgl. §§ 115 - 116b ZPO). Der Gegner ist also nicht gehindert, im Falle seines Obsiegens die ihm entstandenen Kosten (Anwalt und Auslagen) von der armen Partei sofort zurückzuholen[17]. Ferner und vor allem bedeutet die Gewährung des Armenrechts nur eine «einstweilige», keinesfalls die endgültige Befreiung von Gerichtskosten, Auslagen und den Gebühren des beigeordneten Anwalts. Der Staat hat die betreffenden Beträge, sollte die unbemittelte Partei unterliegen, also nur gestundet. Sobald die arme Partei «ohne Beeinträchtigung des für sie und ihre Familie notwendigen Unterhalts dazu imstande ist», die Kosten zu tragen, ergeht der sogenannte Nachzahlungsbeschluß (§ 125 ZPO). Schließlich kann ein Nachzahlungsbeschluß die arme Partei auch im Falle des Obsiegens treffen, nämlich dann, wenn die Beitreibung der Kosten beim Gegner erfolglos geblieben ist.

Das Gesamturteil über diese Regelung des geltenden Rechts ist daher eindeutig negativ. Mit den Worten eines so ausgewogenen Beurteilers wie FRITZ BAUR: «Unter dem Gesichtspunkt einer wirksamen Realisierung des Justizgewährungsanspruchs wie auch unter dem des gleichen Zugangs aller zum Gericht ist dieses Ergebnis alles andere als befriedigend»[18].

---

17 Kann die arme Partei nicht zahlen, hat der Sieger den Prozeß auf eigene Kosten geführt. Die Armenrechtsbewilligung bringt also auch ein Kostenrisiko für den Gegner, so RÖHL (Fn. 1).

18 BAUR (Fn. 1), 77.

II. Nulltarif in der Justiz?

Allein die Tatsache, daß der armen Partei die Gerichtskosten nicht erlassen, sondern nur gestundet werden, zeigt die grundsätzliche Einstellung der Rechtsordnung zu unserem Problem sehr deutlich. Es ist die Auffassung des Liberalismus, daß der einzelne seinen (im Interesse der Rechtsordnung sogar erwünschten) «Kampf ums Recht»[19] auf eigenes Risiko zu führen habe. Solange man im Rechtsstreit in erster Linie die Durchsetzung individueller Rechte mit Hilfe des Staates sieht, mag man im Gang zum Gericht die Inanspruchnahme einer staatlichen Sonderleistung sehen, die bezahlt werden muß. Sieht man aber die Situation so, daß ein Rechtsstaat nicht nur individuelle Rechte zusprechen, sondern auch ihre Realisierung garantieren muß, weil er gleichzeitig die Selbsthilfe verbietet, dann ist der Justizgewährungsanspruch kein Anspruch auf eine Sonderleistung. Das hat man früher auch durchaus gesehen. So drückte JULIUS VON KIRCHMANN in seinem berühmten Vortrag über die Wertlosigkeit der Jurisprudenz als Wissenschaft im Jahre 1848 seine Verwunderung über einen Staat aus, «der die Verwirklichung des Rechts zu seiner höchsten Aufgabe macht und doch die Handhabung desselben im einzelnen mit schwerem Gelde sich bezahlen läßt»[20]. Die gerichtliche Austragung von Streitigkeiten ist stets zugleich von sozialem Nutzen, weil sonst sozialschädliche Formen der Auseinandersetzung gesucht werden. Wird überdies durch einen Prozeß eine unklare Rechtslage durch Rechtsfortbildung der Gerichte beseitigt, dann erlangt dieser soziale Nutzen eindeutig rechtserhebliche Bedeutung. Der einzelne, der hier auf eigene Kosten Rechtsklarheit erstritten hat, hat seine Kosten zugleich im Interesse der Allgemeinheit aufgewandt. Er hat Versäumnisse des Gesetzgebers ausgeglichen und damit dem Staat gegenüber eine Geschäftsführung ohne Auftrag getätigt. Zuweilen findet sich in den Materialien unvollständiger Gesetze die Bemerkung, Einzelheiten der Rechtslage zu bestimmen bliebe den Gerichten überlassen. Darin liegt bei näherem Zusehen sogar ein ausdrücklicher Auftrag des Staates an den einzelnen, bei Auftauchen der jeweiligen Fragen eine Rechtsklärung herbeizuführen. Es widerspricht daher grundlegenden Rechtsprinzipien, läßt man ihn die Kosten der Rechtsfortbildung alleine tragen.

---

19 Die klassische Darstellung dieser Sicht findet sich bei RUDOLPH VON JHERING: Der Kampf ums Recht, 10. Aufl. 1891 (Nachdruck Darmstadt 1965).

20 VON KIRCHMANN: Die Wertlosigkeit der Jurisprudenz als Wissenschaft (1848), Nachdruck Darmstadt 1966, 8. Auf diese Äusserung hat in unserem Zusammenhang EIKE SCHMIDT (Fn. 1), 679, aufmerksam gemacht. Vgl. zum folgenden auch SEETZEN (Fn. 1), 36.

Aber auch in solchen Prozessen, die nicht der Rechtsfortbildung durch Beseitigung von Rechtsunklarheit dienen, ist die jetzige Kostenregelung in weiten Teilen ungerecht, ja sogar verfassungswidrig, weil sie gegen den Gleichheitsgrundsatz und das Sozialstaatsprinzip verstößt[21]. Zwar hat das Bundesverfassungsgericht entschieden, der allgemeine Gleichheitsgrundsatz zusammen mit dem Sozialstaatsprinzip gebiete lediglich, die prozessuale Stellung von Bemittelten und Unbemittelten «weitgehend anzugleichen» und die Rechtsverfolgung des Unbemittelten «nicht unverhältnismäßig» zu erschweren[22]. Wenn aber bei einem Streitwert von DM 10'000.-- die Kosten der Rechtsverfolgung in drei Instanzen den Streitwert aufzehren, dann steht bei realistischer Betrachtung der Rechtsweg bei wirklich zweifelhafter Sach- und Rechtslage nur demjenigen offen, für den ökonomische Erwägungen keine Rolle spielen. Sicher soll man die praktische Bedeutung des Sozialstaatsprinzips als geltenden Verfassungsrechtssatz nicht überschätzen. Er bietet wohl nur eine Mindestgarantie. Immerhin ist er aber eine wichtige Leitlinie für die Rechtspolitik. Deshalb ist unabhängig von positivrechtlichen Erwägungen über Geschäftsführung und Sozialstaatswidrigkeit zu fragen, ob nicht hier in der Kostenfrage eine sozialstaatsgerechte Lösung möglich ist und wie sie im einzelnen auszusehen hätte.

Der radikalste Weg wäre sicher die Einführung eines Nulltarifs in der Justiz, nämlich die Kostenlosigkeit sämtlicher Verfahren. Dabei müßten konsequenterweise nicht nur die Gerichtskosten und notwendigen Auslagen, sondern auch die Anwaltskosten entfallen. Den Weg des Sozialgerichtsgesetzes, das in den unteren Instanzen einfach den Anwaltszwang abgeschafft hat und lediglich im Revisionsverfahren die Beiordnung eines Armenanwalts vorsieht (§ 167 SGG), wird man nämlich nicht gehen können. Denn gerade bei rechtlich und tatsächlich schwierigen Fällen gehört die Mitwirkung des Rechtsanwaltes zur Garantie eines effektiven Rechtsschutzes[23]. Die Anwälte müßten also ihre Gebühren vom Staat bekommen. Das braucht nicht zu einer Verbeamtung der Anwaltschaft zu führen wie unter FRIEDRICH DEM GROSSEN, wie ja auch der Kassenarzt nicht verbeamtet ist[24]. Die Gefahr des Mißbrauchs der Kostenfreiheit durch Querulanten, die ohnehin nicht allzu groß sein dürfte[25], könnte nach dem

---

21 So besonders DÄUBLER (Fn. 1), 549 ff.; BOKELMANN (Fn. 1), 165.

22 BVerfGE 22, 83 - 90 (86).

23 So zu Recht BAUR (Fn. 1), 77.

24 Vgl. BOKELMANN (Fn. 1), 167.

25 Nach BAUR (Fn. 1, 76), sprechen die Erfahrungen der Rechtsschutzversicherungen und nach EIKE SCHMIDT (Fn. 1, 680) sprechen die Armenrechtsstatistiken gegen umfangreiches querulatorisches Prozessieren. Vgl. aber die Nachweise gegenteiliger

Vorschlag von DÄUBLER[26] durch Einführung einer Prozeßstrafe entsprechend § 34 Abs. 4 BVerfGG gebannt werden.

Der entscheidende Einwand gegen die Einführung eines Nulltarifs in der Justiz ist daher allein das Finanzproblem. Alle bisherigen Stellungnahmen sind sich darin einig, daß die Finanzmisere des Staates die Forderung nach einem Nulltarif, so überzeugend sie in der Theorie sei, wegen politischer Undurchführbarkeit in den Bereich der Utopie verweist[27]. Allerdings ist bisher kein genauerer Nachweis geführt worden, daß in der Tat die Kostenfrage eine Einführung des Nulltarifs verbiete. Ohnehin werden ja heute schon die Kosten der Rechtspflege überwiegend aus Steuermitteln finanziert. Nach einer Aufstellung aus dem Jahre 1965[28] ergibt sich eine Kostendeckung

- bei den ordentlichen Gerichten zu 45,01 %
- bei den Sozialgerichten zu 6,79 %
- bei den Verwaltungsgerichten zu 12,40 %
- bei den Arbeitsgerichten zu 9,19 % und
- bei den Finanzgerichten zu 4,34 %.

Man müßte vor allem auch einmal die Ersparnisse an Arbeitsaufwand errechnen, die bei Richtern und Kostenbeamten im Falle der Einführung des Nulltarifs möglich wären[29]. In den USA und in Schweden werden jedenfalls kaum noch Gerichtsgebühren erhoben.

Aber selbst wenn der Nulltarif finanziell tragbar wäre, erscheint es wenig wahrscheinlich, daß er in absehbarer Zukunft eingeführt würde. Die überaus große Fülle kostenträchtiger Reformprojekte, die gegenwärtig auf allen Gebieten zur Diskussion stehen, dürfte dazu führen, daß die Prioritäten anders gesetzt werden. Eine mit Kosten verbundene Justizreform wäre in unserem Punkte auch

---

Behauptungen bei BOKELMANN (Fn. 1), 164 Anm. 2.

26 Fn. 1, 549. Sie würde allerdings dort nichts nützen, wo vom Querulanten nichts zu holen ist.

27 DÄUBLER (Fn. 1), 549; E. SCHNEIDER (Fn. 1), 111 f.; BAUR (Fn. 1), 77; E. SCHMIDT (Fn. 1), 680; BOKELMANN (Fn. 1), 165; KARL SIEG: Moderne Aspekte der Rechtsschutzversicherung, in: BB 1972, 1377 - 1380 (1379).

28 Vgl. die Mitteilung im Anwaltsblatt 1971, 78. Die hohe Kostendeckung bei der ordentlichen Gerichtsbarkeit beruht auf den Einnahmen aus der freiwilligen Gerichtsbarkeit.

29 So richtig BOKELMANN (Fn. 1), 166 Anm. 31.

gar nicht so populär, wie die Juristen glauben möchten. Einmal, weil nur die wenigsten Menschen mit den Gerichten zu tun gehabt haben und hoffen dürfen, daß dies so bleibt. Zum zweiten, weil sie annehmen, daß das Recht gewiß ist, so daß es ihnen als gerecht erscheint, wenn der Verlierer die Kosten tragen muß. Und schließlich, weil es weithin als unabänderlich hingenommen wird, daß die Rechtsverfolgung wie die meisten Dinge im Leben eben Geld kostet. Deshalb wird es zunächst darauf ankommen, mittlere Lösungen zu finden, die vom Staat weniger Geld erfordern.

III. Kostenfreiheit für besondere Prozeßarten?

Als eine solche mittlere Lösung ist von EIKE SCHMIDT vorgeschlagen worden, «für bestimmte, existentiell wichtige Prozesse dem sozial Schwächeren kostenlosen Rechtsschutz von Staats wegen zu ermöglichen», und zwar denkt er an solche Verfahrensarten, in denen erfahrungsgemäß besonders viele Armenrechtsgesuche eingereicht werden, z.B. Miet- und Unterhaltsstreitigkeiten, Scheidungsverfahren oder Arbeitsstreitigkeiten[30]. Dabei möchte er die Nachteile der jetzigen Regelung des Sozialgerichtsverfahrens vermeiden. Zunächst einmal soll nur der sozial Schwächere von den Kosten befreit sein, während im Sozialgerichtsverfahren z.B. auch der Kassenarzt sein Honorar unentgeltlich einklagen kann[31]. Allerdings sagt SCHMIDT uns nicht, wer als «sozial schwächer» einzustufen sein soll. Es müßte vor allem klargestellt werden, inwieweit sich diese Klassifizierung von der Armut im Sinne des geltenden Armenrechts unterscheidet. Weiter sieht SCHMIDT im Gegensatz zum Sozialgerichtsverfahren die Befugnis vor, sich durch einen Anwalt eigener Wahl vertreten zu lassen, sofern auch die Gegenseite anwaltliche Unterstützung genießt. Würde man nämlich, was von anderer Seite vorgeschlagen wurde[32], den Anwaltszwang in weiten Bereichen aufheben, würde die bessere Rechtsberatung zu einem Privileg der Reichen werden und rechtlich Unerfahrene würden benachteiligt[33]. Der Anwalt soll ferner nach den Vorstellungen von SCHMIDT entgegen der Regelung für Armenrechtsanwälte in § 123 BRAGO die normalen Gebühren aus der Staats-

30 SCHMIDT (Fn. 1), 681 f.

31 Das wird in AnwBl. 1971, 78, bemängelt.

32 E. SCHNEIDER (Fn. 1), 111; SAUER in DRiZ 1970, 293 - 295.

33 E. BLANKENBURG/V. BLANKENBURG/H. MORASCH: Der lange Weg in die Berufung, in: ROLF BENDER: Tatsachenforschung in der Justiz, 1972, 81 - 104 (83, 87); BOKELMANN (Fn. 1), 165. So auch schon W. KISCH: Die soziale Bedeutung des Zivilprozesses, in Judicium 1 (1928/29), 1 - 37 (21).

kasse erhalten, damit die gegenwärtige negative Selektion bei der Anwaltschaft hinsichtlich der Vertretung im Armenrecht vermieden wird.

Der Nachteil dieses Vorschlags liegt - abgesehen von der Schwierigkeit einer Festlegung, wer «sozial schwächer» ist - in der Beschränkung auf bestimmte Verfahrensarten. Schutzbedürftigkeit liegt z.B. auch häufig bei Abzahlungsstreitigkeiten vor und Streitigkeiten aus Allgemeinen Geschäftsbedingungen[34]. Grund für die Forderung nach Kostenbefreiung ist ja nicht die Verfahrensart, sondern die wirtschaftliche Schwäche. Die Beschränkung auf bestimmte Verfahrensarten ist daher geeignet, immer wieder zu Unbilligkeiten zu führen. Das legt nahe, die Lösung eher in einer Erweiterung des Armenrechts in allen Prozeßarten zu sehen.

IV. Erweiterung des Armenrechts?

Zunächst wären beim Institut des Armenrechts diejenigen Beschränkungen aufzuheben, die allem Anschein nach verfassungswidrig sind. Das wäre einmal § 114 Abs. 2 ZPO, der die Gewährung des Armenrechts an Ausländer davon abhängig macht, ob die Gegenseitigkeit mit deren Heimatstaat verbürgt ist. Da die Verfassung den Zugang zu den Gerichten nicht nur Deutschen, sondern jedermann eröffnet, muß diese Schranke fallen[35]. Sie verstößt zudem noch gegen Art. 6 Abs. 1 der Menschenrechtskonvention[36]. Sodann ist § 114 Abs. 4 ZPO aufzuheben, der die Gewährung des Armenrechts an juristische Personen von der gesetzlichen Voraussetzung abhängig macht, daß «die Unterlassung der Rechtsverfolgung oder Rechtsverteidigung allgemeinen Interessen zuwiderlaufen würde». Damit wird nämlich das Armenrecht für kleinere juristische Personen praktisch ausgeschlossen, obwohl Art. 19 Abs. 3 GG eine Benachteiligung juristischer Personen gegenüber natürlichen Personen verbietet[37].

Im übrigen wäre eine Verbesserung des Armenrechts in mehreren Punkten möglich. So wäre der Begriff der Armut zu präzisieren. Dazu existieren zwei Vorschläge. DÄUBLER möchte festgelegt sehen, daß der «notwendige Unterhalt»

34 So zu Recht BOKELMANN (Fn. 1), 165.

35 Ebenso MAUNZ-DÜRIG, GG, Art. 103 Rd. Nr. 77.

36 Vgl. DÄUBLER (Fn. 1), 551, mit Nachweisen.

37 Vgl. DÄUBLER, ebd.

identisch sei mit dem angemessenen Unterhalt im Sinne des § 1610 BGB[38]. Noch weiter geht EIKE SCHMIDT. Er schlägt eine Verdoppelung der Sätze des pfändungsfreien Betrages vor[39]. Dies hätte neben der großzügigeren Bemessung noch den Vorteil, daß damit zahlenmäßig festgelegte Grenzen gegeben sein würden. Weiter schlägt SCHMIDT vor, die Prüfung der Erfolgsaussicht fallen zu lassen. Die von ihm mitgeteilte Statistik von Baden-Württemberg - so begründet er dies - ergäbe kaum eine Ablehnung aus diesem Grunde. Auch würde das Verfahren der Armenrechtsbewilligung dadurch vereinfacht[40]. Das Argument mit der Statistik ist allerdings solange nicht stichhaltig, als man nicht weiß, ob nicht die Anwälte oder die Rechtsantragstellen von vornherein verhindern, daß Anträge in aussichtslosen Fällen überhaupt gestellt werden. Es könnte sein, daß die Anspruchsvoraussetzung der hinreichenden Erfolgsaussicht durchaus eine beachtliche Sperrwirkung ausübt. Ohne vorherige Rechtstatsachenforschung wäre hier also eine Reform aus Kostengesichtspunkten nicht zu empfehlen.

SCHMIDT empfiehlt als drittes die Einführung der Möglichkeit freier Wahl des Prozeßbevollmächtigten. In der Tat liegt hier ein Mißstand vor, der besonders bei der Bestellung des Pflichtverteidigers im Strafprozeß in Erscheinung tritt, die nach dem Gesetz durch das Gericht vorgenommen wird. Der betreffende Anwalt wird in der Regel darauf bedacht sein, auch für die Zukunft von dem betreffenden Gericht als Pflichtverteidiger bestellt zu werden. Er gerät so unwillkürlich in einen Rollenkonflikt, der häufig zu Lasten des Angeklagten gelöst wird[41]. Schließlich ist nicht recht einzusehen, warum nicht auch die Kosten des gegnerischen Anwalts gestundet werden[42]. Entweder die Partei ist arm; dann kann man ihr eine Zahlung nicht zumuten. Oder sie ist es eben nicht. Die Gerichtsbarkeit eines Sozialstaats sollte jedenfalls so ausgestattet sein, daß keine unzumutbaren Forderungen auf den Rechtsuchenden zukommen. Hier dürfte allerdings ebenfalls die Reform an den finanziellen Belastungen scheitern,

---

38 Ebd. Den «angemessenen» anstelle des «notdürftigen» Unterhalts will auch der Reformentwurf zur Neuordnung des Armenrechts in Österreich gesichert sehen. Statt Armenrecht soll es in Zukunft «Verfahrenshilfe» heißen. Für höhere Einkommen soll ferner die Möglichkeit einer Teil-Verfahrenshilfe (z.B. bezüglich der Sachverständigengebühren) geschaffen werden.

39 SCHMIDT (Fn. 1), 682. Ein darüberliegender Einkommensbetrag müßte dann ratenweise eingezogen werden können.

40 Ebd.

41 Dazu EPHARD WÜSTMANN: Rolle und Rollenkonflikt im Recht, 1972, 184.

42 So zu Recht die Forderung von BOKELMANN (Fn. 1), 165.

die bei Zahlung der vollen Anwaltsgebühren an den gegnerischen Anwalt auf die Staatskasse zukommen würden. Ob es darüber hinaus notwendig ist, den Armenanwälten die vollen Gebühren zukommen zu lassen, soll unter VIII erörtert werden. Würde man ihnen, wie DÄUBLER vorschlägt[43], auch die außerprozessualen Beratungsgebühren als Anspruch gegen die Staatskasse zusprechen, so ist die Gefahr nicht von der Hand zu weisen, daß wir kassenarztähnliche Praxen bekommen, die ohne Grund aufgesucht werden. Hier scheint mir der Weg kommunaler Rechtsberatungsstellen der richtige zu sein, wie sie heute schon weithin mit Unterstützung der Anwaltschaft bestehen, Polikliniken vergleichbar, die billiger arbeiten können als Privatpraxen.

Allerdings wird das Institut des Armenrechts auch in großzügigerer Ausgestaltung immer in der öffentlichen Meinung die Vorstellung einer «Arme-Leute-Institution» behalten, die von Unbemittelten, die «bessere Tage gesehen haben», nicht gern in Anspruch genommen wird. Man wird es also mit einer Reform dieses Instituts allein nicht bewenden lassen können. Es sei denn, es werden alle Gerichts- und Anwaltsgebühren nicht mehr nach starren Sätzen, sondern stets nach den individuellen Einkommensverhältnissen gestaffelt, wobei Restbeträge zu einer Mindestgebühr vom Staat übernommen werden. Will man dies wegen der unvorhersehbaren Kosten nicht, muß man immer mit starren und niedrigen Ansätzen arbeiten[44]. Damit aber hilft man denjenigen Bevölkerungskreisen nicht, die bei der heutigen Ausgestaltung der Kosten- und Gebührenstaffeln ebenfalls hart getroffen sind, nämlich der unteren Mittelschicht[45]. Um hier individuell je nach den Vermögensverhältnissen des Betroffenen und der Bedeutung des Rechtsstreits vorgehen zu können, hilft nur der Weg, die bisher schon ausnahmsweise vorgesehene Möglichkeit des Gerichts, den Streitwert herabzusetzen, weiter auszubauen.

V. Generelle Möglichkeit der Streitwertherabsetzung durch die Gerichte?

Um der wirtschaftlich schwächeren Partei gegenüber einem wirtschaftlich starken Gegner helfen zu können, ist bisher schon durch Spezialvorschriften auf einzelnen Gebieten für die Gerichte die Möglichkeit eröffnet worden, einen niedrigeren als den wirklichen Streitwert auf Antrag einer Partei entsprechend

---

43 DÄUBLER (Fn. 1), 551.

44 Vgl. BOKELMANN (Fn. 1), 165.

45 So zu Recht BAUR (Fn. 1), 76.

deren Einkommens- und Vermögenslage festzusetzen. Insbesondere sollte hier der Mißbrauch großer Unternehmen gesteuert werden, durch hohe Streitwerte ihren Gegnern von vornherein den Mut zu einem Prozeß zu nehmen. Wir finden solche Regelungen in den §§ 247 Abs. 2 AktG, 53 PatG, 17a GebrMG, 31 a WZG und 23 a UWG. Obwohl mit der Herabsetzung des Streitwertes die Auslagen nicht erfaßt sind, die etwa als Gutachterkosten erheblich sein können, ist mehrfach vorgeschlagen worden, diese Sonderregelungen zu verallgemeinern[46]. Im Jahre 1970 hatte das Bundesministerium der Justiz in einem Vorentwurf für ein neues Gerichtskostengesetz eine entsprechende Vorschrift vorgesehen. Da die Landesjustizverwaltungen jedoch eine zu starke Belastung der Gerichte durch Herabsetzungsgesuche befürchteten, wurde diese Bestimmung in den endgültigen Regierungsentwurf zur Änderung des Gerichtskostengesetzes[47] nicht aufgenommen. Obwohl die Länder seit Jahren eine Erhöhung ihrer Einnahmen aus der Rechtspflege fordern, soll die Frage der Streitwertherabsetzung im Rahmen der Reform der Zivilprozeßordnung erneut aufgegriffen werden. Die Formulierung, die das BMJ für das Gerichtskostengesetz erarbeitet hatte, lehnt sich eng an die Armenrechtsregelung an. Sie lautet:

> «Herabsetzung des Streitwerts
>
> (1) Würde die wirtschaftliche Lage eines Prozeßbeteiligten durch die Belastung mit Prozeßkosten nach dem vollen Streitwert erheblich gefährdet, so setzt das Gericht auf Antrag des Prozeßbeteiligten einen seiner wirtschaftlichen Lage angepassten Teil des Streitwerts fest, der nicht weniger als x DM betragen darf.
>
> (2) Der Prozeßbeteiligte, zu dessen Gunsten ein Teilstreitwert festgesetzt ist, hat Gerichts- und Rechtsanwaltsgebühren nur nach dem Teilstreitwert zu entrichten und zu erstatten. Von anderen Prozeßbeteiligten zu entrichtende und zu erstattende Gebühren bestimmen sich nach dem für sie geltenden Streitwert. Soweit die außergerichtlichen Kosten den anderen Prozeßbeteiligten auferlegt oder von ihnen übernommen werden, kann der Rechtsanwalt des begünstigten Prozeßbeteiligten seine Gebühren von der anderen Prozeßbeteiligten nach den für diesen geltenden Streitwerten betreiben.
>
> (3) Der Antrag auf Festsetzung eines Teilstreitwertes kann durch Erklärung zu Protokoll der Geschäftsstelle oder schriftlich ohne Mitwirkung eines Rechtsanwalts gestellt werden. Die zu seiner Begründung angeführten Tatsachen sind glaubhaft zu

46 Boy-Jürgen Andresen, Urteilsanmerkung in: JZ 1973, 519; ferner Däubler (Fn. 1, 551), der diese Möglichkeit sogar im Wege verfassungskonformer Auslegung als geltendes Recht betrachtet, das es durchzusetzen gelte. Dagegen aber Erdsiek, NJW 1964, 912 f., und Olg Celle, NJW 1964, 1527.

47 Bundestagsdrucksache VI/2644.

machen. Besteht der Wert des Streitgegenstandes in einer bestimmten Geldsumme oder ergibt er sich aus früheren Anträgen, so ist der Antrag innerhalb eines Monats nach dem Beginn der Verhandlung zur Hauptsache zu stellen, sonst innerhalb eines Monats nach Verkündung oder Zustellung des Beschlusses über die Streitwertfestsetzung. Später ist er nur innerhalb eines Monats nach Erhöhung des angenommenen oder festgesetzten Streitwerts zulässig. Vor der Entscheidung über den Antrag sind die zum Antrag auf Wertfestsetzung Berechtigten zu hören. Die Entscheidung ergeht für jeden Rechtszug gesondert durch Beschluß.

(4) Gegen den Beschluß findet die Beschwerde nach Maßgabe des § 4 Abs. 4, 5 statt.»

Die Möglichkeit, in allen Prozessen eine Korrektur der Streitwerte nach unten vornehmen zu können, läßt jedoch eines außer acht. Hier werden nämlich nicht nur die Staatskasse, sondern auch die Einnahmen der Anwälte betroffen. Wenn es um große Streitwerte im gewerblichen Rechtsschutz oder im Aktienrecht geht, mag man vielleicht eine Herabsetzung der Gebühren für gerechtfertigt halten. Will man aber die Öffnung des Rechtswegs auch bei kleineren und mittleren Streitwerten sicherstellen, und darum geht es doch in erster Linie, dann kann man dies nicht ohne weiteres auf dem Rücken der Anwälte tun. Diese müssen als Freiberufler angemessene Verdienstchancen behalten. Anwälte jedenfalls, die vorwiegend eine Klientel aus den unteren und mittleren Einkommensschichten haben, gehören kaum zu den Spitzenverdienern. Bevor eine Regelung auf ihre Kosten getroffen wird, müssen genauere Untersuchungen über die zu erwartenden Einkommensverluste erfolgen. Unbefangene Beurteiler schätzen jedenfalls die Situation so ein, daß diese Verluste ohne Ausgleichsleistungen durch den Staat nicht tragbar seien[48]. Im übrigen ist es mißlich, die Entscheidung über die Streitwertherabsetzung als Billigkeitsentscheidung auszugestalten; denn mit Sicherheit wird es dann zu unterschiedlichem Vorgehen der Gerichte und damit zu unerfreulichen Rechtsungleichheiten kommen. Das legt den Gedanken nahe, es bei den jetzigen Streitwerten zu belassen, aber die Kosten anders zu verteilen.

---

48 So BAUR (Fn. 1), 77; SIEG (Fn. 27), 1379; EIKE SCHMIDT (Fn. 1), 680; vgl. auch BOKELMANN (Fn. 1), 166, und SEETZEN (Fn. 1), 36. Bereits gegen die Einführung der gegenwärtigen Sonderregelungen hatte der Deutsche Anwaltsverein scharfen Protest eingelegt, vgl. AnwBl. 1964, 168.

VI. Verteilung der Kosten nach anderen Kriterien als dem Ausgang des Prozesses?

1. Kostenfreiheit bei Unklarheit der Rechtslage

So hat man vorgeschlagen, bei einer echten Unklarheit der Rechtslage die Gerichts- und Anwaltskosten vom Staat tragen zu lassen, da der Staat zur Rechtsklarheit verpflichtet sei. Da unklare Rechtslagen oft zugleich mit unklaren Sachlagen verknüpft sind, sollte dem Gericht ferner die Möglichkeit gegeben sein, je nach Verursachung der unklaren Sachlage und ihrer Bedeutung für den Umfang von Arbeitsaufwand und Kosten eine Billigkeitsentscheidung zu treffen. Eine solche Möglichkeit sei bereits für bestimmte Verfahren vor dem Bundespatentgericht in § 36 q PatG vorgesehen (vgl. auch §§ 10 GebrMG, 13 WZG). Revisionen, die vom Oberlandesgericht wegen grundsätzlicher Bedeutung nach § 546 Abs. 2 ZPO zugelassen wurden, seien aber auf jeden Fall für beide Parteien von Kosten zu befreien[49].

Dieser Vorschlag ist an sich einleuchtend, da bei Unklarheit der Einzelne den Prozeß zugleich in Geschäftsführung für die Allgemeinheit führt. Nur ist dem entgegengehalten worden, daß bei der Beurteilung der Frage, wann Rechtsunklarheit gegeben sei, nicht die Sicht des Juristen, sondern die Sicht des Laien ausschlaggebend sein müßte, und für den Laien seien heutzutage fast alle Rechtsfragen unklar, insbesondere für Unbemittelte, die meist zugleich Ungebildete seien[50]. Hier wird jedoch übersehen, daß der Grund für die Kostenbefreiung die Nützlichkeit des Prozesses für die Allgemeinheit ist und daß der Laie kaum einen Prozeß beginnt, ohne von einem Anwalt oder von der Rechtsantragsstelle - wenn auch oberflächlich - beraten zu sein. Es könnte unter dem Gesichtspunkt der allgemeinen Rechtsunklarheit für den Laien wohl nur um die außerprozessualen Beratungskosten gehen, über die bereits gesprochen wurde. Daher ist die vorgeschlagene Kostenbefreiung nach Maßgabe der Rechtsunklarheit durchaus ein gangbarer Weg, der auch gegenüber dem allgemeinen Nulltarif billiger sein würde. Doch steht selbst bei dieser Lösung zu erwarten, daß die dadurch dem Staat entstehenden Kosten größer sind als politisch tragbar.

---

49 So SEETZEN (Fn. 1), 37.

50 So EIKE SCHMIDT (Fn. 1), 681.

2. *Kostenbefreiung je nach Instanzgewinn*

Ein zusätzlicher Vorschlag ist der, bei Prozessen in mehreren Instanzen die Kosten je nach Instanzgewinn zu verteilen. Denn wenn die Gerichte sich bei ihrer Urteilsbildung korrigieren, d.h. in mehreren Instanzen widersprechende Urteile fällen würden, so fiele das - so meint man - nicht in den Verantwortungsbereich der Prozeßparteien. Entgegen § 91 Abs. 1 ZPO wären demnach von der im Endergebnis unterlegenen Partei nicht die Kosten des gesamten Verfahrens, sondern nur die Kosten der ersten Instanz zu tragen. Ein ohne Erfolg eingelegtes Rechtsmittel müsse dagegen weiterhin nach § 97 ZPO derjenigen Partei zur Last fallen, die es eingelegt hat[51].

Dieser Vorschlag ist ebenfalls sehr einleuchtend, sieht man einmal von der Kostenfrage ab. Er wirkt aber nur in Kombination mit der Kostenfreiheit für unklare Rechtslagen. Denn selbst wenn es nur um die Kosten einer Instanz geht, bliebe bei alleiniger Abhängigmachung der Kosten vom Erfolg die Kalkulation des Risikos ex ante weiterhin zu unsicher. Ferner besteht die Gefahr, daß die Urteile der Obergerichte von Kostenerwägungen bestimmt werden, ähnlich wie die Strafgerichte sich bei der Strafzumessung an der Länge der erlittenen Untersuchungshaft zu orientieren pflegen.

3. *Belastung mit den eigenen außergerichtlichen Kosten trotz Prozeßerfolg*

Man hat daher erwogen, die Belastung mit den eigenen außergerichtlichen Kosten, wenigstens mit den Kosten des eigene Anwalts, vom Prozeßerfolg unabhängig zu machen, so daß sie auch im Falle eines Obsiegens erfolgen würde[52]. Dies entspricht, wie die rechtsvergleichenden Hinweise von BOKELMANN zeigen, der Situation in den USA, die seit je keine Erstattung der Kosten des gegnerischen Anwalts kennen, und entspricht ferner der 1958 in Frankreich neu eingeführten Regelung. In England, das die Kostentragung zunächst am Prozeßerfolg ausgerichtet hatte, hat seit dem Judicature Act von 1925 der Richter freie Hand. Umgekehrt verlief die Entwicklung in Schweden, wo 1948 die Kostenerstattung bei Unterliegen neu eingeführt wurde[53].

---

51 So SEETZEN (Fn. 1), 36; AnwBl. 71, 78; BOKELMANN (Fn. 1), 166 Anm. 36.

52 So EHRIG in ZRP 1971, 252 f.; HAGEN: Elemente einer allgemeinen Prozeßlehre, 1972, 68; BOKELMANN (Fn. 1), 170.

53 Vgl. die Nachweise bei BOKELMANN, ebd.

Die Belastung mit den eigenen außergerichtlichen Kosten trotz Obsiegens vor Gericht widerspricht jedoch der in Deutschland «tief eingewurzelten Rechtsüberzeugung, daß die unterlegene Partei die siegreiche auch von deren Kosten freistellen müsse»[54]. Wenn die Rechtsordnung dem Einzelnen ein Recht zuspricht, so spricht sie es ihm ganz zu und nicht abzüglich der Kosten einer eventuellen gerichtlichen Durchsetzung. Wer immer ihm sein Recht zu Unrecht streitig macht, muß die dadurch anfallenden Kosten als Schaden ersetzen. Diese Ersatzpflicht ist unabhängig vom Verschulden, ist also eine objektivierte Erfolgshaftung[55]. Ein solches Denken geht allerdings von der naiven Vorstellung aus, es gäbe in Rechtsfragen eine «richtige» Entscheidung, die von vornherein feststeht. Diese Vorstellung mag in der Öffentlichkeit durch die Art bestärkt werden, wie in Deutschland Gerichtsentscheidungen begründet werden. Abweichende Meinungen innerhalb des Richterkollegiums werden nämlich nicht mitgeteilt, und die Klippen der Entscheidung vermögen nur die Fachleute zwischen den Zeilen zu lesen. Erst in neuerer Zeit wird davon in den Entscheidungen des Bundesverfassungsgerichtes eine Ausnahme gemacht. Wäre das Maß der Rechtsunsicherheit im gerichtlichen Entscheidungsprozeß weiteren Bevölkerungskreisen bewußt, würde man auch eher einsehen, daß gerichtliche Entscheidungen in der Regel im Interesse und zum Nutzen beider Parteien sind, da nur auf diesem Wege - außergerichtliche Einigung ausgenommen - der Streit über die unklare Sach- oder Rechtslage beendet werden kann. Hat der Unterlegene also den Rechtsstreit nicht «mutwillig» oder in einer «offenbar aussichtslosen» Situation geführt, ist es nicht billig, ihn für alle Kosten der Beseitigung der unklaren Sach- oder Rechtslage allein aufkommen zu lassen. Die Strafe dafür, daß er sich in der Beurteilung des Streitfalles verschätzt hat, wäre dann - so meint man in den USA[56] - allzu hart.

In der Tat spricht einiges dafür, den Unterlegenen nicht die außergerichtlichen Kosten des Gegners tragen zu lassen. Nur folgt daraus nicht schlüssig, daß damit diese Kosten vom Gegner selbst zu tragen seien, jedenfalls dann nicht, wenn die Rechtsunklarheit zu Lasten des Staates geht. Auch wird nicht jeder, der an einem unklaren Rechtsverhältnis beteiligt ist, mit einem Prozeß überzogen, so daß jeweils nur einige Bürger zu Kosten gezwungen werden können, die sie von selbst nicht aufgewandt haben würden. Es wäre daher zu untersuchen, wie es in Frankreich gelungen ist, eine den USA entsprechende Rege-

---

54 So SIEG (Fn. 27), ebd.; vgl. auch BOKELMANN, ebd.

55 Vgl. BOKELMANN (Fn. 1), 168 f. mit Nachweisen über entsprechende Diskussionen im deutschen Schrifttum zu Beginn dieses Jahrhunderts.

56 Vgl. KARLEN: Primar of Procedure, Ann Arbor 1962, 103.

lung durchzusetzen. In Deutschland - so scheint es jedenfalls[57] - wäre dies ohne besondere Öffentlichkeitsarbeit nicht möglich. Das wäre nur anders, wenn für die Kosten des Obsiegenden nicht er selbst, sondern eine Rechtsschutzversicherung eintreten würde.

VII. Obligatorische Rechtsschutzversicherung?

Der wichtigste Vorschlag, der bisher zur Verhinderung von Rechtswegbarrieren durch die Kostenregelung gemacht worden ist, ist in der Tat die Einführung einer Pflichtversicherung. Der ungeheure soziale Erfolg der obligatorischen Krankenversicherung oder der obligatorischen Kraftfahrzeugversicherung, die beide in den meisten Kulturstaaten Probleme beseitigt haben, die anders nicht zu lösen gewesen wären, legt eine «versicherungsrechtliche Lösung» auch unseres Problems nahe. Die Vorsorge für mögliche, aber keineswegs sichere finanzielle Belastungen, die Schicksalsschlägen vergleichbar eintreten können, ist gerade bei geringeren Einkommen am zweckmäßigsten durch Versicherungen möglich. Daß die Kosten der Rechtsverfolgung ohne Schwierigkeiten versicherbar sind, zeigt deutlich der Aufschwung der privaten Rechtsschutzversicherung. Die gegenwärtig 10 als Rechtsschutzversicherung tätigen Gesellschaften haben in der Zeit von 1965 - 1970 ihr Prämieneinkommen verdoppelt, das um 400 Mio. DM im Jahr liegt. Die Schadensquote im Jahre 1968 betrug dabei rund 45 %[58].

Es war der Prozessualist FRITZ BAUR, der nun nachdrücklich die Einführung einer obligatorischen Rechtsschutzversicherung zur Diskussion gestellt hat[59]. Nach seinen Vorstellungen müßte eine Versicherungspflicht statuiert werden, der - wie bei der Sozialversicherungspflicht - durch Eintritt in eine öffentlich-rechtliche Pflichtversicherung oder durch Abschluß eines privaten Rechtsschutzversicherungsvertrages zu genügen ist. Demgegenüber hat der Versicherungsrechtler KARL SIEG sich für eine Obliegenheit zur Versicherungsnahme bei privaten Rechtsschutzversicherern eingesetzt. Durch öffentliche Aufklärungsarbeit sei auf die soziale Funktion der Rechtsschutzversicherung hinzuweisen. Wer gleichwohl keine private Rechtsschutzversicherung eingehe, müsse in Kauf nehmen, daß man ihm das Armenrecht versage, soweit er in seinem Falle hätte versichert sein können. Denn in Anbetracht der Obliegenheit seien dann an die

57 Das muß auch BOKELMANN (Fn. 1, 170) zugestehen.

58 Siehe BAUR (Fn. 1), 77.

59 Ebd., 77 f.

Bewilligung des Armenrechts schärfere Anforderungen zu stellen[60]. Da seinerzeit das Problem der Sozialversicherung nicht mit Hilfe der privaten Versicherungswirtschaft, die schließlich verdienen will und soll, sondern mit Hilfe öffentlich-rechtlicher Träger der Sozialversicherung gelöst wurde, wird es sehr darauf ankommen, die Argumente zu prüfen, die gegen eine öffentlich-rechtliche Lösung vorgebracht werden. Denn anders noch als bei der Frage der Vorsorge für Krankheit ist es eine eminente staatliche Aufgabe, den Rechtsweg offenzuhalten. Auch die Finanzierung der Straßen ist ja nicht Aufgabe erwerbswirtschaftlicher privater Straßenträgergesellschaften.

Zunächst wird von SIEG eingewandt, eine öffentlich-rechtliche Lösung wie bei der gesetzlichen Krankenversicherung sei nur für die Personenversicherung geeignet. Generalisierend bemessener Bedarf und typisierte Sachverhalte seien die Voraussetzungen, unter denen die Sozialversicherung ihre Aufgaben bewältigen könne, nicht aber das diffizile, höchst individuelle Geschäft der Rechtsschutzversicherung. Auch würde sich die Anwaltschaft energisch dagegen sträuben, wenn es neben dem Kassenarzt auch einen «Kassenanwalt» geben sollte. Beide Argumente sind jedoch in dieser kurz begründeten Form nicht überzeugend. Es mag sein, daß der Einzelne öfter krank wird, als daß er zum Gericht muß. Warum die Versicherung des Rechtsschutzrisikos jedoch so diffizil sein soll, wie die von SIEG vergleichsweise herangezogene Versicherung politisch riskanter Kreditgeschäfte im Außenhandel oder gar die Versicherung der Beine von MARLENE DIETRICH, vermag ich angesichts der zur Verfügung stehenden, wenn auch nicht zusammenfassend publizierten Gerichtsstatistiken nicht einzusehen. Hier müßten jedenfalls unabhängige Versicherungsfachleute um genauere Angaben gebeten werden. Im übrigen will BAUR die Versicherungspflicht auf die durchschnittlichen Kosten eines in drei Instanzen geführten Zivilprozesses mit einem Streitwert von etwa DM 20'000.-- begrenzen. Wenn die Anwaltschaft befürchten sollte, daß Teile ihres Berufsstandes zum Kassenarzt herabsinken, so sollte uns das nicht beeindrucken. Zum einen geht es den Kassenärzten gar nicht so schlecht, wie damit wohl behauptet werden soll. Zum zweiten gibt es einen gewissen negativen Typ von Kassenarzt unter der Anwaltschaft schon heute. Und schließlich hat niemand einen Anspruch darauf, an unsozialen Verhältnissen zu verdienen. Auch sieht der Vorschlag von BAUR ausdrücklich die freie Wahl des Anwalts vor, der über die Erfolgsaussicht des Verfahrens und damit über die Zahlungspflicht der Versicherung selbständig entscheiden können soll. Politisch gesehen würde ein Widerstand der Anwaltschaft - trotz der «Diktatur der Anwälte» in unseren Parlamenten - nicht unbe-

60 SIEG (Fn. 27), ebd.

dingt dazu führen, daß der Plan einer Pflichtversicherung aufgegeben werden müßte. Denn auch die gegenwärtigen Möglichkeiten für eine Streitwertherabsetzung sind gegen den entschiedenen Widerstand der Anwälte durchgesetzt worden.

Nun sind gegen die Vorstellungen von BAUR eine Reihe anderer Einwände erhoben worden. EIKE SCHMIDT hat die Jahresprämie für das Prozeßkostenrisiko eines Streitwertes von DM 20'000.-- bei drei Instanzen auf DM 100.-- geschätzt und diese Summe für die Bezieher kleinerer Einkommen für untragbar erklärt[61]. Dem hat BOKELMANN unter der Voraussetzung widersprochen, daß die Prämie entgegen den Vorstellungen von BAUR nicht für alle gleich hoch, sondern je nach dem Einkommen gestaffelt wird[62]. SCHMIDT bezweifelt ohne Begründung die technische Möglichkeit einer Staffelung der Versicherungsprämien, angesichts unserer gegenwärtigen Sozialversicherungsbeiträge jedoch wohl zu Unrecht. Würde eine Staffelung nicht vorgenommen, dann müßten - worauf BOKELMANN zu Recht hinweist[63] - die Einkommensschwachen die Prozesse besser gestellter Bürger mitfinanzieren, da die Inanspruchnahme des Gerichts nicht für alle Bürger gleich nahe liegt[64]. Das insbesondere deshalb, weil schwerpunktmäßig nur besser gestellte Parteien mit höherwertigen Wirtschaftsgütern in Berührung kommen. Um hier einen sozialen Ausgleich dahin zu erreichen, daß die Bessergestellten den Schutz Einkommensschwacher mitfinanzieren, muß die Einkommensgrenze für den Wegfall der Versicherungspflicht sehr hoch liegen. Am besten wäre sie an die Sozialversicherungspflicht gekoppelt, um ihre Einhaltung überwachen zu können. Um Querulanten abzuhalten und die Belastung der Justiz mit Bagatellsachen zu verhindern, könnte man wie bei der Krankenversicherung oder der Kraftfahrzeugversicherung mit einem Bonus oder Malus arbeiten. Das wäre zwar aufwendig[65], aber für die Experimentierphase einer versicherungsrechtlichen Lösung durchaus empfehlenswert[66]. Ferner wäre zu erwägen, den Versicherungsschutz zunächst auf einige Lebensbereiche zu beschränken[67]. Streitigkeiten aus Kraftfahrzeugunfällen sind ja in einigen Bereichen schon gedeckt. Wenn dagegen vorgebracht

61 SCHMIDT (Fn. 1), 681.

62 BOKELMANN (Fn. 1), 167.

63 Ebd.

64 Vgl. die Angaben bei BLANKENBURG u.a. (Fn. 33), 82 - 87.

65 Vgl. SIEG (Fn. 27).

66 So auch BAUR (Fn. 1), 78.

67 So SIEG (Fn. 27), zweifelnd BAUR (Fn. 1), 77.

wird, daß ein Nebeneinander der öffentlich-rechtlichen Pflichtversicherung mit privaten Rechtsschutzversicherungen die Prozeßtätigkeit erhöhen und die Rechtsfremdheit der Bevölkerung vergrößern würde, weil Versicherungsgesellschaften untereinander gerne prozessieren und viel fremdfinanzierte Prozesse das Interesse der Parteien an einer Verfahrensbeteiligung herabsetzen[68], so sind diese Argumente nicht unbedingt überzeugend. Versicherungsgesellschaften wissen meist, daß es wirtschaftlicher ist, sich zu einigen, und führen deshalb nach Möglichkeit nur Musterprozesse über Rechtsfragen. Daran aber besteht ein öffentliches Interesse. Und der Rechtsfremdheit der Bevölkerung kann besser durch andere Maßnahmen begegnet werden als durch Beteiligung an Verfahren in eigener Sache[69].

Der entscheidende Einwand gegen das verwaltungmäßig ungeheuer aufwendige Unternehmen einer Pflichtversicherung scheint mir daher ein anderer zu sein. Im Prinzip müßte in die Lastenumverteilung einer gestaffelten «Sozialversicherung» des Prozeßkostenrisikos jedermann einbezogen werden. Wenn nämlich die Justiz ohnehin schon zum allergrößten Teil auf Staatskosten erfolgt, dann nehmen die wenigen Reichen bei ihren Prozessen Einrichtungen in Anspruch, die von den Steuergeldern der (mehrheitlich) weniger Reichen unterhalten werden. Bejaht man aber das Prinzip, daß jedermann für den freien Zugang zu den Gerichten soll aufkommen müssen, dann ist nicht einzusehen, warum man alle Staatsbürger in eine Pflichtversicherung einbezieht, anstatt ohne den ganzen Verwaltungsaufwand einfach eine progressiv gestaffelte Steuererhöhung für die Zwecke der Rechtspflege vorzunehmen[70]. Damit aber wären wir wieder beim Nulltarif für die Justiz angelangt, der wegen der damit verbundenen Steuererhöhung politisch nicht durchsetzbar erscheint.

VIII. Vorschlag für ein Experiment mit einem Ensemble von Randkorrekturen

Wollen wir also eine Reform, die politisch machbar ist, weil sie wenig Geld kostet, dann müssen wir auf tiefgreifende Lösungen verzichten und versuchen, in einem ersten Schritt mit einer Kombination kleinerer Korrekturen der gegen-

---

68 So BOKELMANN (Fn. 1), 167.

69 Vgl. dazu näher M. REHBINDER: Rechtskenntnis, Rechtsbewußtsein und Rechtsethos als Probleme der Rechtspolitik, in: Jahrbuch für Rechtssoziologie und Rechtstheorie 3 (1972), 25 - 46.

70 So richtig BOKELMANN (Fn. 1), 167.

wärtigen Regelung auszukommen. Da die finanziellen Auswirkungen selbst kleinerer Änderungen angesichts des fehlenden Rechtstatsachenmaterials kaum hinreichend vorhersehbar sind, müßte jede solche Änderung den Charakter eines Experiments haben[71], was dadurch zum Ausdruck gebracht werde könnte, daß eine Reformgesetzgebung in ihrer Geltung zeitlich begrenzt würde.

1. Reformmaßnahmen unter Belastung des Staatshaushalts

Ausgangspunkt der Reformdiskussion waren die Beschwerden, daß den Minderbemittelten gegenwärtig nicht ausreichend geholfen wird und daß auch der Mittelschicht die jetzige Kostenregelung nicht zumutbar ist. Das legt nahe, vorsichtig an zwei Punkten anzusetzen, nämlich beim Armenrecht und bei der Kostenregelung in Revisionssachen.

Eine Erweiterung des Armenrechts hätte den Begriff der Armut zu präzisieren und zugunsten der Unbemittelten zu erweitern. Hier sollte man es mit dem Vorschlag von EIKE SCHMIDT versuchen, die Sätze des pfändungsfreien Betrages zu verdoppeln. Wenn nämlich jemand mit Aussicht auf Erfolg gekämpft hat und unterlegen ist, dann sollte er sich nicht so stark einschränken müssen wie jemand, dessen Gläubiger hinter ihm her sind. Die Kosten des gegnerischen Anwalts kommen ohnehin auf ihn zu. Bei der Erstattungspflicht der Kosten des gegnerischen Anwalts sollte man es in einer ersten Reformphase zunächst belassen, weil hier die Mehrausgaben des Staates erheblich sein könnten. Dagegen müßte man bei dieser Gelegenheit die Regelungen von § 114 Abs. 2 und 4 ZPO (Armenrecht für Ausländer nur bei Gegenseitigkeit und für juristische Personen nur bei allgemeinem Interesse) wegen Verfassungswidrigkeit aufheben und die freie Wahl des Prozeßbevollmächtigten einführen. Letzteres würde den Anwälten vielleicht erleichtern, mit der großzügigeren Armutsgrenze einverstanden zu sein. Je mehr Prozesse im Armenrecht geführt werden können, desto größer ist der Einkommensverlust der Anwälte, die als Armenanwälte nach § 123 BRAGO nur einen geringeren Satz als die normalen Gebühren aus der Staatskasse erhalten. Diesen Einkommensverlust durch Einführung der Erstattung der vollen Gebühren abzuschaffen, kann gegenwärtig nur ein Fernziel sein. In einem sozialen Rechtsstaat muß es auch erlaubt sein, von einem Berufsstand einen Beitrag zur Lösung sozialer Probleme zu verlangen. Würde der Staat überhaupt nicht zahlen, würden sicher die meisten Prozesse, die jetzt im Armen-

71 Grundsätzlich zum Experimentcharakter von Gesetzgebung: FREDERICK K. BEUTEL: Experimentelle Rechtswissenschaft, 1971.

recht geführt werden, der Anwaltschaft als Einkommensquelle gänzlich verlorengehen.

Die zweite Richtung, in die ein Reformexperiment gehen müßte, wäre die Kostenregelung. Hier wäre ein erster Schritt, diejenigen Prozesse, die eindeutig zugleich im Interesse der Allgemeinheit geführt werden, weil sie eine unklare Rechtslage beseitigen, von Gerichtskosten freizustellen. Das wären Revisionen, die wegen grundsätzlicher Bedeutung von den Oberlandesgerichten zugelassen werden. Eine Stellungnahme zur Frage der grundsätzlichen Bedeutung einer eventuellen Revision sollte in allen revisiblen Fällen von Amts wegen erfolgen. Das wäre auch ohne größere zusätzliche Arbeitsbelastung möglich. Da die Parteien eines solchen Rechtsstreits an der Klärung der betreffenden Rechtsfrage zugleich ein eigenes Interesse haben, kann es zunächst dabei bleiben, daß sie die außergerichtlichen Kosten, insbesondere die Anwaltsgebühren weiterhin selbst zu tragen haben.

2. *Reformmaßnahmen durch Organisation gesellschaftlicher Selbsthilfe*

Mit diesen Maßnahmen, die zusätzliche Belastungen des Staatshaushalts zur Folge haben, könnte es zunächst bis zur Prüfung ihrer finanziellen Auswirkungen in der Praxis sein Bewenden haben. BOKELMANN hat darüber hinaus von einer neuen Entwicklung in Schweden berichtet, wo jetzt die Anwaltsgebühren nach dem Einkommen gestaffelt werden, wobei den Anwälten die Differenz zur vollen Gebühr bei der Vertretung von Minderbemittelten vom Staat gezahlt wird[72]. Anstelle der Zahlung aus der Staatskasse hat die Autorin die Gründung eines Ausgleichsfonds durch die Anwaltschaft vorgeschlagen, über den Zahlungen zugunsten derjenigen Anwälte zu erfolgen hätten, die überwiegend Prozesse mit kleineren Streitwerten übernehmen[73]. Ich halte es jedoch für berufspolitisch unerfreulich, die Anwaltschaft wieder zur Zunft zu machen (mit einem Anspruch auf «bürgerliche Nahrung») und den Verwaltungsaufwand einer Ausgleichskasse heraufzubeschwören. Die freie Advokatur sollte auch frei im Verhältnis zu ihren eigenen Berufskollegen bleiben. Sie hat Anspruch darauf, kostendeckend zu arbeiten, und braucht sich nicht subventionieren zu lassen. Das schließt kommunale Rechtsberatungsstellen für Minderbemittelte nicht aus. Da Prozesse mit kleinerem Streitwert erfahrungsgemäß kaum weniger Arbeit mit sich bringen, kommt auch die von BOKELMANN vorgeschlagene Änderung

---

72 BOKELMANN (Fn. 1), 168.

73 Ebd., 171.

der Gebührenstaffel bei geringen Streitwerten[74] nicht in Betracht. Gesellschaftliche Selbsthilfemaßnahmen sollten nicht durch die Anwaltschaft getragen werden müssen. Man hat ja auch nicht verlangt, daß die Krankenversorgung zu sozialen Preisen durch die Ärzteschaft organisiert wird. Hier müssen vielmehr die unmittelbar Betroffenen aktiviert werden.

Es empfiehlt sich zu diesem Zweck, die Öffentlichkeit vermehrt darüber aufzuklären, daß sie sich vor den Kosten einer Rechtsverfolgung durch Eintritt in Interessenverbände und durch Abschluß privater Rechtsschutzversicherungen schützen kann. Ferner muß dafür geworben werden, daß Interessenverbände wie Mieterverbände, Hausbesitzerverbände, Gewerkschaften, Arbeitgeberverbände oder die Vielzahl der Hobbyvereine (Sportvereine, Gesangvereine, Tierzüchtervereine, Sammlervereine usw.) verstärkt die Unterstützung ihrer Mitglieder in relevanten Rechtsstreitigkeiten zu ihrer Aufgabe machen[75]. Hier läßt sich durchaus vieles verbessern, zumal diese Verbände in der Regel ohnehin Anwälte unter ihren Mitgliedern haben. Allerdings führt die Entscheidung über die Gewährung von Rechtsschutz auch zur Machtausübung gegenüber dem Einzelnen. Um hier den Einzelnen von Verbandsherrschaft unabhängig zu machen, muß auch die Möglichkeit der Einzelversicherung in privaten Rechtsschutzversicherungen aktiviert werden, jedoch auf freiwilliger Basis. Erst in dem Maße, wie schrittweise unter Belastung der Staatskasse der Nulltarif eingeführt wird, kann die Sicherung gegen die Rechtsverfolgungskosten entfallen. Bis dahin muß aber etwas geschehen, sollen nicht faktisch rechtsfreie Räume[76] entstehen, die sich meist zum Nachteil des sozial Schwachen auswirken. Der Weg von der formalen zur materiellen Rechtsgleichheit darf jedenfalls nicht an den mangelnden Staatsfinanzen scheitern.

---

74 Ebd., 168

75 So schon KISCH (Fn. 33), 21.

76 Vgl. die Ausführungen von LAWRENCE FRIEDMAN über die «networks of reciprocal immunities» in: L. FRIEDMAN/ST. MACAULAY: Law and the Behavioral Sciences, 1969, 499 f.

Kann bei der Haftung des Staates für Fehlverhalten des öffentlichen Dienstes auf das Verschuldenserfordernis verzichtet werden?

Zu den finanziellen Auswirkungen der geplanten Ersetzung der gegenwärtigen Staatshaftung kraft Amtshaftung durch eine originäre, verschuldensunabhängige Staatsunrechtshaftung

Festschrift für Carl Hermann Ule, Köln/Berlin 1977, S. 399-416

I.

Die Frage, wann der Staat für Fehlverhalten seiner öffentlich Bediensteten einzustehen hat, ist gegenwärtig außerordentlich kompliziert und unübersichtlich geregelt. Wir unterscheiden die Haftung für fiskalisches Handeln und die Haftung für hoheitliches Handeln. Bei der Staatshaftung für hoheitliches Handeln kennen wir die Haftung aus öffentlichrechtlichen Verträgen und ähnlichen Rechtsverhältnissen sowie die außervertragliche Staatshaftung mit vier Grundtatbeständen, nämlich die Staatshaftung kraft Amtshaftung, die Staatshaftung aus enteignungsgleichem Eingriff, die Staatshaftung aus aufopferungsgleichem Eingriff und die öffentlichrechtliche Folgenbeseitigung. Diese vier Anspruchsgrundlagen der außervertraglichen Staatshaftung stammen aus unterschiedlichen rechtlichen Epochen und führen trotz geschickter Rechtsfortbildung durch die Gerichte zu manchen Ungereimtheiten. Insbesondere ist der wichtige, gesetzlich in § 839 BGB und Art. 34 GG geregelte Anspruch aus Amtspflichtverletzung nur auf dem Hintergrund der geschichtlichen Entwicklung des Staatshaftungsrechts zu verstehen. Wie aus dem Wortlaut klar ersichtlich ist, handelt es sich nicht um einen originär gegen den Staat gerichteten Anspruch, sondern nur um einen abgeleiteten Anspruch. Der Staat haftet nur, wenn andernfalls der Beamte Dritten gegenüber persönlich haften würde. Haftungsvoraussetzung ist nicht die Rechtsverletzung des Hoheitsträgers, sondern die Amtspflichtverletzung des Amtswalters, für die der Staat eintritt. Es wird also nicht auf das Staatsunrecht, sondern auf die Verletzung einer das Innenverhältnis zwischen Staat und Amtswalter betreffenden Amtspflicht abgestellt.

Dieses Denken hat seine Wurzeln in der Zeit der Entstehung des modernen Staates. Hier galt der Satz, daß der König oder Landesfürst außerhalb der Landesgesetze steht (princeps legibus solutus). Eine Haftung war also ausgeschlossen, sofern der Landesherr selbst oder einer seiner Beamten, der im Rahmen der ihm zukommenden Amtsbefugnis handelte, Schaden verursachte. Überschritt jedoch der Beamte seine Amtsbefugnis, handelte er also ultra vires, so unterfiel er den Gesetzen des Landes und wurde in eigener Person gerichtlich verfolgbar. Als mit der Erweiterung der Staatstätigkeit ein Einstehen des Staates für die Folgen pflichtwidrigen Handelns seiner Amtswalter unumgänglich wurde, hat man zunächst nur eine privatrechtliche deliktische Organhaftung des Fiskus für den Fall der Zahlungsunfähigkeit des verantwortlichen Beamten anerkannt. Noch im 19. Jahrhundert entsprach es der vorherrschenden Rechtsauffassung, daß der amtspflichtwidrig handelnde Beamte den Bereich der eingeräumten Amtsbefugnis verlasse, als Privatperson tätig werde und daher persönlich und privatrechtlich nach Deliktsgrundsätzen einzustehen habe. Dies ist auch die Auffassung, die § 839 BGB zugrunde liegt. Erst der moderne Verfassungsstaat hat sich dann zur befreienden Übernahme der persönlichen Verbindlichkeit des Beamten für den in hoheitlicher Tätigkeit widerrechtlich und schuldhaft verursachten Schaden verstehen können (jetzt Art. 34 GG).

Die in der Folgezeit durch die Rechtsprechung entwickelten weiteren Haftungstatbestände für hoheitliches Handeln stellen dagegen eine originäre Haftung des Staates selbst dar, die nicht von einer an sich dem Amtswalter obliegenden Haftung ausgeht. Enteignungsgleicher wie aufopferungsgleicher Eingriff verpflichten nur den durch den Eingriff unmittelbar Begünstigten. Das aber ist der Träger der öffentlichen Gewalt und nicht etwa der rechtswidrig handelnde Amtswalter. Auch die Pflicht zur öffentlichrechtlichen Folgenbeseitigung als Pflicht zur Wiederherstellung des status quo ante kann sich nur gegen den Träger der öffentlichen Gewalt und nicht gegen den Amtswalter persönlich richten.

Die drei durch Richterrecht entwickelten Tatbestände unterscheiden sich von der Staatshaftung kraft Amtshaftung aber nicht nur dadurch, daß sie den Staat originär und nicht nur kraft Übernahme vom Amtswalter treffen, sondern auch dadurch, daß sie unabhängig von einem Verschulden des Amtswalters bestehen. Enteignungsgleicher wie aufopferungsgleicher Eingriff knüpfen an die rechtswidrige Ausübung von Hoheitsgewalt an, ohne daß es darauf ankommt, ob die fehlerhafte Hoheitstätigkeit auf einem vorwerfbaren Verhalten des Amtswalters beruht oder nicht. Auch die Pflicht zur Folgenbeseitigung ist von einem Verschulden bei der Herbeiführung des rechtswidrigen Zustandes unabhängig. Es ist daher nicht verwunderlich, daß die seit einiger Zeit geplante Reform des Staatshaftungsrechts hier eine Vereinheitlichung erreichen will. Die im Jahre 1970 von den Bundesministern des Innern und der Justiz eingesetzte Sachverständigenkommission, die den Entwurf eines Staatshaftungsgesetzes erarbeitet hat, schlägt im Sinne entsprechender Beschlüsse des 47. Deutschen Juristentages vor, die Staatshaftung kraft Amtshaftung durch eine originäre Staatshaftung für hoheitlich begangenes Unrecht zu ersetzen und dabei das Verschuldensprinzip zugunsten einer verschuldensunabhängigen Staatshaftung aufzugeben[1]. Zur Begründung für den Verzicht auf das Verschuldenserfordernis wird auf die faktische und rechtliche Überlegenheit der öffentlichen Gewalt über die ihr unterworfenen Bürger hingewiesen. Das öffentlichrechtliche Subjektionsverhältnis setze den Bürger größeren Gefahren aus als der Verkehr mit seinen Rechtsgenossen, gegen deren Unrecht er sich in der Regel leichter schützen könne. Die auf dem Herrschaft- und Gewaltmonopol beruhende Überlegenheit der öffentlichen Gewalt müsse eine gegenüber dem Zivilrecht verschärfte Schadenshaftung bei unrechtmässiger Gewaltausübung nach sich ziehen. Die öffentliche Hand dürfe das Risiko für ihr Fehlverhalten nicht mit der Begründung auf den geschädigten Bürger abwälzen, daß den Amtswalter, der das Unrecht begangen habe, keine persönliche Schuld treffe. Schon bisher habe die Rechtsprechung das gesetzliche Verschuldenserfordernis teils aufgelockert, teils beseitigt. Beseitigt wurde es dort, wo ein enteignungsgleicher oder ein aufopferungsgleicher Eingriff angenommen werden konnte. Aufgelockert wurde es dadurch, daß die Anforderungen an Sorgfaltspflicht und Rechtskenntnis der Amtsträger zunehmend verschärft, durch die Rechtsfigur des Organisationsverschuldens auf die Feststellung des individuell Verantwortlichen verzichtet und mit Hilfe der Regeln über den prima facie-Beweis die Behörde entgegen der gesetzlichen Regelung zur Exkulpation gezwungen wurde. Diese Auflockerung lässt sich auch, was die Kommission nicht erwähnt, im Zivilrecht feststellen. Die umstrittene Rechtsprechung zur Produzentenhaftung[2] zeigt deutlich, daß der Hinweis der Kommission auf die größeren Gefahren des öffentlichrechtlichen Subjektionsverhältnisses gegenüber zivilrechtlichen Beziehungen nicht für alle Fälle zutrifft. Die Rechtsprechung hat vielmehr erkannt, daß es nicht auf die rechtliche Qualifikation der Beziehungen, sondern auf die soziale Überlegenheit einer Organisation ankommt, gegen deren Gefährdungen sich der einzelne nur schwer schützen kann.

Wenn es gelingt, im Staatshaftungsrecht den wünschenswerten Schritt zur verschuldensunabhängigen Haftung zu tun, so dürfte das öffentliche Recht hier

---

1 Der Bundesminister der Justiz/Der Bundesminister des Innern (Hg.): Reform des Staatshaftungsrechts. Entwürfe eines Staatshaftungsgesetzes und einer Grundgesetzänderung mit Begründungen. Kommissionsbericht. Oktober 1973 (im folgenden zitiert: Kommissionsbericht), § 1 EntwStHG, vgl. S. 15, 50 ff., 71 ff. Während der Drucklegung dieser Zeilen wurden jetzt auch die Referentenentwürfe veröffentlicht.

2 Vgl. BGHZ 51, 91 ff. und J. SCHMIDT-SALZER: Produkt-Haftung, 1972.

zum Vorreiter der Zivilrechtsentwicklung werden. Ferner wäre damit nicht nur dem Bürger geholfen, der durch den Staat rechtswidrig zu Schaden gekommen ist, sondern auch dem öffentlichen Dienst, dessen rechtswidriges Verhalten zur Diskussion steht. Zwar soll das Verschulden der jeweiligen Amtsträger auch bei verschuldensunabhängiger Haftung von Bedeutung bleiben, indem es nach § 2 Abs. 2 EntStHG bei der Bemessung des Schadensersatzes zu berücksichtigen ist. Dennoch werden Haftungsfälle aber für den öffentlichen Dienst psychologisch einfacher abzuwickeln sein, wenn die Auseinandersetzung um das Verschulden weiterhin an Relevanz verliert. Die entscheidenden Einwände gegen die Reformbestrebungen sind daher angesichts der offensichtlichen Vorteile in erster Linie finanzieller Natur. Obwohl die Sachverständigenkommission bereits darauf hingewiesen hat, daß die Beseitigung des Verschuldensgrundsatzes angesichts des bisherigen geringen finanziellen Umfanges der Staatshaftung überhaupt und der ständig zurückgehenden Bedeutung des Verschuldens als «Entschädigungsbremse» keine finanziellen Bedenken rechtfertigen würde[3], steht zu befürchten, daß das gesamte Reformprojekt an diesem Punkte scheitert. Die Frage nach den finanziellen Auswirkungen der Reform mußte daher so sorgfältig wie möglich empirisch überprüft werden. Da die Möglichkeit eines Modellversuchs ausscheidet, kam nur eine Rechtsvergleichung in Betracht. Es mußte also untersucht werden, ob im Ausland eine vergleichbare Reform durchgeführt wurde und welche Erfahrungen man dort mit dieser Reform gemacht hat.

II.

Bei der Suche nach geeigneten Ländern für einen Rechtsvergleich wurde die Hilfe des Max-Planck-Instituts für ausländisches öffentliches Recht und Völkerrecht in Anspruch genommen. Dieses hatte bereits im Jahre 1964 ein internationales Kolloquium über das Institut der Staatshaftung veranstaltet. Dessen Ergebnisse[4] wurden nun durch ein Zusatzgutachten in den hier interessierenden Punkten auf den neuesten Stand gebracht[5]. Daraus ergibt sich, daß zwar ein

3 Kommissionsbericht, 53 f.

4 Siehe: Haftung des Staates für rechtswidriges Verhalten seiner Organe. Länderberichte und Rechtsvergleichung. Beiträge zum ausländischen öffentlichen Recht und Völkerrecht Bd. 44, 1967.

5 Zur Reform des Staatshaftungsrechts. Rechtsvergleichendes Gutachten des Max-Planck-Instituts für ausländisches öffentliches Recht und Völkerrecht, hg. vom Bundesministerium der Justiz, Dezember 1975 (im folgenden zitiert: Gutachten).

internationaler Trend besteht, sich von einer reinen Verschuldenshaftung zu lösen. Einige Länder vermischen dabei im Rahmen der Bestimmung der «fehlerhaften Amtshandlung» die Elemente der Rechtswidrigkeit derart mit der Vorwerfbarkeit, daß sie weder dem Rechtswidrigkeitssystem noch dem Verschuldenssystem zuzurechnen sind, so die Niederlande, Frankreich (faute de service), England und Amerika (breach of a statutory or common law duty). Nur wenige Länder sind aber bisher zu einer eindeutig verschuldensunabhängigen Lösung übergegangen.. Dazu gehören die Schweiz, die DDR, Griechenland und Jugoslawien[6]. Über die praktische Handhabung des Staatshaftungsrechts in den drei letztgenannten Ländern konnte das Institut jedoch keine Angaben machen. Für das Staatshaftungsgesetz der DDR von 1969 wurde dabei festgehalten, daß es durch seine Verfahrensregelungen (§§ 5 ff.) eine Rechtsvergleichung praktisch ausschließe; denn eine gerichtliche Geltendmachung von Ersatzansprüchen ist danach nicht möglich. Die Verwaltung entscheidet als Richter in eigener Sache. Ihre Entscheidungen werden zudem nicht veröffentlicht. Lediglich für die Schweiz konnte also eine dogmatisch klar als Rechtswidrigkeitshaftung geregelte und praktisch gehandhabte Staatshaftung nachgewiesen werden[7]. Es lag daher auf der Hand, die Schweiz einer näheren Untersuchung zu unterziehen, zumal die anderen Länder mit verschuldensunabhängiger Haftung wegen der Unterschiedlichkeit ihres Sozialsystems ohnehin für einen Vergleich in dem hier interessierenden Punkte kaum in Betracht gekommen wären. Das Bundesministerium der Justiz erteilte deshalb dem Verfasser den Gutachtenauftrag, die Rechtswirklichkeit der schweizerischen Staatshaftung im Hinblick auf die Frage zu untersuchen, mit welchen finanziellen Auswirkungen bei einem Übergang zur verschuldensunabhängigen Staatshaftung in der Bundesrepublik zu rechnen sei. Bevor die Ergebnisse dieses Gutachtens[8] näher dargestellt und diskutiert werden können, muss zunächst kurz auf die Rechtslage in der Schweiz eingegangen werden. Daraus wird deutlich werden, daß Verschuldenshaftung und Rechtswidrigkeitshaftung in der Praxis beider Rechtsordnungen derart angenähert sind, daß der Unterschied nur geringfügig ist.

---

6 Gutachten, 3 f., 14.

7 Ebd., 24.

8 Manfred Rehbinder: Zur Reform des Staatshaftungsrechts. Ein Vergleich der geplanten Reform des Staatshaftungsrechts in der Bundesrepublik Deutschland mit der Rechtswirklichkeit der Staats- und Beamtenhaftung in der Schweiz, insbesondere im Hinblick auf die finanziellen Auswirkungen eines Übergangs zur verschuldensunabhängigen Staatshaftung. Hg. vom Bundesministerium der Justiz, Dezember 1975.

Die Schweiz leidet wie alle Bundesstaaten an der Zersplitterung ihrer Rechtsordnung. Das Staatshaftungsrecht des Bundes wird durch das Bundesgesetz über die Verantwortlichkeit des Bundes sowie seiner Behördemitglieder und Beamten (Verantwortlichkeitsgesetz) vom 14. März 1958 bestimmt, das am 1. Januar 1959 in Kraft trat[9]. Dieses Gesetz regelt die primäre Staatshaftung gegenüber Dritten für Schäden aus widerrechtlicher Amtsführung sowie die vermögensrechtliche, strafrechtliche und disziplinarische Verantwortlichkeit der Beamten im Innenverhältnis zum Staat. Nach Art. 3 Abs. 1 haftet der Bund für den Schaden, den ein Beamter in Ausübung seiner amtlichen Tätigkeit Dritten widerrechtlich zufügt, ohne Rücksicht auf das Verschulden des schadenstiftenden Beamten. Diese verschuldensunabhängige Haftung wird in der Schweiz Kausalhaftung genannt. Nur an zwei Stellen hält das Verantwortlichkeitsgesetz am Verschuldensprinzip fest. Nach Art. 6 VG kann der Richter bei Tötung eines Menschen oder Körperverletzung eine angemessene Summe als Genugtuung zusprechen, wenn das Verschulden des Beamten dies rechtfertigt. Auch im Rahmen der Berücksichtigung eines Mitverschuldens des Geschädigten nach Art. 4 VG kann ein schweres Verschulden des Beamten ein leichteres Verschulden des Geschädigten aufwiegen und dementsprechend eine Herabsetzung des Ersatzanspruchs ausschließen[10]. Daß im übrigen der Rückgriff des Staates gegenüber dem Beamten vom Verschulden abhängig ist (Art. 7, 8 VG), bedarf keiner besonderen Hervorhebung. Wichtig ist hingegen, daß das Verantwortlichkeitsgesetz immer nur subsidiär, d.h. unter Vorbehalt des Fehlens einer lex specialis gilt. Denn nach Art. 3 Abs. 2 VG richtet sich die Haftung des Bundes bei Tatbeständen, die unter die Haftpflichtbestimmungen anderer bundesrechtlicher Erlasse fallen, nur nach jenen besonderen Bestimmungen. Derartige Bestimmungen, die eine Haftung begründen, besonders ausgestalten oder auch ausschließen können, sind ebenso zahlreich und betreffen meist die gleichen Materien wie die Sonderhaftungsnormen des deutschen Rechts. So gibt es Sonderregelungen für die Haftung von Armee, Bahn und Post, für Motorfahrzeuge, Luftfahrzeuge, Rohrleitungsanlagen, ferner die Vorschriften über Atomhaftpflicht, Gewässerschutz, nachbarrechtlichen Immissionsschutz sowie generell die zivilrechtlichen Haftungsnormen für Werkeigentümer und Grundeigentümer.

Abgesehen von der subsidiären Geltung des VG gegenüber anderen bundesrechtlichen Haftpflichtbestimmungen ist die Reichweite der verschuldensunabhängigen Staatshaftung aber auch durch zwei weitere Einschränkungen des VG begrenzt, nämlich durch die Beschränkung des Personenkreises, für den gehaftet

---

9 Amtliche Sammlung der eidgenössischen Gesetze 1958, 1413.

10 BGE 88 II 135.

wird, und durch den Ausschluß rechtskräftiger Staatsakte von der Überprüfung ihrer Rechtmäßigkeit. Der Personenkreis, für den gehaftet wird, ist einerseits weit gezogen und erfaßt wie im deutschen Recht neben dem Beamten im technischen Sinne jeden Amtsträger (Art. 1, 2 Abs. 1 VG). Andererseits ist er jedoch eng begrenzt; denn er erfaßt nur «Personen, denen die Ausübung eines öffentlichen Amtes des Bundes übertragen ist». Kantonale Beamte oder Gemeindebeamte fallen also auch dann nicht darunter, wenn sie mit der Durchführung bundesrechtlicher Aufgaben betraut sind. Zwar hat der Bund in einigen Fällen eigene Haftungsnormen aufgestellt, nach denen die Kantone für Fehler beim Vollzug von Bundesrecht zu haften haben. Überwiegend handelt es sich dabei aber um eine subsidiäre Haftung, die am Verschulden des Beamten anknüpft[11]. Doch gibt es auch die Anordnung einer primären verschuldensunabhängigen Haftung[12]. Im übrigen richtet sich aber die Haftung für Fehler bei der Durchführung bundesrechtlicher Aufgaben nach kantonalem Recht. Eine weitere Beschränkung des Personenkreises, für den gehaftet wird, tritt durch Art. 19 VG ein, wonach der Bund nur subsidiär haftet, wenn Organisationen, die außerhalb der ordentlichen Bundesverwaltung stehen, mit der Durchführung öffentlichrechtlicher Aufgaben des Bundes betraut sind. Primär haftet in diesen Fällen die Organisation selbst, was zum Ausschluß der primären Staatshaftung für privatrechtliche Organisationen führt. Beispiele für solche sind der Schweizerische Elektrotechnische Verein, die Schweizerische Käseunion AG, die Allgemeine Schweizerische Uhrenindustrie AG, anerkannte Viehzuchtverbände, anerkannte Schießvereine. Die wichtigste Einschränkung erfährt aber der Anwendungsbereich der originären verschuldensunabhängigen Staatshaftung des Bundes durch Art. 12 VG[13], wonach die Rechtmäßigkeit formell rechtskräftiger Verfügungen, Entscheide und Urteile nicht in einem Verantwortlichkeitsverfahren überprüft werden kann. Dadurch soll verhindert werden, daß die Rechtspflege widersprüchlich wird, indem rechtskräftige Staatsakte für widerrechtlich erklärt werden. So sind es vor allem die widerrechtlichen Realakte und die

---

11 Haftung für den Vormund und die Vormundschaftsbehörden: Art. 426 ff. ZGB; Haftung für die Schuldbetreibungs- und Konkursbeamten: Art. 5 ff. SchKG; Haftung für die Zivilstands- und Handelsregisterbeamten und deren Aufsichtsbehörden: Art. 42 ZGB, 928 OR.

12 Haftung für pflichtwidrige Führung des Grundbuchs: Art. 955 ZGB; Haftung für die Ausgabe von Ausweisen und Kontrollschildern für Motorfahrzeuge, für die keine Versicherung besteht: Art. 77 SVG.

13 Vgl. dazu FRITZ GYGI: Staatshaftung und Verwaltungsrechtspflege, in Mélanges MARCEL BRIDEL, Lausanne 1968, 221 ff.; BERNHARD MÜLLER: Die Haftung der Eidgenossenschaft nach dem Verantwortlichkeitsgesetz, in Zeitschrift des Bernischen Juristenvereins 105 (1969), 341, 355 ff.

widersprüchlichen Entscheide im Instanzenzug, die zur Haftung des Staates gegenüber Dritten führen können, ferner die mündlich eröffneten und sofort vollstreckten Verwaltungsverfügungen[14]. Für Schaden aus sofortiger Vollstreckung noch nicht rechtskräftiger Entscheidungen oder aus Verweigerung oder Widerruf der aufschiebenden Wirkung einer Beschwerde haftet der Bund jedoch nach der Sondervorschrift des Art. 55 Abs. 4 des Bundesgesetzes vom 20. Dezember 1968 über das Verwaltungsverfahren nur dann, wenn die aufschiebende Wirkung willkürlich entzogen oder einem Begehren um Wiederherstellung der aufschiebenden Wirkung willkürlich nicht oder verspätet entsprochen wurde. Für Verzögerungschäden infolge Nichtbescheidung eines Antrags tritt dagegen eine volle Haftung ein, sofern der Geschädigte nachweist, daß die Nichtbescheidung eine überlange Zeitspanne gedauert hat.

In der Rechtswirklichkeit liegt der Schwerpunkt der Staatshaftung - wie wir sehen werden - nicht bei der Haftung des Bundes, sondern bei der Haftung der Kantone und Gemeinden. Da für Gemeinden und Gemeindeverbände keine haftungsrechtlichen Sonderregelungen bestehen, kommt es jeweils auf die Regelungen der Kantone an. Diese bieten ein für den Staatsbürger trauriges Bild föderalistischer Vielfalt. Vor dem eidgenössischen VG vom 1958 hatte im Bund das Bundesgesetz vom 9. Dezember 1850 über die Verantwortlichkeit der eidgenössischen Behörden und Beamten[15] gegolten, nach dessen Art. 3 der Bund grundsätzlich nicht für Schäden haftete, die seine Beamten durch rechtswidrige und schuldhafte Amtsführung Dritten zugefügt hatten. Nur wenn und soweit die Beamtenhaftung nicht realisiert werden konnte, weil der betreffende Beamte zahlungsunfähig war, trat eine subsidiäre Haftung des Staates ein. Einer der rückständigsten schweizerischen Kantone, Appenzell-Innerrhoden, geht noch heute einen Schritt weiter, schließt die Staatshaftung völlig aus und beschränkt die Eigenhaftung seiner Beamten auf Vorsatz und grobe Fahrlässigkeit. Von dieser Regelung bis zur ausschließlichen, verschuldensunabhängigen Staatshaftung des eidgenössischen VG zeigen die Kantone das ganze Spektrum der Möglichkeiten auf[16]:

---

14 Dazu BGE 100 I b 11.

15 Bereinigte Gesetzessammlung 1, 462; BBl 1851 I 99.

16 Vgl. die in Einzelheiten heute überholte Aufgliederung bei OTTO K. KAUFMANN: Länderbericht Schweiz, in: Haftung des Staates für rechtswidriges Verhalten seiner Organe (Fn. 4), 555, 565, und ANDRÉ GRISEL: Droit administratif suisse, Neuchâtel 1970, 447 ff., sowie HANS RUDOLF SCHWARZENBACH: Die Staats- und Beamtenhaftung in der Schweiz, Zürich 1970, 94 ff.

1. Kantone mit ausschließlicher Beamtenhaftung
a) Die Beamtenhaftung ist auf Vorsatz und grobe Fahrlässigkeit beschränkt: Appenzell-Innerrhoden.
b) die Beamtenhaftung tritt bei jedem Verschulden ein: Tessin

2. Kantone mit subsidiärer und akzessorischer Staatshaftung (der Staat haftet im Falle der Zahlungsunfähigkeit des Beamten): Uri, Wallis, Zug. In den beiden letztgenannten Kantonen sind jedoch Reformarbeiten im Gange, die die Einführung einer ausschließlichen, verschuldensunabhängigen Staatshaftung erwarten lassen.

3. Kantone mit alternativer Staatshaftung (der Staat haftet nur, wenn die notwendige staatliche Ermächtigung zur Klageerhebung gegen den Beamten verweigert wird): Bern, Freiburg, Thurgau.

4. Kantone mit solidarischer Staatshaftung: Basel-Land, Bern (zusätzlich zum soeben beschriebenen System Nr. 3); Glarus, Neuenburg, Genf.

5. Kantone mit ausschließlicher Staatshaftung: die übrigen 13 Kantone. Von diesen sind
a) Kantone, deren Staatshaftung ein Verschulden ihrer Beamten voraussetzt: Aargau, Graubünden, Luzern, Schaffhausen
b) Kantone, die sich für ihre Beamten exkulpieren können (Urteilunfähigkeit der Beamten ausgenommen): St. Gallen
c) Kantone, deren Staatshaftung lediglich Rechtswidrigkeit voraussetzt, also verschuldensunabhängig ist: Appenzell-Außerrhoden, Basel-Stadt, Nidwalden, Obwalden, Schwyz, Solothurn, Waadt, Zürich.

Stellt man nach diesem Überblick über den geographischen Geltungsbereich der originären verschuldensunabhängigen Staatshaftung dessen sachliche Reichweite noch einmal der Verschuldenshaftung gegenüber, dann zeigt sich, daß beide Systeme in der Praxis gar nicht so weit voneinander entfernt sind[17], so daß die Rechtszersplitterung in der Schweiz auch nicht als so stossend empfunden wird, wie es auf den ersten Blick der Fall sein müßte. Die rechtsvergleichenden Untersuchungen des Max-Planck-Instituts zeigen deutlich, daß in den Ländern mit einer Verschuldenshaftung diese durch drei rechtstechnische Hilfsmittel aufgelockert wird. Fast immer wird

17 Ebenso Gutachten (Fn. 5), 15, 24.

(1) das Verschuldenserfordernis durch verschärfte Anforderungen an die Sorgfaltspflicht bei ausreichend bestimmten Rechtsnormen, insbesondere förmlichen Gesetzen, zur Schuldvermutung gemacht[18]. Die Regeln über den prima facie-Beweis führen zur Umkehr der Beweislast. Ferner wird

(2) durch Annahme eines Organisationsverschuldens vom Nachweis eines individuellen Verschuldens entbunden und damit der Haftungsmaßstab objektiviert. So ist z.B. in Frankreich die Haftung für faute de service zur hauptsächlichen Anspruchsgrundlage im Staatshaftungsrecht geworden[19]. Schliesslich wird

(3) die praktische Bedeutung der Amtshaftungsvorschriften dadurch gemindert, daß der Staat den verschuldensunabhängigen Gefährdungshaftungstatbeständen des Zivilrechts (insbesondere der Haftung für Fahrzeuge, Gebäude und Tiere) unterworfen und daß eine spezialgesetzliche öffentlichrechtliche Haftung für einige Gefährdungstatbestände geschaffen wird (Schäden aus öffentlichen Arbeiten, aus dem Betrieb gefährlicher Anlagen, Tumultschäden und polizeilicher Waffengebrauch)[20]. Zu dieser kasuistischen Festlegung von Gefährdungstatbeständen kommt in Deutschland die Anwendung der richterrechtlichen Haftungstatbestände des enteignungsgleichen und des aufopferungsgleichen Eingriffs.

Die Anwendung dieser drei Hilfsmittel, die sich auch im geltenden Zivilrecht finden, reduziert den Unterschied zur Rechtswidrigkeitshaftung des schweizerischen Rechts auf zwei Punkte: Das Kathederbeispiel des urteilsunfähigen Beamten und die Haftung für Zufall. Da angesichts der eben beschriebenen Modifikationen beide Systeme zur Zufallshaftung führen, wenn sich der Amtsträger rechtswidrig verhalten hat, kann ein Unterschied bei der Haftung für Zufall nur zutage treten, wenn der Amtsträger sich rechtmäßig verhalten, aber einen objektiv rechtswidrigen Schaden verursacht hat[21]. Bei der Verschuldenshaftung entfällt hier auf jeden Fall das Verschulden. Im Bereich des schweizerischen VG ist nun aber umstritten, wie das Problem der sog. amtspflichtgemäßen rechtswidrigen Staatsakte zu lösen ist. Als Beispiele werden dabei die Verletzung eines Unbeteiligten bei rechtmäßigem Schußwaffengebrauch der Polizei und die gesetzmäßige Verhaftung eines Unschuldigen genannt. Zunächst ist unklar, ob der Begriff der Widerrechtlichkeit zivilrechtlich oder öffentlichrechtlich zu interpretieren ist. Auf der schweizerischen Staatsrechtslehrertagung

18 Ebd., 8 f.

19 Ebd., 10 ff.

20 Ebd., 9 f.

21 Ebenso ebd., 4.

vom 27. April 1974 konnte darüber keine Einigung erzielt werden[22]. Die einen weisen darauf hin, daß das VG nicht von Amtspflichtverletzungen, sondern von der Widerrechtlichkeit des Schadens spricht und sich daher schon terminologisch an das Zivilrecht anlehnt. Es sei daher der Widerrechtlichkeitsbegriff der unerlaubten Handlung (Art. 41 OR) heranzuziehen[23]. Danach ist ein schädigendes Verhalten widerrechtlich, wenn es gegen geschriebene oder ungeschriebene Gebote oder Verbote der Rechtsordnung verstößt, die (auch) dem Schutz des verletzten Rechtguts dienen[24]. Andere hingegen lassen jede Amtspflichtverletzung genügen, verneinen jedoch in Fällen, wo die betreffende Rechtsnorm nicht dem Schutz des Verletzten dient, den adäquaten Kausalzusammenhang[25]. Der Unterschied beider Auffassungen zeigt sich im Falle der amtspflichtgemäßen, rechtswidrigen Staatsakte darin, daß bei «öffentlichrechtlicher» Interpretation das schadenstiftende Verhalten (z.B. der Schußwaffengebrauch) eine gesetzmäßige Amtshandlung war und deshalb nicht als rechtswidrige Schädigung ersatzpflichtig sein kann. Da der Gesetzgeber es entgegen den Forderungen des Schweizerischen Juristenvereins ausdrücklich abgelehnt hat, die Haftung nach dem VG auf rechtmäßige Schädigungen auszudehnen[26], kommen nur die sondergesetzlichen Haftungsvorschriften für rechtmäßiges Handeln in Betracht, die sich zuweilen in kantonalen Gesetzen finden (z.B. für Hilfeleistungen von Privatpersonen bei polizeilichen Verfolgungen, für Impfschäden oder für Verhaftung Unschuldiger)[27] und die die Rechtsprechung auch im Bundesrecht anzuerkennen aufgefordert wird[28]. Bei «zivilrechtlicher» Interpretation des Rechtswidrigkeitsbegriffs kommt es hingegen auf die Person an, von der aus die Beurteilung der Rechtmäßigkeit stattfindet. Die einen stellen auf den schädigenden Amtsträger ab. Dann entfällt die Rechtswidrigkeit, wenn dieser sich rechtmäßig verhalten (z.B. geschossen) hat[29]. Andere aber stellen auf den Geschädigten ab und fragen, ob der Erfolg der betreffenden Amtshandlung (z.B.

---

22 Mitteilung meines Zürcher Kollegen WALTER HALLER.

23 So KAUFMANN (Fn. 16), 570; GYGI (Fn. 13), 228, MÜLLER (Fn. 13), 347; GRISEL (Fn. 16), 428; BGE 91 I 452 E 3.

24 BGE 95 II 93, 106. Vgl. zum zivilrechtlichen Rechtswidrigkeitsbegriff eingehend HANS MERZ: Die Widerrechtlichkeit gem. Art. 41 OR als Rechtsquellenproblem, ZBJV 91bis (1955), 301 ff.

25 SCHWARZENBACH (Fn. 16), 41 f., sowie als Hilfsargument wohl auch MÜLLER (Fn. 13), 348.

26 Vgl. MÜLLER ebd., 347 f.

27 Vgl. SCHWARZENBACH (Fn. 16), 125; KAUFMANN (Fn. 16), 573 f.

28 So besonders GRISEL (Fn. 16), 422, 429.

29 So KAUFMANN (Fn. 16), 573.

Tötung bei Polizeieinsatz) vom Gesetz gewollt ist[30]. Entscheidend ist für sie nicht, ob der Amtsträger eine öffentliche Aufgabe erfüllt hat, sondern ob der Geschädigte in einem Rechtsgut verletzt wurde[31]. Die Frage der Amtspflichtverletzung ist nach dieser Auffassung nicht für die Rechtswidrigkeit, sondern allein für das Verschulden von Bedeutung[32]. Infolgedessen müssen die Fälle der amtspflichtgemäßen rechtswidrigen Schädigung in den Geltungsbereich des VG einbezogen werden; es bedarf insofern keiner besonderen Regelungen.

Im Grunde handelt es sich hier um einen dogmatischen Streit, der in der deutschen Zivilrechtsliteratur als Unterscheidung zwischen Handlungsunrecht und Erfolgsunrecht bekannt ist[33]. Geht man von der Verschuldenshaftung zur Rechtswidrigkeitshaftung über, kann dieser Streit große Bedeutung erlangen. Für die Reform des deutschen Staatshaftungsrechts ist er jedoch praktisch nicht sehr erheblich[34], weil die Entschädigung für derartige Rechtsgutverletzungen bereits heute entweder wegen Enteignung oder Aufopferung oder wegen enteignungsgleichen oder aufopferungsgleichen Eingriffs, d.h. unabhängig davon geleistet werden muß, ob die Verletzung rechtmäßig oder rechtswidrig war.

III.

Aus dem Vorstehenden folgt deutlich, wie geringfügig der normative Unterschied zwischen dem gegenwärtigen deutschen Staatshaftungsrecht und dem gegenwärtigen schweizerischen System der verschuldensunabhängigen Staatshaftung ist. Es war daher zu erwarten, daß die Erhebungen in der Schweiz im großen und ganzen das gleiche Bild ergaben wie in Deutschland. Für die Einzelheiten dieser Erhebungen sei auf meinen ausführlichen Bericht verwiesen[35]. Sie arbeiteten mit den Mitteln der Aktenanalyse (Studium von Staatshaftungsakten), der Befragung (Interview von Experten der Praxis, insbesondere leitenden Beamten, und Fragebögen bei der Ermittlung von Haftpflichtfällen bei einzelnen kantonalen Behörden) sowie der Sekundäranalyse statistischen Materi-

---

30 So GYGI (Fn. 13), 228 ff.; MÜLLER (Fn. 13), 350 f.

31 GYGI ebd., 229 f.

32 GYGI ebd., 232.

33 Vgl. MÜNZBERG: Verhalten und Erfolg als Grundlagen der Rechtswidrigkeit und Haftung, 1966.

34 Bei der Formulierung des Gesetzes sollte allerdings klargestellt werden, welcher Theorie man sich anschließen will.

35 Fn. 8, insbesondere S. 27 ff.

als und konnten im Stadium einer Pilotstudie abgebrochen werden. Der Untersuchungsanordnung standen einige entscheidende Hindernisse im Wege, so daß eine strenge Beweisführung für die Frage nach den finanziellen Auswirkungen der deutschen Reformpläne nicht möglich war[36]. An sich hätte festgestellt werden müssen, ob in der Schweiz bei einem Übergang von der Verschuldenshaftung zur Rechtswidrigkeitshaftung finanzielle Mehrbelastungen aufgetreten sind, und dann hätte untersucht werden müssen, ob sich gegenüber der schweizerischen Situation in der Bundesrepublik Abweichungen von diesem Untersuchungsergebnis ergeben könnten. Bereits der erste Schritt jedoch, nämlich die Feststellung evtl. Mehrbelastungen durch entsprechende Reformen in der Schweiz, war nicht durchführbar, und zwar aus zwei Gründen: Zum einen ist der Schritt zur verschuldensunabhängigen Staatshaftung in der Schweiz nicht vom Verschuldensprinzip bei ausschließlicher Staatshaftung her erfolgt, sondern von der Beamtenhaftung, neben der die Staatshaftung nur subsidiär oder allenfalls konkurrierend zum Zuge kommen konnte. Weder im Bund noch in den Kantonen sind daher den deutschen Reformbestrebungen vergleichbare Reformen durchgeführt worden. Zum zweiten ist über die finanziellen Auswirkungen der Beamtenhaftung wie über die Staatshaftung der Vergangenheit heute kein statistisches Material zu erhalten. Es ist aller Wahrscheinlichkeit nach auch nie erstellt worden. Die Auswirkungen der schweizerischen Reform sind also mangels Unterlagen heute nicht mehr exakt feststellbar. Es mußte aber für Schätzungen als hilfreich erscheinen, die gegenwärtige Wirklichkeit der schweizerischen Staatshaftung näher zu beleuchten. Insbesondere ist die Feststellung von großem Interesse, welche Belastungen sich in der Schweiz aus deren Regelung der Staatshaftung gegenwärtig in Relation zum Gesamthaushalt des Staates ergeben. Denn wie dem deutschen Kommissionsbericht (S. 34) zu entnehmen ist, ist die Kommission - obwohl seinerzeit umfassendes Zahlenmaterial fehlte - für das Jahr 1969 von einer ungefähren Belastung der Bundesrepublik mit 0,01 bis 0,03 ‰ des Ausgabenvolumens der Bundesländer ausgegangen. Im Zuge einer vom Bundesministerium der Justiz durchgeführten Erhebung über die Staatshaftungsausgaben von Bund und Ländern[37] konnte die Relation der Länderausgaben für Staatshaftung zu den Haushalten für das Jahr 1972 mit 0,0596 ‰ ermittelt werden.

---

36 Über die Methoden der Rechtstatsachenforschung vgl. näher meinen Beitrag in der Festschrift für ALOIS TROLLER, 1976.

37 Einige Zahlen aus dieser Erhebung wurden mir dankenswerterweise vom Bundesministerium der Justiz vorab zur Verfügung gestellt. Während der Drucklegung dieser Zeilen erfolgte dann die Veröffentlichung der Gesamterhebung: Bundesministerium der Justiz (Hg.): Zur Reform des Staatshaftungsrechts. Rechtstatsächliche Erkenntnisse in Staatshaftungssachen, 1976.

Betrachtet man in der Schweiz zunächst den Bund, so verhält sich die Relation von Schadensersatzleistungen und Haushaltshöhe wie folgt:

Jahr	Schäden in Fr.	Haushalt in Milliarden
1969	43'000.--	7,08
1970	121'000.--	7,76
1971	164'000.--	8,96
1972	445'000.--	10,37
1973	174'000.--	11,60

Durchschnittlich betrug damit die Staatshaftung 0,018 ‰ des Ausgabenvolumens. Die vorerwähnte Erhebung in der Bundesrepublik ergab demgegenüber für den Bund eine entsprechende Relation in Höhe von 0,097 ‰ (Bund ohne Post und Bahn).

In den obigen Zahlen sind die Schäden bei Post und Bahn sowie die Militärhaftung nicht enthalten, wohl aber alle den Staatshaushalt belastenden Ersatzleistungen, unabhängig von ihrem Rechtsgrund, also auch die privatrechtlichen Haftungsfälle, z.B. die Haftung für Motorfahrzeuge.

Angesichts der relativ geringen Ersatzleistungen ist der Bund nicht mehr versichert mit Ausnahmen der Versicherung für die Atomhaftpflicht. Bei der Motorhaftpflicht ist jedoch wegen des Verwaltungsaufwandes die Abwicklung der Schäden einer Versicherungsgesellschaft übertragen worden.

Innerhalb des gesamten Staatshaftungskomplexes findet seit Jahren eine gewichtsmäßige Verlagerung statt, indem die Haftung für rein hoheitliche Tätigkeit immer geringfügiger wird. Dies findet eine Entsprechung in der Entwicklung des öffentlichen Dienstes. Von den rund

128'150	öffentlich Bediensteten des Bundes[38] sind nur
7'500	ausschließlich mit hoheitlicher Tätigkeit befaßt, dagegen u.a.
91'000	, d.h. zwei Drittel bei Post und Bahn tätig,
1'250	im diplomatischen Dienst,
4'900	in den Militärwerkstätten,
11'000	im technischen Dienst des Militärdepartements und

38 Die Zahl der öffentlich Bediensteten aller Kantone beträgt demgegenüber: 392'718.

5'800 in den Hochschulen und Anstalten der Forschung.

Da eine Erhebung in sämtlichen Kantonen sehr aufwendig gewesen wäre, wurden im Sinne einer Pilotstudie 4 Kantone ausgewählt. Bei der Auswahl, die aus praktischen Gründen erfolgte, wurde berücksichtigt, daß einerseits Kantone mit Verschuldenshaftung wie Kantone mit Rechtswidrigkeitshaftung und andererseits Kantone mit überwiegender Agrarwirtschaft wie Kantone mit überwiegender Industrieansiedlung vertreten sein sollten. Als «Industrie»-Kantone wurden Zürich und Basel-Stadt und als «agrarische» Kantone wurden Basel-Land und Bern gewählt.

In Zürich galt bis zum Jahre 1970 die Eigenhaftung des Beamten. Mit dem Verantwortlichkeitsgesetz vom 14. September 1969 wurde dann die ausschließliche Rechtswidrigkeitshaftung des Staates eingeführt. Die Furcht vor den finanziellen Auswirkungen dieser Reform führte dazu, daß in den Materialien zum Zürcher Gesetz festgehalten ist, Ärzte in öffentlichen Spitälern würden nicht hoheitlich handeln. Dies widerspricht zwar der Rechtsprechung des Bundesgerichts. Bisher ist aber in der Praxis in diesen Fällen, die etwa 5 bis 10 % der Schadensfälle ausmachen, stets mit der Widerrechtlichkeit auch das Verschulden bejaht worden. Ferner wird nach dem Gesetz für Auskunft nur bei Vorsatz oder grober Fahrlässigkeit gehaftet. Doch kommen diese Fälle wegen der Beweislage praktisch nicht vor. Seit 1971 ist lediglich ein einziger Fall bekannt.

Die Finanzdirektion Zürich hat für die Behörden und sonstigen Träger öffentlicher Gewalt des Kantons 140 Versicherungsverträge abgeschlossen. Eine Risikoabdeckung durch Versicherung wird gewählt, wenn das Risiko groß erscheint oder die Schadenserledigung zu zeitaufwendig ist. Vom Schadensverlauf her gesehen ist aber eine Versicherung kaum erforderlich. Da nur weniger als die Hälfte des Prämienaufwandes für Haftpflichtfälle gezahlt wird[39], beträgt der Prämienaufwand des Kantons für die Staatshaftung einschließlich seiner direkten Ersatzleistungen im Rahmen des mit den Versicherungen vereinbarten Selbstbehaltes für das Jahr 1972 rd. 0,7 Mio Fr. Das waren im Verhältnis zum Gesamtausgabenvolumen der Staatsrechnung von 1959 Mio Fr. unter 0,5 ‰.

Wenn hier und im folgenden statt der effektiven Ersatzleistungen die Versicherungsprämien der Berechnung zugrunde gelegt werden, so rechtfertigt sich dies aus der Erwägung, daß durch die Prämien die Personaldienstleistungen der

39 Die Versicherungen decken u.a. auch Einbruch, Diebstahl, Unfall usw.

Versicherung abgedeckt werden, die andernfalls von der öffentlichen Hand bei der Schadensabwicklung zu erbringen wären. Auch lässt die in Zürich und in Basel-Land zum Teil festgestellte Überversicherung die Relation von Haushaltsausgaben zu Schadensaufwendungen allenfalls höher erscheinen, als sie bei Berechnung der effektiven Ersatzleistungen wäre. Der Anteil der Ersatzleistungen für Staatshaftung nach dem VG von dem Gesamtaufwand für alle Fälle außervertraglicher Haftung wird auf nicht mehr als 30 % geschätzt.

Im Kanton Basel-Stadt, der mit seinem Beamtengesetz von 1968 die verschuldensunabhängige Staatshaftung eingeführt hat, werden mit zu vernachlässigenden Ausnahmen nur die Motorfahrzeuge haftpflichtversichert. Da im Jahre 1974 erstmalig die Verkehrsbetriebe u.ä. in die ordentliche Staatsrechnung einbezogen wurden und dadurch der Haushalt gegenüber früheren Jahren unverhältnismäßig gestiegen ist, ist eine Verhältnisrechnung nur für dieses Jahr sinnvoll. Die Versicherungsprämien für die 764 staatlichen Motorfahrzeuge betrugen in diesem Jahr Fr. 267'557.--. Dazu kamen Fr. 21'702.-- an Selbstbehalt und selbst getragenen kleineren Schäden. Die Schadenssummen, die ausweislich der Staatsrechnung direkt gezahlt wurden, betrugen:

	1970	1971	1972	1973	1974
Fr.	4'548.--	12'478.--	3'058.--	23'319.--	1'900.--

Legt man wegen der besonders niedrigen Schadenssumme des Jahres 1974 der Berechnung einen Durchschnittswert dieser Jahre von Fr. 9'060.-- zugrunde und zählt dem die Aufwendungen für die Motorfahrzeughaftpflicht hinzu, so ergibt sich eine Gesamtbelastung aus der Staatshaftung in Höhe von Fr. 298'339.--. Setzt man diese mit dem Gesamtausgabenvolumen des Jahres 1974 in Höhe von 1'745 Mio Fr. in Beziehung, so ergibt sich ein Anteil der Staatshaftung von 0,17 ‰.

Im Kanton Basel-Land, dessen Verantwortlichkeitsgesetz von 1851 nunmehr im Sinne einer verschuldensunabhängigen Staatshaftung interpretiert wird[40], sind sämtliche Risiken aus der Staatshaftung bei einer einzigen Gesellschaft versichert. Wie unnötig diese Versicherung jedoch ist, zeigt sich an der Tatsache, daß diese Gesellschaft in den Jahren 1968 bis 1972 nur Fr. 26'200.-- Schadenersatzleistungen geleistet hat, während die Versicherungsprämien allein für das

40 Obergericht Liestal in Basler Juristische Mitteilungen 1961, 161 ff.; vgl. aber SCHWARZENBACH (Fn. 16), 96.

Jahr 1971 Fr. 65'536.-- betrugen. Setzt man die Versicherungsprämie des Jahres 1972 in Höhe von Fr. 66'731- mit dem Staatshaushalt von 386 Mio Fr. in Beziehung, so betrug die Aufwendung für die Staatshaftung ebenfalls 0,17 °/oo.

Im Kanton Bern schließlich gilt die Verschuldenshaftung, jedoch kann der Regierungsrat nach Art. 38 Abs. 5 des Gesetzes über das Dienstverhältnis der Behördemitglieder von 1954 in der Fassung von 1962 bei fehlendem Verschulden des Beamten eine Entschädigung aus Billigkeit gewähren. Die meisten Risiken sind versichert, wobei auch hier Überversicherungen festzustellen sind. Für das Jahr 1972 betrugen die gesamten Prämienleistungen Fr. 334'000.--. Dazu kam ein nur durch Schätzungen zu ermittelnder Betrag von Direktzahlungen in Höhe von Fr. 37'550.--. Setzt man diese insgesamt Fr. 381'500.-- betragenden Aufwendungen für die Staatshaftung zum Ausgabenvolumen der Staatsrechnung in Höhe von rd. 1'232 Mio Fr. in Beziehung, so betragen sie ungefähr 0,03 °/oo.

Zusätzlich zur Ermittlung des Anteils, den die Ersatzleistungen aus Staatshaftung am Gesamthaushalt ausmachen, wurden in allen 5 untersuchten Teilrechtsordnungen insgesamt gegen 100 Akten untersucht, um Fallgestaltungen auf die Spur zu kommen, bei denen der Unterschied zwischen Verschuldenshaftung und Rechtswidrigkeitshaftung eine Rolle spielt. Angesichts der oben geschilderten Annäherung der beiden Haftungssysteme ist es nicht verwunderlich, daß kein einziger derartiger Fall gefunden wurde[41]. Der grösste Teil der Fälle betraf ohnehin nicht die Staatshaftung im engeren Sinne, sondern die Haftung für Behördenfahrzeuge, für Verletzungen der Verkehrssicherungspflicht und für medizinische Fehlbehandlungen. Auch die deutsche Reformkommission, die eine stark abnehmende praktische Bedeutung des Verschuldenserfordernisses feststellte, konnte lediglich von Fällen unverschuldet falscher Rechtsanwendung berichten[42]. Diese könnte aber nach der schweizerischen Regelung, wonach die Rechtmäßigkeit formell rechtskräftiger Staatsakte nicht überprüft werden kann, nur bei widersprüchlichen Entscheiden im Instanzenzug eine Rolle spielen (vgl. oben II). Die bei der Erhebung über die Staatshaftungsausgaben der deutschen Länder im Haushaltsjahr 1972 gewonnene Relation zwischen den gesamten Staatshaftungsausgaben und den Gesamthaushaltsvolumina von 0,0596 °/oo verringert sich auf 0,0135 °/oo, wenn nur die Ausgaben für die Staatshaftung im engeren Sinne einbezogen werden, mithin die Haftungsbelastungen aus der Verkehrssicherung, der Heilbehandlung und der Teilnahme am allgemeinen

41 Vgl. mein Gutachten (Fn. 8), 30, 34, 36, 48 ff.

42 Kommissionsbericht (Fn. 1), 153 f.

Verkehr ausgenommen werden. Die Ausgaben für die Staatshaftung im engeren Sinne machen nämlich nur 22,6 % der Gesamtausgaben für Staatshaftung aus. Die Belastungen aus den übrigen Haftungsbereichen betrugen für die Verkehrssicherung 14 %, für die Heilbehandlung 2,6 % und für die Teilnahme am allgemeinen Verkehr 60,8 %.

IV.

Zieht man aus den eben dargestellten Untersuchungsergebnissen Bilanz, so konnte für den vom Verschuldensprinzip beherrschten Kanton Bern eine finazielle Belastung des Staatshaushalts aus der außervertraglichen Staatshaftung in allen Formen in Höhe von 0,3 ‰ festgestellt werden, während der Bund mit 0,018 ‰, der Kanton Zürich mit 0,5 ‰ und die beiden Kantone Basel-Stadt und Basel-Land mit je 0,17 ‰ belastet sind. Die gegenüber den Kantonen erheblich geringeren Ersatzleistungen des Bundes, der im wesentlichen unversichert ist, erklärt sich daraus, daß der Bürger mit Bediensteten des Bundes weniger in Kontakt kommt. Von den Staatsausgaben der Schweiz werden rd. 20 % vom Bund, 40 % von den Kantonen und 40 % von den Gemeinden getätigt. Die relativ stärkste Belastung besteht im volksreichsten Kanton Zürich. Auch sie ist aber noch außerordentlich gering, zumal wenn man in Rechnung stellt, daß schätzungsweise nur 30 % davon auf Staatshaftung im engeren Sinne entfällt. Vergleicht man im übrigen die Belastung in Zürich mit der Belastung in Bern, so könnte sich durch den Übergang zur verschuldensunabhängigen Haftung die Belastung allenfalls verdoppeln. Das aber ist äußerst unwahrscheinlich, da keine Fälle gefunden werden konnten, in denen der Systemunterschied eine Rolle hatte spielen können. Selbst eine Verdoppelung wäre aber noch eine relativ zu vernachlässigende Größe.

Angesichts dieses Ergebnisses wurde im Jahre 1975 in der deutschen Botschaft in Bern ein Hearing mit schweizerischen Fachleuten für Probleme der Staatshaftung durchgeführt, bei dem insbesondere die Frage erörtert wurde, ob die Erstreckung der Untersuchungen auf einen größeren Zeitraum, auf weitere Kantone oder auf die Gemeinden abweichende Ergebnisse erbringen könnte. Dies wurde übereinstimmend verneint. Nirgendwo seien erhebliche Belastungen bekannt geworden. Zwar seien bei der Einführung der sog. Kausalhaftung jeweils finanzielle Bedenken zu überwinden gewesen[43], doch hätten sich Be-

43 Vgl. auch KAUFMANN (Fn. 16), 561, sowie mein Gutachten (Fn. 8), 31.

fürchtungen dieser Art als unbegründet erwiesen. Die Erhebungen in der Schweiz konnten daher in diesem Stadium abgebrochen werden.

Für die deutschen Reformbestrebungen folgt daraus, daß bei der Staatshaftung für fehlerhaftes Verhalten des öffentlichen Dienstes im Rahmen der Ausübung öffentlicher Gewalt auf das Verschuldenserfordernis verzichtet werden kann, ohne daß mit beachtlichen finanziellen Mehrbelastungen des Staatshaushalts zu rechnen ist. Das schweizerische Rechts- und Sozialsystem ist dem deutschen in hohem Maße vergleichbar. Beide Staaten sind gegenwärtig durch die Staatshaftung nur sehr geringfügig belastet. Zwar ist der Schweizer Bürger möglicherweise entsprechend seinem Nationalcharakter weniger als der Deutsche bereit, seinen Staat zu verklagen. Auch könnten infolge der Überschaubarkeit der Verhältnisse in der Schweiz größere Möglichkeiten gegeben sein, auf den einzelnen sozialen Druck dahin auszuüben, sich gütlich zu einigen. Hierzu soll auch eine entsprechende Einstellung der schweizerischen Anwaltschaft beitragen. Doch vermögen diese von Praktikern oft geäusserten Vermutungen über unterschiedliche Faktoren, die die Staatshaftung beeinflussen können, an unserer Prognose nichts zu ändern. Schon bei den gegenwärtigen Belastungen in beiden Ländern kann keine Rede davon sein, daß sich die deutsche Staatshaftung von der schweizerischen wesentlich unterscheidet. Das aber müßte bereits heute der Fall sein, führt man sich den geringen Unterschied der normativen Situation vor Augen, der zwischen den beiden Haftungssystemen praktisch besteht.

Erkenntnistheoretisches zum Verhältnis von Rechtssoziologie und Rechtsvergleichung

Ulrich Drobnig/M. Rehbinder (Hg.): Rechtssoziologie und Rechtsvergleichung, Berlin 1977, S. 56-71

Über das Verhältnis von Rechtssoziologie und Rechtsvergleichung sind im Hinblick auf ihren Forschungsbereich schwerpunktmäßig drei Aussagen gemacht worden:

1. Rechtsvergleichung ist eine «rein juristisch-beschreibende» Disziplin und Rechtssoziologie betrifft die «Darlegung der Kausalität im Entstehen und Wirken des Rechts». Rechtssoziologie und Rechtsvergleichung haben daher zwei völlig getrennte Forschungsbereiche (ERNST RABEL).

2. Rechtsvergleichung beschreibt nicht nur, sondern erklärt auch die Gemeinsamkeiten und Unterschiede in den Rechtsordnungen. Rechtsvergleichung ist daher Bestandteil der Rechtssoziologie (EUGEN EHRLICH, EDOUARD LAMBERT).

3. Rechtsvergleichung beschäftigt sich auch mit den außergesetzlichen Rechtsnormen und bezieht damit Faktisches in ihren (an sich im Normativen liegenden) Untersuchungsgegenstand mit ein. Rechtssoziologie beschäftigt sich auch mit der Rolle von Wertentscheidungen und bezieht damit Normatives in ihren (an sich im Faktischen liegenden) Untersuchungsgegenstand mit ein. Rechtssoziologie und Rechtsvergleichung sind daher zwar selbständige Disziplinen, haben aber vielfältige «Berührungspunkte» (ULRICH DROBNIG).

Die Unterschiede dieser drei Aussagen beruhen ersichtlich auf unterschiedlichen Annahmen über den Forschungsbereich sei es der Rechtsvergleichung sei es der Rechtssoziologie. Die Frage nach den Beziehungen zwischen Rechtssoziologie und Rechtsvergleichung ist damit in erster Linie eine Frage der Definition oder Terminologie. Fragen der Terminologie sind Fragen der Zweckmäßigkeit. Wir wollen im folgenden die heute überwiegend gebräuchliche Terminologie zugrunde legen und dann unter erkenntnistheoretischem Blickwinkel fragen, was daraus für das Verhältnis zwischen den beiden so bestimmten Begriffen folgt.

I. Rechtssoziologie als Erfahrungswissenschaft vom Recht

Unter Rechtssoziologie versteht die herrschende Meinung die wissenschaftliche Erforschung der Interdependenz von Recht und Sozialleben. Nach der erkenntnistheoretischen Lehre von der Dreidimensionalität des Rechts erfaßt sie damit das Recht in seiner Realität und ist dementsprechend die Erfahrungswissenschaft vom Recht[1]. In der Sicht des «erkenntnistheoretischen Trialismus» (KANTOROWICZ) kann man (a) nach der Gerechtigkeit des Rechts fragen, sich also mit den Wertvorstellungen beschäftigen, die hinter bestimmten rechtlichen Regelungen stehen, und diese Wertvorstellungen auf ihre Angemessenheit überprüfen. Untersuchungsgegenstand ist dann die Idealität des Rechts. Im Regelfall fragt der Jurist (b) danach, was in einer bestimmten Situation als Recht gilt, er beschäftigt sich mit dem Sinngehalt bestimmter rechtlicher Regelungen. Untersuchungsgegenstand ist dann die Normativität des Rechts. Schließlich kann (c) nach der gesellschaftlichen Wirklichkeit des Rechts gefragt werden, nach der Realität bestimmter rechtlicher Regelungen, nach dem Rechtsleben. Untersuchungsgegenstand ist dann die Faktizität des Rechts. Demgemäß unterteilt heute die internationale Rechtstheorie die Rechtswissenschaft erkenntnistheoretisch in drei getrennte Sphären: in Wertwissenschaft, in Normwissenschaft und in Erfahrungswissenschaft. Das Nachdenken über das «richtige» (gerechte) Recht ist Sache der Rechtsphilosophie. Sie fragt nach dem Wohin (rechtspolitische Zielsetzung) und dem Warum (Wertehierarchie). Die Bestimmung des normativen Sinngehalts des Rechts ist Sache der Rechtsdogmatik. Sie fragt nach dem Wie (also nach dem Inhalt des «Sollens» und den Methoden und Techniken seiner Ermittlung). Die Erforschung der sozialen Wirklichkeit des Rechts ist Sache der Rechtssoziologie. Sie fragt nach dem Was (beschreibt und erklärt also das «Sein» des Rechts).

---

1 Vgl. zum folgenden M. REHBINDER: Rechtssoziologie, in: Evangelisches Staatslexikon, 2. Aufl. 1975, Sp. 2036 - 2041.

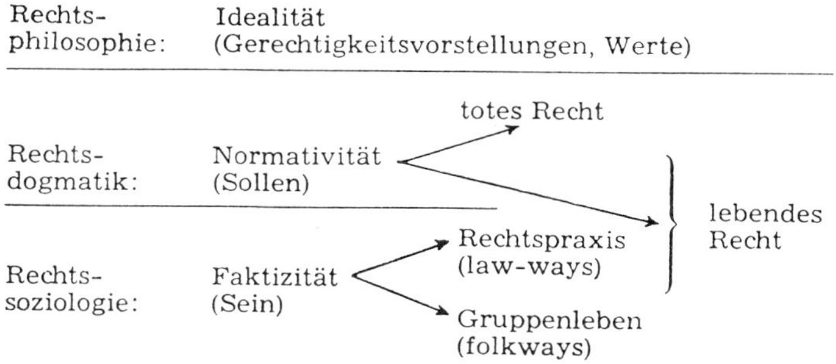

Forschungsgegenstand der Rechtssoziologie ist also nicht das Recht als Summe der geltenden Rechtsnormen (law in the books), sondern das lebende Recht (law in action). Lebendes Recht sind nur diejenigen Rechtsnormen, die in der Rechtspraxis durchgesetzt werden können. Normgefüge und Realordnung müssen identisch sein. Normativität und Faktizität des Rechts sind damit zwar erkenntnistheoretisch getrennte Sphären. Für eine Wirklichkeitswissenschaft vom Recht (Rechtsrealismus) gehören sie jedoch beide zum Rechtsbegriff: Lebendes Recht ist geltendes Recht, das wirksam ist.

Daraus folgt: Rechtssoziologie behandelt nicht nur «Parallelphänomene des Rechts in der Natur» (KELSEN), sondern das Recht selbst in seinem Realitätsaspekt (seiner gesellschaftlichen Dimension).

II. Rechtsvergleichung als wissenschaftliche Vergleichung des lebenden Rechts verschiedener Rechtsordnungen

Über die Definition der Rechtsvergleichung besteht insofern Einigkeit, als es um die wissenschaftliche Erforschung der Gemeinsamkeiten und der Unterschiede verschiedener Rechtsordnungen geht. Dabei geht man von der jeweils normativ geltenden Rechtsordnung aus, sucht dann aber das lebende Recht zu erfassen, indem man totes Recht (paper rule) ausscheidet und die gesetzliche Ordnung durch «außergesetzliche Rechtsnormen» (z.B. AGB) ergänzt. Der eigentliche Vergleich unterschiedlicher Rechtsordnungen betrifft dann nur das lebende Recht.

Durch die Erforschung des lebenden Rechts, Gegenstand der Rechtstatsachenforschung[2], «berührt» sich die Rechtsvergleichung mit der Rechtssoziologie. Auch diese muß zunächst, will sie das Recht in seiner Realität erfassen, das lebende Recht feststellen. Die Gemeinsamkeit des Untersuchungsobjekts (lebendes Recht) führt jedoch noch nicht zur Identität der Forschungsbereiche. Der Forschungsbereich und damit die Selbständigkeit einer wissenschaftlichen Disziplin wird bestimmt durch ihren Untersuchungsgegenstand. Dieser aber richtet sich nicht nur nach dem Untersuchungsobjekt (lebendes Recht), sondern entscheidend nach der Fragestellung, die an das Untersuchungsobjekt herangetragen wird. Die Fragestellungen sind nun in der Rechtsvergleichung und der Rechtssoziologie nicht identisch. Während die Rechtsvergleichung nach den Gemeinsamkeiten und Unterschieden des lebenden Rechts fragt, fragt die Rechtssoziologie nach den Gründen für die Entstehung und die Wirkung dieses lebenden Rechts in der Gesellschaft. In grafischer Darstellung heisst das:

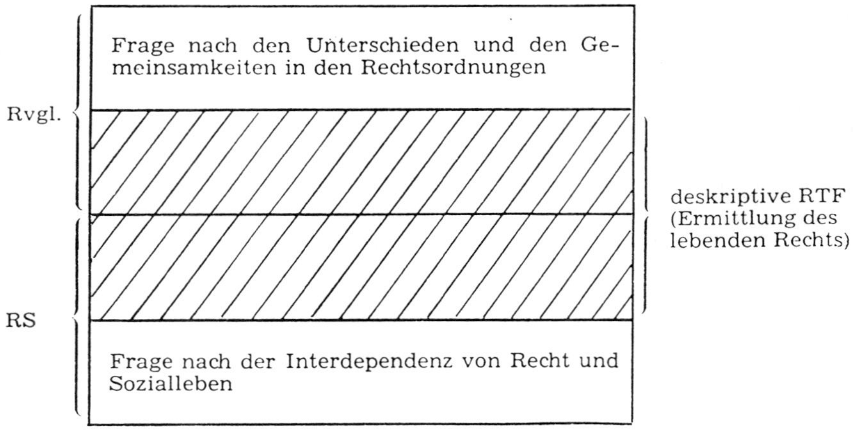

2 Vgl. M. REHBINDER: Die Rechtstatsachenforschung im Schnittpunkt von Rechtssoziologie und soziologischer Jurisprudenz, in Jahrbuch für Rechtssoziologie 1 (1970), 333 - 359 (in diesem Bande: S. 31 - 66).

Daraus folgt: Durch die Einbeziehung der Rechtstatsachenforschung enthält die normative Rechtsvergleichung erfahrungswissenschaftliche Elemente. In diesem Bereich erfahrungswissenschaftlichen Vorgehens überschneiden sich Rechtsvergleichung und Rechtssoziologie.

III. Rechtssoziologie und Rechtsvergleichung als beschreibende und als erklärende Wissenschaften

Rechtssoziologie als Erfahrungswissenschaft kann ihr Untersuchungsobjekt beschreiben oder erklären, kann also deskriptiv oder kausal-erklärend sein. Wenn sich die Rechtsvergleichung darauf beschränkt, die Gemeinsamkeiten und die Unterschiede im lebenden Recht verschiedener Rechtsordnungen zu beschreiben, dann ist sie normativ-deskriptiv. Dies war der Bereich, auf den z.B. ERNST RABEL die Rechtsvergleichung festlegen wollte. Demgegenüber will man heute überwiegend sich nicht darauf beschränken, Unterschiede zwischen den einzelnen Rechtsordnungen festzustellen und zu beschreiben. Man will auch die Ursachen und die Wirkungen dieser Unterschiede erklären. Diese können sich im Bereich der reinen Dogmatik bewegen und sozusagen rechtstechnischer Natur sein (MAX WEBER sprach hier von internen Denkbedürfnissen der Juristen). Dann ist ihre Erforschung normativ-erklärend. Sie können aber auch im Bereich des Soziallebens liegen. Dann ist ihre Erforschung kausal-erklärend. In grafischer Gegenüberstellung bedeutet das:

	deskriptiv	kausal-erklärend	normativ erklärend
RS	Beschreibung der Interdependenz von lebendem Recht und Sozialleben	kausale Erklärung der Interdependenz von lebendem Recht und Sozialleben	
Rvgl.	Beschreibung der Gemeinsamkeiten und Unterschiede im lebenden Recht verschiedener Rechtsordnungen	kausale Erklärung der Gemeinsamkeiten und Unterschiede im lebenden Recht verschiedener Rechtsordnungen und deren Auswirkungen	dogmatische Erklärung von Gemeinsamkeiten und Unterschieden verschiedener Rechtsordnungen

Daraus folgt: Kausale Rechtsvergleichung ist identisch mit Rechtssoziologie. Jedoch beschränkt sie sich im Rahmen der Rechtssoziologie auf eine bestimmte, nämlich eine komparative, Untersuchungsanordnung[3]. Die Interdependenz von Recht und Gesellschaft wird bei kausaler Rechtsvergleichung dadurch untersucht, daß verschiedene Rechts- und Sozialordnungen miteinander verglichen werden. Bestimmte Unterschiede in der Sozialstruktur der untersuchten Rechtsordnungen werden als Ursache für Unterschiede in diesen Rechtsordnungen betrachtet und umgekehrt. Der Vergleich der Rechtsordnungen wird zur Beantwortung einer soziologischen Fragestellung benutzt.

IV. Rechtssoziologie und Rechtsvergleichung als theoretische und als empirische Wissenschaften

Rechtssoziologie als Erfahrungswissenschaft kann theoretisch oder empirisch vorgehen. Als Theorie beschäftigt sie sich mit der Systematisierung bisheriger Erkenntnisse und mit dem Aufbau von Modellen, aus denen dann Hypothesen über bestimmte Kausalzusammenhänge zwischen Recht und Gesellschaft abgeleitet werden. Als Empirie beschäftigt sich Rechtssoziologie mit der Erhebung des lebenden Rechts und seines Zusammenhanges mit dem Sozialleben (deskriptiv) sowie mit der Verifizierung oder Falsifizierung von Hypothesen über bestimmte Kausalzusammenhänge (kausal-erklärend). Auch die Rechtsvergleichung kann theoretisch oder empirisch arbeiten. Sie arbeitet theoretisch, wenn sie aus dem vorhandenen Material über Gemeinsamkeiten und Unterschiede mehrerer Rechtsordnungen verschiedene Rechtskreise aufbaut und deren unterschiedliche Stile beschreibt sowie eine Lehre von den rechtlichen Institutionen entwickelt (deskriptiv). Sie kann weiter die Gemeinsamkeiten und Unterschiede der Rechtsordnungen dogmatisch zu erklären suchen und daraus eine allgemeine Rechtslehre entwickeln (normativ-erklärend). Sie kann schließlich Rechtskreise und Rechtsinstitutionen mit dem Sozialleben in Beziehung setzen und Hypothesen über die Ursachen für Gemeinsamkeiten und Unterschiede in den Rechtsordnungen sowie deren Auswirkungen aufstellen (kausal-erklärend). Rechtsvergleichung arbeitet empirisch, wenn sie Material über Gemeinsamkeiten und Unterschiede des lebenden Rechts verschiedener Rechtsordnungen erhebt (deskriptiv), wenn sie die dogmatischen Begründungsversuche miteinander vergleicht (normativ-erklärend) und wenn sie Hypothesen über die sozialen Ursachen oder Auswirkungen von Gemeinsamkeiten und Unterschieden im

---

3 Vgl. zur komparativen Untersuchungsanordnung in der Rechtssoziologie M. REHBINDER: Zu den Methoden der Rechtstatsachenforschung, in: Festschrift ALOIS TROLLER, 1976, 13 - 35, 24 ff.

lebenden Recht verschiedener Rechtsordnungen verifiziert oder falsifiziert (kausal-erklärend).

	theoretisch	empirisch
RS	Aufbau von Modellen und Ableitung von Hypothesen über die Interdependenz von Recht und Sozialleben	a) deskriptive RTF Erhebung des lebenden Rechts und seiner Interdependenz mit dem Sozialleben b) kausal-erklärende RTF Verifizierung oder Falsifizierung von Hypothesen über die Interdependenz des lebenden Rechts mit dem Sozialleben
Rvgl.	a) deskriptiv Aufbau von Rechtskreisen und Rechtsinstitutionen b) normativ-erklärend allgemeine Rechtslehre	a) deskriptiv Erhebung von Gemeinsamkeiten und Unterschieden des lebenden Rechts verschiedener Rechtsordnungen b) normativ-erklärend vergleichende Rechtsdogmatik
	c) kausal-erklärend Aufbau von Modellen und Ableitung von Hypothesen über die sozialen Ursachen oder Auswirkungen von Gemeinsamkeiten und Unterschieden in den Rechtsordnungen	c) kausal-erklärend Verifizierung oder Falsifizierung von Hypothesen über die sozialen Ursachen oder Auswirkungen von Gemeinsamkeiten und Unterschieden im lebenden Recht verschiedener Rechtsordnugen

Daraus folgt: Empirische Rechtsvergleichung ist, soweit sie die Gemeinsamkeiten und Unterschiede des lebenden Rechts erhebt und damit deskriptiv arbeitet, deskriptive Rechtstatsachenforschung, die ihr Untersuchungsfeld über die Grenzen einer Rechtsordnung hinweg erweitert hat. Hier liegt also wieder der erfahrungswissenschaftliche Bereich vor, in dem sich Rechtsvergleichung und Rechtssoziologie überschneiden. Ungeklärt bleiben dagegen die Beziehungen der Rechtssoziologie zur theoretischen Rechtsvergleichung, die deskriptiv arbeitet, und zur theoretischen wie empirischen Rechtsvergleichung, die normativ-erklärend arbeitet (allgemeine Rechtslehre und vergleichende Rechtsdogmatik).

V. Rechtssoziologie und Rechtsvergleichung als reine und als angewandte Wissenschaften

Je nach dem Erkenntnisziel wissenschaftlicher Tätigkeit unterscheidet man reine und angewandte Wissenschaften. Erkenntnisziel reiner Wissenschaft ist die zweckfreie Erkenntnis ihres Forschungsbereichs. Die Forschung ist unabhängig davon, ob sich ihre Ergebnisse unmittelbar in praktisches Handeln umsetzen lassen und praktischen Nutzen haben können (z.B. die sog. Grundlagenforschung). Demgegenüber sind die angewandten Wissenschaften an der Praxis ausgerichtet. Sie dienen der Entwicklung von Anweisungen für praktisches Handeln. Diese Unterscheidung liegt der Unterscheidung zwischen Rechtssoziologie und soziologischer Jurisprudenz zugrunde. Rechtssoziologie ist die reine Erfahrungswissenschaft vom Recht. Sie erstrebt zweckfreie Erkenntnis über die sozialen Ursachen und Wirkungen des lebenden Rechts. Sie sucht dies durch Sammlung und Systematisierung von Erkenntnissen aus der Beschreibung und kausalen Erklärung des lebenden Rechts in seiner Interdependenz mit dem Sozialleben zu erreichen. Sie beschäftigt sich nicht mit Rechtsdogmatik, bietet also keine normativen Erklärungen. Sie beschäftigt sich auch nicht mit der rechtspolitischen Bewertung der das Recht betreffenden sozialen Prozesse. Anders ist es mit der soziologischen Jurisprudenz. Sie ist die Lehre von der soziologisch orientierten Aufstellung, Anwendung und Durchsetzung der Rechtsnormen durch den Rechtsstab. Sie ist angewandte Rechtssoziologie; denn sie erstrebt, die Ergebnisse rechtssoziologischer Forschung für die Rechtspraxis nutzbar zu machen[4]. Sie sucht dies in der Rechtsanwendung und -durchsetzung zu erreichen, indem sie unbestimmte Rechtsbegriffe und Normen, die auf Außerrechtliches verweisen (z.B. Verkehrssitte und gute Sitten), konkretisieren hilft und die Gesichtspunkte für eine teleologische Auslegung, die Ausfüllung von Rechtslücken und den Gebrauch von Ermessensspielräumen liefert. Sie sucht dies in der Rechtsetzung zu erreichen, indem sie durch Problemformulierung und Effektivitätsforschung zur Verwissenschaftlichung der Rechtsetzung im Sinne der experimentellen Rechtswissenschaft beiträgt[5]. Sie ist zwar «soziologisch

---

4 Vgl. näher M. REHBINDER: Über den Nutzen der Rechtssoziologie für die Rechtspraxis, in: ÖJZ 1975, 565 - 572.

5 Vgl. F.K. BEUTEL: Die Experimentelle Rechtswissenschaft, 1971, sowie ders.: Experimental Jurisprudence and the Scienstate, 1975.

orientiert»; denn sie berücksichtigt Beschreibungen und kausale Erklärungen von Ursachen und Wirkungen des lebenden Rechts. Sie ist aber eine normative Disziplin; denn sie beschäftigt sich mit Rechtsanwendung und -durchsetzung und mit Rechtsetzung und verwendet in diesem Rahmen auch rechtsdogmatische (normativ-erklärende) und rechtspolitische (Gerechtigkeitsvorstellungen bewertende) Argumente.

Frühere Äußerungen von mir zu dieser Unterscheidung zwischen Rechtssoziologie und soziologischer Jurisprudenz[6] haben zu dem Einwand geführt, «daß die "soziologische Jurisprudenz" nur ein neuer Name für die alte Technik ist, die Rechtswissenschaft aus ihrer gesellschaftlich-politischen Verstrickung zu befreien». Zur Begründung dieses Ideologieverdachts wird dargelegt, durch die Definition der soziologischen Jurisprudenz als «soziologisch orientierte» Rechtswissenschaft und ihre Ansiedlung im Zwischenbereich zwischen Rechtssoziologie und reiner (normativer) Rechtslehre würde für den Fall der Rechtsfindung (richterliche Rechtsanwendung und Rechtsfortbildung) kein Unterschied zwischen reiner Rechtswissenschaft und soziologischer Jurisprudenz erkennbar. Auch bliebe neben der soziologischen Jurisprudenz kein Bereich mehr für die Rechtssoziologie übrig. Nur durch die unzulässige Beschränkung der Rechtstatsachenforschung auf die Erhebung und Analyse der konkreten Gestaltungsmöglichkeiten des Rechts und die Verweisung der wertenden Entscheidung des Wissenschaftlers in die Rechtspolitik sei ich in der Lage, die Rechtswissenschaft von der Politik zu reinigen und sie damit auf reine Rechtstechnik zu reduzieren. Jede rechtliche Problemantwort sei aber politische Wertentscheidung. Im Rahmen soziologischer Jurisprudenz mache der Richter Politik. «Erst wenn Rechtswissenschaft über die Faktenanalyse hinaus kritisch Stellung nimmt, wenn sie, wo immer es möglich ist, den Einfluß bestimmter gesellschaftlicher Interessen im Rechtserzeugungsprozeß sichtbar macht, wenn sie fragt, wem eine bestimmte rechtliche Lösung nützt, dient sie der objektiven Wahrheit und wird Wissenschaft. Erst dann erhält Rechtswissenschaft die ihr in einer demokratischen Gesellschaft zukommende Funktion, das Recht zu entwickeln als ein Mittel zum Schutz der Schwachen, erst dann wird sie emanzipatorisch»[7].

Diese Ausführungen geben mir Veranlassung zu folgenden Klarstellungen: Ich habe die soziologische Jurisprudenz in einen Zwischenbereich zwischen der Rechtssoziologie und einer reinen (normativen) Rechtslehre eingeordnet und

---

6 Vgl. Fn. 2.

7 Udo Maas: Rechtsvergleichung als Methode soziologischer Rechtswissenschaft, in Rechtstheorie 2 (1971), 147 - 170, 153 f.

nicht einer reinen Rechtswissenschaft. Unter normativer Rechtslehre verstehe ich entsprechend der Lehre von der Dreidimensionalität des Rechts die Rechtsdogmatik. Rechtsdogmatik als Teil der Rechtswissenschaft kann rein (zweckfrei) und angewandt (praxisorientiert) sein. Wird sie praxisorientiert betrieben und bezieht sie außer normativen Argumenten soziologische Argumente mit ein, wird sie soziologische Jurisprudenz. Soziologische Jurisprudenz kann nicht allein aus der Verwendung rechtssoziologischer Argumente bestehen, geht man davon aus, daß die Rechtspraxis an das positive Recht durch den Grundsatz der Bindung des Richters an Gesetz und Recht gekettet ist[8]. Soweit diese Bindung reicht, ist die Rechtspraxis an die Wertentscheidungen der geltenden Rechtsordnung gebunden. Der Richter kann also eigene Politik nur in dem Rahmen machen, den das geltende Recht ihm zugesteht. Im übrigen ist seine Entscheidung vorprogrammiert und muß es auch sein, soll die gegenseitige Hemmung von rechtsetzender und rechtsprechender Gewalt spielen und das Regieren auf der Grundlage und mit Hilfe der parlamentarischen Gesetzgebung einen Sinn haben. Rechtsbeugung ist ein Straftatbestand. Aber auch im Bereich der Rechtsfortbildung macht der Richter nicht Politik nach eigener Willkür, sondern ist weitgehend gebunden, wie der berühmte Art. 1 Abs. 2 des schweizerischen ZGB zeigt, der zur Auslegung des Grundsatzes der Bindung an Gesetz und Recht auch bei uns herangezogen wird. Rechtsdogmatik besteht also aus «reiner Rechtstechnik» plus den Wertentscheidungen des positiven Rechts plus den eigenen Wertentscheidungen bei der Rechtsfortbildung, soweit dafür Raum ist. Auf diesem Hintergrund wird deutlich, daß eine angewandte Rechtsdogmatik, die soziologische Argumente mit einbezieht und damit zur soziologischen Jurisprudenz wird, nicht gleichbedeutend mit einer reinen Rechtswissenschaft oder einer reinen Rechtssoziologie sein kann. Rechtssoziologie kann auch bei der Untersuchung des Rechtsfindungsvorganges unabhängig von Fragestellungen der Rechtspraxis betrieben werden. Sie braucht sich nicht in die Erkenntnisinteressen der Praxis einspannen zu lassen (vgl. z.B. LLEWELLYNs klassisches Werk über The Common Law Tradition oder LAUTMANNs Justiz - die stille Gewalt). Auch die Rechtswissenschaft besteht nicht nur aus soziologischer Jurisprudenz, wenn sie sich mit dem Vorgang der Rechtsfindung befaßt. Sie kann vom Inhalt des positiven Rechts absehen und z.B. eine allgemeine Methodenlehre der Rechtsfindung entwickeln oder eine Hierarchie der Rechtswerte.

Allerdings ist soziologische Jurisprudenz auch mehr als nur angewandte Rechtsdogmatik auf der Grundlage des geltenden Rechts. Sie ist auch soziologische Rechtsetzung, die wir schwerpunktmäßig in der Legislative, aber auch in

---

8 So ausdrücklich auch MAAS, ebd., 151.

der Verwaltung und bei der richterlichen Rechtsfortbildung finden. Als Rechtsetzung ist sie in der Tat Rechtspolitik, die die Ergebnisse kritischen Nachdenkens über das geltende Recht und neuer Zielsetzungen in die Rechtspraxis einführt. Sie tut dies im Rahmen soziologischer Jurisprudenz unter Berücksichtigung und Orientierung an rechtssoziologischen Erkenntnissen[9]. Die kritische Diskussion rechtlicher Zielsetzungen, die Aufstellung neuer Rechtsideale und rechtlicher Alternativen, die auf abweichender Zielsetzung beruhen, ist Gegenstand der Wertwissenschaft vom Recht, der «reinen» Rechtsphilosophie. Diese Wissenschaft kann jedoch nur rechtliche Zielsetzungen und Lösungsmöglichkeiten aufzeigen und ihre wertmäßigen Voraussetzungen und Folgen diskutieren. Sie kann die Erkenntnisse der «reinen» Dogmatik über Denkformen und Gestaltungsmöglichkeiten des Rechts sowie die Erkenntnisse der «reinen» Rechtssoziologie über die Voraussetzungen und Wirkungen rechtlicher Gestaltungsmöglichkeiten hineinnehmen und sich zur reinen (dreidimensionalen) Rechtswissenschaft erweitern. Die Entscheidung für oder gegen die Verwirklichung eines bestimmten Rechtsideals und auf dessen Grundlage für oder gegen eine bestimmte rechtliche Problemlösung kann aber nicht mit wissenschaftlichen Mitteln im Sinne «objektiver Wahrheit» als richtig oder falsch erkannt werden. Die Entscheidung über ein bestimmtes Rechtsideal ist vielmehr Sache der angewandten Rechtsphilosophie, der Rechtspolitik. Sie ist nicht Erkenntnis, sondern Dezision. Wenn man demgegenüber die wertende Entscheidung in die Rechtstatsachenforschung (was schon ein Widerspruch zur Bezeichnung dieser Wissenschaft wäre) und in die Rechtswissenschaft überhaupt einbeziehen will, so liegt dem ein ideologischer Wissenschaftsbegriff zugrunde, womit der Ideologieverdacht auf den Äußerer dieses Verdachtes zurückfällt. Denn wenn Rechtswissenschaft Politik ist, indem sie dem Recht vorschreibt, Mittel zum Schutze der Schwachen zu sein und dadurch emanzipatorisch zu wirken, so bekommt diese Wissenschaft nicht das Recht in allen seinen Erscheinungsformen, sondern nur in einer bestimmten Form ins Blickfeld, die sie unangemessen verallgemeinert. Recht kann auch ein Mittel zum Schutze des Stärkeren, zur Ausbeutung des Schwachen und Unerfahrenen sein. Solange dieses Recht normativ gilt und praktisch gehandhabt wird, kann an seiner Rechtsqualität nur zweifeln, wer den Rechtsbegriff im naturrechtlichen Sinne umdefiniert. Rechtswissenschaft kann und soll zwar auch Zukunftswissenschaft sein, indem sie der Rechtspolitik das Material für eine Rechtsreform zuliefert. Als Wissenschaft kann sie aber nicht die Entscheidung für eine demokratische[10] und emanzipatorische Rechtsgestal-

9 Nicht jede Rechtsetzung wird derart betrieben: Gesetzgebung als «Schuß ins Dunkle».

10 Was immer das im Einzelfall auch sein mag: ist z.B. die arbeitsrechtliche oder unternehmensrechtliche Mitbestimmung unverzichtbares Merkmal der Demokratie?

tung vorschreiben. Es geht hier ersichtlich um das Postulat der Wertfreiheit der Wissenschaft, über das es sich angesichts der darüber inzwischen existierenden Literatur und der letztlich - trotz der seit MAX WEBER erfolgten Annäherung der Auffassungen - weltanschaulich verhärteten Standpunkte kaum noch zu diskutieren lohnt. Vom hier vertretenen Standpunkt des kritischen Rationalismus aus ist festzuhalten, daß angewandte Rechtswissenschaft ein Element der Rechtspolitik enthält, sei es die eigene politische Wertung, sei es die vorgegebene politische Wertung des positiven Rechts (die man sich durch Zugrundelegung des geltenden Rechts zu eigen machen mag oder nicht). Die «emanzipatorische Rechtswissenschaft» ist die Vertreterin bestimmter Erkenntnisinteressen und gibt als «objektive Wahrheit» aus, was auf dezisionistischer Entscheidung beruht. Diese Entscheidung mag politisch billigenswert sein oder nicht. Als Entscheidung über das ideale Recht und die ideale Gesellschaft ist sie aber wissenschaftlicher Erkenntnis im hier vertretenen Sinne nicht zugänglich. Science does not teach us where to go. It never will (LLEWELLYN).

Wenden wir uns nunmehr der Unterscheidung zwischen reiner und angewandter Wissenschaft im Bereich der Rechtsvergleichung zu, so ergibt sich folgendes Bild: Ziel reiner Rechtsvergleichung ist die zweckfreie Erkenntnis der Gemeinsamkeiten und Unterschiede verschiedener Rechtsordnungen sowie ihrer sozialen Ursachen und Auswirkungen. Mittel dazu ist die Beschreibung, die normative (dogmatische) Erklärung und die kausale Erklärung. Kein Gegenstand der Rechtsvergleichung ist hingegen die Rechtskritik (so besonders RABEL), d.h. die rechtspolitische Bewertung. Es wird zwar festgestellt, ob eine Rechtsordnung ihrem Sozialsystem angepasst erscheint oder ob hier ein cultural lag besteht. Es können zwar Vergleiche zu einer bestimmten Zivilisationshöhe angestellt und bestimmte Rechtsordnungen als unterentwickelt gekennzeichnet werden. Es können zwar Feststellungen über die Wertehierarchien bestimmter Rechtsordnungen getroffen werden und die eine Rechtsordnung im Hinblick auf bestimmte Wertvoraussetzungen, z.B. die Emanzipation (was immer das im Einzelfall auch sein mag) als «gerechter» gekennzeichnet werden als die andere. Der Rechtsvergleicher kann jedoch als Wissenschaftler keine Gründe erkennen, warum die in bestimmten Rechtsordnungen zum Ausdruck kommenden Rechtsideale und Rechtsüberzeugungen richtiger sein sollten als diejenigen anderer Rechtsordnungen[11]. Anders kann es bei der angewandten Rechtsvergleichung sein. Ziel der angewandten Rechtsvergleichung oder vergleichenden Jurisprudenz ist die Entscheidungshilfe für die Rechtspraxis. Sie gibt Entscheidungshilfe

11 Kann man wissenschaftlich feststellen, ob die Rechtsordnung der Bundesrepublik gerechter ist als die Rechtsordnung der DDR?

in der Rechtsanwendung und -durchsetzung, indem sie verwandte Rechtsordnungen zum Zwecke der Konkretisierung von unbestimmten Rechtsbegriffen und Normen, die auf Außerrechtliches verweisen, zur Ermittlung der Gesichtspunkte für eine teleologische Auslegung sowie zur Ausfüllung von Rechtslücken und Ermessenspielräumen in der eigenen Rechtsordnung heranzieht. Ferner konkretisiert sie die Verweisungsnormen des Kollisionsrechts und die unbestimmten Rechtsbegriffe des internationalen Rechts (z.B. die «allgemeinen Rechtsgrundsätze» von Art. 38 I c des Statuts des Internationalen Gerichtshofs). Rechtsvergleichung gibt Entscheidungshilfe in der Rechtsetzung, indem sie fremde Rechtsordnungen als Vorbild oder Gegenargument bei der rechtlichen Formulierung und Lösung sozialer Probleme heranzieht. Im Rahmen der Rechtsanwendung und -durchsetzung ist die vergleichende Jurisprudenz an die Wertentscheidungen der jeweiligen Rechtsordnung gebunden. Sie arbeitet hier also mit den Mitteln der Beschreibung, der normativen Erklärung und der kausalen Erklärung und muß sich der eigenen rechtspolitischen Bewertung enthalten. Anders ist es bei der Rechtsetzung (einschliesslich der richterlichen Rechtsfortbildung). Hier kommt es zu rechtspolitischen Bewertungen, die fremde Rechtsordnungen zur Grundlage nehmen. Hier kommt es zu Urteilen über die Gerechtigkeit. In diesem Rahmen also führt Rechtsvergleichung zur Rechtskritik und Rechtspolitik. Bei grafischer Gegenüberstellung ergibt sich mithin das folgende Bild:

	rein	angewandt	
RS	Ziel: zweckfreie Erkenntnis der sozialen Ursachen und Wirkungen des lebenden Rechts Mittel: Beschreibung und kausale Erklärung	Ziel: Entscheidungshilfe für die Rechtspraxis a) Rechtsanwendung und -durchsetzung Konkretisierung von verweisenden Normen und unbestimmten Rechtsbegriffen, teleologische Auslegung, Ausfüllung von Rechtslücken und Ermessensspielräumen b) Rechtssetzung experimentelle Jurisprudenz Mittel: Beschreibung, kausale Erklärung, normative Erklärung und rechtspolitische Zielsetzung	soz. Jp.
Rv gl.	Ziel: zweckfreie Erkenntnis der Gemeinsamkeiten und Unterschiede verschiedener Rechtsordnungen sowie ihrer sozialen Ursachen und Auswirkungen Mittel: Beschreibung, normative Erklärung und kausale Erklärung	Ziel: Entscheidungshilfe für die Rechtspraxis a) Rechtsanwendung und -durchsetzung Heranziehung verwandter Rechtsordnungen bei der Konkretisierung, Auslegung und Ausfüllung des eigenen Rechts sowie Konkretisierung von Verweisungsnormen des Kollisionsrechts und von verweisenden Normen des internationalen Rechts b) Rechtssetzung Heranziehung fremder Rechtsordnungen als Vorbild oder Gegenargument Mittel: Beschreibung, normative Erklärung, kausale Erklärung und rechtspolitische Zielsetzung	vgl. Jp.

Daraus folgt: Die theoretisch-deskriptive Rechtsvergleichung, deren Beziehung zur Rechtssoziologie bisher offen geblieben war, kann unterschiedlichen Aufgabenstellungen dienen.

a) In der reinen Rechtssoziologie kann die Beschreibung von Rechtskreisen und rechtlichen Institutionen dazu dienen, Modelle zu entwickeln, die der Untersuchung der Interdependenz von Recht und Sozialleben zugrunde gelegt werden. Insbesondere ermöglicht es der aus Rechtsvergleichung herrührende generalisierte juristische Typus, die Gründe für landesrechtliche Abweichungen besser empirisch zu erforschen.

b) In der soziologischen Jurisprudenz können Beschreibungen von Rechtskreisen und rechtlichen Institutionen dazu verwandt werden, verwandte Rechtsordnungen zu finden, deren Ausgestaltung im einzelnen als Entscheidungshilfe bei der Rechtsanwendung und Rechtsetzung in der eigenen Rechtsordnung dienen kann.

Die normativ-erklärende Rechtsvergleichung, deren Beziehung zur Rechtssoziologie bisher ebenfalls offen geblieben war, berührt sich mit dieser lediglich im Rahmen der soziologischen Jurisprudenz. Die Entscheidung der Rechtspraxis für die eine oder die andere dogmatische Alternative, die von der Rechtsvergleichung erarbeitet wurde, wird in einer soziologisch ausgerichteten Rechtsanwendung oder Rechtsetzung unter Abwägung der sozialen Vor- oder Nachteile gefällt, die sich bei den jeweiligen Lösungen ergeben haben oder im eigenen Recht zu erwarten sind.

Das Zusammenspiel von normativ-erklärender Rechtsvergleichung und Rechtssoziologie im Rahmen soziologischer Jurisprudenz macht ferner zwei Bereiche deutlich, in denen Rechtsvergleichung unabhängig von Rechtssoziologie wirksam werden kann, nämlich die reine Rechtsdogmatik und die reine Rechtsphilosophie.

1. In der Rechtsdogmatik hilft Rechtsvergleichung durch Bereitstellung von «Mustern und Modellen» bei der Erarbeitung von Problemdefinitionen und Problemlösungen, bei der Systematisierung von Rechtsinhalten und bei der Methodenanalyse.
2. In der Rechtsphilosphie hilft Rechtsvergleichung durch Bereitstellung von «Mustern und Modellen» für Gerechtigkeitsvorstellungen und juristische Wertehierarchien.

VI. Rechtsvergleichung als Methode dreidimensionaler Rechtswissenschaft

Fassen wir die bisherigen Ergebnisse zusammen, so ergibt sich folgendes Bild:

1. Rechtssoziologie erforscht die gesellschaftliche Dimension des Rechts. Sie kann die durch Rechtsvergleichung erarbeiteten Muster (Realtypen) und Modelle (Idealtypen) dazu verwenden, Theorien über die sozialen Ursachen und Wirkungen des Rechts zu entwickeln (theoretische Rechtssoziologie). Sie kann ferner durch rechtsvergleichende Untersuchungsanordnung Hypothesen über die sozialen Ursachen und Wirkungen des Rechts illustrieren und zu verifizieren suchen (empirische Rechtssoziologie).

2. Beschreibende Rechtsvergleichung, die das lebende Recht durch Rechtstatsachenforschung ermittelt, überschneidet sich mit Rechtssoziologie, die ebenfalls das lebende Recht ermittelt. Beschreibende Rechtsvergleichung, die die Gerechtigkeitsvorstellungen und Wertehierarchien der verschiedenen Rechtsordnungen ermittelt, ist vergleichende Rechtsphilosphie[12]. Kausal-erklärende Rechtsvergleichung ist Rechtssoziologie, die eine komparative Untersuchungsanordnung verwendet. Normativ-erklärende Rechtsvergleichung ist vergleichende Rechtsdogmatik.

3. Das Verhältnis zwischen Rechtssoziologie und Rechtsvergleichung wird also durch drei Möglichkeiten bestimmt, nämlich

a) Identität (kausal-erklärende Rechtsvergleichung und komparative Rechtssoziologie),
b) Überschneidung (deskriptive Rechtstatsachenforschung) und
c) Eigenständigkeit (kausal-erklärende Rechtsvergleichung als komparative Rechtssoziologie, normativ-erklärende Rechtsvergleichung als komparative Rechtsdogmatik und deskriptive Vergleichung rechtlicher Wertungen und Wertehierarchien als komparative Rechtsphilosphie).

Die Überschneidung beruht darauf, daß die Erforschung des lebenden Rechts der Ausgangspunkt sowohl für normative als auch für erfahrungswissenschaftliche Fragestellungen sein kann. Die Bereiche von Identität und Eigenständigkeit im Verhältnis zwischen Rechtssoziologie und Rechtsvergleichung zeigen aber, daß Rechtsvergleichung keine eigenständigen Erkenntnisziele hat, sondern sich den drei Fragestellungen der Rechtswissenschaft, nämlich der erfahrungswissenschaftlichen, der normwissenschaftlichen und der wertwissenschaftlichen Frage-

12 Auch die Rechtssoziologie kann sich vergleichend mit Gerechtigkeitsvorstellungen und Wertehierarchien beschäftigen, doch untersucht sie diese dann nicht in ihrer normativen Bedeutung (Idealität), sondern in ihrer sozialen Realität (als Faktum).

stellung unterordnet. Rechtsvergleichung hat daher - wie heute auch überwiegend anerkannt wird - keinen eigenständigen wissenschaftlichen Gegenstandsbereich, sondern sie ist eine Methode, mit der in den drei Dimensionen wissenschaftlicher Erforschung des Rechts gearbeitet werden kann. Das Arbeiten mit sozialen Daten, das Arbeiten mit normativen wie ideologischen Analogien oder Alternativen, die aus fremden Rechtsordnungen stammen, erfolgt meist im Hinblick auf Probleme der Rechtspraxis. Im Bereiche angewandter Rechtswissenschaft, insbesondere im Bereiche von Rechtsetzung und Rechtsfortbildung, wo sich die drei erkenntnistheoretisch zu trennenden Fragestellungen der Rechtswissenschaft intensiv berühren, ist auch die Berührung von Rechtssoziologie und Rechtsvergleichung am stärksten. Dieser Bereich ist aber auch derjenige, der durch rechtspolitische Zielsetzungen und damit durch politische Dezision bestimmt wird, die zwar wissenschaftlich ausgerichtet sein kann, die aber als solche den Erkenntnishorizont der Wissenschaft überschreitet.

Erkenntnistheoretisches zum Verhältnis von Rechtssoziologie und Rechtsgeschichte

Martin Killias/M. Rehbinder (Hg.): Rechtsgeschichte und Rechtssoziologie, Berlin 1985, S. 133-146

I. Rechtssoziologie und Rechtsgeschichte als Bindestrich-Wissenschaften

Rechtssoziologie und Rechtsgeschichte sind in Theorie und Praxis des Wissenschaftsbetriebes Bindestrich-Wissenschaften. Durch ihr Forschungsobjekt, das Recht, gehören sie in den Bereich der Rechtswissenschaft, durch ihre Fragestellung gehören sie in die Soziologie (im weit verstandenen Sinne der Gesellschaftswissenschaften) bzw. in die Geschichtswissenschaft.

1. Forschungsobjekt

a) Rechtsgeschichte

Vom Forschungsobjekt her gesehen ist Rechtsgeschichte derjenige Zweig der Rechtswissenschaft, der sich mit dem Recht der Vergangenheit, mit dem Werdegang der Rechtsordnungen beschäftigt. Gegenstand der Rechtsgeschichte ist also das Sein, das Werden und das Wirken des Rechts in der Vergangenheit. Vergangenheit bedeutet, daß die unmittelbare Anschauung des lebenden Rechts dem Forscher «unwiederbringlich verloren»[1] ist; denn die Zeit, in der das Recht untersucht werden soll, ist unwiderruflich vergangen[2]. Die zeitliche Dimension der Vergangenheit ist allerdings sehr umfangreich und zieht sich bis an die Gegenwart heran, ist also nicht mit der Vorstellung von etwas Antikem zu verbinden[3]. So erforscht die Rechtsgeschichte z.B. nicht nur das Recht des Corpus Iuris oder der Lex Salica, sondern ebensosehr die rechtlichen Aspekte der Konjunkturdämpfung der sechziger Jahre oder die Entstehung der Raumplanung. Dies ist erfreulicherweise in jüngerer Zeit durch die 1979 erfolgte

---

1 EUGEN EHRLICH: Grundlegung der Soziologie des Rechts, 1913, 383.

2 THEODOR SCHIEDER: Unterschiede zwischen historischer und sozialwissenschaftlicher Methode, in: H.U. Wehler: Geschichte und Soziologie, 1972, 283 - 304, 286; HANS-ULRICH WEHLER: Geschichte als historische Sozialwissenschaft, edition suhrkamp Bd. 650, 1973, 16.

3 WEHLER ebd., 15 ff.

Neubegründung einer «Zeitschrift für Neuere Rechtsgeschichte» sinnfällig zum Ausdruck gekommen. Forschungsfeld der Rechtsgeschichte sind also nicht nur Daten, die ex post aus vorbestehendem Material erhoben werden, sondern auch Daten, die in der Gegenwart erstellt werden, z.B. Daten aus der letzten Volkszählung. Sobald das Forschungsobjekt in die Gegenwart hereinreicht, bestehen Berührungspunkte der Rechtsgeschichte mit den gegenwartsbezogenen Zweigen der Rechtswissenschaft.

Neben der Vergangenheit hat man die Besonderheit des Forschungsobjektes der Rechtsgeschichte im Einmaligen, im Individuellen sehen wollen[4], jedoch zu Unrecht. Zwar trifft es auf die Mehrheit der Forschungstätigkeit in der Geschichtswissenschaft zu, daß sie sich auf das Einmalige beschränkt, doch ist das nicht zwingend. Es kann im Gegenteil versucht werden, vergangenheitsbezogene Aussagen zu machen, die den Charakter von sozialen Gesetzmäßigkeiten haben (insbesondere durch Herausarbeitung von Typen und Modellen)[5].

b) Rechtssoziologie

Im Gegensatz zur Rechtsgeschichte ist das Forschungsobjekt der Rechtssoziologie nicht das Recht in seiner Gesamtheit, sondern nur in einer seiner Dimensionen, nämlich in seiner sozialen Dimension. Forschungsobjekt ist die Interdependenz von Recht und Sozialleben. Die Einbeziehung des Soziallebens hat man erkenntnistheoretisch dahin verstehen wollen, daß die Forschungstätigkeit der Rechtssoziologie notwendigerweise gegenwartsgebunden sei[6]. Das entspricht zwar weitgehend der heutigen empirischen Rechtssoziologie, der Rechtstatsachenforschung, doch ist das nicht zwingend. Zum einen besteht ein Inter-

---

4 So Helmut Schoeck: Die Soziologie und die Gesellschaften, 1964, 13; Hermann Kantorowicz: Rechtswissenschaft und Soziologie, 1962, 88; vgl. auch Wehler (Fn. 2), 14; Karl Haff: Rechtsgeschichte und Soziologie, Vierteljahresschrift für Sozial- und Wirtschaftsgeschichte 22 (1929), 1; Peter Landau: Rechtsgeschichte und Soziologie, in: M. Killias/M. Rehbinder: Rechtsgeschichte und Rechtssoziologie, 1985, 11 - 28 (14, 21).

5 Dazu Adolf Laufs: Zum Verhältnis Recht und Geschichte, JZ 66, 434, 435 f.: «Weil Rechtsgeschichte die Verknüpfung des Rechts mit den Wirklichkeitsbedingungen aufhellt», «erklärt und begründet sie die notwendig vielgestaltigen Erscheinungsformen rechtlicher Ordnungen. Besser noch als die Rechtsvergleichung nimmt sie dem Wechsel und der Verschiedenartigkeit der Rechtseinrichtungen das Merkmal des Zufälligen» und weist die «sachlogischen und anthropologischen Konstanten» auf.

6 Vgl. Landau (Fn. 4), 22. Schoeck (Fn. 4), 146 spricht vom «Kult der Gegenwart» als dem «bezeichnenden Strukturelement jeder Soziologie».

esse, die Interdependenz von Recht und Sozialleben auch in der Vergangenheit zu untersuchen. Zum anderen sind gesellschaftliche Fakten selten völlig a-historisch, so daß selbst Forschung, die sich auf die Gegenwart konzentriert, die historische Dimension mit einbeziehen muß.

So wie man die Rechtsgeschichte als Wissenschaft vom Einmaligen in der Vergangenheit bestimmen wollte, wollte man Rechtssoziologie demgegenüber auf die Erforschung des Generellen festlegen[7]. Sicher trifft es zu, daß Rechtssoziologie wie jede Soziologie letztlich das Ziel hat, generelle Aussagen zu machen (savoir pour prévoir). Doch muß sie sich zuweilen, und auch das ist sinnvoll, mit Aussagen über einmalige Vorgänge begnügen (Fallstudien).

2. *Erkenntnisziel*

a) Rechtsgeschichte

Durch ihre Fragestellung nach dem Sein, Werden und Wirken des Rechts in der Vergangenheit gehört die Rechtsgeschichte zur Geschichtswissenschaft. Je nach dem Erkenntnisziel des Forschers kann sie jedoch einen anderen Charakter annehmen; sie kann als Rechtswissenschaft oder als Geschichtswissenschaft betrieben werden. Der Geschichtswissenschaftler betrachtet das Recht lediglich als eines der Ordnungssysteme in der Gesellschaft und versucht, das Recht in seiner historischen Dimension zur Erklärung der übrigen Gesellschaftsentwicklung zu verwenden. Rechtsnormen sind nämlich hervorragende Erkenntnisquellen über die wesentlichen gesellschaftlichen Einrichtungen und Ereignisse. Die Analyse der Rechtsentwicklung mit dem Zweck, diese als Teilaspekt der allgemeinen geschichtlichen Entwicklung zu begreifen, ist die Rechtsgeschichte der Historiker. Anders jedoch arbeitet der weitaus überwiegende Teil der praktizierten Rechtsgeschichte. Er ist eine Rechtsgeschichte der Juristen. Ihr Zweck ist es, der übrigen Rechtswissenschaft, insbesondere der Rechtsanwendung und Rechtspolitik, als Hilfswissenschaft zu dienen. Beide Forschungsrichtungen: Rechtsgeschichte der Historiker und Rechtsgeschichte der Juristen sind wichtig und legitim. Dazu STIG JØRGENSEN:

> «Damit der Rechtshistoriker wissen kann, an was der Historiker interessiert ist, muß man die Problemstellung der allgemeinen Geschichte kennen. Damit

7 So BARNA HORVATH: Probleme der Rechtssoziologie, 1971, 15; KANTOROWICZ (Fn. 4), ebd.

der Rechtshistoriker dem Juristen behilflich sein kann, muß er die Probleme der Juristen kennen. Damit die letztere Forderung erfüllt sein kann, muß der Rechtshistoriker die bestehende Dogmatik beherrschen und diese also in der Zeit zurückführen, während der Historiker ein größeres Interesse am umgekehrten Weg hat. Die Juristen bedürfen einer Gruppe von Rechtshistorikern, die die Problemstellung des Juristen kennen und die sie in der geschichtlichen Materie finden können. Nur dadurch kann der Rechtshistoriker dem Juristen ernsthaft von Nutzen sein. Der Rechtshistoriker muß mit anderen Worten am besten Jurist sein, um dem Juristen als Arsenal dienen zu können. Damit sei nicht gesagt, daß man den anderen Typ von Rechtshistorikern entbehren kann. Im Gegenteil[8].»

b) *Rechtssoziologie*

Dieser Januskopf einer Bindestrich-Wissenschaft zeigt sich auch bei der Rechtssoziologie. Als Rechtswissenschaft betrieben will sie Hilfswissenschaft für die Juristen sein. Ihr Erkenntnisziel ist eine soziologische Jurisprudenz (Ehrlich, Hirsch, Beutel). Anders die Rechtssoziologie für Soziologen (M. Weber, Luhmann). Sie benutzt die Erkenntnisse über die Entstehung und Wirkung von Recht in der Gesellschaft dazu, sie zu einer Theorie sozialen Handelns oder zu einer Theorie sozialer Systeme zu verallgemeinern und diese allgemeine Theorie dann - in historischer Perspektive - mit einer evolutionären Theorie der Gesellschaft zu verbinden[9]. Die unterschiedliche Nützlichkeit von Rechtssoziologie erklärt wohl hinreichend die bekannte Tatsache, daß juristische Fakultäten Rechtssoziologie in aller Regel von Juristen lesen lassen.

Rechtssoziologie und Rechtsgeschichte stehen also in einem komplexen Verhältnis zueinander. Sie sind unabhängig voneinander durch die zeitliche Dimension ihres gemeinsamen Forschungsobjekts, des Rechts. Sie haben aber auch ein gemeinsames Forschungsfeld, und sie stehen im Austauschverhältnis zu ihren Mutterwissenschaften: Geschichtswissenschaft und Sozialwissenschaft. In einer Grafik veranschaulicht ergibt sich das folgende Bild:

---

8 Stig Jørgensen: Hermeneutik und Auslegung, Rechtstheorie 9 (1978), 63 - 72.

9 M. Rehbinder: Rechtssoziologie, 1977, 12; ferner neuestens Ernst E. Hirsch: Rechtssoziologie für Juristen, 1984, besonders dort die erste Abhandlung, 9 - 38.

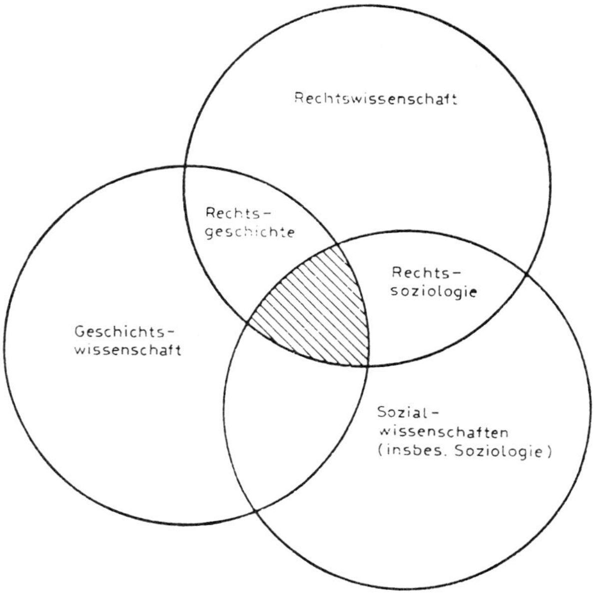

II. Rechtssoziologie, Rechtsgeschichte und die Dreidimensionalität des Rechts

Im Anschluss an die Ausführungen von HERMANN U. KANTOROWICZ über den «erkenntnistheoretischen Trialismus»[10] unterscheidet heute die internationale Rechtstheorie die Rechtswissenschaft in drei getrennte Sphären[11]. Man kann (a) nach der Gerechtigkeit des Rechts fragen, sich also mit den Wertvorstellungen beschäftigen, die hinter bestimmten rechtlichen Regelungen stehen, und diese Wertvorstellungen auf ihre Angemessenheit überprüfen. Untersuchungsgegenstand ist dann die Idealität des Rechts. Man kann zum anderen (b) danach fragen, was in einer bestimmten Situation als Recht gilt. Dann beschäftigt man sich mit dem Sinngehalt konkreter rechtlicher Regelungen. Untersuchungsgegenstand ist hier die Normativität des Rechts. Schließlich kann (c) nach der gesell-

10 Oder «Dreiweltenlehre»: Fn. 4, 69.

11 Zum folgenden vgl. M. REHBINDER: Erkenntnistheoretisches zum Verhältnis von Rechtssoziologie und Rechtsvergleichung, in: U. DROBNIG/M. REHBINDER: Rechtssoziologie und Rechtsvergleichung, 1977, 56 - 71, 57 (in diesem Bande: S. 142).

schaftlichen Wirklichkeit des Rechts gefragt werden, nach der Realität bestimmter rechtlicher Regelungen, nach dem Rechtsleben. Untersuchungsgegenstand ist dann die Faktizität des Rechts. Demgemäß unterteilt heute die internationale Rechtstheorie die Rechtswissenschaft erkenntnistheoretisch in drei getrennte Sphären: in Wertwissenschaft, in Normwissenschaft und in Erfahrungswissenschaft (Lehre von der Dreidimensionalität des Rechts). Das Nachdenken über das «richtige» (gerechte) Recht ist Sache der Rechtsphilosophie. Sie fragt nach dem Warum (Wertehierarchie als Begründungszusammenhang) und dem Wohin (rechtspolitische Zielsetzungen). Die Bestimmung des normativen Sinngehalts des Rechts (die Entscheidung über das «Sollen» im Recht) ist Sache der Rechtsdogmatik. Sie fragt nach dem Wie (also nach dem Inhalt der Verhaltensvorschriften für Staatsapparat oder Rechtsunterworfene sowie nach den Methoden und Techniken seiner Ermittlung). Die Erforschung der sozialen Wirklichkeit des Rechts (die Aussage über das «Sein» des Rechts) ist Sache der Rechtssoziologie. Sie fragt nach dem Was (beschreibt und erklärt also das Rechtsleben).

Wie bereits KANTOROWICZ feststellte, arbeitet die Rechtsgeschichte auf allen drei Ebenen: sie ist Dogmengeschichte, Normengeschichte und Sozialgeschichte[12]. Ihr heutiger Schwerpunkt liegt zwar immer noch auf der Erforschung des Rechts als einer normativen Ordnung[13]. Doch ist Rechtsgeschichte auch zunehmend Wertwissenschaft, nämlich Ideengeschichte[14], und in neuerer Zeit sehen wir erste Ansätze einer Rechtsgeschichte als Sozialwissenschaft[15]. Schon KANTOROWICZ sprach von Sozialgeschichte des Rechts und verstand darunter «das Studium der Entwicklung des sozialen Lebens in Rücksicht auf sein Verhältnis zu den Rechtsnormen, die es beherrschen»[16]. CARBONNIER spricht heute von sozialhistorischer Rechtsgeschichte[17].

Anders ist es nun bei der Rechtssoziologie. Sie untersucht allein die Faktizität des Rechts, ist reine Erfahrungswissenschaft und damit eindimensional. Wert-

---

12 KANTOROWICZ: MAX CONRAT und die mediaevistische Forschung, SZRom. 33 (1912), 452.

13 Vgl. JEAN CARBONNIER: Rechtssoziologie, 1974, 22. Zur Rechtsgeschichte als Normengeschichte des Rechts siehe näher KANTOROWICZ (Fn. 4), 140 - 142.

14 So in den Arbeiten von SCHÖNFELD, FEHR, BADER oder WIEACKER, siehe MARCEL SENN: Rechtshistorisches Selbstverständnis im Wandel, 1982, 41 - 43.

15 Siehe SENN, ebd., 153 ff., 178.

16 Fn. 4, 142.

17 Fn. 13, 23.

wissenschaft und Normwissenschaft vom Recht sind für sie nur Hilfswissenschaften und umgekehrt. Das gemeinsame Forschungsfeld mit der Rechtsgeschichte zeigt sich daher in grafischer Darstellung wie folgt:

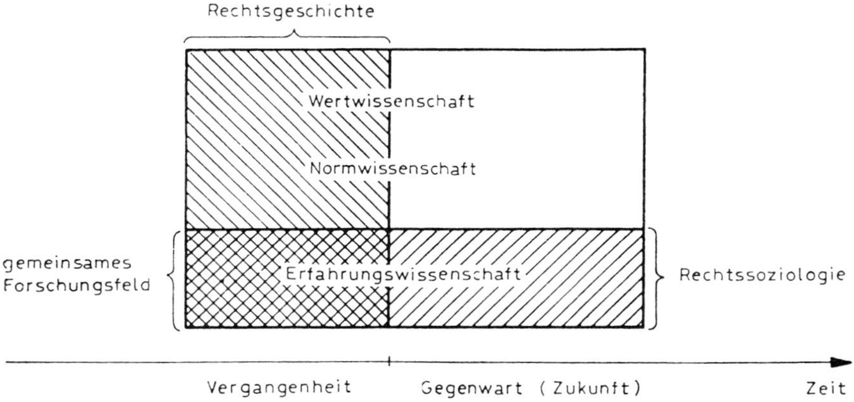

In diesem gemeinsamen Forschungsfeld liegen z.B. Fragen wie: Wie hat das deutsche Kleingewerbe auf die Einführung des BGB reagiert? Oder: Sind die Konjunkturdämpfungsmaßnahmen der sechziger Jahre überhaupt befolgt worden?

III. Rechtssoziologie und Rechtsgeschichte als beschreibende und als erklärende Wissenschaften

Erfahrungswissenschaft kann ihr Untersuchungsobjekt beschreiben oder erklären, kann also entweder deskriptiv oder kausal-erklärend sein. Von deskriptiver Forschung spricht man, wenn das So-Sein lediglich beschrieben wird, von kausal-erklärender Forschung dann, wenn nach den Gründen für das So-Sein gesucht wird. Auf dem Hintergrund dieser Unterscheidung läßt sich der gemeinsame Bereich von Rechtssoziologie und Rechtsgeschichte wie folgt darstellen:

Fragestellung	deskriptiv	kausalerklärend
Rechtsgeschichte	Beschreibung aller Aspekte des Rechts in der Vergangenheit	kausale Erklärung aller Aspekte des Rechts in der Vergangenheit
Durchdringungsvermögen	Beschreibung der Interdependenz von Recht und Sozialleben in der Vergangenheit	kausale Erklärung der Interdependenz von Recht und Sozialleben in der Vergangenheit
Rechtssoziologie	Beschreibung der Interdependenz von Recht und Sozialleben	kausale Erklärung der Interdependenz von Recht und Sozialleben

Die gemeinsame Fragestellung von Rechtssoziologie und Rechtgeschichte, wie das Kleingewerbe das deutsche BGB aufgenommen hat, wäre in diesem Sinne deskriptiv, wenn beschrieben wird, ob eine Aufnahmen stattgefunden hat oder nicht. Sie wäre kausal-erklärend, wenn nach den Gründen geforscht wird, warum sich gewisse Institute des BGB nicht haben durchsetzen können.

IV. Rechtssoziologie und Rechtsgeschichte als theoretische und als empirische Wissenschaften

Die Unterscheidung von theoretischer und empirischer Forschung betrifft die Art der Forschungstechnik. Theoretische Arbeit erfolgt im Wege der Verallgemeinerung von Einzelfällen zu gesetzmäßigen Zusammenhängen (Hypothesen und Theorien). Empirische Arbeit dient hingegen der eigentlichen Erforschung der Realfaktoren; denn sie ist gerichtet auf Verifizierung oder (wie POPPER uns in seiner «Logik der Forschung» gelehrt hat) richtiger: auf Falsifizierung von Hypothesen.

	theoretisch	empirisch
Rechtsgeschichte	d Beschreibung von Gesetzlichkeiten des Rechts in der Vergangenheit (Entwicklungsgesetze, Typen) k Erklärung von Gesetzlichkeiten des Rechts in der Vergangenheit durch Aufstellen von Hypothesen	d Erhebung von Rechtstatsachen in der Vergangenheit k Erklärung von Rechtstatsachen in der Vergangenheit durch Aufstellen von Hypothesen
Gemeinsamer Forschungsbereich	d Beschreibung von Gesetzlichkeiten der Interdependenz von Recht und Sozialleben in der Vergangenheit k Erklärung von Gesetzlichkeiten der Interdependenz von Recht und Sozialleben in der Vergangenheit	d Erhebung von Rechtstatsachen der Interdependenz von Recht und Sozialleben in der Vergangenheit k Erklärung von Rechtstatsachen der Interdependenz von Recht und Sozialleben in der Vergangenheit durch Aufstellen von Hypothesen
Rechtssoziologie	d Aufbau von Modellen und Ableitung von Hypothesen zur Beschreibung der Interdependenz von Recht und Sozialleben k Aufbau von Modellen und Ableitung von Hypothesen zur Erklärung der Interdependenz von Recht und Sozialleben	d Erhebung des lebenden Rechts und seiner Interdependenz mit dem Sozialleben k Erklärung des lebenden Rechts und seiner Interdependenz mit dem Sozialleben durch Aufstellen von Hypothesen

Beide Forschungstechniken gehören jeweils zur Rechtssoziologie und Rechtsgeschichte, jedoch in der Praxis mit unterschiedlicher Akzentuierung. Die meisten und berühmtesten rechtssoziologischen Arbeiten sind theoretisch (z.B. das Werk von MAX WEBER, THEODOR GEIGER, NIKLAS LUHMANN). Doch tut man heute viel, um die empirische Rechtssoziologie zu fördern[18]. Bei der Rechtsgeschichte ist es hingegen umgekehrt. Das Gros der Arbeiten ist empirisch, meist in Form von Einzelfallstudien (z.B. die Entstehungsgeschichte des Code

18 Siehe DIETER STREMPEL: Rechtstatsachenforschung und Rechtspolitik, ZRP 1984, 195 - 198.

civil)[19], doch werden jetzt auch quantifizierende Methoden angewendet[20]. Selten sind demgegenüber theoretische Arbeiten, die aus historischem Material Gesetzmäßigkeiten aufzuzeigen versuchen (z.B. das berühmte Ancient Law von SUMNER MAINE: from status to contract[21]).

Auf dem Hintergrund der Unterscheidung zwischen Theorie und Empirie ergibt sich für die Gemeinsamkeiten von Rechtsgeschichte und Rechtssoziologie das auf der vorangegangenen Seite abgebildete Schema.

V. Rechtssoziologie und Rechtsgeschichte als reine und als angewandte Wissenschaft

Je nach dem Erkenntnisziel wissenschaftlicher Tätigkeit unterscheidet man reine und angewandte Wissenschaften. Erkenntnisziel reiner Wissenschaft ist die zweckfreie Erkenntnis ihres Forschungsbereichs. Die Forschung ist unabhängig davon, ob sich ihre Ergebnisse unmittelbar in praktisches Handeln umsetzen lassen und praktischen Nutzen haben können (z.B. die sog. Grundlagenforschung). Demgegenüber sind die angewandten Wissenschaften an der Praxis ausgerichtet. Sie dienen der Entwicklung von Anweisungen für praktisches Handeln.

Diese Unterscheidung liegt der Unterscheidung zwischen Rechtssoziologie und soziologischer Jurisprudenz zugrunde. Rechtssoziologie ist die reine Erfahrungswissenschaft vom Recht. Sie erstrebt zweckfreie Erkenntnis über die sozialen Ursachen und Wirkungen des lebenden Rechts. Sie sucht dies durch Sammlung und Systematisierung von Erkenntnissen aus der Beschreibung und kausalen Erklärung des lebenden Rechts in seiner Interdependenz mit dem Sozialleben zu erreichen. Sie beschäftigt sich nicht mit Rechtsdogmatik, bietet also keine normativen Erklärungen. Sie beschäftigt sich auch nicht mit der rechtspolitischen Bewertung der das Recht betreffenden sozialen Prozesse. Anders ist es mit der soziologischen Jurisprudenz. Diese ist die Lehre von der soziologisch orientierten Aufstellung, Anwendung und Durchsetzung der Rechtsnormen durch den Rechtsstab. Sie ist angewandte Rechtssoziologie; denn sie erstrebt,

---

19 Daher ist auch die Rechtsgeschichte als individualisierende Wissenschaft gekennzeichnet worden, siehe oben Fn. 4.

20 Darüber später im Text unter VI.

21 Oder die Suche nach einem gesetzmäßigen Zusammenhang zwischen Staatsform und Kodifikationstendenz, vgl. LANDAU (Fn. 4), 17 ff.

die Ergebnisse rechtssoziologischer Forschung für die Rechtspraxis nutzbar zu machen. Sie sucht dies in der Rechtsanwendung und -durchsetzung zu erreichen, indem sie unbestimmte Rechtsbegriffe und Normen, die auf Außerrechtliches verweisen (z.B. Verkehrssitte und gute Sitten) konkretisieren hilft und die Gesichtspunkte für eine teleologische Auslegung, die Ausfüllung von Rechtslücken und den Gebrauch von Ermessensspielräumen liefert. Sie sucht dies in der Rechtsetzung zu erreichen, indem sie durch Problemformulierung und Effektivitätsforschung zur Verwissenschaftlichung der Rechtsetzung im Sinne der experimentellen Rechtswissenschaft beiträgt. Sie ist zwar «soziologisch orientiert»; denn sie berücksichtigt Beschreibungen und kausale Erklärungen von Ursachen und Wirkungen des lebendes Rechts. Sie ist aber eine normative Disziplin; denn sie beschäftigt sich mit Rechtsanwendung und - durchsetzung und mit Rechtsetzung und verwendet in diesem Rahmen auch rechtsdogmatische (normativ-erklärende) und rechtspolitische (Gerechtigkeitsvorstellungen bewertende) Argumente[22].

Auch Rechtsgeschichte kann reine oder angewandte Wissenschaft sein. Ihr größter Teil ist reine Forschung. Doch sind besonders zwei Anwendungsbereiche gegeben. Der erste besteht in ihrem Beitrag zur historischen Normauslegung. Historische Interpretation des geltenden Rechts[23] wird zwar im allgemeinen nicht unter dem Markenzeichen «Rechtsgeschichte» verkauft, ist aber - fachgemäß betrieben - Rechtsgeschichte. Der zweite Anwendungsbereich ist in der Praxis seltener und liegt in der Rechtspolitik. Rechtsgeschichte bietet einen oft erstaunlich reichen Fundus an Informationen über die Möglichkeit für rechtliche Innovationen, für Rechtskritik und Vorschläge zur Gesetzesänderung[24], d.h. Rechtsgeschichte bietet «beste Schulung des Denkvermögens»[25] im Hinblick auf rechtspolitische Neuerungen.

Rechtsgeschichte und Rechtssoziologie können aber auch ihre Anwendung jeweils im Gebiete der anderen Wissenschaft finden. Diese Einsicht findet sich bereits beim Rechtssoziologen Eugen Ehrlich, der von Hause aus Rechts-

---

22 Fn. 11, 62 f.

23 Gegen diese Auslegungsmethode als «grundfalsch und tief verderblich», weil - im Gegensatz zu Philipp Heck - die historisch-subjektive Interpretation zugunsten objektiver Auslegung entschieden ablehnend: Hermann Kantorowicz (dazu näher Karlheinz Muscheler: Relativismus und Freirecht, ein Versuch über Hermann Kantorowicz, 1984, 179 f.).

24 Jørgensen (Fn. 8), ebd.

25 Senn (Fn. 14), 199.

historiker war, und zwar an zwei Stellen seiner Grundlegung der Soziologie des Rechts, die nebeneinandergestellt auf den ersten Blick widersprüchlich erscheinen mögen. So schreibt er einerseits: «Das Bestreben, durch die Rechtsgeschichte ... zum Verständnis der Gegenwart zu gelangen, ist grundsätzlich verfehlt. Etwas erklären heißt, ... eine ungewohnte Unbegreiflichkeit durch eine gewohnte Unbegreiflichkeit ersetzen. Die Gegenwart enthält aber jedenfalls weniger ungewohnte Unbegreiflichkeiten als die Vergangenheit. Der Paläontologe wird die Natur und die Funktionen der Organe eines fossilen Tieres erst verstehen, wenn er die Natur und die Funktionen der Organe lebender Tiere versteht; der Zoologe aber wird vom Paläontologen nicht die Physiologie der Tiere lernen, die er zu erforschen hat, er wird die Paläontologie nur benutzen, um ein Bild der Entwicklung der heutigen Tierwelt zu erhalten. Wir gelangen zum Verständnis der Vergangenheit durch die Gegenwart, nicht umgekehrt. So wird auch die Rechtsgeschichte und die ethnologische Rechtswissenschaft immer nur für die Lehre von der Rechtsentwicklung, nicht für die Erkenntnis des bestehenden Rechts verwertbar sein»[26]. EHRLICH sieht hier also den Wert der (gegenwartsbezogenen) Rechtssoziologie für die (vergangenheitsbezogene) Rechtsgeschichte als (reine) Lehre von der Rechtsentwicklung[27].

Andererseits schreibt er: Die historische Methode ist «unentbehrlich, um den heutigen Rechtszustand zu begreifen. Wir werden zwar die Vergangenheit nie anders als durch die Gegenwart verstehen lernen, aber der Weg zur Einsicht in das innerste Wesen der Gegenwart führt doch wieder nur durch den Einblick in die Vergangenheit: In jedem Stück der Gegenwart ist seine ganze Vergangenheit enthalten, und sie ist dem Auge, das in diese Tiefe zu blicken vermag, deutlich erkennbar. Den großen Begründern der historischen Schule war diese Wahrheit nicht verschlossen, und deswegen wollten sie keineswegs, wie man heute ganz allgemein glaubt, eine Rechtswissenschaft, die eine Rechtsgeschichte ist, sondern eine geschichtliche Rechtswissenschaft»[28]. Bezeichnend für das Mißverständnis der historischen Schule sei die Tatsache, daß in der Folge aus der Zeitschrift für geschichtliche Rechtswissenschaft eine Zeitschrift für Rechtsgeschichte geworden sei[29]. Hier sieht EHRLICH also den Wert der Rechtsgeschichte in der Erkenntnis des Rechts der Gegenwart. Zusammengenommen

---

26 Fn. 1; 395.

27 Siehe auch SENN (Fn. 14), 133: In der Gegenwart sei Vergangenheit immer schon insoweit eingeschlossen, als wir sie aus unserem gegenwärtigen Verständnis überhaupt aufzuschließen vermögen.

28 Fn. 1, 407.

29 Ebd., 408.

heißt das: Rechtsgeschichte erklärt ihre Unbegreiflichkeiten durch (gegenwartsbezogene) Rechtssoziologie, Rechtssoziologie erklärt ihre Unbegreiflichkeiten durch Rechtsgeschichte. In der Tat sind rechtliche Absurditäten der Gegenwart «historisch gewachsen», aber gilt das auch umgekehrt? Sind historische Entwicklungen, die ich gegenwärtig rechtssoziologisch nicht erklären kann, absurd?

VI. Die Methode der Materialgewinnung in Rechtssoziologie und Rechtsgeschichte

Das Verhältnis von Rechtssoziologie und Rechtsgeschichte ist auch im Hinblick auf die Methoden interessant, mit deren Hilfe die jeweiligen Wissenschaften zu ihrem Untersuchungsobjekt kommen. Für die Rechtssoziologie ist die Methodenfrage erkenntnistheoretisch ohne besondere Probleme; denn sie verwendet dieselben Methoden wie jede andere empirische Sozialforschung, nämlich Beobachtung, Befragung und Inhaltsanalyse[30]. Ihr Bestreben, nach Möglichkeit zu generalisierenden (nomothetischen) Aussagen zu kommen, läßt sie nach Möglichkeit über die (individualisierende) Fallstudie hinausgehend quantifizierende Erhebungen ihres Untersuchungsobjekts durchführen. Quantifizierende Aussagen erfordern vergleichbare Untersuchungsobjekte. Diese kann ich im räumlichen oder im zeitlichen Längsschnitt erheben. Der räumliche Längsschnitt ergibt quantifizierende Aussagen über die eigene Rechtsordnung oder arbeitet mit Rechtsvergleichung (komparative Rechtssoziologie)[31]. Der zeitliche Längsschnitt ist das Untersuchungsfeld der Rechtsgeschichte. Letzteres lag besonders den Begründern der Rechtssoziologie nahe, die von Hause aus Rechtshistoriker waren, wie EUGEN EHRLICH, HERMANN KANTOROWICZ oder MAX WEBER. Daher heißt es auch in der Grundlegung der Soziologie des Rechts von EUGEN EHRLICH: «Die Rechtsgeschichte ist zweifellos vor allem berufen, der Soziologie des Rechts das Material zu liefern»[32].

Von den drei Erhebungsmethoden der empirischen Sozialforschung ist der Rechtsgeschichte die eine verschlossen, nämlich die Beobachtung. Die unmittelbare Anschauung ist dem Geschichtsforscher «unwiederbringlich verloren»[33]. Auch die zweite Erhebungsmethode, die Befragung, kann der Geschichtsforscher nur selten anwenden, obwohl gerade in neuerer Zeit ein besonderer Zweig

---

30 Dazu näher M. REHBINDER; Rechtssoziologie, 1977, 114 - 122.

31 Ebd., 112; siehe auch Fn. 11, 60, 70.

32 Fn. 1, 383.

33 Siehe oben Fn. 1.

der Geschichtsforschung die Sammlung und Auswertung mündlicher Äußerungen (persönlicher Erinnerungen) zum Forschungsschwerpunkt gemacht hat[34]. Es bleibt damit der Rechtsgeschichte im wesentlichen nur die Inhaltsanalyse. Angesichts der langen Tradition, die die Rechtsgeschichte der Rechtssoziologie voraus hat, ist es jedoch erstaunlich, daß man sich dort über das Vorgehen und den erkenntnistheoretischen Standort der Inhaltsanalyse wenig Gedanken gemacht hat. Wie kürzlich von rechtsgeschichtlicher Seite eingehend herausgearbeitet wurde, setzte ein Nachdenken über Methodenfragen eigentlich erst mit der Bedrohung dieses Faches durch die Hochschulkrise Ende der sechziger Jahre ein, und auch dann noch sind die methodologischen Äußerungen der führenden Rechtsgeschichtler wie etwa WIEACKER durch «Inkonsistenzen» und erkenntnistheoretische Naivität gekennzeichnet[35]. Erst mühsam kam zum Vorschein, daß die Inhaltsanalyse des rechtsgeschichtlichen Materials, was seit KANTOROWICZ hätte bekannt sein müssen, neben der Dogmengeschichte auch zur Ideengeschichte[36] und zur Rechtsgeschichte als historischer Sozialwissenschaft[37] verwendet werden kann. Letztere versucht insbesondere, neben der Fallstudie im Anschluß an die französische Historiographie[38], die amerikanische Social Science History Association und die deutsche Arbeitsgemeinschaft für quantifizierende Methoden in der historisch-sozialwissenschaftlichen Forschung (QUANTUM e.V.)[39], quantifizierende Methoden der Inhaltsanalyse, aber auch der Kartographie[40] und der Netzwerktechnik, in die Rechtsgeschichte einzubringen. Doch liegen erst erste Anfänge vor. Man ist hier - nach den Worten von KANTOROWICZ - noch dabei, die Instrumente zu stimmen, bevor man auf ihnen spielt.

---

34 Sog. oral history. Auf diese Weise könnten z.B. die oben als Beispiel erwähnten Konjunkturdämpfungsmaßnahmen erforscht werden.

35 Siehe im einzelnen SENN (Fn. 14), 1 - 18, 123 ff.

36 Dazu ebd., 41 ff.

37 HAFF (Fn. 4) und LANDAU (Fn. 4) und im Anschluß an H. U. WEHLERS Konzept von Geschichte als historischer Sozialwissenschaft: GRIMM, SIMON, RANIERI, siehe die Nachweise bei SENN (Fn. 14), 13 ff.

38 Dazu ebd., 173 ff. mit Nachweisen.

39 Siehe WILLIAM O. AYDELOTTE: Quantifizierung in der Geschichtswissenschaft, in: H.U. WEHLER: Geschichte und Soziologie, 1972, 259 - 282, und den Tagungsbericht von HANS-MARTIN UEHLINGER: Neuere Ansätze in der Geschichtswissenschaft, NZZ Nr. 196 vom 23. August 1977, 31.

40 Dazu bereits HAFF (Fn. 4), 13 ff.

VII. Rechtsgeschichte als dreidimensionale Wissenschaft vom Recht in der Vergangenheit

Fassen wir die bisherigen Ergebnisse zusammen, so ergibt sich folgendes Bild:

1. Rechtssoziologie erforscht die gesellschaftliche Dimension des Rechts. Sie kann die durch (quantifizierende) Rechtsgeschichte erarbeiteten Muster (Realtypen) und Modelle (Idealtypen)[41] dazu verwenden, Theorien über die sozialen Ursachen und Wirkungen des Rechts zu entwickeln (theoretische Rechtssoziologie). Sie kann ferner historische Rechtstatsachen erheben sowie durch historische Untersuchungsanordnung Hypothesen über die sozialen Ursachen und Wirkungen des Rechts illustrieren und zu falsifizieren suchen (empirische Rechtssoziologie).

2. Rechtsgeschichte beschränkt sich demgegenüber nicht auf die soziale Dimension des Rechts, sondern ist auch Ideengeschichte und Dogmengeschichte. Selbst auf dem Gebiet der Sozialgeschichte bleibt sie Geschichte, ist also auf das Recht der Vergangenheit beschränkt. Daher sind Rechtsgeschichte und Rechtssoziologie nicht nur im Hinblick auf ihre jeweilige Brauchbarkeit für Fragestellungen der allgemeinen Geschichtswissenschaft und der allgemeinen Soziologie, sondern auch im Hinblick auf ihre Einordnung in die Rechtswissenschaft gesonderte Disziplinen. Vorschläge wie der von HENRI LÉVY-BRUHL, beide Disziplinen zusammen mit der Rechtsvergleichung zu einem neuen Fach: der Juristik als einer rechtswissenschaftlichen Hilfsdisziplin zusammenzufassen[42], unterschätzen die Eigenständigkeit des jeweiligen Forschungsobjektes und der Fragestellung[43].

3. Es gibt allerdings den Bereich der Sozialgeschichte des Rechts beziehungsweise der Rechtssoziologie in historischer Methode, wo sich beide Disziplinen überschneiden. Die Überschneidung beruht darauf, daß die Erforschung des

---

41 Der Idealtyp «wird gewonnen durch einseitige Steigerung eines oder einiger Gesichtspunkte und durch Zusammenschluß einer Fülle von diffus und diskret, hier mehr, dort weniger, stellenweise gar nicht, vorhandener Einzelerscheinungen, die sich jenen einseitig herausgehobenen Gesichtspunkten fügen, zu einem in sich einheitlichen *Gedankengebilde*» (MAX WEBER: Gesammelte Aufsätze zur Wissenschaftslehre, 1922, 191). Diese Einzelerscheinungen entnimmt man, wie das Werk WEBERs zeigt, vornehmlich der Geschichte.

42 HENRI LÉVY-BRUHL: Soziologische Aspekte des Rechts, 1970, 34; vgl. auch CARBONNIER (Fn. 13) 22.

43 Vgl. auch HAFF (Fn. 4), 8.

lebenden Rechts und seiner Entwicklung in der Vergangenheit Ausgangspunkt sowohl für normative und ideologische als auch für erfahrungswissenschaftliche Fragestellungen sein kann. Das Arbeiten mit sozialen Daten, das Arbeiten mit normativen wie ideologischen Alternativen, die aus der geschichtlichen Entwicklung stammen, erfolgt meist im Hinblick auf Probleme der Rechtspraxis. Im Bereiche angewandter Rechtswissenschaft, insbesondere im Bereiche von Rechtsetzung und Rechtsfortbildung, wo sich die erkenntnistheoretisch zu trennenden drei Fragestellungen der Rechtswissenschaft intensiv berühren, ist auch die Berührung von Rechtssoziologie und Rechtsgeschichte am stärksten. Dieser Bereich ist es zugleich, der über den «Lebenswert» dieser beiden Disziplinen und damit über ihre Zukunft entscheiden wird.

Die Verweigerung sozialer Kooperation als Rechtsinstitut: Ostrazismus und Boykott

Margaret Gruter/M. Rehbinder (Hg.): Ablehnung - Meidung - Ausschluß, Berlin 1986, S. 237-244, zusammen mit dem Beitrag in Olaf Gigon/Michael W. Fischer (Hg.): Antike Rechts- und Sozialphilosophie, Frankfurt/M. 1988, S. 60-69

I. Ausschluß und Meidung als Gegenstand von Freiheitsrechten

Einem Europäer erscheint das Interesse an Ostrazismus und seine Wahl zum Thema der zweiten Monterey Dunes Conference[1] nicht ohne Bezug zur aktuellen Situation der Vereinigten Staaten. Nach 200 Jahren USA ist das Selbstverständnis der Nation als melting pot, so scheint es, in weiten Teilen dieser Gesellschaft endgültig zu Grabe getragen. Statt Streben nach Integration um (fast) jeden Preis, sichtbar an Schulbussen voller Negerkinder auf dem Wege zu den Schulen in den Wohngebieten der Weißen oder sichtbar an Gerichtsverfahren zur Erzwingung der Aufnahme von Juden in den örtlichen Golfclub, werden die Forderungen nach Demokratisierung aller Lebensbereiche jetzt auf Forderungen nach ökonomischer Chancengerechtigkeit reduziert. Statt Schmelztiegel also das friedliche Nebeneinander, eng verknüpft mit dem nostalgischen: small is beautiful und dem Leitbild einer - vorwiegend ökonomischen - Deregulation. Diese Welle eines neokonservativen Umdenkens unserer Demokratievorstellungen, die hier in Kalifornien ideologisch wie politisch ihren neuesten Ausgangspunkt hatte, ist seit längerem auch in Europa angekommen. So wurde in der Bundesrepublik Deutschland für den politischen Wahlkampf der Slogan «Mehr Demokratie oder mehr Freiheit?» geprägt, und zwar von Leuten, die mehr Freiheit wollten, die sich also von den gesellschaftspolitischen Wertsetzungen der demokratischen Mehrheit befreien wollten. Ihr Ziel ist der Rückzug des Staates aus der Gestaltung der Gesellschaft und die Wiederherstellung der Privatautonomie als der Rechtsetzungsfreiheit der einzelnen und der Verbände.

Der Abbau der gesamtgesellschaftlichen Regulierung auf ein Minimum und der Rückzug auf die Selbstbestimmung kleinerer sozialer Einheiten ist ein

1 Die Ergebnisse dieser Konferenz des Gruter Institutes finden sich in dem eingangs erwähnten Sammelband von MARGARET GRUTER und MANFRED REHBINDER.

Vorgang sozialer Desintegration. Dieser Vorgang ist ebenso in der menschlichen Natur begründet wie der Vorgang der sozialen Integration. Zwar ist der Mensch ein zoon politikon. Doch hat er seinen Rückzug in das Private und die Verweigerung sozialer Beziehungen als Grund- und Menschenrecht ausgestaltet. My home is my castle trägt der Tatsache Rechnung, daß der Mensch ein Grundbedürfnis hat, allein gelassen zu werden, und daß es Menschen gibt, die «einander nicht riechen können». Sich zu rechtfertigen, warum man mit dem einen soziale Beziehungen aufnimmt, mit dem anderen hingegen nicht, ist häufig rational gar nicht möglich. Auch wer aus der Gemeinschaft ausgeschlossen wird, wird auf seine Frage: Warum? keine oder nicht die wahre Begründung erhalten, außer vielleicht einem Hinweis auf das Selbstbestimmungsrecht der Gemeinschaft. Das hat niemand deutlicher gesehen als der Dichter des Absurden, Franz Kafka. In seiner Kurzgeschichte mit der Überschrift «Gemeinschaft» schildert er dies wie folgt:

«Wir sind fünf Freunde, wir sind einmal hintereinander aus einem Haus gekommen, zuerst kam der eine und stellte sich neben das Tor, dann kam ... der zweite aus dem Tor und stellte sich unweit vom ersten auf, dann der dritte, dann der vierte, dann der fünfte. Schliesslich standen wir alle in einer Reihe. Die Leute wurden auf uns aufmerksam, zeigten auf uns und sagten: Die fünf sind jetzt aus diesem Haus gekommen. Seitdem leben wir zusammen, es wäre ein friedliches Leben, wenn sich nicht immerfort ein sechster einmischen würde. Er tut uns nichts, aber er ist uns lästig, das ist genug getan; warum drängt er sich ein, wo man ihn nicht haben will. Wir kennen ihn nicht und wollen ihn nicht bei uns aufnehmen. Wir fünf haben zwar früher einander auch nicht gekannt, und wenn man will, kennen wir einander auch jetzt nicht, aber was bei uns fünf möglich ist und geduldet wird, ist bei jenem sechsten nicht möglich und wird nicht geduldet. Außerdem sind wir fünf, und wir wollen nicht sechs sein. Und was soll überhaupt dieses fortwährende Beisammensein für einen Sinn haben, auch bei uns fünf hat es keinen Sinn, aber nun sind wir schon beisammen und bleiben es, aber eine neue Vereinigung wollen wir nicht, eben aufgrund unserer Erfahrungen. Wie soll man aber das alles dem sechsten beibringen, lange Erklärungen würden schon fast eine Aufnahme in unsern Kreis bedeuten, wir erklären lieber nichts und nehmen ihn nicht auf. Mag er noch so sehr die Lippen aufwerfen, wir stoßen ihn mit dem Ellbogen weg, aber mögen wir ihn noch so sehr wegstoßen, er kommt wieder»[2].

---

2 FRANZ KAFKA: Beschreibung eines Kampfes (Gesammelte Schriften, hg. von MAX BROD, Bd. 5), Prag 1936, 141.

Gesellschaft ist für den einzelnen, der hier im Namen des Selbstbestimmungsrechts der Gemeinschaft zurückgewiesen wird, nicht nur eine «ärgerliche Tatsache», wie RALF DAHRENDORF in seinem Homo sociologicus schreibt[3], sondern vor allem auch eine grausame Tatsache. Jede Rechtsordnung muß sich daher darüber äussern, wo die Grenze der Privatautonomie als Freiheitsrecht verläuft, in deren Schutzbereich man soziale Beziehungen ohne Angabe von Gründen verweigern oder beenden kann, und wo die Pflicht zur sozialen Kooperation beginnt. Die folgende Darstellung beschränkt sich auf zwei solcher Regelungsbereiche, nämlich auf den griechischen Ostrakismos als rechtlich geregelte und damit begrenzte Form des sozialen Ausschlusses und auf den Boykott als rechtlich geregelte und damit begrenzte Form der sozialen Meidung.

II. Ostrakismos als Schritt auf dem Weg in die Demokratie

1. Erscheinungsformen des Ostrakismos

Heute wird das Wort ostracism im Amerikanischen umfassend als gesellschaftliche Ablehnung, Meidung, Zurückweisung, Verbannung oder Ächtung verstanden. Es bezeichnet also ein universales Phänomen im Menschen– und Tierreich, nämlich die Kehrseite der Vergemeinschaftung, vom bloßen Zeigen der «kalten Schulter» bis zur Vertreibung und Existenzvernichtung[4]. Ursprünglich hatte dieses Wort jedoch eine sehr viel engere Bedeutung. Ostrakismos war ein ganz bestimmtes Rechtsinstitut, nämlich ein gesetzlich genau umgrenztes politisches Kampfmittel zu Beginn der attischen Demokratie. Anders als bei der Ächtung oder Friedloslegung (Atimia) handelte es sich beim Ostrakismos nicht um eine Sanktion für schwerwiegende Straftaten, sondern nur um eine auf 10 Jahre begrenzte «Entfernung eines Menschen, dessen Anwesenheit im Staat für politisch gefährlich oder unerwünscht gehalten wurde»[5]. Sie brachte dem Betroffenen «keine Schande, sondern eher noch Ehre»[6]. Er behielt sein Vermögen, und nach seiner Rückkehr, die durch Volksbeschluß auch vor Ablauf der 10

---

3 RALF DAHRENDORF: Homo sociologicus, 12. Aufl., Opladen 1973, 17.

4 Über Mechanismen und Ursachen dieses Phänomens siehe M. GRUTER/M. REHBINDER (Fn. 1).

5 O.W. REINMUTH: Ostrakismos. In: Paulys Realencyclopädie der classischen Altertumswissenschaft, hg. von KROLL/MITTELHAUS. Stuttgart 1942, Sp. 1674-1685 (1674).

6 KARL LUGEBIL: Über Wesen und die historische Bedeutung des Ostrakismos in Athen. Jahrbücher für classische Philologie, Supplementband 4 (Leipzig 1861 - 67), 119 - 175 (133).

Jahre erfolgen konnte, war sein persönlicher Status (Bürger- und Ehrenrechte) unverändert[7].

Nach dem gegenwärtigen Stand unseres Wissens wurde der Ostrakismos im Jahre 508/7 v. Chr. unter Kleisthenes durch Gesetz in Athen eingeführt[8]. Seine erstmalige Anwendung, soviel ist sicher, geschah erst zwei Jahre nach der Schlacht bei Marathon, d.h. im Jahre 487 v.Chr. mit der Vertreibung von Hipparchos, Sohn des Charmos, dem Führer der Anhänger von Peisistratos[9]. Obwohl das Gesetz formal erst sehr viel später aufgehoben wurde[10], kam es während der langen Herrschaft des Perikles außer Anwendung und wurde letztmals im Jahre 417 v.Ch. gegen den Lampenfabrikanten Hyperbolos, Führer der «Volkspartei», angewandt[11]. Für den Zeitraum von 487 bis 417 v.Chr. sind uns nur 9 Ostrakisierungen überliefert[12].

Der attische Ostrakismos wurde Vorbild für ähnliche Einrichtungen in Syrakus, Argos, Megara und Milet[13]. In Athen lief er nach folgenden Regeln ab: jährlich einmal wurde den Stimmbürgern in der Ekklesia[14] im Wege einer Vorabstimmung (Procheirotonie) die Frage gestellt, ob sie einen Ostrakismos wünschten. Wurde dies bejaht, hatte drei Wochen später eine Hauptabstimmung, die Ostrakophorie stattzufinden. An dieser mußten mindestens 6'000 der damals gegen 30'000 Stimmbürger teilnehmen und den Namen eines zu Verbannenden

---

7 REINMUTH (Fn. 5), Sp. 1679.

8 RUDI THOMSEN: The Origin of Ostracism. A Synthesis. Copenhagen 1972, 139; KLAUS MEISTER: Zum Zeitpunkt der Einführung des Ostrakismos, in: Chiron 1 (1971), 85 - 88; über die gesetzliche Einführung des Ostrakismos durch Kleisthenes siehe ferner G.A. LEHMANN: Der Ostrakismos-Entscheid in Athen: von Kleisthenes zur Ära des Themistokles, in Zeitschrift für Papyrologie und Epigraphik 41 (1981), 85 - 99 (86 f.); a.A. LUGEBIL (Fn. 6), 169 Zeitpunkt: 496 v.Chr.

9 THOMSEN, ebd., 108; REINMUTH (Fn. 5), Sp. 1676, 1680; LEHMANN, ebd., 91 N 20.

10 Unter Aristoteles, also 150 Jahre später, scheint es noch in Kraft gewesen zu sein (REINMUTH, Fn. 5, Sp. 1676).

11 TUTU TARKIAINEN: Die athenische Demokratie, Zürich 1966, S. 115; REINMUTH (Fn. 5), Sp. 1683.

12 JÉRÔME CARCOPINO: L'ostracisme athénien, 2. Aufl., Paris 1935, 178.

13 THOMSEN (Fn. 8), 11 f. mit Nachweisen.

14 Zunächst sah das Gesetz des Kleisthenes die Zuständigkeit des Rates der Fünfhundert vor, in dem mehr als 200 Scherben für eine Ostrakisierung erforderlich waren. Erst ab 488/7 v.Chr. ging kraft Volksgesetzgebung die Zuständigkeit auf die Volksversammlung über (siehe LEHMANN [Fn. 8], 88 ff.).

auf eine mitgebrachte Tonscherbe (Ostrakon) ritzen (daher der Name Ostrakismos = Scherbengericht oder besser: Scherbenabstimmung)[15]. Da es sich hier nicht um ein Strafverfahren handelte, wurden vor der Stimmabgabe keine bestimmten Personen diskutiert, niemand wurde angeklagt; auch gab es weder die Möglichkeit der Verteidigung noch ein Rechtsmittel gegen den Abstimmungsentscheid[16]. Das Verfahren ging vielmehr wie folgt vor sich[17]: Sollte gemäß Vorabstimmung eine Ostrakophorie stattfinden, mußte der Senat sie anordnen. Sie fand dann unter der Leitung der neun Archonten und des Rates auf dem Marktplatz (Agora) statt. Dort war auf der südwestlichen Seite ein ringförmiger Holzzaun, versehen mit 10 Eingängen. Durch diese traten die Wähler je nach Phylen ein und warfen ihre Scherben in die Urnen. Die Abstimmung war also geheim. Zunächst wurden die abgegebenen Stimmen gezählt, um die erforderliche Mindestzahl von 6'000 für die Wahlgültigkeit festzuhalten. Dann wurden die Scherben nach Namen geordnet. Nach der Stimmabgabe begaben sich die Stimmbürger vermutlich zur Pnyx, einem Hügel westlich der Akropolis, dem Versammlungsplatz des Volkes. Dort verkündete ihnen ein Herold die Ostrakisierung dessen, auf den die meisten Stimmen entfallen waren. Dieser hatte eine Frist von 10 Tagen, bis zu deren Ablauf er die Stadt verlassen haben mußte.

2. *Zur sozialen Funktion des Ostrakismos*

Können bereits die Einzelheiten der Erscheinungsform des Ostrakismos infolge unzureichender, unklarer und sich widersprechender Quellen nur durch Interpretation erschlossen werden, so sind wir hinsichtlich seiner sozialen Funktion weitgehend auf Vermutungen angewiesen. Das betrifft sowohl den ursprünglich mit seiner gesetzlichen Einführung verfolgten Zweck als auch eine eventuell später davon abweichende Entwicklung und schließlich die Gründe, warum er relativ bald außer Anwendung kam. Hier ist bis heute vieles unklar[18]. In der Literatur werden wenigstens vier verschiedene Erklärungen, einzeln oder in Kombination, angeboten. Doch nicht alle erscheinen plausibel.

a) Die immer noch vorherrschende Auffassung ist die, daß der Ostrakismos eine vorbeugende Maßnahmen gegen die Gefahr einer Beseitigung der noch

---

15 REINMUTH (Fn. 5), Sp. 1676 ff.; LEHMANN (Fn. 8), 88.

16 TARKIAINEN (Fn. 11), 111; REINMUTH (Fn. 5), Sp. 1676 f.

17 REINMUTH, ebd., Sp. 1677 ff.

18 THOMSEN (Fn. 8), 139; TARKIAINEN (Fn. 11), 111, 115.

jungen Demokratie durch Rückfall in die Tyrannis gewesen sei[19], zumindest sei dies der ursprüngliche Zweck seiner gesetzlichen Einführung gewesen[20]. Es spricht jedoch einiges dafür, daß damit Zweck und Resultat des neuen Rechtsinstituts verwechselt werden[21]. Es ist richtig, daß mit dem ersten Ostrakisierten, Hipparchos, ein Anhänger des Peisistratos getroffen wurde. Auch der im folgenden Jahr ostrakisierte Megakles gehörte als Sohn des Hipparchos (und Neffe des Kleisthenes) zu den Peisistratiden, d.h. zu den Anhängern der gestürzten Tyrannendynastie. Wenn aber Aristoteles in seiner Politik (1302 b) behauptet, Argos und Athen hätten den Ostrakismos eingeführt, damit nicht das Übergewicht eines Einzelnen über Polis und Mitbürger allzu groß werde und den Keim zu einer Monarchie oder einem Dynastenregiment bilde, so ist darauf hinzuweisen, daß er wie auch die übrigen Quellen, die sich zu den Gründen für das Gesetz über Ostrakismos äußern, da aus späterer Zeit stammend, keine unmittelbare Kenntnis mehr von den Motiven des Kleisthenes hatten, sondern Schlüsse aus den praktischen Resultaten der Anwendung des Gesetzes zogen[22]. Zum einen wäre es merkwürdig, wenn man Umsturzdrohungen mit einem Mittel hätte begegnen wollen, das nur einmal jährlich angewandt werden kann. Zum anderen bestand, soweit wir wissen, um 508/7 v.Chr. gar keine Umsturzgefahr durch die Peisistratiden, vielmehr waren diese zur politischen Bedeutungslosigkeit zusammengeschrumpft[23]. Hingegen befand sich Kleisthenes damals in einer harten politischen Auseinandersetzung mit Isagoras. Welche Rolle das Scherbenabstimmungsgesetz in diesem Kampf gespielt haben könnte, ist aber unklar[24]. Daher stellt TARKIAINEN zu Recht fest: «Was aber die Athener zu diesem neuen und drastischen Mittel greifen ließ, bleibt weiterhin ein Rätsel»[25].

---

19 GEORGE GROTE: History of Greece III. New ed. London 1862, 368 ff.; WILL DURANT: The Life of Greece, New York 1939, 125; JOCHEN BLEICKEN: Die athenische Demokratie, Paderborn u.a. 1986, 38.

20 MOSES I. FINLEY: Das politische Leben in der antiken Welt. München 1986, 75; REINMUTH (Fn. 5), Sp. 1676, 1684; CARCOPINO (Fn. 12), 25 f.; I.M.J. VALETON: De Ostracismo. Mnemos 15 (1887), 129-171, 337-426 (130 ff.); ferner die Nachweise bei THOMSEN (Fn. 8), 140 Anm. 172.

21 So THOMSEN (Fn. 8), 140.

22 Ebd., besonders Anm. 180.

23 Ebd., 130.

24 Ebd., 141 mit einer Aufzählung verschiedener Erklärungsversuche.

25 TARKIAINEN (Fn. 11), 112.

b) In anderer Weise ist Ostrakismos als Auswirkung des politischen Neides und damit als Mittel zur Bewältigung von Spannungen gedeutet worden, die durch übertriebene Gleichheitsideale in der Demokratie hervorgerufen werden[26]. Diese Auffassung kann sich ebenfalls auf Aristoteles berufen, der im Ostrakismos ein Mittel sah, um Bürger, «die übermäßige Macht zu haben schienen (durch Reichtum, viele Freunde oder sonstigen politischen Einfluß)», für eine bestimmte Zeit aus der Polis auszuschließen, so wie man einen Sänger, der lauter und schöner singe als der ganze Chor, in diesem nicht mitsingen lasse (Politik 1284 a, b). Weitere Quellen äußern ähnliche Gedanken. Doch wird man hier wohl die Motivation des einzelnen Bürgers bei seiner Stimmabgabe und die offizielle Funktion des Rechtsinstituts zu unterscheiden haben. Zu Recht wurde dieser Deutung nämlich von REINMUTH[27] entgegengehalten, daß sie nicht erklären könne, warum man Perikles, «ein leuchtendes Ziel für den Neid», nicht ostrakisiert habe. Die «Nivellierungstendenz einer Demokratie»[28] findet dort ihre Grenze, wo die Privilegierung einzelner dem Willen der Mehrheit entspricht. Die offizielle Funktion des Instituts muß also etwas mit der politischen Unterscheidung zwischen Mehrheit und Minderheit zu tun haben.

c) REINMUTH sieht daher die Funktion des Ostrakismos — nach einer Anfangsphase als Schutz gegenüber einer Wiederkehr der Tyrannis — in der Sicherstellung des Vollzugs des Mehrheitswillens gegenüber einer widerstrebenden Minderheit. Mit einer Ostrakisierung sollte also der Widerstandswille einer opponierenden Minderheit durch Entfernung ihres Führers gebrochen werden[29]. Andernfalls hätte Demokratie oft nur zu «ergebnislosen Kompromissen» geführt. Auch diese Deutung kann kaum überzeugen. Wer gegen den Vollzug des Willens des Gemeinwesens, der in der Demokratie durch Mehrheitsentscheid gebildet wird, aktiven Widerstand leistet, begeht ein Delikt, d.h. Unrecht. Es ist nicht zu sehen, wie es ausreichend sein sollte, gegenüber Zuwiderhandlungen gegen die Staatsgewalt nur einmal jährlich die Möglichkeit zu geben, den Führer des Widerstands auf ehrenvolle Weise für gewisse Zeit aus dem Gemeinwesen zu entfernen. Kommt es erst einmal zu Widerstandshandlungen, dürften diese allein durch die Entfernung des Anführers nicht gebrochen werden können.

---

26 SVEND RANULF: The Jealousy of the Gods and Criminal Law in Athens I. London/Copenhagen 1933, 132-142.

27 Fn. 5, 1685.

28 Ebd., Sp. 1684.

29 Ebd., Sp. 1685.

d) Wahrscheinlicher ist daher die Auffassung, daß es hier lediglich um Parteipolitik ging, um eine Abstimmung über parteipolitische Grundsatzfragen[30]. Bei der Abstimmung über die Verbannung bestimmter Personen ging es nicht um eine Sanktion für von diesen begangenes Unrecht, sondern um eine politische Umorientierung[31]. Man hat daher den Ostrakismos mit einem Ministerwechsel[32] oder mit dem Mißtrauensvotum parlamentarisch regierter Länder[33] verglichen. Für diese Auffassung von der Funktion des Ostrakismos spricht, daß sie ein durchgängiges Erklärungsprinzip für die verhältnismäßig kurze Lebenszeit dieses Rechtsinstituts bieten würde. Schon die ersten Ostrakisierungen von Anhängern des Peisistratos richteten sich gegen eine persienfreundliche Politik. Bei Aristeides (483/2 v.Chr.) ging es um dessen Widerstand gegen die Seepolitik des Themistokles[34], bei Thukydides (Sohn des Melesias, einem Namensvetter des berühmten Geschichtsschreibers) ging es (443 v.Chr.) darum, daß er sich der Ausbeutung des Reiches zugunsten von Athen und damit der Politik des Perikles widersetzte[35], und noch bei der letzten Ostrakisierung, der von Hyperbolos (417 v.Chr.), lag der Anlaß «in dem unentschlossenen Schwanken des Volkes zwischen der Angriffspolitik des Alkibiades und der vorsichtigen Zurückhaltung des Nikias während des Peloponnesischen Krieges»[36]. Für die Erklärung der sozialen Funktion des Ostrakismos mit der Abstimmung über eine Grundsatzfrage der Parteipolitik spricht weiterhin auch das gesetzlich vorgeschriebene Verfahren in seinen Einzelheiten. Wir wissen, daß es bis zur Einführung des Ostrakismos in Athen nach heftigen Debatten in der Ekklesia zu Straßenkämpfen kam und daß die dort Unterlegenen getötet oder unter Aberkennung der Bürgerrechte und Konfiszierung ihres Vermögens in die Verbannung geschickt wurden[37]. Der Ostrakismos hingegen war ein Mittel, die Auseinandersetzung in friedliche Bahnen zu lenken und Gewalttaten gegen die politisch

30 LUGEBIL (Fn. 6), 128 ff.

31 TARKIAINEN (Fn. 11), 114.

32 So W. ROSCHER: Leben, Werk und Zeitalter des Thukydides, Göttingen 1842, 381 f.

33 ULRICH VON WILAMOWITZ-MOELLENDORF: Aristoteles und Athen II, 1893, 87 Anm. 28.

34 REINMUTH (Fn. 5), Sp. 1680.

35 Ebd., Sp. 1681.

36 Ebd., Sp. 1683. Zu den Einzelheiten der Ostrakisierung des Hyperbolos siehe W. ROBERT CONNOR: The New Politicians of Fifth-Century Athens, Princeton 1971, 79 ff.

37 LUGEBIL (Fn. 6), 161.

Unterlegenen zu vermeiden[38]. Daher die doppelte Abstimmung und das Quorum von 6'000 Stimmbürgern (unter dieser Zahl waren blutige Auseinandersetzungen nicht zu befürchten)[39]. Auch das Verbot, vor den Abstimmungen bestimmte Namen zu diskutieren und die Bedenkzeit zwischen den beiden Abstimmungen hatten danach den Zweck, «das Aufflackern politischer Leidenschaften wie auch unbesonnene Schritte zu verhindern»[40].

3. *Zur Unvereinbarkeit des Ostrakismos mit einer voll ausgebildeten Demokratie*

Nur die Erklärung des Ostrakismos mit einer Abstimmung über eine Parteipolitik erklärt zugleich das kurze Leben dieses Rechtsinstituts und den Umstand, daß es in späteren Demokratien nicht wiederkehrte. In der Frühform war die Demokratie eine direkte Demokratie ohne unsere heutige Parteienmaschinerie. Abstimmungen über politische Grundsätze waren also nur im Wege von Abstimmungen über politische Führerpersönlichkeiten möglich[41]. Um einen politischen Grundsatz durch Mehrheitsentscheid für eine gewisse Zeit auszuschließen, wurde der maßgebende Vertreter dieses Grundsatzes persönlich aus dem politischen Leben entfernt. Daß er diesen Grundsatz vertreten hatte, wurde ihm nicht zum Vorwurf im strafrechtlichen Sinne gemacht. Sein Ausschluß aus dem Gemeinwesen war ein ehrenhafter Ausschluß. Mit ihm wurde aber ein politisches Prinzip «in die Wüste geschickt». Der Ostrakisierte war also ein Sündenbock, der stellvertretend für die demokratisch unterlegene Opposition das Opfer der Emigration auf sich nehmen mußte. Damit war die Ostrakisierung ein symbolischer Akt. Das Symbolhafte ist dabei in einem Doppelten zu sehen. Zum einen bedeutete die Auswahl einer bestimmten Persönlichkeit, daß damit ein politisches Prinzip getroffen war und daß damit für eine bestimmte Zeit dieses Prinzip «erledigt sein sollte». Es ist mißverständlich, wenn in der Literatur betont wird, daß es darum gegangen sei, den Führer eines gegnerischen Lagers aus dem politischen Leben auszuschalten[42], um ihn damit daran zu

---

38 THOMSEN (Fn. 8), 141.

39 LUGEBIL (Fn. 6), 163.

40 TARKIAINEN (Fn. 11), 113.

41 FINLEY (Fn. 20), 75; ders.: Democracy, Ancient and Modern, 2. Aufl., London 1985, 72.

42 C.A. HIGNETT: A History of the Athenian Constitution to the End of the Fifth Century B.C., Oxford 1952, 159-164, 182-186.

hindern, seine politischen Ideen weiterhin wirksam zu vertreten[43]. Es ging nicht nur darum, den Führer selbst daran zu hindern, für das von der Mehrheit abgelehnte politische Prinzip einzutreten. Der Sinn der Ostrakisierung lag vielmehr darin, daß seine Anhänger — die man in der Stadt behielt, anstatt auch sie aus der Stadt zu vertreiben — daran gehindert wurden, das abgelehnte Ziel weiterhin zu verfolgen. Die politische Auseinandersetzung über die der Ostrakisierung zugrunde liegende Frage sollte beendet sein. Das wurde durch die Entfernung ihres Hauptvertreters aus der Gemeinschaft symbolisiert.

Die zweite Bedeutung der Ostrakisierung bestand darin, daß mit der Beendigung der politischen Auseinandersetzung durch die Vertreibung einer bestimmten Person die Machtausübung der Mehrheit über die Minderheit beschränkt wurde. Hatten vor Einführung des Rechtsinstituts des Ostrakismos politische Auseinandersetzungen zu Blutvergießen geführt, war nunmehr ein Mittel gefunden, durch Wahl eines «Sündenbocks» den Frieden zu erhalten. Man machte sich den allgemeingültigen gesellschaftlichen Mechanismus zunutze, daß der Ausschluß anderer aus einer Gemeinschaft das Wir-Gefühl dieser Gemeinschaft stärkt[44]. Das Besondere und Demokratische dieses Vorgangs war nur, daß mit der Ausstoßung des Führers der Minderheit die Maßnahmen der Mehrheit gegenüber der Minderheit beendet sein sollten; daß die Minderheit nicht nur in der Stadt bleiben konnte, sondern daß ihr auch forthin mit Toleranz zu begegnen war. Eine an sich mögliche weitergehende Unterdrückung der unterlegenen Partei wurde so verhindert[45]. Auch wenn sich ein Mehrheitsprinzip durchsetzen konnte: Andersdenkende blieben in der Stadt. Wenn sie auch nicht mehr als Oppositionspartei agieren konnten, sie waren als Andersdenkende mit Toleranz zu akzeptieren.

Führt man sich diese Bedeutung des Ostrakismos vor Augen, so hat dieses Rechtsinstitut vor allem mit einem zu tun: mit der Herausbildung einer politischen Moralität[46]. Politische Auseinandersetzungen wurden in friedliche Bahnen gelenkt und der Stimmbürger dazu gebracht, politisch Andersdenkende als solche zu akzeptieren und ihnen mit Toleranz zu begegnen. Zugleich wird deutlich, warum dieses Rechtsinstitut so kurzlebig war und sich selbst über-

43 FINLEY (Fn. 20), 113.

44 Siehe M. REHBINDER: Die Verweigerung sozialer Kooperation als Rechtsproblem, in GRUTER/REHBINDER (Fn. 1), 237-244 (bereits im Zusammenhang mit einer Erörterung des Ostrakismos).

45 LUGEBIL (Fn. 6), 160.

46 So schon LUGEBIL, ebd., 174.

flüssig machte. Ist der Gedanke der Demokratie erst einmal mit dem Prinzip der Toleranz gegenüber politischer Opposition verbunden, dann kann und muß man diese Toleranz auch und gerade auf den politischen Führer der Opposition erstrecken. Gehört zu einer Demokratie auch die Opposition, so ist die Verbannung ihres Führers unnötig und ungerecht. Ein ehrenvoller Ausschluß von Parteiführern aus dem Staatsverband durch Entzug der Bürgerrechte auf Zeit kommt später nirgendwo mehr vor. Zwar pflegen heute noch totalitäre Staaten gewisse Staatsbürger auszuschließen; aber nur als Sanktion diesen vorgeworfener krimineller Handlungen. Es ist heute unverzichtbarer Bestandteil der politischen Kultur, daß die Absage an eine bestimmte Politik im Wege personeller Maßnahmen nicht mit der Ausstoßung ihrer maßgeblichen Repräsentanten verbunden wird. Der Ostrakismos gehört also einer atavistischen Vergangenheit an.

Leben tut hingegen eine Variante, die im amerikanischen Sprachgebrauch ebenfalls als ostracism bezeichnet wird, im deutschen mit Scherbengericht, dies jedoch in einer anderen Bedeutung: Eine Partei oder ein sonstiger Interessenverband steht vor den Scherben seiner Politik. Eine Wahlniederlage oder ein sonstiges Scheitern führt zum Überdenken der Verbandspolitik. Man hält «Gericht» über einem Scherbenhaufen, und das Urteil besteht in «personellen Konsequenzen». Auch hier kommt es zu neuer Einigkeit der Gesamtheit, auch hier hat die Opferung von Personen Symbolcharakter. Der große Unterschied besteht jedoch darin, daß die personellen Konsequenzen nicht in einem Ausschluß aus dem Verband bestehen.

III. Boykott als Konfliktaustragung durch Meidung seitens Dritter

Im Gegensatz zum Ostrazismus ist der Boykott als rechtlich geregeltes Kampfmittel in Europa nie Gegenstand eines Gesetzes gewesen, sondern bis heute nur Gegenstand des Richterrechts. Auch läßt sich lediglich seine Bezeichnung historisch genau bestimmen, seine Erscheinungsformen sind bereits früher nachweisbar. Die Bezeichnung geht auf den englischen Gutsverwalter Charles Boycott zurück, den die irische Landliga wegen seiner unmenschlichen Härte gegen irische Kleinpächter im Jahre 1879 zur Auswanderung zwang, indem sie durch Aufrufe bewirkte, daß dieser weder Waren noch Arbeitskräfte erhielt und jeder gesellschaftliche Verkehr mit ihm abgebrochen wurde[47]. Erscheinungsformen des Boykotts finden sich aber bereits bei den mittelalterlichen Zünften,

47 Umfassend dazu ALFRED JUDA: Der Boykott, Diss. Breslau 1928, 1 ff.

die mißliebige Mitglieder durch die Aufnahme in sog. schwarze Listen von der Möglichkeit der Arbeitsaufnahme bei anderen Zunftmitgliedern ausschlossen und in denen Gruppen von Gesellen eine derartige Form der Ächtung als Druckmittel benutzten, um von ihren Meistern günstigere Arbeitsbedingungen zu erkämpfen[48]. Es handelt sich hier um frühe Formen des Arbeitskampfes.

Die realen Erscheinungsformen des Boykotts lassen sich danach unterscheiden, wo die Boykottmaßnahmen Druck ausüben, ob auf dem Arbeitsmarkt und damit auf die Binnenbeziehungen zwischen den Kampfgegnern (Entzug von Arbeitskräften, Einstellungssperre) oder auf dem Markt für Güter und Dienstleistungen und damit auf die Außenkontakte des Gegners (Absatzsperre, Kundensperre)[49]. Geht es um die Binnenbeziehungen der Kampfgegner, so besteht der Druck im Entzug von Arbeitskräften oder umgekehrt in der Verweigerung der Einstellung gewisser Arbeitnehmer. Der Entzug von Arbeitskräften geschieht durch die Verhinderung des Abschlusses neuer Arbeitsverträge (Zuzugssperre) oder durch Einwirkung auf die bisherigen Arbeitnehmer, ihre Arbeitsverhältnisse endgültig[50] zu beenden. Die Zuzugssperre als Absperrung des boykottierten Arbeitgebers vom Arbeitsmarkt ist meist eine begleitende Maßnahme des Streiks, weil ein Streik leicht zusammenbricht, wenn der Arbeitgeber den Betrieb mit anderen Arbeitskräften fortsetzen kann. Die Einstellungssperre als Kampfmittel der Arbeitgeberseite geschieht mit Hilfe von schwarzen Listen oder der Kennzeichnung der Entlassungspapiere und diente insbesondere in den Anfängen der Gewerkschaftsbewegung dazu, Arbeiterführer oder gewerkschaftlich organisierte Arbeitnehmer, die Entlohnung nach Tarifvertrag verlangten, von jeder Tätigkeit auszuschließen. Kollektive Kampfmaßnahmen dieser Art liegen aber auch vor, wenn ein Arbeitgeberverband beschließt, daß Arbeitnehmer, die bei Verbandsmitgliedern unter bestimmten Umständen ausgeschieden sind, nicht von anderen Verbandsmitgliedern eingestellt werden dürfen, oder wenn ein Arbeitgeberverband oder ein einzelner Arbeitgeber in Rundschreiben vor der Einstellung bestimmter Arbeitnehmer warnt. Auch durch den planmäßigen Einsatz von «Büros für Personalinformation», wie sie gegenwärtig in der Schweiz arbeiten, kann es zu Boykottmaßnahmen in Form einer Einstellungssperre kommen. Ferner gehört zu den Fällen einer Einwirkung auf die Binnenbeziehungen die

---

48 Max v. Heckel: Der Boykott, in: Jahrbuch für Nationalökonomie, 3. F. Bd. X, 1895, 481, 482 ff.

49 Zum folgenden Gerhard Binkert: Gewerkschaftliche Boykottmaßnahmen im System des Arbeitskampfrechts, Berlin 1981, 24-26.

50 Ist eine spätere Wiederaufnahme der Arbeitsverhältnisse beabsichtigt, so liegt Streik vor.

Verdrängung des Arbeitnehmers vom Arbeitsplatz infolge von Auseinandersetzungen innerhalb der Arbeitnehmerseite. Hier wird auf den Arbeitgeber Druck ausgeübt, bestimmte Arbeitnehmer zu entlassen, oft aus organisationspolitischen Gründen (Errichtung eines closed shop). Sollen die Boykottmaßnahmen hingegen den Gegner in seinen Außenbeziehungen treffen, d.h. auf dem Markt für Güter oder Dienstleistungen, dann werden Dritte dazu aufgerufen, mit dem Boykottgegner keine Geschäftsbeziehungen einzugehen, sei es durch Kaufenthaltung auf dem Gütermarkt (sog. Käuferstreik) oder durch Kooperationsverweigerung im Dienstleistungsbereich. Auch hier handelt es sich in der Regel um begleitende Kampfmaßnahmen. Sie sind nur dann wirksam, wenn es gelingt, breitere Konsumentenkreise für die Kampfziele der Boykottveranstalter zu solidarisieren.

Typisch für den Boykott sind demnach zwei Merkmale: Die Konfliktaustragung durch Willensbeugung und die Einschaltung Dritter in das Kampfgeschehen[51]. Der Boykott ist eine Kampfmaßnahme, die sich gegen das wirtschaftliche Verhalten des Gegners richtet[52]; denn Kampfmittel ist der Aufruf zum Abbruch oder zur Nichtaufnahme wirtschaftlich relevanter Beziehungen. Der zugrunde liegende Interessenkonflikt kann hingegen anderer als wirtschaftlicher Natur sein, z.B. politischer oder religiöser[53]. Mit Hilfe der Boykottmaßnahmen soll der Gegner zum Nachgeben im Sinne der mit dem Boykott erstrebten Ziele veranlaßt werden. Eine Schädigungsabsicht gegenüber dem Boykottierten ist hingegen nicht erforderlich, da ein Nachgeben auch ohne Eintritt eines Schadens allein aufgrund der Boykottaufforderung möglich und für die Zwecke des Boykottveranstalters auch ausreichend ist.

Umstritten ist hingegen, ob der Boykott als Kampfmaßnahme durch einen Boykottaufruf an Dritte gekennzeichnet ist, so daß es sich beim Boykott um ein Drei-Parteien-Verhältnis handelt, oder ob es ausreicht, daß sich das Boykottgeschehen allein zwischen den Boykottgegnern abspielt[54]. Der allgemeine Sprachgebrauch verwendet die Bezeichnung Boykott auch dann, wenn keine Dritten beteiligt sind, z.B. wenn bestimmte Inserenten gewisse Presseorgane

---

51 Zum folgenden siehe BINKERT (Fn. 49), 29-34.

52 Es kommen auch sog. gesellschaftliche Boykotte mit dem Ziele der Verhinderung sozialen Kontakts des Boykottierten vor, doch sind diese nicht Gegenstand rechtlicher Beurteilung.

53 Beispiele dafür aus der deutschen Rechtsprechung der Blinkfüer-Fall (BGH NJW 63, 29) oder der Constanze-Fall (BGHZ 3, 270).

54 Siehe die Nachweise bei BINKERT (Fn. 49), 30.

meiden (Inseratenboykott) oder die Wähler die Urne (Wahlboykott). Es wird aber auch die Bezeichnung Streik nach dem Sprachgebrauch auf Erscheinungen angewandt, die nichts mit dem Streik als Rechtsinstitut zu tun haben, wie beim erwähnten Käuferstreik, beim Tankstellenstreik, Hungerstreik, Steuerstreik, Vorlesungsstreik oder Mieterstreik. Denn nicht jede kollektive Leistungsverweigerung ist Streik im Rechtssinne, sondern nur eine solche auf dem Gebiete des Arbeitsrechts[55]. Ebenso ist der Boykott ein über die Ausübung der Privatautonomie hinausreichender Gegenstand rechtlicher Überlegungen, weil er durch die Boykottaufforderung oder Verrufserklärung das Eingreifen Dritter in das Kampfgeschehen veranlaßt. Deshalb wird von der herrschenden Meinung in der Bundesrepublik das Hinzutreten Dritter als spezifisches Boykottmerkmal angesehen. Dabei muß es sich um einen unabhängigen, autonomen Dritten handeln. Verrufer und Adressat der Verrufserklärung dürfen also keine rechtliche oder wirtschaftliche Einheit sein wie etwa Konzernmutter und Tochtergesellschaft[56]. Bei Vertragsverhältnissen mit Weisungsbefugnis kommt es darauf an, ob der konkrete Boykottaufruf durch die Weisungsbefugnis gedeckt ist. Wenn ein Arbeitgeber seine Arbeitnehmer zum Boykott bestimmter Geschäftsbetriebe aufruft, handelt es sich bei diesen gleichwohl noch um autonome Dritte. Schließlich ist Voraussetzung, daß der Adressat des Boykottaufrufs die Sperre oder Abkehr vom Boykottgegner aufgrund der Willensbeeinflussung durch den Boykottaufruf vornehmen soll und nicht aus davon unabhängigen Motiven (Kausalitätsvorstellung).

Boykott ist also ein Interessenkampf, in dem «ein sozialer Konflikt durch wirtschaftliche Kampfmassnahmen mit dem Ziel ausgetragen wird, den Gegner zu einem bestimmten Verhalten zu bestimmen, (indem) ... auf den Willen autonomer Dritter ... dahingehend eingewirkt wird, daß diese den Kampfgegner meiden, ihn also sperren oder sich von ihm abkehren»[57]. Boykott als Rechtserscheinung bedeutet demnach die Einbeziehung Dritter. Das amerikanische Arbeitsrecht stellt dies klar, indem es stets von secondary boycott spricht, ohne den Begriff primary boycott zu verwenden[58]. Es würde zu weit führen, hier im einzelnen darzulegen, wie die Rechtsordnung den Boykott jeweils bewertet:

55 Vgl. M. REHBINDER: Formen des Arbeitskampfes, in EKONOMI/REHBINDER: Recht und Arbeitskampf, Bern 1980, 16.

56 Siehe BGHZ 19, 72 (77).

57 BINKERT (Fn. 49), 34.

58 Siehe DOUGLAS L. LESLIE: Labor Law in a Nutshell, St. Paul (Minn.) 1979, 125 ff. Definition: forcing or requiring one person to cease doing business or handling the products of another.

Wann sie ihn für eine zulässige Ausübung der Privatautonomie und wann sie ihn für einen unzulässigen Eingriff in Rechtspositionen des Boykottierten hält. Ich möchte hier nur dafür plädieren, den Ausdruck Boykott ausschließlich für solche Fälle von Ausschluß oder Meidung zu verwenden, in denen unabhängige Dritte in den Interessenkonflikt eingeschaltet werden. Der aus der Gemeinschaft ausgeschlossene Sechste bei Kafka ist also weder ein Opfer von Ostrakismos noch ein Opfer von Boykott, wohl aber ein Opfer einer willkürlichen, jedoch durch ein Freiheitsrecht der anderen Fünf rechtlich abgesicherten und damit zulässigen Verweigerung sozialer Kooperation.

Richterliche Rechtsfortbildung in der Sicht von Eugen Ehrlich

Ritsumeikan Law Review 3 (1988), S. 91-100

I. Freirechtslehre als Bekämpfung der Lehre von der Geschlossenheit des Rechtssystems

Ausgehend von seiner Jugendschrift «Über Lücken im Rechte» (1888)[1] wurde der Begründer der Rechtssoziologie, der Österreicher EUGEN EHRLICH, zugleich zum Begründer und Hauptvertreter der sog. Freirechtsschule[2], der er mit seiner Programmschrift «Freie Rechtsfindung und freie Rechtswissenschaft» (1903)[3] den Namen gab. Die Freirechtsschule, die in Art. 1 des Schweizerischen ZGB ihre gesetzliche Anerkennung fand, richtete sich gegen die juristische Methodenlehre der damaligen Zeit, die Begriffsjurisprudenz. Diese ging von der Vorstellung einer Geschlossenheit des Rechtssystems, d.h. einer Lückenlosigkeit der Rechtsordnung aus und sah die Aufgabe der Rechtsanwendung darin, jede rechtliche Einzelentscheidung aus der Begriffspyramide[4] des Rechtssystems streng formal nach den Regeln der juristischen Logik abzuleiten[5].

1. Begriffsjurisprudenz und juristische Logik

a) Die gesellschaftliche Ursache für das Dogma von der Lückenlosigkeit der Rechtsordnung

EHRLICH wies die kulturelle Verspätung dieser juristischen Methodenlehre nach, indem er darlegte, daß die Lückenlosigkeit des Rechtssystems lediglich ein Scheingebilde der juristischen Technik ist. Dieses Scheingebilde wurde erstmals zur Zeit der Rezeption des römischen Rechts in Deutschland entwor-

---

1 EUGEN EHRLICH: Recht und Leben, 1967, 80 ff.

2 Dazu näher M. REHBINDER: Die Begründung der Rechtssoziologie durch Eugen Ehrlich, 2. Aufl. 1986, 21 f. mit Nachweisen.

3 EHRLICH (Fn. 1), 170 ff.

4 Über PUCHTAS «Genealogie der Begriffe» als «Begriffspyramide des nach den Regeln der formalen Logik gebildeten Systems» vgl. die Darstellung bei LARENZ: Methodenlehre der Rechtswissenschaft, 5. Aufl. 1983, 19 - 24.

5 Vgl. EHRLICH: Grundlegung der Soziologie des Rechts, 1913, 257 - 274, insbes. 270 f.

fen, als die gelehrten (studierten) Richter versuchten, das in freier richterlicher Rechtsfindung gewonnene, überkommene Recht durch die alten römischen Rechtsbücher zu verdrängen. Da diese Rechtsbücher lückenhaft waren, man andererseits aber das überkommene Recht gänzlich ausschließen wollte, füllte man die Lücken auf der Grundlage des römischen Rechts mit gelehrten Fiktionen und Konstruktionen und rechtfertigte dies mit dem Dogma von der Lückenlosigkeit des (römischen) Rechts[6]. Dieses Dogma, das den Richter zur Rückführung jeder Entscheidung auf einen staatlichen Rechtssatz zwang, kam dann später der Rechtsauffassung der Landesfürsten entgegen, die den Richter als einen Beamten ansahen, der ihren Willen zu verkünden hatte (vgl. etwa MONTESQUIEUS Vorstellung vom Richter als Subsumtionsautomaten: «bouche de la loi»). Die Lehre von der Geschlossenheit des Rechtssystems ist für EHRLICH daher «ein Ausfluß des Verhältnisses des Richters zur gesetzgebenden Gewalt im absoluten Polizeistaat des 17. Jahrhunderts»[7]. Was war aber nun der Grund, daß die Lehre von der Bindung des Richters an den Rechtssatz gerade in der Begriffsjurisprudenz, also zur Zeit des Liberalismus ihren Höhepunkt erlebte, als der Absolutismus schon lange durch demokratische Staatsauffassungen ersetzt war? EHRLICH deutet das so: «Es steckt ein gutes Stück altliberalen Mißtrauens gegen den im Dienste des Staates stehenden Beamtenrichter, daß man ihn verpflichten will, seine Rechtsüberzeugung immer auf ein Gesetzeswort zu gründen»[8]. Das heißt: Die Verpflichtung des Richters auf ein streng-logisches Deduzieren in Begriffen hat einzig das Ziel, «wenn auch nicht immer ein gerechtes, so doch ein sicheres und vorhersehbares Recht zu schaffen und einen Schutz vor willkürlicher, parteiischer Handhabung des Rechts zu bieten»[9]

b) Die Beliebigkeit einer rein logischen Rechtsfindung

An dieser Stelle setzte nun die Kritik der Freirechtslehre an. Immer wieder und mit einer Fülle von Belegen führte sie den Nachweis, daß die Verpflichtung auf die juristische Logik ein ganz und gar untaugliches Mittel war, um die gewünschte Rechtssicherheit zu gewährleisten. Liegt nämlich ein Interessenwiderstreit vor, der von der Rechtsordnung bisher noch nicht ausdrücklich geregelt

---

6 EHRLICH: Freie Rechtsfindung und freie Rechtswissenschaft (1903), in ders.: Recht und Leben, 1967, 174 f.

7 EHRLICH: Die Neuordnung der Gerichtsverfassung (1912), in ders.: Gesetz und lebendes Recht, 1986, 146.

8 EHRLICH (Fn. 6), 196.

9 Ebd., 186.

war, so ist eine Entscheidung mit Hilfe formallogischer Ableitungen von anderen Normen inhaltlich beliebig manipulierbar. Ob nämlich im Einzelfall z.B. ein argumentum e contrario oder eine Analogie geboten ist, läßt sich nicht (formal) mit den Mitteln der Logik, sondern nur aufgrund anderer (materieller) Prinzipien entscheiden. Zwar kann man der Begriffsjurisprudenz nicht vorwerfen, daß sie mit scharfen Begriffen arbeitet; denn ohne einen festen Begriffsapparat ist wissenschaftliches Denken überhaupt nicht möglich[10]. Begriffe werden aber empirisch aus einer bestimmten Wirklichkeit heraus entwickelt. Diese Wirklichkeit verändert sich ständig. Dadurch kann es geschehen, daß mit der Zeit bestimmten Begriffen das zugrunde liegende Wirklichkeitskorrelat fehlt. Ihre weitere Verwendung muß dann notwendig zu falschen Aussagen führen[11]. Außerdem verführt begriffliches Deduzieren dazu, ins Mathematisch-Spielerische abzugleiten und über der Freude am Ästhetischen einer rein logischen Ableitung zu vergessen, daß jede Rechtsnorm Wertentscheidungen trifft, die bestimmte Interessen schützen sollen[12].

2. *Rechtsanwendung als Rechtschöpfung*

Der zweite Vorwurf, den die Freirechtsschule gegen die Begriffsjurisprudenz erhob, war der Vorwurf der Unehrlichkeit in der Methode[13]. Wenn die Begriffsjurisprudenz nämlich nicht in den Fehler verfallen wollte, die erforderliche Interessenabwägung außer acht zu lassen, dann konnte das logische Deduzieren in Fällen, wo der Gesetzgeber eine bestimmte rechtliche Wertung nicht eindeutig vorgeschrieben hatte, lediglich dazu dienen, eine aus materiellen Prinzipien frei gefundene Entscheidung als gesetzlich vorgeschrieben erscheinen zu lassen. EHRLICH erinnert hier daran, daß der große mittelalterliche Rechtslehrer BARTOLUS stets zunächst eine bestimmte Lösung seiner Rechtsfälle intuitiv («nach Gerechtigkeit») gefunden hat und erst im nachhinein seine Schüler damit beauftragte, für diese Lösung entsprechende Stellen aus den römischen Rechtsquellen zusammenzustellen[14]. EHRLICH scheute sich auch nicht, das ängstlich gehütete Geheimnis der Juristen offen auszusprechen: «Tatsächlich ist der

10 So EHRLICH: Juristische Logik, 1918, 196 f.

11 So in bezug auf die WEBERschen Idealtypen auch M. REHBINDER: MAX WEBER und die Rechtswissenschaft, in: M. REHBINDER/KLAUS-PETER TIECK: MAX WEBER als Rechtssoziologe, 1987, 127 - 149 (144 f.).

12 Vgl. EHRLICH (Fn. 5), 262 - 267.

13 EHRLICH (Fn. 10), 301.

14 Ebd., 296.

Richter ... dem Gesetze nur soweit unterworfen, als er es nicht hinweginterpretiert»[15]. Dieses Geheimnis brauchte aber an sich kein Geheimnis zu sein, wenn man sich der Tatsache stellen würde, daß keine Rechtsordnung lückenlos ist: «In dem Augenblicke, wo anerkannt wird, daß im Gesetz nur das entschieden ist, was darin entschieden ist, daß das, was darin nicht entschieden ist, darin eben nicht entschieden ist, entfällt wohl auch jeder Anlaß, mit Hilfe der Haarspaltemaschine und der hydraulischen Presse aus dem Gesetze Entscheidungen herauszudestillieren, die nicht darin enthalten sind»[16]. Sicher strebt jedes juristische Denken nach einer auf Systematik beruhenden Einheitlichkeit des Rechts. Aber diese Einheit ist nicht Ergebnis einer logischen Auslegung, sondern ein Ergebnis der Rechtschöpfung[17]. Schließt man davor die Augen und vertraut man auf die juristische Logik, dann wird man vor die bittere Erkenntnis gestellt, daß sich für jedwede Entscheidung eine juristische «Begründung» finden lässt[18].

EHRLICH wollte aus dieser Sackgasse heraus. Der Jurist sollte in seinen Begründungen von der sklavischen Bindung an den Gesetzestext befreit werden. Er sollte sich zu seiner rechtschöpferischen Tätigkeit offen bekennen können. Er sollte es nicht mehr nötig haben, die eigentlichen Entscheidungsgründen hinter einem «äußerlichen Aufputz»[19] rechtstechnischer Fiktionen und Konstruktionen zu verbergen. Daher lautete seine Anklage gegen die damalige Jurisprudenz: «eigensinnig ihre Augen vor der Tatsache verschließend, daß jede Anwendung eines Rechtssatzes eine eigene Interessenabwägung des Anwenders fordert, sucht sie eine Entscheidung ohne jede Bewertung der dabei in Frage kommenden Interessen aus dem Rechtssatz durch kümmerliche Wortklauberei abzuleiten. Eine Entscheidung aber, die die Interessen nicht bewertet, wird häufig genug das Interesse höher veranschlagen, das keinen gerichtlichen Schutz verdient; sie wird zu einem durchaus verkehrten Interessenschutz gelangen, den kein Gesetzgeber je angeordnet hätte, und häufig genug auch, könnte er ihn voraussehen, ausdrücklich ausgeschlossen hätte. Oder sie bemüht sich, mit fadenscheiniger Sophistik die eigene Interessenabwägung dem Gesetzgeber zu unterlegen»[20].

---

15 Die richterliche Rechtsfindung aufgrund des Rechtssatzes (1917), in EHRLICH: Recht und Leben, 1967, 232.

16 EHRLICH (Fn. 6), 196.

17 EHRLICH (Fn. 10), 142.

18 Ebd., 300.

19 EHRLICH (Fn. 5), 260.

20 EHRLICH (Fn. 15), 250.

Es ist heute nur noch schwer nachvollziehbar, warum die Freirechtslehre in der juristischen Fachöffentlichkeit auf derart heftige Kritik stieß. Diese wirkt bis heute nach, obwohl sie mit zwei unrichtigen Behauptungen arbeitete. Die eine ist die contra-legem-Fabel, die die Freirechtler als «wilde Männer» hinstellt, die sich nicht mehr an das Gesetz halten wollten und damit einer richterlichen Willkür das Wort redeten («freirechtliche Kadijustiz»). Dieser wissenschaftliche Rufmord wurde noch in der Gegenwart in unverantwortlicher Schlamperei von Autoren wie KOSCHAKER, ENGISCH und CANARIS begangen[21], obwohl eine einfache Lektüre der prominentesten Vertreter der Freirechtsbewegung die Unhaltbarkeit dieses Vorwurfs ergeben hätte[22]. Die zweite unrichtige Behauptung unterstellt der Freirechtsbewegung eine «Wendung zum Subjektivismus» dahin, daß «gegenüber jeder Art von abgeleiteter, rational vermittelter Fallentscheidung der Vorrang des Gefühls oder der Intuition» betont werde[23]. Diese Behauptung - wie wir sie bei LARENZ lesen - widerspricht dem Selbstverständnis so prominenter Freirechtler wie ERNST FUCHS, HERMANN U. KANTOROWICZ, THEODOR STERNBERG[24], HERMANN ISAY[25] und vor allem - wie LARENZ selbst einräumt - EUGEN EHRLICH, der dieser Schule doch den Namen gab. Unter Freirecht haben jedenfalls die führenden Vertreter dieser Schule nicht die Freiheit von rationalen Erwägungen, sondern lediglich die Freiheit von einer postulierten Bindung an formallogisches Deduzieren aus vorgegebenen Rechtssätzen verstanden[26]. Mit Sicherheit ist auch jenes abschließende Urteil von LARENZ unrichtig, die «soziologische Rechtslehre» erschöpfe sich «im wesentli-

---

21 Nachweise bei REHBINDER (Fn. 2), 92 f. Anm. 3.

22 Siehe für EHRLICH z.B. Freie Rechtsfindung (Fn. 6), 187: Freie Rechtsfindung soll nur eintreten, wenn eine klare Regel im geltenden Recht nicht enthalten ist; dann deutlich gegen die Behauptung, freie Rechtsfindung heiße «frei vom Gesetz», in: Die Neuordnung der Gerichtsverfassung (Fn. 7), 177 Anm. 11; Grundlegung (Fn. 5), 274.

23 So LARENZ (Fn. 4), 60.

24 STERNBERG: Einführung in die Rechtswissenschaft I, 2. Aufl. 1912, Neudruck 1927, 135 ff. (143 f.): Die soziologische Methode bedeute nichts Geringeres als eine direkte Verstärkung der objektiven Garantie des Rechts, des Rationalen im Gegensatz zur Intuition bei der Rechtsfindung.

25 H. ISAY: Rechtsnorm und Entscheidung, 1929, 94: Gegen eine Gefühlsjurisprudenz, d.h. eine Rechtsprechung, die ausschließlich auf dem Gefühl beruht: «Eine solche Rechtsprechung wäre natürlich unerträglich».

26 Siehe im einzelnen die Nachweise bei KLAUS RIEPSCHLÄGER: Die Freirechtsbewegung, 1968, sowie bei KARLHEINZ MUSCHELER: Relativismus und Freirecht, 1984. Wenn LARENZ (S. 61) die Behauptung einer Dissertation übernimmt, daß für die Freirechtler alles irrational gewesen sei, was nicht mit formal-logischen Mitteln zu bewältigen ist, so hätte er das überprüfen sollen.

chen in einer ganz berechtigten Kritik der Rechtsanwendungslehre des 19. Jahrhunderts, ohne aber die von EHRLICH verlangten neuen Rechtfindungsmethoden aufzeigen zu können»[27]. LARENZ übersieht hier nicht nur, wie so viele, die bedeutenden Arbeiten von HANS WÜSTENDÖRFER[28], sondern ihm ist auch entgangen, daß EHRLICH einen wesentlichen Teil seiner in Arbeit befindlichen «Theorie der richterlichen Rechtsfindung», die er bis zu seinem Tode nicht mehr vollenden konnte, bereits im Jahre 1917 unter dem Titel «Die richterliche Rechtsfindung auf Grund des Rechtssatzes» in JHERINGs Jahrbüchern[29] veröffentlicht hat. Aufgrund dieser Arbeit läßt sich EHRLICHs Theorie der richterlichen Rechtschöpfung wie folgt bestimmen.

II. Die Auslegung der Rechtssätze als historische Sinnermittlung

Eine freie Rechtsfindung, die als soziologische Rechtsfindung auf das gesellschaftliche Recht zurückzugreifen hat, kommt für EHRLICH nur in den relativ seltenen Fällen in Betracht, in denen eine Lücke im Rechtssystem besteht: «Eine Lücke im Recht bedeutet nichts anderes als das Fehlen eines Rechtssatzes, wo er notwendig wäre. Es möge nachdrücklichst hervorgehoben werden, daß es sich um das Fehlen eines Rechtssatzes, nicht etwa eines passenden Rechtssatzes handelt. Ist ein Rechtssatz vorhanden, dann muß er angewendet werden, er mag passen oder nicht. Die entgegengesetzte Auffassung, die Lücken seien durch den Mangel eines passenden Rechtssatzes veranlaßt, die ich in meiner Jugendschrift «Über Lücken im Rechte» vorgetragen habe, ist unrichtig ... Der Schein, daß aus einem Rechtssatz keine brauchbare Entscheidung gewonnen werden könne, entsteht meistens dadurch, daß der moderne Gesetzgeber, um möglichst viele Fälle zu entscheiden, für den Rechtssatz häufig einen so allgemeinen Ausdruck wählt, daß er bei oberflächlicher Betrachtung auf Interessengegensätze bezogen werden kann, die der Gesetzgeber gar nicht treffen will. Dann muß aber das Gesetz nach der wahren Absicht des Gesetzgebers einschränkend ausgelegt werden»[30].

---

27 LARENZ (Fn. 4), 67.

28 H. WÜSTENDÖRFER: Zur soziologischen Rechtsfindung, hg. von M. REHBINDER, 1971. Daß der Name WÜSTENDÖRFER in einer 470 Seiten umfassenden deutschen Methodenlehre, die ohnehin nur deutschsprachige Literatur berücksichtigt, nicht vorkommt, ist wissenschaftlich nicht haltbar.

29 Abgedruckt in EHRLICH: Recht und Leben, 1967, 203 - 252.

30 EHRLICH (Fn. 10), 215.

Zuerst muß also mit Hilfe der Auslegung ermittelt werden, ob eine Lücke vorliegt oder nicht. EHRLICH unterscheidet dabei streng zwischen Auslegung und eigener Interessenabwägung. Unter Ablehnung der «objektiven Auslegung»[31] und der «teleologischen Auslegung»[32], die beide nur ein Mittel sind, die eigene Wertentscheidung des Richters zu bemänteln, versteht er unter Auslegung nur die sog. historische Auslegung, die danach fragt, was der Urheber des Rechtssatzes anordnen wollte: «Solange der Richter den Rechtssatz auslegt, hat er nach den Zweckmäßigkeitserwägungen des Urhebers zu fragen, nicht nach seinen eigenen ... Die eigene Interessenabwägung und Schutzgewährung des Richters ersetzt erst dann die des Urhebers, wenn er das Auslegen aufgibt, und das kann er nur tun, wenn er weiß, daß die Auslegung zu keinem Ziel führt»[33]. Auslegung bedeutet also historische Sinnermittlung. Dies ist möglich durch Klärung der gesellschaftlichen Voraussetzungen des Rechtssatzes, durch «Begreifen» mit Hilfe seiner damaligen «Umwelt»[34]. Zeichnet die historische Auslegung eine bestimmte Fallentscheidung vor, und das ist in aller Regel der Fall[35], dann kommt es zur Rechtsanwendung ohne Rechtschöpfung[36]; denn auch wenn das Ergebnis unerfreulich sein mag: «Gegen den Sinn, den der Urheber eines Rechtssatzes mit ihm verbunden hatte, darf der Richter den Rechtssatz nicht anwenden. Daher muß die auf einer irrtümlichen Auslegung beruhende Rechtsprechung jederzeit umkehren, sobald der Irrtum beseitigt ist»[37]. Vom Rechtssatz darf erst abgewichen werden, wenn sich ein entsprechendes abweichendes Gewohnheitsrecht gebildet hat[38].

---

31 EHRLICH (Fn. 15), 220 f. Daß die neuhegelianische Beschwörung des «objektiven Geistes», die unter Führung von LARENZ in der deutschen Methodenlehre um sich greift, in Wahrheit ein «verhängnisvoller Irrweg» ist, hat deutlich WELZEL (Die Frage nach der Rechtsgeltung, 1966, 19) herausgestellt, nachdem ERNST E. HIRSCH schon früher LARENZ das Wort von THEODOR GEIGER entgegengehalten hatte, unter ernsthaft denkenden Menschen dürfte dergleichen mystischer Bombast keine Heimstätte mehr haben (HIRSCH: Zu einer «Methodenlehre der Rechtswissenschaft», JZ 1962, 329, 330).

32 Ebd., 221 f.

33 Ebd., 222 ff., 226.

34 EHRLICH verweist hier auf die Milieutheorie der anderen Wissenschaften, ebd., 211 f.

35 Ebd., 219 f.

36 Ebd., 236.

37 Ebd., 242 f.

38 Ebd., 243. EHRLICH wendet sich ausdrücklich gegen die von einigen Freirechtlern vertretene Lehre der Befreiung vom Gesetz im Falle einer «Massenkalamität», 235.

Neben der Klärung der gesellschaftlichen Voraussetzungen gewisser Rechtssätze arbeitet die historische Sinnermittlung mit Hilfe der juristischen Verallgemeinerung und der juristischen Einschränkung. Unter juristischer Verallgemeinerung versteht EHRLICH das Verfahren, durch Ausschaltung von Umständen, die für die Interessenwertung nicht von Bedeutung waren, einen bestimmten Rechtssatz auf seinen Grundgedanken zurückzuführen und damit in seinem Anwendungsbereich zu erweitern[39]. Demgegenüber ist juristische Einschränkung die Ausschaltung derjenigen vom reinen Wortlaut erfassten Umstände, die der Urheber des Rechtssatzes deswegen nicht ausgenommen hatte, weil er sie nicht gesehen hat[40]. Obwohl Auslegungstechnik und daher keine Rechtschöpfung, stehen juristische Verallgemeinerung und juristische Einschränkung gleichwohl bei rechtssoziologischer Betrachtung auf der Grenze zwischen Rechtsanwendung (durch einfache Subsumtion) und Rechtsfortbildung. Das beruht darauf, daß das Recht nicht ohne Begriffsbildung auskommen kann. Rechtsbegriffe haben wie alle Begriffe der Erfahrungswissenschaft für EHRLICH einen Begriffskern und eine zweifelhafte Übergangszone: «Durch jede Entscheidung über den zweifelhaften Umfang der Begriffe erweitert sich deren dunkler Kern, aber die Übergangszone verschwindet deswegen nicht, denn die neue Entscheidung arbeitet wieder mit Begriffen, die neben dem Kern eine Übergangszone zeigen. Diese ist also nur weiter hinausgerückt worden»[41]. Man denke nur etwa an die Judikatur zum bürgerlich-rechtlichen Zubehörbegriff. Auf diese Weise geschieht es, daß jeder Rechtssatz im Wege seiner Konkretisierung von Entscheidungsnormen überlagert wird: «So greifen die Interessenabwägung des Urhebers und des Anwenders ineinander, und das ergibt eine Entscheidungsnorm, die sowohl auf den Urheber als auch auf den Anwender zurückgeht: Vom Urheber stammen die äusseren Umrisse und der angeordnete Rechtsschutz, vom Anwender wird das Unvollständige ergänzt, das Unverständliche erklärt, das Unanwendbare ausgeschaltet. Die auf den Anwender zurückgehende Entscheidungsnorm wird in der Folge, vermöge des Gesetzes der Stetigkeit der Entscheidungsnormen, selbst zum Rechtssatz, der sich mit dem ursprünglichen zu einem neuen, reicheren, klaren, widerspruchlosen, bestimmten Rechtssatz verbindet»[42]. Durch diese Verbindung der eigenen, heutigen Interessenwertung mit der historischen Auslegung[43] findet eine dauernde Sinnwandlung des

---

39 Dazu näher ebd., 214 - 217, und EHRLICH (Fn. 10), 223 - 252.

40 Ebd., 217 - 219.

41 Ebd., 230.

42 Ebd., 246.

43 Diese Verbindung erklärt die mißverständliche Wendung, ebd., 249, die historische Auslegung könne der Rechtspflege nicht genügen.

Rechtssatzes durch Anpassung an die gewandelten Bedürfnisse des modernen Soziallebens statt, so daß das, was dem Juristen als Auslegung erscheint, vom Rechtshistoriker als fortwährende Anpassung des Rechtssatzes an die veränderten Bedürfnisse des Soziallebens erkannt wird[44].

III. Die freie Rechtsfindung als Rechtschöpfung im Falle echter Lücken

Kann der zur Entscheidung stehende Interessengegensatz auch mit den Mitteln der juristischen Verallgemeinerung oder Einschränkung nicht gelöst werden - sei es, daß eine Norm, die dafür in Betracht kommt, fehlt, sei es, daß eine Norm durch Verwendung unbestimmter Rechtsbegriffe auf außerrechtliche Sozialordnungen verweist[45] und daher keine bestimmte eigene Interessenbewertung enthält - , dann wird im allgemeinen der Weg einer Analogie (zu anderen Normen) oder einer (begrifflichen) Konstruktion aus einem vorgestellten Rechtssystem beschritten. Es ist nun EHRLICHs Hauptanliegen, daß in einem solchen Falle, wo eine echte Lücke vorliegt, der Richter frei sein soll, d.h. daß er nicht mehr gezwungen sein soll, seine eigene Wertung mit dem «Gewande der Auslegung eines Rechtssatzes und eines logischen Schlusses aus der Auslegung»[46] zu bedecken: Ist nämlich eine selbständige Interessenwertung erforderlich, «weil der Sinn unergründet, oder unbestimmt, oder widersprechend war, oder weil der Urheber absichtlich eine Lücke offen ließ, soll er das nicht durch logische Trugschlüsse aus dem Wortlaut des Gesetzes decken, sondern das, was ist, auch sagen dürfen. Damit übernimmt er für die Entscheidung auch die volle Verantwortung»[47].

44 Ebd., 247.

45 EHRLICH (Fn. 10), 231 ff., 284 f.

46 EHRLICH (Fn. 15), 237.

47 Ebd., 224.

1. Die Analyse des sozialen Sachverhalts und die richterliche Eigenwertung als angewandte Gesellschaftswissenschaft

Diese so verstandene Freiheit der Interessenbewertung bedeutet aber keineswegs eine Aufforderung zur Willkür. Für Verweisungsnormen braucht das nicht weiter ausgeführt zu werden, weil hier die Interessenbewertung denjenigen Sozialordnungen entnommen werden muß, auf die verwiesen wird. Der Richter hat dabei lediglich die Aufgabe, sie empirisch, notfalls mit Hilfe von Sachverständigen zu ermitteln. Bei divergierendem tatsächlichem Befund ist vom Überwiegenden, Vorherrschenden als dem sozial Gültigen auszugehen[48]. Der Richter ist hier also inhaltlich streng an die betreffende außerrechtliche Sozialordnung gebunden, die er allenfalls in den Grenzen der Auslegung fortbilden darf.

Findet er jedoch auch hier eine Lücke vor oder ist die Rechtsordnung selbst lückenhaft, ohne Weiterverweisungen zu enthalten, dann muß er diese Lücke entsprechend der Anweisung ausfüllen, die der von EHRLICH immer wieder als Vorbild[49] herausgestellte Art. 1 des Schweizerischen Zivilgesetzbuches enthält. Wenn nämlich alle anderen Rechtsquellen versagen, dann muß der Richter sein Urteil nach der Regel sprechen, die er als Gesetzgeber aufstellen würde. Die Freiheit des Richters, den Einzelfall nach eigener Wertung zu entscheiden, ist also insofern begrenzt, als er einer Regel folgen muß, die - über den Einzelfall hinausgehend - allgemeiner Natur ist. Dadurch entsteht eine «eigentümliche Mischung aus Freiheit und Gebundenheit»[50]; denn jede Entscheidung des «Richters als Gesetzgeber»[51] muß unter Beachtung der sozialen Auswirkungen getroffen werden, die diese Entscheidung als Massenerscheinung haben würde. Ferner sagt Art. 1 ZGB über die «Gesetzgebung» des Richters: «Er folgt dabei bewährter Lehre und Überlieferung». Das heißt, der Richter hat von dem auszugehen, was er vorfindet. Daher sagt EHRLICH: «Die freie Rechtsfindung ist konservativ, wie jede Freiheit»[52].

---

48 Dazu ERNST E. HIRSCH (Fn. 31), 333.

49 Vgl. z.B. EHRLICH (Fn. 6), 190 f., und ders.: Die «bewährte Lehre und Überlieferung» (Art. 1 ZGB), in SJZ 16 (1919/20), 225, 226.

50 EHRLICH (Fn. 6), 173.

51 Vgl. die gleichnamige Monographie von ARTHUR MEIER-HAYOZ, 1951.

52 EHRLICH (Fn. 6), 193.

Über dem Moment der eigenen Wertung und Interessenabwägung, das die praktische Jurisprudenz von der «Rechtswissenschaft» (Rechtssoziologie) unterscheidet[53], darf also nicht vergessen werden, daß der Richter von einer genauen Analyse des sozialen Sachverhalts auszugehen hat. Er soll keine Sozialrevolutionär sein, sondern seine Entscheidung behutsam auf dem sozialen Sachverhalt aufbauen. Auch die eigene Wertung muß er Art. 1 ZGB folgend als «Organ der Gesellschaft» vornehmen. Die Arbeit der praktischen Jurisprudenz besteht also, wie EHRLICH sagt, in der Umwandlung einer Tatfrage in eine Rechtsfrage[54], und da sie mit der Entscheidung dieser aus den Tatfragen entwickelten Rechtsfragen auf die Welt der Tatsachen, auf die tatsächlichen Verhaltensweisen zurückwirkt, besteht ihre Aufgabe in der Leitung der Gesellschaft. Deshalb finden wir bereits bei EHRLICH Wendungen, die erst später in der sociological jurisprudence in Form der Bezeichnung des Rechts als social control und social engineering[55] wieder auftauchen: «Wem immer aber das Würdigen der Interessen in der Gesellschaft und die Bestimmung darüber, welches von ihnen gefördert werden sollte, obliegt, dem ist damit ein Stück der Leitung der Gesellschaft anvertraut. Die Leitung der Gesellschaft setzt die Kenntnis der in der Gesellschaft wirkenden Kräfte, die geleitet werden sollen, voraus, gerade so wie der Maschineningenieur die natürlichen Kräfte kennen muß, die die Maschinen bewegen. In diesem Sinne ist Gesetzgebung, Jurisprudenz, Rechtspflege angewandte Gesellschaftswissenschaft»[56]

2. *Zum Idealbild des Richters*

Solange nun die Rechtssoziologie noch eine terra incognita ist, bleibt der Richter bei seiner Tätigkeit auf ein vorwissenschaftliches Verständnis des sozialen Sachverhalts angewiesen. Er muß versuchen, den Mangel an Unterstützung durch eine rechtverstandene Rechtswissenschaft durch Intuition und Lebenserfahrung auszugleichen. Deshalb, und zwar allein aus dieser Erwägung, haben EHRLICH und die Freirechtsschule dafür plädiert, den laufbahnmäßigen Richterbeamten und das Kollegialsystem durch die starke richterliche Einzelpersönlichkeit zu ersetzen, wie man sie in England wirken sah[57]. Ein solcher «Richterkönig», der seiner Mentalität nach nicht in erster Linie Staatsbeamter

53 EHRLICH (Fn. 5), 289 f., 292.

54 Ebd., 281 f., 284, 139; Juristische Logik (Fn. 10), 193.

55 Siehe REHBINDER: Roscoe Pound (1870 - 1964), in: JZ 1965, 282 - 284.

56 EHRLICH (Fn. 10), 309 f.

57 EHRLICH (Fn. 6), 188, 194 - 196; Fn. 22, 146 ff.; Fn. 5, 236 - 238.

wäre, würde in der Sicht von EHRLICH der tatsächlichen Machtverschiebung im Verhältnis von Staat und Gesellschaft Rechnung tragen, die Staatsallmacht in ihre Schranken weisen und damit eine wahrhaft demokratische Rechtspflege garantieren[58]. Im übrigen wußte EHRLICH, daß seine Vorstellungen nicht nur einen anderen Richtertyp, sondern ganz allgemein einen anderen Typ von Juristen voraussetzen: «Freilich wird ... das heute noch herrschende volkstümliche Ideal des Juristen, des feinen, scharfsinnigen Dialektikers, einem anderen den Platz räumen müssen. Es wird nicht schade sein um dieses Ideal. Der Scharfsinn ist die unfruchtbarste unter den Gaben des menschlichen Geistes: Es liegt eine tiefe Weisheit darin, daß der Teufel der deutschen Volkssage so häufig ein scharfsinniger Dialektiker ist»[59].

---

58 EHRLICH (Fn. 5), 9, 330.

59 EHRLICH (Fn. 6), 202.

Zur Rechtsqualität des Richterspruchs im System kodifizierten Rechts

Ritsumeikan Law Review 4 (1989), S. 157-160

I. Gesetz und Urteil

Abgesehen von Urteilen der Verfassungsgerichte, die Gesetze aufheben können[1], gibt es in den Ländern mit kodifiziertem Recht keinen Rechtssatz, nach dem irgend ein gerichtliches Urteil mehr wäre als die Entscheidung eines konkreten Rechtsstreits: *dieses* Streites *dieser* Parteien. Nur hierfür gilt seine Rechtskraft. Es entscheidet über Rechte (dieser Parteien), nicht über *das* Recht. Aber jenseits dieser bloßen Rechtskraftwirkung hat das Urteil *freie Autorität*, die um so grösser ist, je höher der Rang des urteilenden Gerichts. Würde es doch den Richter mit unnötiger Arbeit belasten, wenn er von den Urteilen seiner Kollegen, zumal von denen der oberen Gerichte, keine Notiz nähme. Auch würde es sozialschädlich sein; denn er würde Zeit, Kraft und Geld der rechtsuchenden Parteien vergeuden, wenn er ohne besondere, schwerwiegende (und in seiner Urteilsbegründung eingehend darzulegende!) Gründe Entscheide fällt, bei denen er damit rechnen muß, daß die höhere Instanz sie wieder aufhebt. Ganz generell sind *Stetigkeit* und *Einhelligkeit* der Rechtsprechung von hohem Gemeinschaftswert. Noch weniger als der Einzelne dürfen die *Gerichte* Erwartungen enttäuschen. Es muß Verlaß darauf sein, daß sie morgen zu dem stehen werden, was sie gestern im gleichen Falle gesprochen haben.

In der Tat kann das Abgehen der Gerichte von einer ständigen Rechtsprechung bedenklichere Auswirkungen haben als eine Änderung des Gesetzes. Das neue Gesetz pflegt nur für die Zukunft (ex nunc) zu wirken, die Änderung der Rechtsprechung wirkt automatisch in die Vergangenheit zurück (ex tunc). Führt also z.B. der Gesetzgeber für eine Vertragsart ein neues Formerfordernis ein, so hat das auf die schon *geschlossenen* Verträge im Zweifel keine Wirkung mehr. Haben aber zwei Partner - beraten von Anwälten und Notaren - im Vertrauen auf die bisherige ständige Rechtsprechung einen Vertrag geschlossen, der hiernach unbedenklich war, und ändert sich die Rechtsprechung danach, indem sie das bestehende Formerfordernis strenger handhabt als bisher - oder aber Verträge dieser Art für unsittlich und deshalb für nichtig erklärt -, so ist jener

---

1 § 31 BVerfGG.

Vertrag damit praktisch ex tunc ausgelöscht[2]. Die Rechtsprechung fungiert nämlich *formal* nur als Auslegung des schon bestehenden Gesetzes. Das Formerfordernis oder die «guten Sitten» seien, sagt das neue Urteil implicite, immer schon so gewesen, wie nunmehr festgestellt. Um negative Auswirkungen einer solchen Rechtsprechungsänderung zu verhindern, gehen die höheren Gerichte gelegentlich dazu über, künftige Änderungen in ihren Urteilen vorher anzukündigen oder die Wirkungen des Urteils auf die Zukunft zu beschränken; leider jedoch noch viel zu selten.

Materiell betrachtet trifft die Aussage, daß die Rechtslage aufgrund des Gesetzes immer schon so gewesen sei, natürlich nicht zu. Es gehört heute zu den Selbstverständlichkeiten jeder soziologischen Rechtstheorie, daß die Rechtsanwendung, indem sie den abstrakten Rechtssatz konkretisiert, neue Normen schafft[3], daß es bei der Rechtsanwendung also nicht um rechtswissenschaftliche Schlüsse (Subsumtion), sondern um rechtskonstruktive Entschlüsse gehe[4]: «Alle Normanwendung auf konkrete Tatbestände ist im Grunde hinsichtlich der individuellen Bestimmtheit dieser Tatbestände rückwirkend»[5]. Eine derartige Rückwirkung ist nicht zu verhindern. Wenn aus rechtsstaatlichen Gründen ein Rückwirkungsverbot (meist verfassungsrechtlich) angeordnet ist, so beruht dies auf dem Gedanken der Rechtssicherheit.

> «Ein soziales Lebensverhältnis, das im Hinblick auf seine rechtlichen Folgen streitig wird, kann nicht nach anderen Rechtsregeln beurteilt werden als den im Augenblick seines Entstehens für Lebensverhältnisse dieser Art als geltend bekanntgewesenen ... Soziale Lebensordnung bedeutet Voraussehbarkeit der sozialen Folgen von Handlungsweisen. Behandelt (der Richter) ein konkretes Lebensverhältnis gemäß einer Regel, die zwar im Augenblick der Beurteilung verbindlich ist, im Augenblick der Entstehung des konkreten Lebensverhältnisses aber nicht verbindlich war, so widersprechen die rechtlichen Folgen des Lebensverhältnisses den im Handlungsaugenblick gehegten Erwartungen der an ihm Beteiligten. Ihre Rechtssicherheit (Realisierungssicherheit) ist zuschanden gemacht»[6].

---

2 Sofern ihn die Parteien nicht gleichwohl einzuhalten bereit sind; denn wo kein Streit ist, ist kein Richter!

3 Klassische Darstellung bei THEODOR GEIGER: Vorstudien zu einer Soziologie des Rechts, 4. Aufl., hg. von M. REHBINDER, 1987, 213 - 231.

4 GEIGER (Fn. 3), 220.

5 GEIGER (Fn. 3), 228.

6 GEIGER (Fn. 3), 226.

Worauf aber durften die am Lebensverhältnis Beteiligten vertrauen? Nur auf den abstrakten Rechtssatz, nicht auf eine bestimmte Konkretisierung, soweit nicht frühere Konkretisierungen zu Richterrecht geworden waren. Über die Voraussetzungen, unter denen das der Fall ist, wird sogleich zu handeln sein. Einstweilen aber genügt hier: «Ausschluß der Rückwirkung ist ganz einfach die Kehrseite der Prospektivität der Satzung. Soweit abstrakt-begriffliche Richtlinien überhaupt für soziale Ordnung bestimmend sein können, genau so weit ist es auch möglich, dem Bürger Garantie gegen ihre Rückwirkung zu gewähren»[7]. Das bedeutet: eine materielle Rückwirkung ist durch ein Rückwirkungsverbot für Gesetze nur insoweit verhindert, als die Bindung des Richters an die sog. Auslegungsregeln reicht.

Aber nicht nur die Stetigkeit, auch die Einhelligkeit der Rechtsprechung gehört zur Ordnungsaufgabe des Rechts, die durch gesetzliche Maßnahmen gesichert ist: Will ein *Senat* des BGH von der Entscheidung eines anderen abweichen, so hat der *Große Senat* (für Zivil- oder für Strafsachen) zu entscheiden. Geraten Privat- und Strafrecht miteinander in Widerspruch, so sind es die *Vereinigten Großen Senate* (§§132, 136 ff. GVG). Und zur Koordinierung der Rechtsprechung aller Obersten Gerichtshöfe des Bundes (BGH, BVerwG, BFH, BAG und BSG) sieht Art. 95 III GG einen *Gemeinsamen Senat* der *Obersten Gerichtshöfe* vor. Für das schweizerische Bundesgericht heißt es in Art. 16 I OG:

> «Wenn eine Gerichtsabteilung eine Rechtsfrage abweichend von einem früheren Entscheid einer anderen Abteilung oder mehrerer vereinigter Abteilungen oder des Gesamtgerichtes entscheiden will, so darf es nur mit Zustimmung der anderen Abteilung oder auf Beschluß der Vereinigung der beteiligten Abteilungen oder des Gesamtgerichts geschehen. Dieser Beschluß wird ohne Parteiverhandlung und in geheimer Beratung gefaßt; er bindet die Abteilung bei der Beurteilung des Streitfalles»[8].

---

7 GEIGER (Fn. 3), 230.

8 Dazu ROBERT HAUSER, in: FS K.H. SCHWAB, 1990, 197 ff.

II. Richterrecht und Richterspruch

Aber weder Einheitlichkeit noch Stetigkeit einer Rechtsprechung macht diese bereits zu Recht, an das der künftige Richter gebunden wäre. Bei allem Bedürfnis nach Stetigkeit und Voraussehbarkeit der Entscheidungen muß die Rechtsprechung im Wandel der Verhältnisse offen bleiben, *freie* Autorität sein können. Doch *kann* ständige Rechtsprechung (Gerichtsgebrauch) richterliches Gewohnheitsrecht sein und *kann* sie solches werden. Sie *ist* es, wenn sie das Handeln der Bevölkerung (Sitte) als rechtsverbindlich anerkennt, sie *wird* es, wenn sie in der Öffentlichkeit eine solche Zustimmung oder doch so wenig ernsten Widerspruch findet, daß ihre Fortsetzung mit Recht erwartet werden darf. Dann sind die Gerichte an ihre eigene Rechtsprechung als an *Recht* gebunden.

Lehrreich ist hier ein entsprechender Gedanke der *amerikanischen* Jurisprudenz: Auch die amerikanischen Richter messen ihren Präjudizien im ganzen nur freie Autorität bei. Trotz des Präjudizienprinzips (des stare decisis) halten sie sich für befugt, ihre bisherige Rechtsprechung zu verlassen (to over-rule it), wenn die Verhältnisse sich geändert haben. Für gebunden halten sie sich aber, sofern das Präjudiz die Auslegung eines Gesetzes betrifft. Hätte, sagen sie, der Gesetzgeber jenes Präjudiz mißbilligt, so würde er dessen weitere Auslegung in diesem Sinne durch eine Neufassung seines Gesetzes verhindert haben. Sie setzen den Gesetzgeber also als weiterredend voraus und folgern damit aus seinem Schweigen Billigung der Gesetzesauslegung. Diese hat somit für sie *Gesetzeskraft*[9].

Kann diese Praxis uns unmittelbar auch nur den Unterschied des case law-Systems von dem des kodifizierten Rechts deutlich machen, so haben wir doch gute Verwendung für den demokratischen Gedanken, die Rechtsprechung gleichsam als einen *Gesprächspartner* des souveränen Volkes anzusehen, das als Staat Gesetze, unmittelbar als solches aber nur Sitte und öffentliche Meinung hervorbringt. Wie also im amerikanischen Recht eine Rechtsnorm entsteht, wenn der Gesetzgeber auf den Vorschlag der Rechtsprechung billigend schweigt, so entsteht sie im kodifizierten Recht, wenn die Rechtsprechung in die Volkssitte oder die öffentliche Meinung in die Rechtsprechung *einstimmt.* In den Worten des BAG:

---

9 Die Verfassungsgeber setzt man dagegen nicht als weiterredend voraus: «They did their work when the words were put down» (EDWARD H. LEVI, University of Chicago Law Review 15 [1948], 541).

«Auch die Bezeichnung "Richterrecht" darf nicht zu dem Trugschluß verführen, als könnten die Gerichte Normen setzen». Ständige Rechtsprechung kann vielmehr Gewohnheitsrecht nur dann erzeugen, «wenn sie in das allgemeine Rechtsbewußtsein übergeht und von den Rechtsgenossen überwiegend als geltende Norm anerkannt wird. Nur der allgemeine "Rechtsgeltungswille" führt zu einer normativen Wirkung»[10].

Die Anerkennung durch die Rechtsgenossen, auf die vom BAG zu Recht abgestellt wird, ist nicht etwa die opinio necessitatis der Beteiligten, sondern das Urteil einer gleichsam neutralen Instanz. Diese dürfte deshalb typischerweise unbefangener und überdies auch leichter festzustellen sein (Presse, Standesvertretungen, Fachverbände). Hinsichtlich spezifisch juristischer Fragen ist sie aber als die communis opinio doctorum zu denken, als die in Büchern und Fachzeitschriften zutage getretene «herrschende Lehre» der Wissenschaft[11].

Folgt man der hier vertretenen *Konsenstheorie*, ist eine Bindung an Präzedenzfälle durch Erstarken des Richterspruchs zu einem Richterrecht erst dann gegeben, wenn die Rechtsprechung in Volkssitte oder herrschende Meinung oder wenn Volkssitte oder herrschende Meinung in die Rechtsprechung einstimmen. Ein außergerichtliches Gewohnheitsrecht ist danach nicht möglich; denn weder die Willenstheorie, welche die opinio necessitatis der Bevölkerung als ausreichend ansah, noch die Gestattungstheorie kann heute überzeugen, nach der der Gesetzgeber eine bestimmte Gewohnheit ausdrücklich oder stillschweigend gebilligt haben mußte. Das Volk kann zwar als Gesetzgeber, im übrigen aber nicht ohne die Gerichte Recht erzeugen. Die Gerichte könne es aber auch nicht ohne das Volk als Öffentlichkeit. Die Initiative kann von jedem der beiden Partner kommen, und einig sind sie stärker als der Gesetzgeber: eine gesetzliche Bestimmung, die von den Gerichten mit Billigung der Öffentlichkeit nicht mehr angewendet wird, hat damit kraft Gewohnheitsrecht ihre Geltung verloren, ist in desuetudo geraten, derogiert.

---

10 BAGE 33, 140 ff. = JZ 1980, 482.

11 Dazu R. ZIMMERMANN: Die Relevanz einer herrschenden Meinung für Anwendung, Fortbildung und wissenschaftliche Erforschung des Rechts, 1983. «Herrschend» bemisst sich hier nach dem Wort von FRIEDRICH SCHILLER: «Man soll die Stimmen wägen und nicht zählen» (unvollendetes Schauspiel «Demetrius», 1805).

Demoskopie als Beweismittel im Markenrecht

Marke und Marketing, Bern 1990, S. 355-366

I. Die generelle Ablehnung der Demoskopie als Generationenproblem

Markenrechtsprozesse werden von erfahrenen Praktikern in rückhaltloser Offenheit als Lotteriespiel bezeichnet, und zwar in mehr als deutlichen Worten, die man in anderen Rechtsgebieten sich wohl kaum hinzuschreiben trauen würde. Die Rechtsunsicherheit scheint hier ein Ausmaß erreicht zu haben, das die in Rechtsdingen übliche Unsicherheit bei weitem übersteigt. So heißt es bei Altmeister TROLLER: «Markenstreitigkeiten (bleiben) meistens noch unsicherer als andere Prozesse und in der Unvoraussehbarkeit des Endurteils den Patentprozessen vergleichbar. Währenddem in jenen häufig der technische Experte das entscheidende Gewicht in die Waagschale legt, trägt in den Markenprozessen der Richter allein die Verantwortung. Er hat öfters über Verhältnisse zu urteilen, in die er sich zuerst einfühlen muß, weil sie außerhalb seiner persönlichen Lebenserfahrung liegen», und dann folgt der apodiktische Satz: «Meinungsumfragen vermögen nichts zu einem objektiveren Entscheid beizutragen»[1]. Dieser Satz ist beklagenswert falsch.

Richtig ist nur, daß bislang die Meinungsforschung in schweizerischen Markenstreitigkeiten fast nicht genutzt wird. Unrichtig ist hingegen, daß Sozialforschung nicht geeignet ist, den heute nahezu unbegrenzten richterlichen Ermessensspielraum objektivierend einzuengen. TROLLER, der in aller Regel die Rechtsentwicklung im benachbarten Ausland aufmerksam verfolgte und berücksichtigte, zitiert hier zwar die große alte Dame des deutschen Immaterialgüterrechts, die frühere Senatspräsidentin am Bundesgerichtshof GERDA KRÜGER-NIELAND, mit der Feststellung: «Die Ermittlung der im jeweiligen Marktgeschehen herrschenden Verkehrsauffassung bildet einen kaum zu vermeidenden Unsicherheitsfaktor für die Prognose in Kollisionsfällen. Die ursprüngliche Euphorie, in diesem Bereich könnten sog. repräsentative Meinungsumfragen zu gesicherten Ergebnissen führen, ist weitgehend einer m.E. berechtigten Skepsis gegenüber diesem Beweismittel gewichen»[2]. Beide Autoren aber, und das ist weitgehend eine Generationenfrage, sind noch geprägt von einer generellen

1 ALOIS TROLLER: Immaterialgüterrecht I, 3. Aufl. 1983, 252 f.

2 KRÜGER-NIELAND: Neue Beurteilungsmaßstäbe für die Verwechslungsgefahr im Warenzeichenrecht?, GRUR 1980, 426.

Abwehrhaltung gegenüber den Arbeitsergebnissen «windiger Soziologen». Eine jüngere Generation sieht hier die Lage - bei aller kritischen Reserve - deutlich anders. So beginnt eine neuere Veröffentlichung aus dem Hause des Max-Planck-Instituts in München mit der Feststellung: «Demoskopische Umfragen haben sich im Laufe der letzten 20 Jahre zu einem wichtigen Instrument der wettbewerbs- und warenzeichenrechtlichen Rechtspraxis entwickelt» und endet nach Erörterungen zur Abgrenzung der maßgebenden Verkehrskreise und zur Durchführungstechnik mit dem Satz: «Die Chancen und Möglichkeiten, die die Demoskopie für die wettbewerbs- und warenzeichenrechtliche Praxis bietet, lassen sich heute nicht mehr ernsthaft in Zweifel ziehen»[3]. Auch in der Schweiz beginnt man jetzt, obwohl bislang nur wenige Fälle bekannt wurden[4], in «Publikumsbefragungen» ein «Beweismittel von immer größerer Bedeutung» zu sehen[5]. Die folgenden Zeilen wollen daher die Möglichkeiten und Grenzen von Umfragen im Bereich des Markenrechts mit dem Ziele aufzeigen, die in der Schweiz wie anderswo noch weithin verbreitete Abwehrhaltung gegenüber einer Verwissenschaftlichung der Rechtspflege auf diesem Gebiet zu überwinden.

II. Rechtspflicht zur Heranziehung von Demoskopie?

Daß die Gerichte zurückhaltend gegenüber dem Einsatz von Demoskopie sind, ist verständlich. Wollen sie doch ihre richterlichen Freiräume hüten. Weniger verständlich ist die Zurückhaltung des Bundesamtes für geistiges Eigentum beim Eintragungs- und Löschungsverfahren. Bisher wurden lediglich zwei Marken aufgrund von Umfrageergebnissen eingetragen. Wenn auch die beteiligten Firmen selbst in Markenstreitigkeiten sich kaum auf demoskopische Ergebnisse stützen, so spielen die Kosten für die erforderlichen Erhebungen jedenfalls keine große Rolle. Abgesehen von Ausnahmefällen wie z.B. Unternehmen der Zigarettenindustrie, die eigene demoskopische Abteilungen unterhalten, ist zwar die Beauftragung von besonderen Meinungsforschungsinstituten erforderlich. Eine Erhebung im Rahmen einer sog. Omnibus-Befragung (Mehrthemen-Umfrage), die mit zusätzlichen Fragen an eine andere Befragung «angehängt» wird,

---

3 ROLAND KNAAK: Demoskopische Umfragen in der Praxis des Wettbewerbs- und Warenzeichenrechts, 1986, 1, 93.

4 Siehe BGE 99 II 401, 405; BGer. SMI 1984, 120, 124; Cour de justice de Genève SMI 1984, 323, 325, 328.

5 JÜRG MÜLLER: Aktuelle Fragen des Markenrechts, SMI 1984, 165 - 175 (172).

ist aber heute schon um Fr. 20'000.-- zu haben[6]. So ist der eigentliche Grund für den mangelnden Einsatz der Umfrageforschung wohl in der Vorstellung der Praktiker zu sehen, der Richter mache hier ohnehin, was er wolle. TROLLER zitiert zustimmend KRÜGER-NIELANDs Feststellung: «Das Ergebnis meiner Erkenntnisse nach nahezu 30jähriger anwaltlicher und richterlicher Tätigkeit auf diesem Rechtsgebiet läßt sich dahin zusammenfassen, daß sich an den bisherigen *theoretischen* Grundlagen zum Begriff der Verwechslungsgefahr *im Kerngehalt* nichts geändert hat und auch nichts ändern sollte»[7]. «Nach meiner Überzeugung - ich nehme hierbei den Vorwurf in Kauf, pro domo zu argumentieren - führt es zu der Lebenswirklichkeit entsprechenden Ergebnissen, wenn dem im Warenzeichenrecht erfahrenen Richter mit seinem breitgefächerten Anschauungsmaterial die Beantwortung der Frage nach der Verwechslungsgefahr jedenfalls in den Bereichen anvertraut bleibt, in denen er über eigene Verbrauchererfahrung verfügt»[8]. Beide: TROLLER wie KRÜGER-NIELAND beschränken ihre Feststellung über die Fundierung der Entscheidung im Expertenwissen des Richters auf dessen persönliche Lebenserfahrung. Aber selbst wenn man in Betracht zieht, daß hier die untere Instanz unter Beteiligung von Laienrichtern entscheidet, welche aufgrund ihrer Fachkenntnisse ernannt werden, so darf doch bezweifelt werden, ob der Richter in allen Fällen in der Lage ist, nicht nur im Namen des Volkes, sondern auch nach den Maßstäben des Volkes zu judizieren. Auf diese aber - das ist eine der wichtigsten theoretischen Grundlagen zum Begriff der Verwechslungsgefahr - kommt es entscheidend an.

Eine Marke darf nach MSchG 6 I nur eingetragen werden, wenn sie sich von den bisher eingetragenen Marken durch wesentliche Merkmale unterscheidet. Es ist daher zu prüfen, ob die Gefahr einer Verwechslung besteht. Nach MSchG 6 III darf eine gleiche oder ähnliche Marke nur dann eingetragen werden, wenn die durch sie gekennzeichneten Erzeugnisse oder Waren ihrer Natur nach von den mit der bereits hinterlegten Marke versehenen Erzeugnissen oder Waren gänzlich abweichen. Der Gebrauch gleicher oder verwechslungsfähiger Marken ist also nicht nur für gleiche Waren unzulässig, sondern für alle Waren, die nicht ihrer Natur nach gänzlich von der erstbezeichneten Ware abweichen[9]. Neben der Verwechslungsfähigkeit der Marke selbst kann es also auch auf die Warenähnlichkeit ankommen. Bei Verwechslungsfähigkeit von Marken oder

---

6 Das gilt auch für die Bundesrepublik Deutschland, siehe ANDREAS HELDRICH: Die Bedeutung der Rechtssoziologie für das Zivilrecht, AcP 186 (1986), 74 - 114 (89).

7 Fn. 2, 425.

8 Ebd., 426.

9 BGE 77 II 332.

Warenähnlichkeit liegt eine Irreführung des Publikums vor, die nach MSchG 24 zu Zivil- oder Strafklagen führen kann. Irreführende und deshalb die Verkehrskreise täuschende Zeichen sind sittenwidrig im Sinne von MSchG 14 I Ziff. 2 und dürfen daher nach MSchG 3 IV vom Bundesamt für geistiges Eigentum nicht eingetragen werden. Ferner kann ein Zeichen, das ursprünglich als Gemeingut anzusehen war, die Schutzfähigkeit nachträglich durch den Erwerb von Verkehrsgeltung erlangen und sich dadurch zur individuellen Marke entwikkeln[10]. In allen diesen Fällen kommt es auf die Vorstellungen des Publikums an, und diese können empirisch durch Demoskopie ermittelt werden. Im folgenden wird der Einfachheit halber nur die Verwechslungsfähigkeit der Marke behandelt. Als erstes taucht hier die Frage auf, ob und in welchem Umfang der Richter frei ist, Demoskopie heranzuziehen oder nicht.

Sind zur Entscheidung eines Rechtsstreits besondere Erkenntnisse und Fähigkeiten erforderlich, die das Gericht nicht oder nicht in ausreichendem Maße hat, ist die erforderliche Sachkunde durch die Mitwirkung von Sachverständigen als Form des Beweises zu beschaffen. Bei demoskopischen Erhebungen handelt es sich um einen solchen Sachverständigenbeweis[11]. Da juristische Personen nicht Sachverständige sein können, ist - sollte im Beweisbeschluß nicht der verantwortliche Sachverständige innerhalb eines Institutes persönlich benannt sein - der Leiter des Instituts oder ein von diesem hierfür zu benennender Fachmann als beauftragter Sachverständiger anzusehen[12]. Die befragten Personen, das Personal und der Leiter des Meinungsforschungsunternehmens sind Gehilfen des Richters[13]. Auf solche Gehilfen muß man nur dann zurückgreifen, wenn man die Sachkunde nicht selbst hat oder wenn sie nicht anderswo billiger zu beschaffen ist. In erster Instanz sind Handelsrichter aus dem Kreise der Kaufleute tätig. Hier genügt es, wenn einer von diesen die erforderliche Sachkunde hat. Dem Vorsitzenden und dem anderen Fachrichter können sie fehlen. Der sachkundige Richter übernimmt dann hier die Rolle des Sachverständigen[14]. Bei Markenstreitigkeiten ist es zur Bestimmung der erforderlichen Sachkunde

---

10 Dazu IRÈNE JENE-BOLLAG: Die Schutzfähigkeit von Marke und Ausstattung unter dem Gesichtspunkt des Freihaltebedürfnisses, 1981, 17 ff.; HEINRICH DAVID: Kommentar zum Schweizerischen Markenschutzgesetz, 2. Aufl. 1960, Art. 3 N 35.

11 BGH JZ 63, 225; BAUMBACH/HARTMANN: ZPO, 47. Aufl. 1989, 1 B vor § 402; LEIPOLD in STEIN-JONAS: ZPO Bd. II 2, 20. Aufl. 1989, Nr. 2 vor § 402.

12 KREFT in GLOY: Handbuch des Wettbewerbsrechts, 1986, § 17 Nr. 21.

13 BAUMBACH/HARTMANN (Fn. 11), ebd.; LEIPOLD (Fn. 11) Nr. 3, der (warum?) den Ausdruck «Helfer» des Richters vorzieht.

14 LEIPOLD ebd., Nr. 31.

wichtig zu erkennen, auf wessen Horizont bei der Frage nach der Verwechslungsfähigkeit der Marke abzustellen ist. Das sind nicht die Fachleute der betreffenden Branche, sondern die Endabnehmer der betreffenden Waren[15] oder - wie man im Markenrecht sagt - das Publikum[16]. Es kann nun sein, daß der Berufsrichter und (oder) ein Fachrichter in eigener Person zu diesem Publikum gehört, weil er selbst als Endabnehmer der betreffenden Ware auftritt. Sehr häufig dürfte aber dies nicht der Fall sein. Die aus dem Kreise der Kaufleute stammenden Fachrichter sehen, falls sie als solche nicht Endabnehmer sind, nur die Seite der Anbieter und gehören damit nicht zu den Leuten, auf deren Horizont das Gesetz abstellt.

Erstaunlicherweise besteht nun keine Rechtspflicht des Gerichts, in dieser Situation Sachverständige herbeizuziehen, vielmehr steht dies in seinem Ermessen[17]. Daß ein Ermessen bei der Entscheidung der Vorfrage besteht, ob überhaupt eine besondere Sachkunde erforderlich sei, wird mit dem Grundsatz der freien Beweiswürdigung erklärt[18]. Aber auch die Beurteilung der Frage, ob das Gericht das erforderliche Fachwissen selbst hat, steht in seinem pflichtgemäßen Ermessen. Der Richter kann sich also hier in «außerhalb seiner persönlichen Lebenserfahrung» liegende Verhältnisse «einfühlen»[19]. Das Revisionsgericht ist auf die Prüfung der Frage beschränkt, ob bei der so getroffenen Entscheidung die Grenzen des richterlichen Ermessens beachtet wurden[20]. Von dieser rechtlich anerkannten Möglichkeit einer richterlichen Nabelschau wird nun in der Rechtsprechung in aller Regel kräftiger Gebrauch gemacht. Ist es doch für die Gerichte viel bequemer und für die Parteien schneller und kostengünstiger, wenn der Richter in der Bejahung seines Einfühlenkönnens in den Endverbraucher keine Hemmungen kennt. Eine Mahnung wie die des führenden deutschen Kommentars zum Zivilprozeßrecht: «Das Gericht sollte aber in der Einschätzung seiner eigenen Sachkunde eher zurückhaltend sein. Will es ein Wissen an Erfahrungssätzen usw. verwerten, das über die allgemeine Lebenserfahrung, die normalen Kenntnisse eines gebildeten Menschen hinausgeht, so

---

15 BGE 98 II 142; TROLLER (Fn. 1), 230; auch die Warengleichartigkeit ist aus dem Blickwinkel des «letzten Abnehmers» zu beurteilen(BGE 84 II 314, 317 ff.; TROLLER S. 261).

16 Siehe KASPAR SPOENDLIN: Das Markenrecht im Lichte der schutzwürdigen Interessen, 1974, 12 - 14.

17 DAVID (Fn. 10), Art. 6 Nr. 3.

18 LEIPOLD (Fn. 11), Nr. 29.

19 So TROLLER (Fn. 1), 252.

20 LEIPOLD (Fn. 11), Nr. 26, 27.

muß es davon den Parteien Mitteilung machen und ihnen Gelegenheit zur Stellungnahme geben. Auch in der Urteilsbegründung muß in solchen Fällen näher dargelegt werden, wieso sich das Gericht die überdurchschnittliche Sachkunde zuschreiben durfte»[21] hat leider die Praxis der Markenrechtsprozesse nicht erreicht. Zwar sind die Handelsgerichte daran gewöhnt, Anfragen an die Berufsverbände der betreffenden Branche zu richten. Doch kommen auch die Branchenverbände nicht an den Endverbraucher heran[22]. Sie können nur das Urteil und das Verhalten von Fachleuten wiedergeben. Auch bei den Verbraucherverbänden, an die man hier denken könnte, wäre es kaum besser. Soweit diese überhaupt zu repräsentativen Umfragen unter ihren Verbrauchermitgliedern in der Lage sind, muß hier berücksichtigt werden, daß in solchen Verbänden nicht der durchschnittliche Verbraucher, sondern der besonders kritische Verbraucher organisiert ist. Die Verbraucherverbände müßten also Befragungen auch und gerade außerhalb des Verbandes durchführen, und das würde zu denselben Kosten für die Streitparteien führen wie die Befragung durch ein neutrales Meinungsforschungsinstitut. Es sind aber - das sei wiederholt - nicht diese Kosten, die die mangelnde Beauftragung der Meinungsforschungsinstitute erklären, sondern die in Wahrheit unbeschränkte Ermessensentscheidung der Gerichte, sich das erforderliche Fachwissen selbst zuzusprechen und sich mit Hilfe einer richterlichen Nabelschau in fremde Leute «einzufühlen»[23].

---

21 LEIPOLD ebd., Nr. 30.

22 So für die deutschen Industrie- und Handelskammern BAUMBACH/HARTMANN (Fn. 11), Anm. 1 B.

23 Ohne Hemmungen in dieser Hinsicht war früher das Handelsgericht Zürich, ZR 42 (1943), 24: «Das Gericht vermag nicht einzusehen, wie in derartigen Fällen, in denen es auf die Ansicht des Konsumenten, also des Publikums schlechthin ankommt, eine psychotechnische Expertise besser sollte zum Ziele führen können. Gerade ein Handelsgericht in der Besetzung von drei Handelsrichtern und zwei Berufsrichtern darf für sich in Anspruch nehmen, Fragen, wie sie hier zur Diskussion stehen, auf Grund eigener Lebenserfahrung mindestens ebenso zutreffend beantworten zu können, wie dies irgendwelche von einem psychotechnischen Experten befragte Personen zu tun vermöchten».

III. Der Untersuchungsgegenstand von demoskopischen Erhebungen über die Verwechslungsfähigkeit

Würden die Gerichte gegenüber dieser ihrer «Gefühlsjurisprudenz» die notwendige Selbstkritik aufbringen und einsehen, daß sie angesichts der Fortschritte der Umfrageforschung Aussagen über das Publikum den dafür zuständigen Fachleuten überlassen sollten, dann würde die Demoskopie trotz ihres Aufwandes an Zeit und Kosten die ihr zustehende Rolle in einer Rechtsprechung einnehmen können, die sich auf der Höhe der Zeit befindet. Wäre es doch ganz undenkbar, daß die Rechtsprechung in anderen Bereichen, etwa in Fragen der Medizin, in eine ähnliche Gefühlsjurisprudenz verfällt. Nur der Meinungsforschung gegenüber verhält sie sich so, als würde diese heute noch aus dem Kaffeesatz lesen. Allerdings ist ein Einsatz der Meinungsforschung nur sinnvoll, wenn die Juristen die richtigen Fragen stellen. Mit schwammigen Globalbegriffen wie «Verwechslungsfähigkeit» ist es nicht getan. Es ist also eine Zusammenarbeit zwischen Juristen und Meinungsforschern erforderlich, wenn es um die Festlegung des Untersuchungsgegenstandes geht. Diese betrifft vor allem die Auswahl der zu befragenden Personen sowie die Formulierung der entscheidenden Fragen. Dazu sollen im folgenden vom juristischen Standpunkt einige Anmerkungen gemacht werden.

1. Untersuchungsobjekt: Das Publikum

Mit der Ermittlung der Verwechslungfähigkeit ist dem Richter und seinem Gehilfen, dem Meinungsforschungsinstitut, eine schwierige Aufgabe gestellt: «Er muß nicht seine Reaktion, sondern diejenige von Drittpersonen feststellen, und zwar nicht einer einzelnen Person, sondern einer Personengesamtheit, nämlich von all denjenigen, an die sich die Marke wendet. Maßgebend ist der Eindruck, den die Marke bei den Interessenten für das von ihr bezeichnete Produkt erweckt. Man nennt sie im Markenrecht etwas unpräzis Abnehmer oder Konsumenten, womit die wirklichen oder bloß auch virtuellen Käufer erfaßt sind. Der Richter soll also eine Normalreaktion eines bestimmten Personenkreises ermitteln, dessen durchschnittliches Verhalten»[24]. Die Umfrage muß sich also an das Publikum richten[25] oder - wie es im deutschen Recht heißt - an die beteiligten Verkehrskreise[26]. Von den «Beteiligten» sind aber die Zwi-

24 So TROLLER (Fn. 1), 229 f.

25 So SPOENDLIN (Fn. 16), 12 ff.

26 KNAAK (Fn. 3), 83 f.

schenhändler auszunehmen, die Umfrage hat sich auf den Letztabnehmer zu beschränken[27]. Der Umfang der repräsentativen Stichprobe potentieller Käufer von «Münsterländer Brot» zwecks demoskopischer Ermittlung der Verkehrsauffassung von geographischen Herkunftsangaben wurde für eine Modellstudie von Fachleuten der Umfrageforschung in der Bundesrepublik mit 1000 als ausreichend angesehen[28]. Mit dieser Stichprobe wurde jedermann über 14 Jahre erfaßt, da Brot ein Artikel ist, den letztlich jedermann verwendet. Dabei stellte sich heraus, daß 80 % der Befragten mindestens gelegentlich Lebensmittel für den Haushalt einkaufen[29]. Ähnlich wie bei TROLLER, der von der «Normalreaktion» des potentiellen Kundenkreises spricht, wird in Deutschland auf den flüchtigen Durchschnittsbeschauer oder -hörer abgestellt[30]. Daran ist soviel richtig, daß der Endabnehmer im Regelfall flüchtig ist. Man wird jedoch mit TROLLER unterscheiden müssen: «Artikel des täglichen Bedarfs werden von allen Bevölkerungsschichten mit geringerer Aufmerksamkeit ausgewählt als Waren, bei denen man eine besondere Qualität voraussetzt und die man nur ab und zu anschafft[31]». Je nach Art der Ware kann daher vom durchschnittlichen Abnehmer mehr oder weniger Aufmerksamkeit erwartet werden.

Die Vorstellung, daß man eine bestimmte Aufmerksamkeit vom Endabnehmer erwarten könne, hat zur Folgerung geführt, die Verwechslungsgefahr sei ein normativer Begriff. Es handle sich hier um eine Rechtsfrage und nicht um eine Tatfrage[32]. Diese Vorstellung scheint auch deshalb einleuchtend, weil tatsächlich eingetretene Verwechslungen nur ein Indiz für die Wechslungsgefahr sein können, nicht hingegen ihre Voraussetzung sind. Auch genießt der Markeninhaber einen Rechtsschutz schon, bevor seine Marke dem Publikum bekanntgemacht wurde. Die Verwechslungsgefahr mit einer neuen Marke besteht in diesem Falle in einer rein hypothetischen Situation. Doch darf das nicht zu dem Schlusse führen, daß in diesem Falle die Frage nach der Verwechslungsfähigkeit gar nicht durch Erforschung des Bewußtseins des Publikums beantwortet

---

27 SPOENDLIN (Fn. 16), 13 N 4 will hingegen Zwischenhändler berücksichtigen, weil ihr Kaufentschluß über das Warenangebot bestimmt.

28 HANS-JÜRGEN OHDE: Zur demoskopischen Ermittlung der Verkehrsauffassung von geographischen Herkunftsangaben, GRUR 1989, 88 - 96 (90).

29 Ebd., 91.

30 KNAAK (Fn. 3), 84 mit Nachweisen.

31 TROLLER (Fn. 1), 230.

32 FRIEDRICH-KARL BEIER: Gedanken zur Verwechslungsgefahr und ihre Feststellung im Prozeß, GRUR 1974, 514 - 522; KNAAK (Fn. 3), 84 mit weiteren Nachweisen.

werden könne[33]. Warum sollte man nicht das relevante Publikum, anstatt daß man sich den Richter in dieses «einfühlen» läßt, empirisch in einer simulierten Kaufsituation testen? Der Einwand von SPOENDLIN lautet: «Gegenüber Umfragen, mit denen man die Urteilsbildung im Falle einer eventuellen, d.h. einstweilen noch hypothetischen Situation erforscht, (muß man) ganz generell ernsthafteste Bedenken anmelden ... Es handelt sich um die Gefahr einer unzulässigen Übertragung naturwissenschaftlicher Versuchsmethoden auf das Gebiet der menschlichen Urteilsbildung, eines Übersehens des Umstandes, daß das Fragemodell die eventuelle spätere Wirklichkeit, vor die der Befragte einmal gestellt werden könnte, nur unzulänglich simuliert, nicht aber darstellt. Es besteht keine Gewähr dafür, daß im Ernstfall, selbst wenn er bald folgt, das Ergebnis der Umfrage reproduziert wird. Die Empirie kann auf dem Gebiet des Rechts und der sozialen Erscheinungen nicht dieselbe, entscheidende Rolle spielen wie in der Naturwissenschaft und Technik»[34].

2. *Fragestellung: Die Täuschungsgefahr*

Es soll also für den Beweis ein großer Unterschied sein, ob ich experimentell überprüfen lasse, ob ein Kernkraftwerk betriebssicher ist (nur durch Simulation möglich) oder ob der Durchschnittskäufer Warenzeichen vermutlich verwechseln dürfte (nur durch Simulation möglich); denn der Mensch - so sieht man es - ist eben keine Maschine und demgemäß nur wenig vorhersehbar. Doch spricht dies gegen die experimentelle Erforschung menschlichen Verhaltens als Beweismittel? Keineswegs; denn die Frage ist doch nur, wer der Wirklichkeit im Regelfall am nächsten kommt: der einfühlsame Richter oder der methodenbewußte, ebenso einfallsreiche Sozialforscher, d.h. Intuition allein oder Empirie plus Intuition. Im ersten Falle sind markenrechtliche Prozesse das, als was sie der die Empirie ablehnende Fachmann selbst kennzeichnet, nämlich eine Lotterie. Im zweiten Falle sind sie Rechtsfindungsverfahren, die wissenschaftlich legitimiert sind nach dem sozialwissenschaftlichen Prinzip der Objektivität, wie es uns seit EMILE DURKHEIMs Werk von 1895 über «Die Regeln der soziologischen Methode» als Gegenbild einer durch subjektive sog. Lebenserfahrung verzerrten Wahrnehmung der Wirklichkeit als erstrebenswert erscheint[35].

---

33 So aber SPOENDLIN (Fn. 16), 20.

34 Ebd., N 28.

35 M. REHBINDER: Rechtssoziologie, 2. Aufl. 1989, 63 f.

Die Methoden der relativ jungen empirischen Sozialforschung sind ständig verfeinert worden und werden weiter verfeinert. So ist man zur Zeit dabei, wegen der Fehlerquellen direkter Befragungen über das Käuferverhalten die sog. Scanner-Technik zu entwickeln, die in experimenteller Versuchsanordnung die Möglichkeit eröffnet, unmittelbar zu beobachten, welchen Einfluß werbliche Angaben auf das Kaufverhalten der angesprochenen Verbraucherkreise ausüben[36]. Aber bevor solche Methoden ausreichend sichere Ergebnisse garantieren, muß mit ungenaueren Methoden gearbeitet werden, zumal die Ungenauigkeit häufig als statistischer Wert umfangmäßig berechnet und demgemäß bei Anwendung dieser Methoden sowie bei der Beurteilung ihrer Ergebnisse in Rechnung gestellt werden kann. Um Aufwendungen für einzelne Untersuchungsschritte zu vermeiden, die später vom Gericht in seiner freien Beweiswürdigung zur Seite geschoben werden, sollten Fragestellungen und Erhebungsmethoden von den Meinungsforschern vorher mit dem Gericht abgesprochen werden. Dabei ist jedoch den Gerichten nahezulegen, den Demoskopen als Gutachtern bei der Auswahl und dem Vorschlag der geeigneten Methoden eine «freiere Hand» zu lassen[37]. Diese wissen z.B., daß geschlossene Fragen (Fragen mit vorgegebenen Antwortalternativen), wie aus der politischen Meinungsforschung bekannt, bis auf verschwindende Prozentsätze genaue Feststellungen erlauben, wenn und soweit die Fragestellung keinen sog. konditionierenden Effekt, d.h. keine Suggestivwirkung hat. Eine Suggestivwirkung entfällt in aller Regel bei offenen Fragen. Diese bieten jedoch bei der Auswertung erhebliche Fehlerrisiken, insbesondere durch Mißverständnisse bei der Interpretation der Antworten und ihre Zuordnung bei der statistischen Auswertung zu bestimmten Gesichtspunkten (Vercodung mit Hilfe eines Schlüssels)[38]. Oft werden einige dieser Gesichtspunkte unterrepräsentiert sein, oder es werden sich neue Gesichtspunkte ergeben, die eine gezielte Nachbefragung erforderlich machen, je nachdem, welche Genauigkeit das Gericht für notwendig erachtet[39].

---

36 OHDE (Fn. 28), 96.

37 So richtig WINFRIED TILMANN/HANS-JÜRGEN OHDE: Die Mindestirreführungsquote im Wettbewerbsrecht und Gesundheitsrecht, GRUR 1989, 229 - 239, 301 - 312 (311).

38 Ebd., 238.

39 Ebd., 239.

IV. Zum Beweiswert der Umfrageergebnisse

Wenn es heute immer noch ein Ausnahmefall ist, daß die Gerichte die Frage der Verwechslungsgefahr nicht aus eigener Sachkunde entscheiden, sondern aufgrund des Ergebnisses einer demoskopischen Umfrage[40], so liegt das an einer grundlegenden Weichenstellung, die fragwürdig ist. Man hält die Verwechslungsgefahr (was richtig ist) für eine Rechtsfrage und nicht für eine Tatfrage und glaubt daher, daß Umfrageergebnisse allenfalls als Indizien eine Rolle spielen können, auf deren Nachweis (was falsch ist) man im Rahmen freier Beweiswürdigung auch gut verzichten könne[41]. Ob ein Kernkraftwerk betriebssicher, ob ein Arbeitsplatz gefahrgeneigt oder ob eine Marke verwechslungsfähig ist, ist eine im Verantwortungsbereich des Richters liegende Rechtsfrage; denn wie hoch das Risiko sein darf, damit ein Kernkraftwerk noch die Betriebsbewilligung erhalten darf, wie überdurchschnittlich gefährlich ein Arbeitsplatz sein muß, damit sich die Haftung des Arbeitnehmers für die von ihm verursachten Schäden ermäßigt, wie hoch die Quote durchschnittlicher Verbraucher sein darf, die sich angesichts der Markenähnlichkeit täuschen, das ist, da der Gesetzgeber hier den Entscheidungsmaßstab in wohltuendes Dunkel gehüllt hat, richterlicher «Willkür» überlassen. Das Ermessen der letzten Entscheidungsinstanz gibt den Ausschlag. Von Rechtssicherheit für die Verkehrskreise kann solange keine Rede sein, bis sich in der Rechtsprechung ein gemeinsamer Entscheidungsstandard herausbildet. Bis dahin besteht eine Rechtslücke (Lücke intra legem)[42], die der Richter zu füllen hat. Aber das heißt noch lange nicht, daß der Richter jetzt auf die Heranziehung von Sachverständigen für die hier in Betracht kommenden tatsächlichen Umstände nach seinem Ermessen verzichten kann (und da ein Verzicht die Parteien billiger kommt, würde ein solcher rechtlich geboten sein!). Keinem Verwaltungsrichter würde es einfallen, die Betriebsbewilligung für ein Kernkraftwerk aufgrund seiner «richterlichen Nabelschau» zu erteilen oder zu versagen. Dazu äußern sich in jedem Fall die Sachverständigen. Nur den Entscheid über das Vorliegen gefahrgeneigter Arbeit und über die Verwechslungsfähigkeit für die «durchschnittliche Hausfrau» glaubt der Richter durch «Einfühlung» bewältigen zu können. Man wird den Verdacht nicht los, daß der Unterschied hier wesentlich durch die soziale Relevanz der jeweiligen Entscheide beeinflußt wird. Wäre ein Fehlentscheid über die Schadenshaftung des Arbeitgebers oder das Verhalten durchschnittlicher Hausfrauen beim Warenkauf ähnlich folgenschwer, wie die Geneh-

---

40 KNAAK (Fn. 3), 89.

41 Ebd., 84 mit Nachweisen aus der deutschen Rechtsprechung.

42 M. REHBINDER: Einführung in die Rechtswissenschaft, 6. Aufl. 1988, 81 f.

migung eines unsicheren Kernkraftwerkes, würde kein Gericht sein Urteil ohne die Absicherung von Sachverständigen fällen. Fehlentscheide sind hier jedoch für das Ansehen des Gerichts weitgehend folgenlos.

Nach außen hin wird der Unterschied aber durch die unterschiedliche Sachkunde mittels «Einfühlung» erklärt. Was am Arbeitsplatz in einer Fabrik gefährlich ist und wie die Kaufentschlüsse von Hausfrauen im Supermarkt motiviert sind, das zu beurteilen fühlt sich jeder auch ohne die Hilfe Dritter für zuständig. Daß auch die Welt des Alltäglichen angesichts fortschreitender Arbeitsteilung in den Zuständigkeitsbereich von Fachleuten gerät und dem einzelnen nur bei «Problemberührung» durchschaubar wird, ist dem Durchschnittsbürger, der so oft von «Entfremdung» redet, nur schwer begreiflich und noch schwerer dem Juristen, der mit der Unwissenschaftlichkeit der Rechtswissenschaft leben gelernt hat und diese sogar als volksnah verteidigt. Wenn der Rechtssoziologe BARNA HORVATH den Durchschnittsmenschen als «juristischen Nachtwandler» bezeichnet[43], so kann man den Juristen, was seine Kenntnisse des Soziallebens angeht, ebenso treffend als «soziologischen Nachtwandler» bezeichnen. Wie anders sollte man denn auch einen Richter nennen, der sich auf den gewiesenen Weg des Sich-Einfühlens in den durchschnittlichen Endabnehmer einer Ware macht? Wer hier exaktere Methoden zugunsten einer vorwissenschaftlichen Methode ausschlägt, mag dies mit Kostenüberlegungen rechtfertigen und mit der Überlegung, daß dies immer noch besser sei, als daß er eine Münze wirft. Schließlich versucht man es bei einfachen Erkrankungen ja auch erst einmal mit einem «Hausmittel». Aber man muß klar sehen: «Allgemeine» Lebenserfahrung ist heute angesichts der Fortschritte der Sozialforschung dieser nicht mehr überlegen. Zwar kommt auch die Sozialforschung in Grenzbereichen nicht ohne Intuition aus, zwar ist auch Sozialforschung immer noch nicht exakt genug, als daß ihre Methoden nicht ständiger Verbesserung fähig wären. Aber es geht hier bei der Hinzuziehung von Sachverständigen als Gehilfen um die Legitimierung richterlicher Entscheidungen, und es wird interessant sein, in Zukunft zu beobachten, ob sich die Praktiker des schweizerischen Markenrechts weiterhin mit der Legitimierung von Gerichtsentscheidungen durch «soziologische Nachtwandler» zufriedengeben, d.h. ob sie weiterhin die Hilfe der Sozialwissenschaften auch in Fällen ausschlagen, die nicht «evident» sind. Es geht hier um eine Frage des beruflichen Niveaus. Man kann z.B. auch und tut das, den Einzug der Datenverarbeitung in das Rechtswesen verzögern. Juristen sind ja, das dürfte sich nachweisen lassen, vergleichsweise nicht gerade zu den fortschrittlichsten Berufsleuten zu zählen. Es gehört aber nicht viel prophetische

43 B. HORVATH: Rechtssoziologie, 1934, 262.

Gabe dazu vorauszusagen, daß der Generationenwechsel auch hier langfristig für einen Wandel der Verhältnisse sorgen wird.

Ist Theodor Geigers Demokratietherapie realistisch?

Festschrift für Herbert Helmrich, München 1994, S. 1139-1150

I. Die Stimmungsdemokratie als permanente Staatskrise

40 Jahre nach seiner Entstehung liest sich GEIGERs «Demokratie ohne Dogma» noch in weiten Teilen so, als sei sie heute geschrieben. Das trifft vor allem auf seine Zustandsschilderung zu, nach der sich die freiheitlichen Demokratien in einer ständigen Staatskrise befinden. Zwar ist es zu keiner Zeit gelungen, Staatsleben und Verfassungstext in völlige Übereinstimmung zu bringen. Besonders aber in den modernen Demokratien fällt das, was die Staatsrechtslehrbücher darüber aussagen, wie das Staatsleben funktionieren soll, und das, was ein auch nur flüchtiger Blick in das Verfassungsleben lehrt, wie der Staat wirklich funktioniert, derart auseinander, daß man für die Staatsverdrossenheit der Bevölkerung und die weitverbreitete moralische Geringschätzung der Politikerkaste alles Verständnis aufbringt. GEIGER hat seine Zustandsschilderung, auf welche Weise das Staatsleben sein Leitbild, das Demokratiemodell, verfehlt, auf einen Punkt gebracht. Er spricht von Stimmungsdemokratie (S. 368)[1]. Anstatt Sprachrohr von Interessengruppen zu sein und die Öffentlichkeit sachlich zu informieren, betätigen sich die Politiker als Meinungsmacher, «indem man die rechten Zauberformeln für vorhandene Massenstimmungen findet» (S. 352). Da es den Politikern im Hinblick auf das Mehrheitsprinzip darauf ankommen muß, möglichst viele Menschen für ihre Interessen zu mobilisieren, ist es am erfolgversprechendsten, mit ideologischen Leerformeln zu arbeiten, durch die sich möglichst viele angesprochen fühlen. Auf der Suche nach der Wählerschaft für die jeweiligen politischen Vorstellungen verbreitet man mit Hilfe moderner Propagandamethoden[2] Ideologien, die den Verstand umgehen und suggestiv an Stimmungen und Gefühle appellieren.

Die schädlichen Auswirkungen dieser Stimmungsdemokratie zeigen sich vor allem an zwei Punkten: an der fehlenden demokratischen Kontrolle von Parlament und Regierung sowie an den demokratiefeindlichen Auswirkungen des

---

1 Die im Text angegebenen Seitenzahlen beziehen sich auf TH. GEIGER: Demokratie ohne Dogma, 4. Aufl. 1991.

2 In der Schweiz als dem Mutter-, wenn auch in neuerer Zeit nicht gerade dem Musterland der Demokratie ist die Einschaltung teurer PR-Büros das heute übliche Verfahren.

Strebens nach Wertgemeinschaft im Staatsleben. Die dem Modell nach notwendige demokratische Kontrolle kann mangels fachtheoretischer Einsicht des Durchschnittsbürgers nicht funktionieren und verkommt zu Nörgelei und Querulantentum (Staatsverdrossenheit), falls der sog. gesunde Menschenverstand sich nicht selbstbescheiden für unzuständig, weil überfordert erklärt (S. 368 ff.). Mangels kritischer Aufklärung des Bürgers über diesen Sachverhalt holt sich dieser seine Orientierung aus vagen Stimmungen und allgemeinen Doktrinen und zwingt dadurch den Politiker, Politik für die Galerie zu machen (man denke an die Schimpforgien der Fernsehübertragungen aus dem deutschen Bundestag). Statt von Stimmungsdemokratie spricht man heute verbreitet im pejoritiven Sinne von Fernsehdemokratie. Falls «unpopulär», verzichtet der Politiker bedenkenlos auf die bestgeeigneten Mittel zugunsten weniger effektiver und kostspieligerer, nur um der Stimmung der Wählerschaft zu genügen. So aber ist demokratische Kontrolle nicht gemeint. Mangels intellektueller Haltung ihrer Bürger versucht Stimmungsdemokratie zweitens, ihre Wählermassen nach den Regeln der Wertgemeinschaft zu organisieren (S. 374 ff.). Sie ist daher ständig durch Abgleiten in die Diktatur bedroht: «Die Querulanten der Stimmungsdemokratie von heute sind die gegebenen Proselyten des Diktators von morgen» (S. 378). Wertgemeinschaften, die normative Ansprüche auf Verwirklichung gerade ihres Wertes erheben, stehen Wertgemeinschaften mit unterschiedlichen Zielen rechthaberisch und feindselig gegenüber. Die Debatte über die Abtreibung ist nur ein Beispiel. Kompromisse, die Konflikte verhindern würden, werden als Verrat am Wert betrachtet: «Wo Menschen im Zeichen des Wertpathos vereint sind, führt nicht die Einigkeit nach innen, sondern Haß nach außen das Wort. Wertpathos, verdichtet in geschiedene Fronten, wird zu einem furchtbaren Sprengstoff, zur gesellschaftszerstörenden Kraft» (S. 213).

II. Ursachen der Stimmungsdemokratie

Wenn die heutige Stimmungsdemokratie in gefährlicher Weise das staatliche Leitbild der Demokratie verfehlt, so beruht dies nach GEIGER weniger auf einem Konstruktionsfehler der Gesellschaft als auf einem Anpassungsfehler des Menschen (S. 59, 94, 260). Als notwendige Begleiterscheinung der technisch-wirtschaftlichen Zivilisation sind die gesellschaftlichen Kleingebilde, die auf emotionaler Grundlage durch Gemeinschaftsgefühl und herzliche Wärme zusammengehalten werden (S. 153), unter den Sachzwängen eines immensen Bevölkerungswachstums durch gesellschaftliche Großgebilde ergänzt worden, die die Menschen in sachlich-distanzierter Weise nur unter einem bestimmten Vergesellschaftungszweck zusammenführen (z.B. Parteien, Verbände, Staat). Ein gedeihliches Zusammenleben und eine ausreichende Güterversorgung in großräumigen Staatsgebilden kann nur durch Rationalität , d.h. durch ein Effizienzdenken aufgrund wissenschaftlicher Erkenntnis gewährleistet werden. Dadurch wird eine Scheidung von privater und öffentlicher Daseinssphäre bewirkt (S. 84, 89). Die funktionelle Trennung der Gesellschaft in öffentliches Leben und Privatleben wird jedoch vom Durchschnittsmenschen nicht bewältigt, der seine gefühlsmäßigen psychischen Bedürfnisse auch in der Großgesellschaft, d.h. jenseits des Familien- und Freundeskreises, ausleben will und daher nach den emotionalen Mustern der Kleingruppe in der «Massengesellschaft» verfährt. Da Großgruppen aber die Gruppenmitglieder nicht in ihrer Gesamtpersönlichkeit erfassen können, wie das für Sympathiebeziehungen erforderlich wäre, wird der Zusammenhalt dort durch ein gemeinsames Interesse als Integrationsgegenstand vermittelt (S. 170). Kollektivgefühle in Großgruppen sind also nicht Sympathie für den Mitmenschen, sondern Pathos für eine gemeinsame Sache (S. 156). Diese wird zum Ideal erhoben und durch ein Feindbild ergänzt. Das aggressive Wesen des Pathos (S. 156) beruht darauf, daß das gemeinsame Interesse zu einem Wert hochstilisiert wird. Werte aber sind für GEIGER keine Gegenstände der Tatsachenwelt, sondern bloße Vorstellung, eine Illusion (S. 199). Ein Mensch, der Werturteile fällt, beschränkt sich nicht darauf, sein Gefühlsverhältnis zu einem Wertungsgegenstand zu äußern, eine von GEIGER sog. Primärwertung als positive oder ablehnende persönliche Empfindung auszudrücken, sondern er deutet sein legitimes persönliches Gefühlsverhältnis illegitim in objektiv am Wertungsgegenstand gegebene Eigenschaften um (S. 200 f.), erhebt seine Primärbewertung mithin in die Ebene einer Objektivität, die sachliche Geltung beansprucht: «Wer anders wertet als ich, "hat Unrecht", er ist entweder unwissend und irregeführt oder geradezu ein Schurke» (S. 207). Die Wertidee ist also rechthaberisch. Während Unterschiede in der Primärbewertung keinen Anlaß zu Konflikten geben (die «Geschmäcker» sind eben verschieden), geht man für Wertideen, die man anderen aufzwingen will, gern in den Tod. Es ist also die Unkenntnis des Durchschnittsmenschen vom Illusionscharakter objektiver Werte, die das Pathos in Großgesellschaften so «lebensgefährlich» macht. Will man diese gefühlsmotivierten Wertkonflikte vermeiden, dann muß die Diskrepanz zwischen dem emotional reagierenden und in Sachen Werte erkenntnistheoretisch unaufgeklärten Durchschnittsmenschen und der modernen Gesellschaftsstruktur mit ihren Großgebilden überwunden werden.

III. Die Bekämpfung der Stimmungsdemokratie durch intellektuellen Humanismus

Dies kann auf zwei Wegen geschehen, nämlich entweder durch Anpassung der Gesellschaftsstruktur an die psychischen Bedürfnisse des Durchschnittsmenschen oder durch Anpassung des Durchschnittsmenschen an die Zivilisationsentwicklung. Die erste Möglichkeit muß nach GEIGER entfallen; denn die Entfaltung des rationalen Daseinsapparates der Großgesellschaft war keine Fehlentwicklung, sondern ein sachlich begründeter Fortschritt, der sich nicht ohne katastrophale Folgen für den Lebensstandard der gegenwärtigen Bevölkerungsmassen rückgängig machen läßt (S. 138). Denn im Falle des Ausstiegs aus Rationalität und Technik käme es zum Kampf um das nackte Überleben. Daher bleibt nur die Möglichkeit, «die Persönlichkeitsentwicklung des Menschen auf die Stufe zu erheben, die dem Aufbau und Apparat seiner Gesellschaft entspricht» (S. 139). Dies ist nach GEIGER machbar, weil die Persönlichkeitsentwicklung kulturabhängig und damit beeinflußbar ist (S. 143 f.).

Ziel eines solchen Erziehungsprozesses, das GEIGER intellektueller Humanismus nennt (S. 381), ist eine planmäßige Intellektualisierung des Menschen und seine Schulung in Gefühlsaskese (S. 140). Einer differenzierten, abstrakt-unpersönlichen Massengesellschaft, die vom Dualismus zweier Daseinssphären geprägt ist, ist nur ein intellektuell hochentwickelter Menschentypus gewachsen (S. 145). Denn der permanente Wechsel des einzelnen in seinen Daseinssphären und Vergemeinschaftungsformen sowie das Erkennen der gesellschaftlichen Zusammenhänge, zu deren Gestaltung der einzelnen in der Demokratie aufgerufen ist, erfordern von diesem erhebliche Verstandesleistungen (S. 148). Dabei geht es weniger um Wissensinhalte als um die Entwicklung von Denkmethoden, um die Zurückdrängung des Gefühls zugunsten vernünftiger Überlegung als Motiv politischen Handelns, kurz: um eine intellektuelle Haltung. Um dem demokratischen Grundprinzip einer selbständigen und selbstverantwortlichen Meinungsbildung zu genügen, muß der einzelne durch autonome Meinung das Vakuum füllen können, das mit dem Wegfall autoritärer oder traditionalistischer Dogmen entsteht, die Wertegemeinschaften postulieren. Gesellschaftszerstörende Wertkonflikte sind zu vermeiden, wenn man wertneutral das Motiv und die Notwendigkeit für die Einordnung in die Gesellschaft in dem existentiellen Aufeinander-angewiesen-sein, in der sozialen Interdependenz sieht (S. 233). Der Inhalt einer Ordnung richtet sich dann nicht nach vorgegebenen Werten, sondern nach den gesellschaftlichen Machtverhältnissen. Durch Zusammenschluß von Gleichgesinnten in Interessengruppen lassen sich diese verändern. Das Streben nach Veränderung hat aber in gesellschaftlich loyaler Weise zu erfolgen, ohne Werteschwindel und Stimmungsmache. Intellektuelle Haltung bedeutet Werteabstinenz und Gefühlsaskese (S. 231). Ein Leben ohne Metaphysik ist möglich (S. 273 ff.), Gefühle gehören in die Kleingruppe (Privatisierung des Gefühlslebens, S. 157). In Großgruppen, sollen diese dem Menschen nützen, müssen an die Stelle von Liebe und Sympathie Loyalität (S. 256 f.) und die Solidarität derer treten, die im selben Boot sitzen (S. 253).

Die hier erforderliche sachlich-rationale Geisteshaltung ist durch Ideologiekritik erreichbar (S. 260, 272). Indem das Werturteil ein subjektives Gefühlsverhältnis (primäre Wertung) zu einem sachlichen Aussageurteil über das «Wesen» von etwas umgestaltet, ist es der Prototyp einer ideologischen Aussage, die die Wirklichkeit verfehlt. Ideologiekritik deckt diese Verfälschung des Sachverhalts auf und weist ihre gesellschaftliche Wirkungsweise nach. Diese besteht im Staatsleben darin, daß Ideologen demokratischen Wählermassen ihre Partikularinteressen als besonders wertvoll für die Allgemeinheit darstellen, die Wähler zu pathetischen Wertgemeinschaften formen, indem sie die realen Interessenunterschiede zwischen ihnen verkleistern, und durch ihre propagandistischen Agitationen den staatliche Willensbildungsprozeß verfälschen. Will man hier entgegensteuern,muß man durch Intellektualisierung den Durchschnittsmenschen gegenüber Ideologie und ihrer Propaganda immunisieren (S. 225, 314). Ziel kritischer Aufklärung muß ein radikales Mißtrauen gegenüber jeder Form der Verkündigung sein (Glaubenslosigkeit als Bildungsziel: S. 274), das Wissen darüber, daß jeder Prophet falsch ist, der von Werten und vom Gesollten spricht. Diese grundsätzliche Abweisung metaphysischer und pragmatischer Behauptungen genügt. Nicht nötig ist die den Laienverstand natürlich übersteigende Fähigkeit, «den Trug im einzelnen kritisch zu entlarven» (S. 328).

Kritisch Aufgeklärte sind notwendigerweise theoretische Wertnihilisten (S. 305), weil sie um den illusionären Charakter der Werte wissen. Auf Dauer werden sie sich auch zu praktischen Wertnihilisten entwickeln, die sich aller Werturteile enthalten (S. 306), weil sie ihren Standpunkt - wie den der anderen - nicht als Offenbarung einer höheren Wahrheit betrachten. Sie werden und sollen im Interesse ihres praktischen Handelns ihre Gefühle und Wünsche äußern, aber sie werden dies ohne theoretische Verbrämung tun. So wird z.B. sozialwidriges Verhalten nicht länger in den Kategorien von Gut und Böse beurteilt, sondern es wird die jeweilige Sanktion mit der sozialen Interdependenz begründet und auf ein moralisches Unwerturteil verzichtet. Welche Folge hat dies für das Politikgeschehen in einer Demokratie?

Wertnihilismus als Erkenntnis vom Illusionscharakter objektiver Werte ändert nichts an der sozialen Tatsache von Primärbewertungen, d.h. an menschlichen Wünschen und Interessen. Eigennützige Interessenverfolgung ist nichts Anstößiges. Widerwärtig ist lediglich «die Verschanzung der Interessen hinter erheuchelten oder erschlichenen Idealen» (S. 319). In einer kritisch aufgeklärten Gesellschaft wird es «der Sprecher einer Agrarpartei nicht mehr zweckmässig finden, in einer wirtschaftlichen Diskussion die Erhöhung der Kornpreise mit dem vaterländischen Gesamtinteresse zu begründen, der Arbeiterführer wird in Lohntarifdebatten nicht mehr «das Recht auf den vollen Arbeitsertrag» oder die soziale Gerechtigkeit anrufen können, ohne sich lächerlich zu machen. Und der Textilfabrikant wird nicht mehr "von Gott sprechen, wenn er Kattun meint" (TH. FONTANE)» (S. 305). Der politische Willensbildungsprozeß hat lediglich den Zweck, das jeweilige Kräfteverhältnis festzustellen. Unverhüllte Interessenpolitik hat nicht nur den Vorteil größerer Ehrlichkeit und Sauberkeit des politischen Treibens, weil sie davon Abstand nimmt, «uneigennützige Besorgtheit um das Gemeinwohl vorzugeben und ihre eigenen Wunschziele danach umzudichten» (S. 302), sondern ihr sind auch engere Grenzen der Machtausübung gezogen als der pathetischen Politik im Dienste des «Guten». Denn der Kreuzzug für Ideen rechtfertigt so manche äußere Überbordungen, und das Einschwören auf Ideen rechtfertigt auch den Gesinnungsterror (S. 321 f.). Eine Politik hingegen, die keine Frage von Moral, sondern eine Frage von Machtverhältnissen ist, muß wesentlich früher mit dem Widerstand der Benachteiligten rechnen, so daß taktische Klugheit und Angst vor Machtverlust es nahelegen, den Bogen der Macht nicht zu überspannen (S. 322). Demokratie, die auf einen «Kollektivkultus der Werte» verzichtet, begreift sich als «modus vivendi der untereinander Uneinigen». Sie ist diejenige Staatsform, »die den unvermeidlich von der Gesamtheit gegenüber dem Einzelnen ausgeübten Zwang, den Druck der gesellschaftlichen Interdependenz, für alle im Durchschnitt verhältnismäßig am erträglichsten macht. Das ist das Beste, was man vor irgendeiner politischen Lebensform sagen kann» (S. 378).

IV. Ist intellektueller Humanismus utopisch?

Diese von GEIGER unter dem Eindruck des Zweiten Weltkrieges erhobene Forderung nach Vollendung der Aufklärung durch Intellektualisierung hat gegenwärtig einen schweren Stand. Heilslehren aller Art beherrschen die Szene, eine Welle des Irrationalismus geht um die Welt: die Hippie- und Drogenkultur führte zu einem Boom von Sekten, Fundamentalismus religiöser und politischer Art breitet sich allenthalben aus. Kaum ist der Sozialismus der östlichen Volksdemokratien am Ende, wird er durch fanatischen Nationalismus ersetzt und erstrahlen orthodoxe wie katholische Kirchen in altem Prunk - je absurder deren Dogmen, desto besser. Dabei täte nichts uns mehr not als die «intellektuelle Zucht» eines THEODOR GEIGER. Wie anders wollen wir die neue Weltordnung gestalten, den Ausgleich zwischen Ost und West, zwischen Nord und Süd? Wie anders soll das Wagnis einer multikulturellen EU gelingen? Die heutige Situation unterscheidet sich also in nichts von der Zeit, in der GEIGER schrieb, im Gegenteil. Denn die Bedrohungen, gegen die GEIGER anschrieb, haben weltweit zugenommen. Die Frage ist nur, ob auch die Lösung, die GEIGER zur Abwendung der Gefahren vorschlägt, heute noch als gangbarer Weg erscheint. GEIGER selbst hat erwartet, daß man seinen intellektuellen Humanismus für utopisch hält, weil man die Menschen nicht intellektualisieren, weil man ihnen nicht die Idealisierung ihrer Gefühle abgewöhnen könne (S. 379). Doch er sah keinen anderen Weg, als es mit Geduld und viel Mühe zu versuchen, auch wenn man nie völligen Erfolg haben und auch wenn es längere Zeit dauern werde. «Wenn etwas der menschlichen Natur eigen ist, dann ist es die fast unbegrenzte Anpassungsfähigkeit und Bildsamkeit» (S. 144).

Der hier geäußerte Gedanke einer nahezu beliebigen Formbarkeit des Menschen entsprach der die erste Hälfte dieses Jahrhunderts beherrschenden Lehre des Behaviorismus, wie er bei GEIGER auch in seiner Untersuchung von Lernvorgängen mit Hilfe von Tierexperimenten[3] und in seiner Ablehnung des wissenschaftlichen Aussagewertes von Begriffen wie Rechtsbewußtsein[4] zum Ausdruck kommt; denn zu den Grundlagen dieser Forschungsrichtung gehörte der Verzicht auf die Analyse erlebbarer und verstehbarer Zusammenhänge mit Hilfe von Introspektion zugunsten der Erklärung des Verhaltens durch das Reiz-Reaktions-Schema[5]. Andererseits ist es wenig wahrscheinlich, daß GEIGER einen extremen Kulturdeterminismus vertrat. Gehörte er doch zu denjenigen Soziologen, die sich sehr früh mit der heute viel diskutierten Soziobiologie[6] beschäftigt haben[7]. Wäre er in der Lage, sich am heutigen Stand der Soziobiologie zu orientieren, um seinen intellektuellen Humanismus gegen den Vorwurf des Utopismus zu verteidigen, so würde die Soziobiologie für ihn eine gute und eine schlechte Nachricht enthalten. Nehmen wir - wie üblich - die schlechte

---

3 Vorstudien zu einer Soziologie des Rechts, 4. Aufl. 1987, 75.

4 Fn. 3, 340 ff.

5 Begründer des Behaviorismus war J.B. WATSON, siehe z.B. Behaviorism, New York 1925 (dt. Behaviorismus, 1968); Hauptvertreter: B.F. SKINNER,siehe z.B. Jenseits von Freiheit und Würde, 1972, ders.: Was ist Behaviorismus?, 1978.

6 Die heutige Diskussion eines genetischen Determinismus begann mit der Arbeit von E. O. WILSON: Sociobiology: The New Synthesis, Cambridge/Mass. 1975.

7 Siehe seine Abhandlung: Das Tier als geselliges Subjekt, in: Forschungen zur Völkerpsychologie und Soziologie X (1931), 283 - 307, und seine Veröffentlichungen über Eugenik, vornehmlich: Erbpflege. Grundlagen, Planung, Grenzen, 1934.

zuerst. Sie lautet: Gefühlsaskese ist äußerst schwer anzuerziehen, weil das Streben nach Wertgemeinschaft genetisch verankert ist.

1. Neigung zu Wertepathos ist genetisch verankert

Überblickt man den heutigen Stand der Forschung, so scheint sich in der Frage der Determinanten des Sozialverhaltens zwischen «Biologisten» und «Kulturisten» ein Kompromiß anzubahnen[8]. Die «Biologisten», für die auch Kultur biologisch determiniert ist[9], bestehen heute aus den Soziobiologen[10], die Evolution am Maßstab der Erhaltung des Erbguts des Individuums sehen, und den evolutionstheoretischen Ethologen[11], die Evolution am Maßstab der Arterhaltung sehen. Trotz divergierender Auffassungen im einzelnen gibt man heute allgemein zu, daß das Sozialverhalten des Menschen große Plastizität deshalb aufweise, weil für menschliches Verhalten genetisch nur bestimmte Neigungen oder Anlagen vorhanden sind, die durch kulturelles Lernen «überformt», d.h. ausgerichtet oder ausgeschaltet werden können. Die «Kulturisten» hingegen, die im Gegensatz zu den Biologisten einen Kulturdeterminismus dahin vertreten, daß der Mensch ausschließlich durch Kultur bestimmt werde und nicht durch seine genetischen Anlagen, geben inzwischen zu, daß der Mensch bei seiner Geburt nicht etwa eine tabula rasa ist, wie es der Behaviorismus sah, sondern daß kulturelle Informationen für das Verhalten der Menschen (sog. Meme) mit den genetischen Informationen nicht nur einhergehen[12], son-

---

8 Dazu eingehend FRANZ M. WUKETITS: Gene, Kultur und Moral. Soziobiologie pro und contra, 1990.

9 Aufbauend auf DARWIN für Deutschland grundlegend ERNST HAECKEL: Die Lebenswunder, 1905.

10 Siehe WILSON (Fn. 6); R. DAWKINS: The Selfish Gene, New York 1976 (dt: Das egoistische Gen, 1978); ders.: Der blinde Uhrmacher. Ein neues Plädoyer für den Darwinismus, 1987.

11 K. LORENZ: Über tierisches und menschliches Verhalten, 2 Bde. 1965; ders.: Vergleichende Verhaltensforschung, 1978; W. WICKLER: Die Biologie der Zehn Gebote, 1975; WICKLER/U. SEIBT: Das Prinzip Eigennutz. Ursachen und Konsequenzen sozialen Verhaltens, 1977; I. EIBL-EIBESFELDT: Die Biologie menschlichen Verhaltens, 1984.

12 HANS MOHR: Natur und Moral, 1987, 26: Kombination von genetisch fixierter Erfahrung (Wissen a priori) und durch Lernen individuell erworbener Erfahrung (Wissen a posteriori); WUKETITS (Fn. 8), 74 f.: genetisch-kulturelle Ko-Evolution. «In der organischen Evolution werden Informationen - in Form von Ideen, Wissen - individuell gesammelt und im Gehirn gespeichert, auf materiellen Trägern (auf

dern daß sie auch biologisch miteinander verknüpft werden können. Wie man sich das im einzelnen vorzustellen hat, dafür sind bisher lediglich Modelle entwickelt worden, denen aber durchaus Plausibilität zuzusprechen ist[13].

Ein solches Modell, das bereits im Tierversuch mit Perlhühnern bestätigt worden ist, besteht für den Vorgang der Prägung. Danach hat eine bestimmte Hirnregion genetisch bedingt eine bestimmte Anzahl von Synapsen, die die Neuronen miteinander verknüpfen. Durch den Prägevorgang des Lernens werden die wiederholt gebrauchten Verknüpfungen zu leistungsfähigen Strukturen ausgebaut und die nicht gebrauchten Synapsen verkümmern. «Durch Entfernen des Ungeeigneten werden die leistungsfähigen Strukturen gemeißelt»[14]. Auch der Vorgang des Lernens hat eine biologische Grundlage, die durch neurophysiologische Forschung gesichert, wenn auch noch nicht vollständig erklärt ist. Danach produziert das Gehirn aufgrund eines genetischen Programms neurochemische, opiumhaltige Substanzen (sog. Endorphine), die so wirken, daß sie ein bestimmtes Verhalten durch Wohlgefühl belohnen. Auslöser für die Produktion dieser Substanzen ist ein vom Behavioristen SKINNER sog. Verstärkerreiz, da die Belohnung bewirkt, daß der Auslösevorgang möglichst oft wiederholt wird. Das Gehirn reagiert also auf ein tatsächliches Verhalten, das mit einem gespeicherten Regelmodell für das Verhalten übereinstimmt. Dieses Regelverhalten ist die Norm, die durch Belohnung gelernt wird[15]. Damit ist - wie VERBEEK[16] feststellt - «das Angeborene, nämlich die begierig auf Lernen oder Prägung lauernde Neuronenschaltung, in die Lernwelt der Behavioristen eingebrochen», andererseits aber auch der totgesagte Behaviorismus in den Bereich der Evolutionsbiologen, nämlich «in den Bereich der artspezifischen Lerndispositionen».

Durch Prägung werden also in der Phase der reifenden Persönlichkeit Verhaltensmuster biologisch verankert. Auch später kann, solange das Individuum lernfähig bleibt, bestimmtes Verhalten eingeübt werden, wenn das auch bekanntermaßen schwieriger ist («was Hänschen nicht lernt, lernt Hans nimmermehr»).

Tontafeln, in Büchern usw.) aufgezeichnet und damit auf andere Individuen weitergegeben (tradigenetische Informationsübertragung)».

13 So WUKETITS (Fn. 8), 142.

14 BERNHARD VERBEEK: Die Anthropologie der Umweltzerstörung, 1990, 148 mit Nachweisen.

15 Siehe näher BARTLEY G. HOEBEL: Neurogene und chemische Grundlagen des Glücksgefühls, in: M. GRUTER/M. REHBINDER: Der Beitrag der Biologie zu Fragen von Recht und Ethik, 1983, 87 - 109.

16 Fn. 14, 160.

Während kulturelle Informationen diejenigen Verhaltensmuster vermitteln, die sozial akzeptiert sind, vermitteln genetische Informationen (Instinkte) Verhaltensmuster, die sich evolutionsbiologisch als nützlich erweisen haben. Ist etwas genetisch vorgegeben, kann es nur noch mit größerer Mühe kulturell umgepolt, überformt werden. Das nun erklärt das Verhaftetsein der Menschen im Wertdenken und im Streben nach Gefühlsgemeinschaft. Alle Verhaltenswissenschaftler sind sich darin einig, daß der Mensch in seinem genetischen Programm auf der Stufe des Lebens in Kleingruppen stehen geblieben ist. Als Konsequenz einer Lebensform des Menschen, die über Jahrmillionen dauerte, zeigt sich spontan ein Gruppenzentrismus mit «Wir»-Gefühl, mit Unterscheidung von Eigengruppe und Fremdgruppe bei Sympathiebeschränkung auf die Eigengruppe[17]. Angeboren ist auch, daß der Mensch ein soziales Wesen ist, d.h. zur Kooperation neigt; denn dies hat sich entwicklungsgeschichtlich als nützlich erwiesen[18]. Aber auch dies ist beschränkt auf die Kleingruppe. Ferner ist die Bewältigung von Lebensangst in einer undurchschaubaren Welt durch Glauben aller Art selektiv gefördert worden und daher als Illusionsneigung genetisch verankert[19]. Auch und gerade die evolutionsbiologische Literatur betont heute einhellig mit GEIGER, daß diese evolutionsgenetische Ausstattung des Menschen der heutigen Lebenswelt unangemessen ist, so daß eine kulturelle Überformung überlebenswichtig wird, zumindest notwendige Voraussetzung ist, um auf humane Art miteinander umzugehen[20]. Den von KONRAD LORENZ beschriebenen «Abbau des Menschlichen»[21] sieht man wie GEIGER als Resultat einer Unangepasstheit des Menschen an die heutige Großgesellschaft[22]. Da dieser «Abbau des Menschlichen» genetisch verankert ist, ist ein Gegensteuern so schwierig.

---

17 WUKETITS (Fn. 8), 72 f. mit Nachweisen.

18 WUKETITS (Fn. 8), 44 - 62.

19 VERBEEK (Fn. 14), 84 ff.

20 WUKETITS (Fn. 8), 138 ff.

21 K. LORENZ: Der Abbau des Menschlichen, 1978.

22 WUKETITS (Fn. 8), 140; MOHR (Fn. 12), 85: «Die Zukunft des Menschen wird entscheidend davon abhängen, inwieweit es uns gelingt, die in der modernen Welt *obsolet* gewordenen biologischen Determinanten unserer Neigungsstruktur bei unserem tatsächlichen Handeln durch Vernunft und Moral zu überspielen. Natürlich können (und wollen) wir an unseren Genen nichts ändern, aber wir könnten (und müßten) die Expression unserer verhaltensbestimmenden Gene durch Vernunft und Moral stärker zügeln und kanalisieren, als dies in den vergangenen Epochen der kulturellen Entwicklung geschehen ist».

2. *Intelligenzentwicklung ist evolutionsbiologisch möglich*

Auf der anderen Seite enthält nun aber die Soziobiologie, was dieses Gegensteuern angeht, auch die schon angekündigte gute Nachricht. Wenn die evolutionsbiologische Literatur in einem übereinstimmt, so ist es die Feststellung, daß es die Anforderungen zur Lösung neuer und schwieriger sozialer Probleme waren, die der «Auslöser» zur Entwicklung der Intelligenz gewesen sind[23], und daß es die Umweltbedingungen sind, die einen wichtigen Beitrag zur Intelligenzentwicklung leisten[24]. Diesen Weg der Intelligenzentwicklung zu gehen, treibt uns nicht der Fortpflanzungserfolg (also die Natur), sondern unser politischer Wille zum Humanismus (also die Kultur), unser politischer Wille zur pluralistischen Demokratie. Es ist eine Sachgesetzlichkeit für das Überleben in Freiheit, von der Stimmungsdemokratie Abschied zu nehmen, in der - wie GEIGER schreibt (S. 250) - die öffentliche Debatte unter dem Vorwand, den anderen überzeugen zu wollen, nur dem Ziele dient, «einander im Urteil der Öffentlichkeit zu diskreditieren». Besser könnten die heutigen Fernsehübertragungen aus dem deutschen Bundestag sowie die Stellungnahmen der Repräsentanten der deutschen Parteien in der Tagesschau nicht charakterisiert werden. Dieses demokratische Affentheater mit seinen Schimpforgien, die den Stand des Politikers moralisch bloßstellen, kann in der Tat nur aufhören, wenn es in der Öffentlichkeit nicht mehr verfängt. Solches wird angesichts des unbestreitbaren Unterhaltungswertes dieses Theaters nur dann der Fall sein können, wenn wir gegen die Interessen des politischen Establishment den von GEIGER aufgezeigten Weg der Intellektualisierung einschlagen. Die Höhenluft der GEIGERschen Wertabstinenz zu ertragen, erfordert ja nicht die Aneignung des Wissens unserer Zeit. GEIGER stellt deutlich heraus, daß damit der Durchschnittsmensch überfordert wäre. Der Staatsbürger muß also das meiste dem Fachmann überlassen (S. 358, 372). Kritische Aufklärung als Ideal bedeutet also keine «Heldenethik»[25], sondern sie sollte, so wie sie GEIGER (S. 327 ff.) einge-

---

23 KARL GRAMMER: Biologische Grundlagen des Sozialverhaltens, 1988, 38 - 43.

24 WUKETITS (Fn. 8), 126 f. mit Nachweisen.

25 Über MAX WEBERs Unterscheidung von Heldenethik und Durchschnittsethik siehe MARIANNE WEBER: Max Weber - ein Lebensbild, 1926, 418 f. NIETZSCHE, der oft als Begründer einer biologischen Soziologie bezeichnet wird (vgl. EMANUEL HURWITZ: Otto Gross, suhrkamp Taschenbuch 1504, 1988, 105 f.), hat behauptet, durch Repressalie der Allgemeinheit würden große Individuen ausgemerzt (negative Selektion). GEIGER ist diesem Elitedenken, das seit FRANCIS GALTON und der Eugenics Education Society von 1907 viele Evolutionsbiologen kennzeichnete (Sozialdarwinismus, siehe WUKETITS [Fn. 8], 10 ff.) als Demokrat entgegengetreten, siehe: Erbpflege, 1934, 84: «Mit Unrecht wird vielfach unterstellt, die Demokratie beruhe auf dem

hend schildert, auch dem Durchschnittsmenschen (langsam zwar und mit vielen Rückschlägen) möglich sein. Ist doch das «Mängelwesen» Mensch, wie die moderne Anthropologie betont, dasjenige Lebewesen, das sich denkend von sich selbst, und das heißt auch: von seinen genetischen Anlagen distanzieren kann. Daher scheint mir der GEIGERsche Erziehungsoptimismus, sein Glaube an intellektuellen Humanismus als Retter der Demokratie, langfristig berechtigt zu sein.

Gedanken der Gleichwertigkeit aller Menschen. Das Gegenteil ist der Fall; wenn die Menschen nicht von Geburt ungleich wären, bedürfte es nicht der individuellen Auslese und der Durchlässigkeit der sozialen Schichtgrenzen ... Gerade das genossenschaftliche (im Gegensatz zum aristokratischen) Denken, das der Idee nach von jedem einzelnen Menschen Bewährung fordert, entspricht viel mehr unseren neuzeitlichen biologischen Lehren vom Menschen; da es bei ihm keine reinen Linien gibt, ist der Erbausfall jeder denkbaren Paarung unsicher».

Rechtspluralismus und Rechtseinheit

1995

Fragt man, welche juristischen Mittel einem Staate zur Verfügung stehen, um bei pluralistischer Rechtsordnung ein Mindestmaß an Rechtsgleichheit und an gesamtgesellschaftlicher Wirksamkeit staatlichen Eingreifens zu gewährleisten, so sind zunächst die Voraussetzungen dieser Fragestellung näher zu erläutern: Was ist eine pluralistische Rechtsordnung? Welcher Rechtspluralismus ist hier gemeint?

I. Was ist Rechtspluralismus?

Für unsere Zwecke empfiehlt es sich, die Verwendung der Bezeichnung Rechtspluralismus in drei verschiedenen Bereichen zu unterscheiden: in der Rechtsanthropologie, in der Politologie und in der Rechtssoziologie.

A. *Der Rechtspluralismus der Rechtsanthropologen*

«Stammvater» der wissenschaftlichen Beschäftigung mit der Erscheinungsform eines Rechtspluralismus in allen drei Bereichen war einer der bedeutendsten deutschen Rechtswissenschaftler, der Germanist OTTO VON GIERKE (1841-1921)[1]. Ausgehend vom Rechtsdenken des Mittelalters und im Gegensatz zum individualistischen Rechtsdenken seiner Zeit beschäftigte er sich mit dem Recht der Körperschaften, von ihm in Erweiterung des heutigen Begriffsverständnisses «Genossenschaften» genannt[2]. Genossenschaften waren für ihn Untergruppen der Gesellschaft, die einen vom Willen ihrer Mitglieder verschiedenen Gruppenwillen entwickeln und damit zu realen Verbandspersönlichkeiten werden[3]. Genossenschaften entwickeln jeweils ihre eigene Rechtsord-

---

1 Über seine Bedeutung in unserem Zusammenhang siehe LEOPOLD POSPISIL: Anthropologie des Rechts, 1982, 143; ERNST FRAENKEL: Der Pluralismus als Strukturelement der freiheitlich-rechtsstaatlichen Demokratie, Verhandlungen des 45. Deutschen Juristentages, 1964, Bd. II B, 5 - 29, 23; EUGEN EHRLICH: Grundlegung der Soziologie des Rechts, 4. Aufl. 1989, 32, 47 f., 142 f.

2 Siehe: Das deutsche Genossenschaftsrecht, 4 Bde. 1868 - 1881 (Nachdruck 1954).

3 Das Wesen der menschlichen Verbände, 1902 (Neudruck 1965).

nung als System von Regeln, «die jedem Angehörigen der Genossenschaft seine Stellung, seine Über- und Unterordnung in der Gemeinschaft und seine Aufgaben anweisen»[4]. Eugen Ehrlich schuf in Erweiterung dieses Genossenschaftsrechts seinen Begriff des lebenden Rechts, der über das alles umfassende, gesamtgesellschaftliche «staatliche» Recht hinausgehend auch die Ordnung der jeweiligen Untergruppierungen zum Gegenstand hatte, deren Handlungsnormen für die Verbandsmitglieder durch die Entscheidungsnormen des Juristenrechts sowie die Entscheidungs- und Verwaltungsnormen des staatlichen Rechts zwar beeinflusst waren, die aber die innere Ordnung eines einzelnen Verbandes und damit nicht staatliches, sondern gesellschaftliches Recht sind[5]. Mit Ehrlichs Feststellung: «Alle bisherigen Versuche, sich über das Recht klar zu werden, sind daran gescheitert, daß nicht von der Ordnung in den Verbänden, sondern von den (staatlichen) Rechtssätzen ausgegangen worden ist»[6] wurden — wie Pospisil[7] betont - «die Grundlagen für die moderne Rechtsanthropologie geschaffen». Frühere Ethnographen hatten nämlich, wenn sie bei den von ihnen untersuchten Völkern keine umfassende politische Organisation feststellten, das Nichtvorhandensein von Recht konstatiert[8]. Der Durchbruch zum heutigen Rechtspluralismus vieler Anthropologen erfolgte aber durch den Ehrlich—Kenner KARL N. LLEWELLYN (1893 - 1962). In dessen klassischer Studie über die Cheyenne—Indianer, die er in Zusammenarbeit mit dem Anthropologen E. ADAMSON HOEBEL im Jahre 1941 publizierte, wurde gegenüber dem Recht der Gesamtgesellschaft auch vom Recht der einzelnen Untergruppen der Gesellschaft gesprochen. Wenn nicht die Gesellschaft als ganzes, sondern die einzelnen Untergruppen ins Blickfeld treten, heißt es dort[9], «dann können bei diesen kleineren Einheiten gänzlich und fundamental verschiedene Rechtssysteme gefunden werden und von der Ebene der Gesamtgesellschaft herrührende Verallgemeinerungen hinsichtlich dessen, was in 'der' Familie oder in 'diesem Verbandstypus' vorliegt, haben ihre Risiken. Das totale Bild des Rechtsstoffes schließt in jeder Gesellschaft neben dem wichtigen Rechtsstoff des Ganzen auch

4 EHRLICH (Fn. 1), 32.

5 Näher MANFRED REHBINDER: Die Begründung der Rechtssoziologie durch Eugen Ehrlich, 2. Aufl. 1986, 72 - 74, 122 - 126.

6 Fn. 1, 44.

7 Fn. 1, 144.

8 Siehe A.R. RADCLIFFE-BROWN: Structure and Function in Primitive Society, New York 1952, 216 f., und die Nachweise bei POSPISIL ebd., 139 f.

9 KARL N. LLEWELLYN/E. ADAMSON HOEBEL: The Cheyenne Way. Conflict and Case Law in Primitive Jurisprudence, Oklahoma 1941, 28.

den unter- oder beigeordneten Rechtsstoff der kleineren Handlungseinheiten ein».

Allerdings hat LLEWELLYN anders als EHRLICH seinen außerstaatlichen Rechtsbegriff nicht am regelmäßigen Verhalten der Verbandsmitglieder angeknüpft, sondern an der Möglichkeit der Normdurchsetzung durch einen speziellen Zwangsapparat, den Rechtsstab, der in der Gruppe die erforderliche Autorität hat[10]. Rechtsstab war aber nicht nur der staatliche Rechtsstab, sondern er konnte auch der Erzwingungsstab der Untergruppe sein. Auch für POSPISIL besteht heute kein Rechtsmonopol der Gesamtgesellschaft. Recht sind für ihn alle aus den Entscheidungen gesellschaftlicher Autoritäten (1) abgeleiteten Prinzipien sozialer Kontrolle, die unter Festsetzung von Sanktionen (2) den Anspruch auf allgemeine Geltung erheben (3) für ein zwischen zwei Personen bestehendes Verhältnis von verpflichtendem Charakter (4)[11]. Aber auch wenn man dem Zwangsapparat der Untergruppen den gleichen Charakter zuspricht wie dem Rechtsstab der Gesamtgesellschaft, so gibt es doch unter den Rechtsanthropologen noch viele, die die Bezeichnung Recht für ein Mittel der sozialen Kontrolle der Gesamtgesellschaft reservieren, um nicht den durch Gangster ausgeübten Zwang für rechtmäßig erklären zu müssen. Dazu gehört auch Hoebel in seinen späteren Schriften[12]. Dahinter steckt nicht notwendig, wie POSPISIL[13]meint, ein moralisches Werturteil, das die Untersuchung von Verbrecherbanden aus der Untersuchung des Rechts ausklammern möchte. Ist das organisierte Verbrechen doch ein wichtiger Faktor für die Unwirksamkeit des Rechts. Aber die Organisations- und Verhaltensregeln gesellschaftlicher Untergruppierungen sollten nach Auffassung auch einiger Anthropologen trotz ihres Charakters als Recht im sozialwissenschaftlichen Sinne nicht als Recht bezeichnet werden, wenn man Mißverständnisse ausschließen will. Andernfalls könnte man bei einem staatlichen Richter, dessen Spruch sich gegen die Mafia richtet, von Rechtsbeugung sprechen[14].

---

10 LLEWELLYN: The Normative, the Legal and the Law Jobs, Yale Law Journal 49, 1940, 1355 - 1400 (1396).

11 Über diese vier Merkmale des Rechts siehe eingehend FN. 1, 65 - 136.

12 E. ADAMSON HOEBEL: The Law of Primitive Man, Cambridge (Mass.) 1954, 27.

13 FN. 1, 155.

14 Vgl. M. REHBINDER: Rechtssoziologie, 3. Aufl. 1993, 64 f.

den unter- oder beigeordneten Rechtsstoff der kleineren Handlungseinheiten ein».

Allerdings hat LLEWELLYN anders als EHRLICH seinen außerstaatlichen Rechtsbegriff nicht am regelmäßigen Verhalten der Verbandsmitglieder angeknüpft, sondern an der Möglichkeit der Normdurchsetzung durch einen speziellen Zwangsapparat, den Rechtsstab, der in der Gruppe die erforderliche Autorität hat[10]. Rechtsstab war aber nicht nur der staatliche Rechtsstab, sondern er konnte auch der Erzwingungsstab der Untergruppe sein. Auch für POSPISIL besteht heute kein Rechtsmonopol der Gesamtgesellschaft. Recht sind für ihn alle aus den Entscheidungen gesellschaftlicher Autoritäten (1) abgeleiteten Prinzipien sozialer Kontrolle, die unter Festsetzung von Sanktionen (2) den Anspruch auf allgemeine Geltung erheben (3) für ein zwischen zwei Personen bestehendes Verhältnis von verpflichtendem Charakter (4)[11]. Aber auch wenn man dem Zwangsapparat der Untergruppen den gleichen Charakter zuspricht wie dem Rechtsstab der Gesamtgesellschaft, so gibt es doch unter den Rechtsanthropologen noch viele, die die Bezeichnung Recht für ein Mittel der sozialen Kontrolle der Gesamtgesellschaft reservieren, um nicht den durch Gangster ausgeübten Zwang für rechtmäßig erklären zu müssen. Dazu gehört auch Hoebel in seinen späteren Schriften[12]. Dahinter steckt nicht notwendig, wie POSPISIL[13]meint, ein moralisches Werturteil, das die Untersuchung von Verbrecherbanden aus der Untersuchung des Rechts ausklammern möchte. Ist das organisierte Verbrechen doch ein wichtiger Faktor für die Unwirksamkeit des Rechts. Aber die Organisations- und Verhaltensregeln gesellschaftlicher Untergruppierungen sollten nach Auffassung auch einiger Anthropologen trotz ihres Charakters als Recht im sozialwissenschaftlichen Sinne nicht als Recht bezeichnet werden, wenn man Mißverständnisse ausschließen will. Andernfalls könnte man bei einem staatlichen Richter, dessen Spruch sich gegen die Mafia richtet, von Rechtsbeugung sprechen[14].

10 LLEWELLYN: The Normative, the Legal and the Law Jobs, Yale Law Journal 49, 1940, 1355 - 1400 (1396).

11 Über diese vier Merkmale des Rechts siehe eingehend FN. 1, 65 - 136.

12 E. ADAMSON HOEBEL: The Law of Primitive Man, Cambridge (Mass.) 1954, 27.

13 FN. 1, 155.

14 Vgl. M. REHBINDER: Rechtssoziologie, 3. Aufl. 1993, 64 f.

B. *Der Rechtspluralismus der Politologen*

Auch in der Staatswissenschaft hat es eine Entwicklung zum Rechtspluralismus gegeben, und heute bezeichnet sich die wohl herrschende Richtung der Demokratietheorie als Neopluralismus. Als um die Jahrhundertwende in England Fragen der Kirchenautonomie und des modernen Gewerkschafts- und Tarifwesens von der Rechtsprechung nur unzureichend bewältigt wurden, wurde man auf OTTO VON GIERKE aufmerksam[15]. Während zunächst trotz Anerkennung einer Gruppenautonomie, für die erstmals das Wort Pluralismus verwendet wurde, das Souveränitätsrecht des Staates nicht in Frage gestellt wurde, zog im Jahre 1916 HAROLD J. LASKI (1893 - 1950) in einem Artikel über die Persönlichkeit der Verbände aus GIERKEs Theorie der realen Verbandspersönlichkeit die Folgerung, daß die Gruppenautonomie unbeschränkt und der Staat daher nicht mehr souverän sei[16]. Treten in einem *pluralistic state* die Normen der verschiedenen Träger von Hoheitsgewalt miteinander in Konflikt, bleibt es dem Gewissen des einzelnen überlassen, welchen Normen er folgen wolle[17]. Um sich von diesem Pluralismus der Souveränitäten abzusetzen, der weithin abgelehnt[18] und auch von LASKI später widerrufen wurde[19], hat ERNST FRAENKEL (1898 - 1970) die von ihm begründete Demokratietheorie Neo-Pluralismus genannt[20], womit er deutlich ein Zeichen gegen den Totalitarismus setzen wollte, der mit der Negation des Pluralismus gerechtfertigt worden war. FRAENKELs Neopluralismus «wendet sich nicht gegen den Souveränitäts-, sondern gegen den Totalitätsanspruch des Staates»[21]. Er «beruht auf der Vorstellung, daß die Entscheidung (darüber), was jeweils als das bonum commune anzusehen sei, in einer Demokratie nur autonom und in dem notwendigerweise heteroge-

---

15 Siehe die Übersetzung: GIERKE, Political Theories of the Middle Ages, Introduction by FREDERIC WILLIAM MAITLAND, London 1900; ferner ERNEST BARKER: The Discredited State, Political Quarterly II (1915); J.N. FIGGES: Churches in the Modern State, London 1913.

16 The Personality of Associations, in Harvard Law Review 29 (1915/16), 404 - 426.

17 LASKI: Studies in the Problem of Sovereignty, 1917; ders.: Authority in the Modern State, 1919; ders.: The Foundations of Sovereignty, 1921.

18 MORRIS RAPHAEL COHEN (siehe LASKI: Morris Cohen's Approach to Legal Philosophy, University of Chicago Law Review 15 [1947/48], 575 - 587); CARL SCHMITT: Der Hüter der Verfassung, 1931, 2. Abschnitt mit einem Plädoyer für den totalen Staat als Negation des einheitszerstörenden Pluralismus.

19 Chicago Law Review ebd.

20 Fn. 1, 13 ff.

21 Ebd., 27.

nen Staat einer zugleich freien und differenzierten Gesellschaft lediglich unter aktiver Mitwirkung der autonomen Gruppen zustande kommen kann»[22]. Für das Recht bedeutet das die tolerante Begrenzung auf ein Minimum allgemein akzeptierter regulativer Ideen und die Verlagerung seines Schwerpunktes auf die rechtsstaatliche Absicherung des dialektischen Prozesses, in dem das Gemeinwohl aus den divergierenden Gruppeninteressen nach den Spielregeln eines fair play ermittelt wird[23].

C. Der Rechtspluralismus der Rechtssoziologie

Für den Rechtsbegriff der Rechtssoziologie schließlich wurde die Auseinandersetzung mit EUGEN EHRLICHs Begriff des lebenden Rechts entscheidend. EHRLICH (1862 - 1922) verlegte – GIERKE folgend – den Rechtsbegriff in die Verbandsordnung. Seine Anerkennungstheorie, die nach den Gefühlstönen unterscheiden wollte, die die Abweichung von der Norm hervorruft, war jedoch nicht in der Lage, rechtliche und außerrechtliche Handlungsnormen einer Gruppe zu unterscheiden[24]. Auch hielt er, bei Verlegung des Rechts in die Handlungsordnung der Gruppe, am Rechtsmonismus insofern fest, als er Normen erster Ordnung (Handlungsnormen) und Normen zweiter Ordnung (Entscheidungs– und Verwaltungsnormen) unterschied und das lebende Recht in den Handlungsnormen auf einer durch die Normen zweiter Ordnung beeinflußten Stufe sah[25]. Normen erster und zweiter Ordnung können aber auseinanderfallen. Das Handeln des Rechtsstabes, das durch die Normen zweiter Ordnung programmiert wird, müßte dann unrechtmäßig werden; denn es ist terminologisch unmöglich, bei einheitlichem Rechtsbegriff («lebendes Recht») zweierlei «rechtmäßiges Verhalten» anzuerkennen[26]. Die genetische Herkunft einer Norm aus dem Handeln der Gruppenmitglieder oder aus dem Handeln des Rechtsstabes widerlegt nicht die Lehre vom staatlichen Rechtsmonopol; denn man muß Erkenntnisquelle und Qualifikationsquelle des Rechts unterscheiden[27]. Dennoch

---

22 Ebd., 28 f.

23 Ebd., 8; ausführlicher dazu der Fraenkel-Schüler WINFRIED STEFFANI: Pluralistische Demokratie, 1980.

24 REHBINDER (Fn. 14), 60 f.; ders. (Fn. 5), 122 ff.

25 Grundlegung (FN. 1), 173; REHBINDER (Fn. 5), 74.

26 REHBINDER (Fn. 5), 124.

27 Ebd., 125.

ist der Rechtsbegriff nicht - wie KELSEN meinte[28] - den Rechtssoziologen normativ vorgegeben. Die Rechtssoziologie hat nämlich vom staatlichen Rechtsstab verschiedene, eigenständige Rechtsstäbe der Untergruppen feststellen können, die sich in ihrer Funktion nicht von den Erscheinungsformen der gesamtgesellschaftlichen, staatlichen Rechtsstäbe unterscheiden. Gruppen können also einen vom Staat verschiedenen, eigenständigen Zwangsapparat haben, der sich speziell mit der Aufstellung, Anwendung und Durchsetzung von Rechtsnormen beschäftigt. Die Gruppe hat dann eine eigenständige Rechtsordnung[29]. Obwohl schon EHRLICH unter Gericht nicht nur das staatliche Gericht verstand, sondern jede gesellschaftliche Einrichtung, die die Aufgabe hat, als Unbeteiligter durch seine Meinungsäußerung über den Streitgegenstand Frieden zu stiften[30], und obwohl auch MAX WEBER keinen qualitativen Unterschied zwischen dem staatlichen Rechtssystem und den entsprechenden Systemen der Untergruppen der Gesellschaft sah («wir wollen vielmehr überall da von "Rechtsordnung" sprechen, wo die Anwendung irgendwelcher, physischer oder psychischer, Zwangsmittel in Aussicht steht, die von einem Zwangsapparat, d.h. von einer oder mehreren Personen ausgeübt wird, welche sich zu diesem Behuf für den Fall des Eintritts des betreffenden Tatbestands bereithalten, wo also eine spezifische Art der Vergesellschaftung zum Zweck des "Rechtszwanges" existiert»[31]), hat sich die Erkenntnis eines innerstaatlichen Pluralismus der Rechtsordnungen erst seit Llewellyn durchgesetzt[32]. Voraussetzung dafür war, daß man die Qualifikationsquelle des Rechts begrifflich vom Gruppenhandeln zum Rechtsstab hin verschob. Die empirische Anknüpfung des Rechts am Handeln des Rechtsstabes ist heute kaum noch bestritten. Dennoch wird auch in der Rechtssoziologie aus terminologischen Gründen der Rechtsbegriff im Zweifel für das staatliche Recht reserviert und wie bei den Politologen auf die Souveränität des staatlichen Rechtsstabs abgestellt[33].

---

28 HANS KELSEN: Eine Grundlegung der Rechtssoziologie, Archiv für Sozialwissenschaft und Sozialpolitik 39 (1915), 839 - 876, 875 f.

29 REHBINDER (Fn. 5), 128 f.

30 Grundlegung (Fn. 1), 111 f.

31 M. WEBER: Wirtschaft und Gesellschaft, 1922, 372.

32 REHBINDER (Fn. 5), 128 f.; ders. (Fn. 14), 64 f.

33 Siehe neuestens BRIAN Z. TAMANAHA: The Folly of the «Social Scientific» Concept of Legal Pluralism, in Journal of Law and Society 20 (1993), 192 - 217.

II. Welche Mittel greifen in pluralistischen Rechtsordnungen?

Wenn im folgenden vom Staatsinterventionismus in pluralistischen Rechtsordnungen die Rede ist, so soll es nicht um ein staatliches Eingreifen in außerstaatliche Ordnungssysteme gehen, obwohl auch dies ein interessantes Thema wäre, sondern es soll das Augenmerk auf solche juristischen Instrumente gerichtet werden, die in der staatlichen Rechtsordnung zur Verfügung stehen, um diese staatliche Rechtsordnung trotz ihres politologischen Pluralismus[34] im Interesse des Gemeinwohls zu vereinheitlichen.

A. Vor- und Nachteile des Pluralismus einer Rechtsordnung

Fragt man vorab nach den Zielen, die den Einsatz rechtlicher Mittel in pluralistischen Rechtsordnungen rechtfertigen können, so muß zunächst festgestellt werden, daß eine pluralistische Rechtsordnung sowohl Vorteile als auch Nachteile hat und daß diese je nachdem rechtliche Eingriffe nahelegen oder beschränken.

1. Vorteile

Vorteile können infolge der im Pluralismus eintretenden Dezentralisierung des Rechtsstabes entstehen, und zwar durch die Sicherung der Freiheit der Rechtsunterworfenen sowie durch Steigerung der Effizienz des Rechts. Die Sicherung der Freiheit der Rechtsunterworfenen geschieht dadurch, daß das Recht sich unter dem Toleranzprinzip auf die Durchsetzung eines Minimums an gemeinsamen Wertvorstellungen beschränkt und im übrigen die in den Formen des Rechts zu treffenden politischen Entscheide dem demokratischen Mehrheitsentscheid auf unteren Ebenen überläßt, für dessen Zustandekommen allerdings oft prozessuale Regeln aufgestellt werden, um die Fairness des Entscheidungsprozesses zu gewährleisten. Freiheitsbeschränkende Eingriffe müssen also im Zweifel durch Mehrheitsentscheide legitimiert werden. Außerdem dient es der Freiheitssicherung der Rechtsunterworfenen, wenn die Rechtsdurchsetzung nach der Lehre von der Gewaltenteilung auf mehrere staatliche Machtträger verteilt wird (Funktionengliederung zu einem System des check-and-balances), die sich

34 Pluralismus bedeutet danach: Entstehung und Vollzug des Rechts durch einen hierarchisch gegliederten und funktionengeteilten staatlichen Rechtsstab. Siehe näher D. NICHOLLS: Three Varieties of Pluralism, New York 1974.

im Interesse der Freiheit der Staatsbürger gegenseitig hemmen und kontrollieren[35].

Vorteil des pluralistischen Rechtssystems ist auch die durch Dezentralisierung mögliche Steigerung der Effizienz des Rechts durch Akzeptanz bei den Rechtsunterworfenen und durch Entlastung des Rechtsstabs bei der Rechtsdurchsetzung. Da die meisten konkreten rechtspolitischen Wertungen eines demokratischen Mehrheitsentscheids bedürfen, ist eine breit abgestützte Akzeptanz der Normen möglich, so daß ihre Durchsetzung tendenziell weniger Einsatz des Rechtsstabs erfordert als bei Minderheitsentscheiden. Ferner kann sich der Rechtsstab im Falle der Akzeptanz auch auf die Mitwirkung außerrechtlicher Ordnungsmechanismen verlassen wie Sitte und Sittlichkeit. Er ist damit in seiner Wirksamkeit entlastet.

2. *Nachteile*

Pluralistische Rechtsordnungen haben aber auch erhebliche Nachteile. Zum einen bietet die Hürde des Mehrheitsentscheids keine Garantie für die Freiheit der Minderheit, ganz im Gegenteil. Deren rechtliches Schicksal hängt von den rechtlich verbindlich festgeschriebenen und tatsächlich durchgesetzten gesamtgesellschaftlichen Normen (deren Kernbestand: die Grund- und Menschenrechte) ab, die die Minderheit vor Herrschaftsexzessen der Mehrheit schützen[36]. Je kleiner die politologischen Einheiten, desto rücksichtsloser kann die Durchsetzung des regionalen Machtstrebens der Mehrheit sein. «Small is beautiful»[37] kann schnell zum Ostrazismus gegenüber der Minderheit führen[38]. Je kleiner der Anwendungsbereich des Rechts, desto eher wird nämlich der Blick verstellt gegenüber der Vielfalt sozialer Erscheinungen und deren tatsächlichen Bedeutung. Das Leitbild small is beautiful tendiert daher zu einer freiheitsfeindlichen Intoleranz. Minderheitenschutz gegenüber totalitärer «Demokratie» wird deshalb stets Aufgabe einer gesamtgesellschaftlichen Rechtsintervention bleiben müssen.

---

35 Vgl. M. REHBINDER: Einführung in die Rechtswissenschaft, 7. Aufl. 1991, 141 - 143, und darüber, daß Gewaltenteilung zum neopluralistischen Demokratieverständnis gehört, STEFFANI (Fn. 23), 97 - 100.

36 REHBINDER ebd., 139.

37 ERNST FRIEDRICH SCHUHMACHER: Small is Beautiful, New York 1973; dtsch.: Die Rückkehr zum menschlichen Maß, Heidelberg 1977.

38 Siehe MARGARET GRUTER/M. REHBINDER (Hg.): Ablehnung - Meidung -Ausschluß. Multidisziplinäre Untersuchungen über die Kehrseite der Vergemeinschaftung, 1986.

Aber nicht nur die Interessen der Minderheit, auch die Interessen der Allgemeinheit können auf der Strecke bleiben, je mehr die Durchsetzung des Rechts regionalisiert wird. Des weiteren gehört es zu den Nachteilen pluralistischer Rechtsordnungen, daß jeder Vollzugsföderalismus in der Regel zu beachtlichen Reibungsverlusten und erheblichen Vollzugsdefiziten führt. Die Ziele der Rechtsordnung können daher in einigen Landesteilen oder in einigen Gesellschaftsbereichen nicht oder nur unvollkommen verwirklicht werden. Die interventionsfeindliche Grundhaltung des Rechtspluralismus führt also zur Zahnlosigkeit der Gesetze oder zu den Aufweichungserscheinungen des später zu behandelnden soft law. Mit dieser Effizienzschwäche oder partiellen Ineffizienz des Rechts hängt schließlich der erheblichste Nachteil eines pluralistischen Rechtssystems zusammen, nämlich der kaum zu behebende Verstoß gegen den Gleichheitssatz, ein elementares Gerechtigkeitsprinzip.

Pluralismus des Rechts wird nämlich als unfair empfunden, wenn nicht ein nationaler Standard eingehalten wird. Nach heute vorherrschender Auffassung der Anthropologen besteht - mit Ausnahme geschlechts- und altersbezogener Differenzierungen - kein angeborener Zwang der Menschen, Rangordnungen auszubilden, sondern im Gegenteil eine unausrottbare Neigung zum Egalitarismus[39]. Der angestrebte Abbau sozialer Ungleichheit wird aber durch die Dezentralisation des Rechtssystems erschwert. Fällt z.B., wie in der Schweiz, die Sozialhilfe in die Kompetenz der Gemeinden, so haben sozial Schwache, wie man dort festgestellt hat, nur die Mobilitätswahl zwischen sozial gesinnten Gemeinden, wo es wenig zu verteilen gibt, und begüterten Gemeinden, die kaum zu verteilen geneigt sind[40]. Man muß sogar noch weitergehen. Eine Mobilitätswahl besteht in den meisten Fällen faktisch nicht, weil sich sozial Benachteiligte gar nicht die Mieten in den reichen Zürcher Seegemeinden (der sog. Goldküste) leisten können. Daß bei dieser Situation die politische Klasse alles Interesse daran hat, den Pluralismus als gesellschaftliches Ordnungsprinzip zu verteidigen, ist einleuchtend[41]. Ob ihr das gelingt, hängt davon ab, wie groß

39 MARVIN HARRIS: Menschen, 2. Aufl. 1991, 332.

40 So HANSJÖRG SIEGENTHALER in: WERNER KÄGI/HANSJÖRG SIEGENTHALER (Hg.): Macht und ihre Begrenzung im Kleinstaat Schweiz, 1981, 13; siehe aber auch das Plädoyer für föderalistische Konkurrenz anstelle einer «Einheitlichkeit der Lebensverhältnisse» von RENÉ L. FREY: Der Finanzföderalismus im Dienste der Wahlfreiheit des Bürgers, in: KÄGI/SIEGENTHALER ebd., 51–67.

41 Mit dem Eingeständnis: «Es darf nicht übersehen werden, daß die Vorteile der "Abstimmung mit dem Möbelwagen" stärker den reichen Bevölkerungsschichten zugute kommen» (so FREY ebd., 66 Fn. 11) richtet sich dieses Pluralismusplädoyer von selbst.

ihr Erfolg ist, die faktische Ungleichheit mit konsensfähigen Wertvorstellungen zu legitimieren. Welche Gesichtspunkte es sind, die Differenzierungen zu rechtfertigen imstande sind, und welche nicht, ist nach Ort und Zeit verschieden. Aristoteles hat die Sklaverei gerechtfertigt und befand sich damit zu seiner Zeit im Recht. Über das Maß der faktischen Ungleichheit, die mit dem Gerechtigkeitsideal der Gleichheit noch zu vereinbaren ist, entscheidet jede Gemeinschaft zu ihrer Zeit[42]. Der Gesetzgeber hat hier im Rahmen der Verfassung ein weites Ermessen. Pluralistische Rechtsordnungen bedürfen also der Staatsintervention zwecks Durchsetzung eines Mindeststandards von Einheit (Ordnung) und Gleichheit (Gerechtigkeit).

3. Die rechtlichen Instrumente zur Schaffung einheitlicher Lebensverhältnisse

Schaut sich der Rechtssoziologe um, welche Mittel ihm zur Verfügung stehen, um mit Hilfe des Rechts ein bestimmtes Maß von Rechtseinheit und Rechtsgleichheit zu erreichen, dann stehen ihm aus jüngerer Zeit und in unserem Umfeld zwei Einigungsprozesse vor Augen, aus denen sich einiges über die Mittel und ihre Wirkung entnehmen läßt, nämlich die deutsche Rechtsvereinheitlichung im vergangenen Jahrhundert auf dem Wege zum Bismarck-Reich und darüber hinaus sowie ferner die jetzt immer noch in ihren Anfängen befindliche, aber deutlich voranschreitende Rechtsvereinheitlichung in Europa. Die deutsche Rechtsvereinheitlichung im 19. Jahrhundert bestand aus zwei Wellen, nämlich einer ersten zu Beginn des Jahrhunderts, ausgelöst durch die territoriale Neugliederung anläßlich der Befreiung Deutschlands von der Herrschaft Napoleons[43], und danach einer zweiten, der Integration des Bismarck-Reichs[44]. Aus diesen beiden Rechtsvereinheitlichungsvorgängen in Deutschland sind uns bereits die staatlichen Mittel bekannt, wie sie auch heute noch - um weniges

---

42 REINHOLD ZIPPELIUS: Der Gleichheitssatz, VVDStRL 47 (1989), 7 - 36, 24; vgl. auch 122. Für unsere heutige Zeit kommt ein politisch unverdächtiger Rechtshistoriker nach eingehender Prüfung des Rechtsstoffes zur Feststellung folgenden schockierenden Rechtsprinzips des geltenden Privatrechts: «Wenn es dem Bürgertum nützt, darf ungleich behandelt werden», siehe PIO CARRONI: Ungleiches Recht für alle, in: FS Richard Bäumlin, 1992, 107—133.

43 Dazu DIETER GRIMM: Historische Erfahrungen mit Rechtsvereinheitlichung und das frühe 19. Jahrhundert in Deutschland, RabelsZ 50 (1986), 61—76.

44 Dazu MICHAEL STOLLEIS: «Innere Reichsgründung» durch Rechtsvereinheitlichung 1866 - 1880, in CHRISTIAN STARCK: Rechtsvereinheitlichung durch Gesetze, 1992, 15 - 41.

vermehrt - in der EU zum Zwecke der Vereinheitlichung des Marktes eingesetzt werden. Nicht historisch, sondern systematisch geordnet sind es die folgenden.

a) Vorarbeiten für die Gesetzgebung

Ob früher oder später, zu irgendeinem Zeitpunkt wird die Gesetzgebung ins Auge gefaßt, um ein Minimum an Rechtseinheit und Rechtsgleichheit herzustellen. Diese sollte, will sie kein Schuß ins Dunkle sein, sorgfältig vorbereitet werden. Hierfür ist auf rechtsvergleichender Grundlage eine entsprechende Rechtsdogmatik zu entwickeln. Das ist eine anspruchsvolle Aufgabe; denn Rechtsvergleichung bringt in der Regel eine Verkomplizierung des Rechtsstoffes mit sich. Daß rechtliche Harmonisierung zur Vereinfachung des Rechts führt, ist erfahrungsgemäß sehr selten[45]. Institutionell gefordert sind hier die Rechtsfakultäten, Akademien (in Deutschland: die Max-Planck-Institute) und wissenschaftlichen Vereinigungen. Neuen dogmatischen Ideen breite Wirkung zu verschaffen, die nationale Rechtskultur durch rechtsvergleichendes Denken zu öffnen («Erasmus-Programm») und die Technik der rechtsvergleichenden Arbeit zu übermitteln, ist Sache der juristische Ausbildung.

Auslöser gesetzgeberischer Vorhaben und Testfälle für die Ermittlung eines Bedürfnisses nach konkreter Gesetzgebung sind die Deutschen Juristentage, die traditionsgemäß von Juristen des gesamten deutschsprachigen Raumes besucht werden und deren Meinungsbekundungen im Wege der Abstimmung von den Justizministerien in der Regel erhebliche Bedeutung (und sei es auch nur als Alibi) beigemessen wird[46]. Daneben können, schon näher zur eigentlichen Gesetzgebung hin, pluralistisch zusammengesetzte Gesetzgebungskommissionen außerstaatlicher und staatlicher Art die zur Rechtsvereinheitlichung zu bringenden Materien auf der Grundlage bisheriger wissenschaftlicher Vorarbeiten zu Gesetzgebungsentwürfen konkretisieren[47].

---

45 HEIN KÖTZ in: STARCK ebd., 149.

46 Siehe den Hinweis auf die Juristentage in unserem Zusammenhang von WERNER OGRIS ebd., 83.

47 Vgl. CHRISTIAN STARCK ebd., 12.

b) Gesetzgebung

Ein Gesetz, das für Rechtseinheit und Rechtsgleichheit sorgen soll, kann rechtstechnisch in unterschiedlicher Stärke konzipiert werden. Es kann zwingend oder dispositiv sein. Zwingendes Gesetzesrecht ist der stärkste Eingriff in die Vielfalt, weil es die Rechtsetzungskompetenz für die Zukunft zentralisiert und auf regionaler Ebene eine Änderungssperre zur Folge hat. Deshalb stößt das Ziel einer Rechtsvereinheitlichung für die EU, um nationalen «Sonderzügen» die Gleise offenzuhalten, auf verbreitete Skepsis[48]. Man will sich also nicht etwa aus Resignation vor dem weithin spürbaren nationalistischen Souveränitätsdenken in den Mitgliedstaaten, sondern aus ideologischer Überzeugung von den Nachteilen jeder Rechtsvereinheitlichung (mangelnde Flexibilität und Verkomplizierung des Rechtsstoffes) mit einer Harmonisierung begnügen. Dieselbe Einstellung ist auch für das nationale Recht verbreitet. So wird z.B. im Arbeitsrecht heute das tarifdispositive Gesetzesrecht propagiert, ja sogar für Tariföffnungsklauseln plädiert. In der Schweiz wurde kürzlich der wichtigste Tarifvertrag (in der Metallindustrie) mit einer sog. Krisenklausel abgeschlossen, die ein Ausscheren einzelner Unternehmen aus der Tarifbindung im Falle ihres wirtschaftlichen Niedergangs ermöglicht. Allerdings besteht zwischen der EU und dem nationalen Recht ein bedeutender Unterschied. Angesichts der kulturellen Vielfalt und der nationalen Eigenheiten wird eine nationale Einigung in der EU bisher kaum angestrebt[49]. Man will nur einen gemeinsamen Wirtschaftsraum. Der gemeinsame weinrote Paß und die geplanten gemeinsamen Geldscheine sind den meisten psychologisch schon zu viel. Das Versagen der Gemeinschaft selbst bei humanitären Aktionen wie in Jugoslawien oder ihr Auftreten als Widerpart der USA in den GATT-Verhandlungen waren ja auch nicht gerade ein Leistungsbeweis, der zur weiteren Vereinheitlichung Mut gemacht hätte.

Das Mittel zur Erreichung einer Harmonisierung ist in der EU die Richtlinie, die im Gegensatz zur Verordnung, die einheitliches EU-Recht setzt, dem nationalen Gesetzgeber ein oft großes Ermessen einräumt, allerdings einen Mindeststandard vorschreibt. Das vergleichbare Instrument im nationalen Recht ist das relativ-zwingende Gesetz, d.h. eine Gesetzesnorm, die nur in begrenztem Umfang dispositiv ist. Sie ist ein typisches Instrument des Sozialstaates, der zum Schutze sozial Schwacher Abweichungen von seinen Regelungen durch die

---

48 Siehe z.B. KÖTZ ebd., 149 f.

49 Dazu näher UWE BLAUROCK: Wege zur Rechtseinheit im Privatrecht Europas, in: STARCK (Fn. 44), 90 - 116.

Rechtsunterworfenen nur zugunsten des sozial Schwächeren erlaubt. Ebenfalls bekannt ist das Mittel, statt materiell-rechtlicher Vorgaben sich auf rein prozessuale Regeln über die Rechtsentstehung auf der unteren Ebene zu beschränken, also auf Regeln für ein faires Verfahren oder auf Zuständigkeitsregeln mit einer Kompetenzbeschränkung auf bestimmte Instanzen, wie beim tarifdispositiven Recht, das das Aushandeln bestimmter Regelungsgegenstände den Tarifpartnern vorbehält. Prozedurale Vorschriften reichen aber dann nicht aus, wenn die vorgesehenen Instanzen sozial ungleichgewichtig sind oder wenn es gar an einer Gegenmacht fehlt[50].

Wenn aber weder Vereinheitlichung noch Harmonisierung erreichbar sind, dann bleibt als «Minimalform der Angleichung» die gegenseitige Anerkennung übrig[51]. So hat mit seinem bekannten Cassis de Dijon-Entscheid der EuGH[52] als «Neue Strategie» im Bereich der Harmonisierung von Sicherheitsstandards die gegenseitige Anerkennung und Gleichwertigkeit der nationalen Regelungen entwickelt. Das ist zwar als letztes Mittel unter der Voraussetzung sinnvoll, daß die Rechtsstandards der betreffenden Länder keine allzu großen Unterschiede aufweisen. Es führt jedoch zu einer Angleichung der Gesamtheit auf dem niedrigsten Niveau[53]. Ähnliche Probleme haben Bundesstaaten mit der konkurrierenden Gesetzgebung der Gliedstaaten im Rahmen von deren Rechtsetzungskompetenz. Hier wird gelegentlich versucht, durch Entwürfe für Modellgesetze gegenzusteuern.

c) Rechtschöpfung durch Gerichte

Als Vorreiter, aber auch als Bremser auf dem Wege zur Rechtseinheit und Rechtsgleichheit sind vor allem auch die Gerichte tätig. Während der EuGH früher stets als Motor einer weiteren Vereinheitlichung gewirkt hat, soll er nach Auffassung vieler Fachleute heute eher die Rolle des Schiedsrichters zwischen den EU-Behörden und den einzelnen Mitgliedstaaten spielen. Rechtstechnisch geschieht die richterliche Rechtsfortbildung des EU-Rechts durch erweiternde Auslegung sowie in erster Linie durch Ableitung neuer Normen aus allgemeinen

---

50 Dazu näher ALFRED RINKEN: Einführung in das juristische Studium, 2. Aufl. 1991, 227 ff.

51 THOMAS BRUHA: Rechtsangleichung in der Europäischen Wirtschaftsgemeinschaft, ZaöRV 46 (1986) 1 - 33 (21); BLAUROCK (Fn. 49), 104 ff.

52 EuGHE 1974, 263 = NJW 1975, 515.

53 BLAUROCK (Fn. 49), 104 ff.

Rechtsgrundsätzen, die als allen Mitgliedstaaten gemeinsam festgestellt werden[54]. Angesichts des Gewaltenteilungsgrundsatzes fragwürdig ist in unserem Zusammenhang auf nationaler Ebene das Wirken des deutschen Bundesverfassungsgerichts, dessen Entscheide weniger mit Verfassungsauslegung als schlicht mit Verfassungspoesie zu tun haben, bei der Verfassungsgedanken als Versatzstücke benutzt werden, um politische Vorurteile zu garnieren. Man hat daher zu Recht seine Funktion als Gericht im rechtstechnischen Sinne in Zweifel gezogen[55].

Rechtschöpfung durch die Gerichte braucht aber nicht notwendig ein Beitrag zur Rechtsvereinheitlichung und zur Rechtsgleichheit zu sein. Sie kann auch durch Außerkraftsetzung vereinheitlichender Rechtsnormen oder durch deren differenzierende Auslegung zum Pluralismus beitragen und damit Rechtseinheit und Rechtsgleichheit verhindern. Der hierarchische Gerichtsaufbau und die umfassende Gewährung von Rechtsmitteln ist zwar auf die Gewährleistung einer Rechtsprechung gerichtet, die einem nationalen Standard entspricht[56]. Aber es besteht keine Gewähr, daß alles vor die Höchstgerichte kommt, so daß in der Rechtsprechung regionale Rechtsdialekte entstehen. Auf übernationalem Gebiet zeigen etwa die Tabellen zum internationalen Wechselrecht, wie die Genfer Wechselordnung mangels Zuständigkeit eines übernationalen Gerichts trotz einheitlichen Textes in den nationalen Rechtsordnungen unterschiedlich ausgelegt wird. Ferner hat man zur Rolle des EuGH darauf hingewiesen, daß die Mitgliedstaaten der EU dessen vereinheitlichende Rechtsprechung dadurch ausschalten können, daß ihre Gerichte die Vorlage ihrer Fälle an den EuGH vermeiden[57]. Das hat z.B. Ernst Steindorff[58] dem BGH vorgeworfen.

d) Rechtsdurchsetzung

Entscheidend für die Wirksamkeit rechtlicher Instrumente zwecks Durchsetzung von Rechtseinheit in pluralistischen Rechtsordnungen ist aber die Umsetzung des entsprechenden Normenmaterials in die Praxis des täglichen

---

54 ECKART KLEIN: Rechtsvereinheitlichung des Verwaltungsrechts im europäischen Integrationsprozeß, in: STARCK (Fn. 44), 117 - 146 (144).

55 PETER HÄBERLE: Kommentierte Verfassungsrechtsprechung, 1979, 436 ff.: «Das BVerfG als gesellschaftliches Gericht».

56 Vgl. M. REHBINDER (Fn. 14), 118.

57 Dazu BLAUROCK (Fn. 49), 110.

58 EuZW 1990, 251 ff.

Lebens. Diese entscheidet über den Erfolg des eingesetzten Mittels. Das ist mit Händen zu greifen in jedem Bundesstaat, in dem der Vollzug der Bundesgesetze den Gliedstaaten überlassen bleibt. So ist gegenwärtig bei einheitlicher Rechtslage und einheitlicher Sachlage in der Schweiz der Vollzug des Bundesrechts über die behördliche Arbeitsbewilligung für Ausländer so, daß ein ausländischer Student die Erlaubnis zur Teilzeitarbeit in Zürich in aller Regel nie und in Basel innerhalb von 2 Stunden bekommt. Da in der Schweiz die Fragmentierung politischer Macht durch Kompetenzzersplitterung ein tragender Verfassungsgrundsatz ist und ein Nationalgefühl allenfalls nach außen, keinesfalls im Inneren zum Tragen kommt, werden Rechtsverzerrungen durch den Vollzugsföderalismus im allgemeinen klaglos hingenommen. Man fühlt sich im Innenverhältnis nicht als Staat, sondern als CH = Confoederatio Helvetica. Daraus resultiert ein struktureller Konservatismus, unter dem inzwischen alle Gruppierungen leiden, ohne kurzfristig hier einen Ausweg zu sehen; denn die Zersplitterung ist das Gesetz, nach dem die Schweiz als Eidgenossenschaft angetreten ist. Ohne den Reformdruck einer Verschärfung der gegenwärtigen Wirtschaftskrise wird sich wohl nichts bewegen; denn die politische Klasse scheint die allgemeine Staatsverdrossenheit mit Alibi-Übungen wie Frauenbevorzugungen[59] aussitzen zu wollen.

Auch in der EU zeigen die Vorgänge nach Maastricht, daß hier die Führerpersönlichkeiten fehlen, die einen Einstellungswandel bewirken und die Vereinheitlichung vorantreiben können. Im negativen Sinne gemeint: die EU verschweizert. Nationaler Egoismus und Mißtrauen gegenüber «Brüssel» beherrschen das Feld. Man bemäntelt dies ideologisch mit dem Subsidiaritätsprinzip, dessen vielseitige Verwendbarkeit darüber hinwegtäuscht, daß seine Überzeugungskraft nur soweit reicht, wie man die Frage: cui bono? unterdrückt. Stellt man nämlich die Frage, wem das Unterlassen einer Rechtsintervention und ihrer einheitlichen Durchsetzung im konkreten Fall nützt, dann erkennt man in unangenehmer Klarheit, daß dieser Nutzen stets sehr einseitig ausfällt. Die Interessen der Allgemeinheit und die Interessen von politisch Schwachen und Minderheiten bleiben auf der Strecke. Es bedarf also eines deutlichen Einstellungswandels der Juristen und der Öffentlichkeit, damit das Recht nicht in seiner Durchsetzung pluralistisch verzerrt und zersplittert wird. Es ist unbefriedigend, wie langmütig man z.B. mit EU-Staaten verfährt, die das EU-Recht nur teilweise oder gar nicht vollziehen.

---

59 Sehr schnell dürfte sich nämlich zeigen, daß Frauen als Politiker auch nicht besser sind als Männer und daß es deshalb anderer Maßnahmen bedarf, um unser Staatswesen zu verbessern.

Aus der Fülle der praktischen Probleme einer gleichmäßigen Rechtsdurchsetzung gegenüber pluralistischen Zersplitterungen soll hier nur das Problem der Behandlung von religiösen und ethnischen Minderheiten herausgegriffen werden. Der Faszination des Satzes von den tausend bunten Blumen, die man blühen lassen solle (seinen Autor MAO hat inzwischen der Zeitgeist in der Versenkung verschwinden lassen), konnte sich kürzlich das schweizerische Bundesgericht nicht entziehen und hat daher (einstimmig!) einem türkischen Mädchen gestattet, dem Schwimmunterricht in der staatlichen Schule fernzubleiben[60]. Das war ein bedauerliches Fehlurteil; denn die staatliche Schule in der Schweiz soll nicht nur zur religiösen Toleranz, sondern sie soll auch zur Gleichberechtigung der Geschlechter erziehen. Würde man einen geschlechtergetrennten Schwimmunterricht mit der Gleichberechtigung vereinbaren, hätte man das auch mit der Rassentrennung durch Ausschluß bestimmter Nationalitäten von der Bedienung in öffentlichen Gaststätten tun müssen («separate, but equal»). Was ein türkisches Einwandererkind in einer mohammedanischen Privatschule oder in einer Gruppe von Türken tut, mag deren Religion bestimmen. In der staatlichen Schule herrscht jedoch der Geist der Aufklärung; es sei denn, die staatliche Schule befindet sich in einem Kirchenstaat. Unsere staatliche Schule kann und muß der Religionsfreiheit also Schranken setzen.

Der Staat muß einen einheitlichen Vollzug seines Rechts übrigens auch dann gewährleisten, wenn sich der Vollzug gegen eine Minderheit richtet, die regional zur Mehrheit geworden ist. Es geht nicht an, eine verarmte Rentnerin, die in Kreuzberg als einzige Deutsche in einem Wohnblock übriggeblieben ist, gegenüber der türkischen Musik schutzlos zu lassen, die Tag und Nacht in türkischer Lautstärke erschallt, auch wenn diese Lautstärke in der Türkei üblich sein mag. Wenn die Frau dann endlich doch noch einen Altersheimplatz gefunden hat, dann mag im Wohnblock gelten: wo kein Kläger, da kein Richter.

Abschließend darf noch auf eine Erscheinung hingewiesen werden, die zu den zentralen Vollzugsproblemen der Gegenwart gehört. Sie ist zwar nicht mit dem Pluralismusproblem identisch, kann aber in vielen Fällen zur unerwünschten pluralistischen Rechtsverzerrung führen. Es ist das Phänomen des *soft law*. Wenn ein Gesetzesvollzug, so wie das Gesetz gewollt ist, nicht möglich ist oder wenn man aus bestimmten Gründen diesen harten Gesetzesvollzug aufgibt, dann wird häufig gleichwohl versucht, auf dem Verhandlungswege wenigstens ein Teilergebnis zu erreichen, also zu einem sog. weichen Gesetzesvollzug (soft

---

60 BGE 119 Ia 178. Auch das deutsche Bundesverwaltungsgericht hat inzwischen so entschieden, siehe Aktuelle Juristische Praxis 1994, 790 f. (Entscheid vom 25.8.1993) mit zustimmender Anm. von YVO HANGARTNER.

law) überzugehen. Das Gesetz wird in diesen Fällen als Verhandlungsposition begriffen, die dem Rechtsstab die Chance eröffnet, mit den Rechtsunterworfenen Kompromisse auszuhandeln[61]. Hier handelt es sich um einen Ausverkauf von Staatsmacht aus Führungsschwäche, dem unter dem Gesichtspunkt der Rechtsgleichheit schwerste rechtsstaatliche Bedenken entgegenstehen[62]. Das dahinter stehende Staatsverständnis hängt stark mit dem Leitbild der antiautoritären Erziehung zusammen und sollte daher heute mehr Kritik auf sich ziehen, als bisher in der wissenschaftlichen Diskussion zum Ausdruck gekommen ist. Soft law läßt aufgrund einheitlichen Gesetzes tausend bunte Blumen blühen. Um die Naturschönheit eines Wildwuchses zu erreichen, braucht man aber kein Recht, das seinem letzten Sinne nach doch auf Ordnung und Gleichheit gerichtet ist.

---

61 Siehe REHBINDER (Fn. 14), 243 f. mit umfangreichen Nachweisen.

62 Einen Ausweg für Verhandlungsprozesse auf rechtsstaatlicher Grundlage zeigt WINFRIED BROHM: Alternative Steuerungsmöglichkeiten als «bessere» Gesetzgebung, in Hermann Hill: Zustand und Perspektiven der Gesetzgebung, 1989, 217 - 232.

Bibliographie der rechtssoziologischen Veröffentlichungen von Manfred Rehbinder

A. Veröffentlichungen in deutscher Sprache

I. Lehrbuch

Rechtssoziologie.
1. A. 1977 als Bd. 2853 der Sammlung Göschen bei Walter de Gruyter, Berlin New York
2. A. 1989 und 3. A. 1993 als de Gruyter-Lehrbuch

II. Monographien

1. Die Begründung der Rechtssoziologie durch Eugen Ehrlich. Mit einem Geleitwort von Prof. Dr. René König.
Schriftenreihe des Instituts für Rechtssoziologie und Rechtstatsachenforschung der Freien Universität Berlin Bd. 6. Duncker & Humblot, Berlin 1967; 2. A. 1986

2. Entwicklung und gegenwärtiger Stand der Rechtstatsachenforschung in den USA. Ein bibliographischer Bericht.
Verlag Dokumentation, München-Pullach/Berlin 1970

3. Der Tankstellenvertrag im Blickfeld der Rechtstatsachenforschung.
J. Schweitzer Verlag, Berlin 1971

4. Der Kantinenpachtvertrag im Blickfeld der Rechtstatsachenforschung.
J. Schweitzer Verlag, Berlin 1972

5. Zur Reform des Staatshaftungsrechts. Ein Vergleich der geplanten Reform des Staatshaftungsrechts in der Bundesrepublik Deutschland mit der Rechtswirklichkeit der Staats- und Beamtenhaftung in der Schweiz, insbesondere im Hinblick auf die finanziellen Auswirkungen eines Übergangs zur verschuldensunabhängigen Staatshaftung.
Gutachten, hg. vom Bundesministerium der Justiz, Bonn 1975

6. Fortschritte und Entwicklungstendenzen einer Soziologie der Justiz.
Würzburger Vorträge zur Rechtsphilosophie, Rechtstheorie und Rechtssoziologie Heft 9. Alfred Metzner Verlag, Frankfurt a.M. 1989

III. Sammelwerke, Editionen, Bibliographien

1. Eugen Ehrlich: Recht und Leben. Gesammelte Schriften zur Rechtstatsachenforschung und zur Freirechtslehre, ausgewählt und eingeleitet von Manfred Rehbinder.
Schriftenreihe des Instituts für Rechtssoziologie und Rechtstatsachenforschung der Freien Universität Berlin, Bd. 7. Duncker & Humblot, Berlin 1967

2. Ernst E. Hirsch und Manfred Rehbinder (Hg.): Studien und Materialien zur Rechtssoziologie.
Sonderheft 11 der Kölner Zeitschrift für Soziologie und Sozialpsychologie, Westdeutscher Verlag, Köln und Opladen 1967, 2. A. 1971

3. Arthur Nussbaum: Die Rechtstatsachenforschung. Programmschriften und praktische Beispiele, ausgewählt und eingeleitet von Manfred Rehbinder.
Schriftenreihe zur Rechtssoziologie und Rechtstatsachenforschung Bd. 12. Duncker & Humblot, Berlin 1968

4. Das Kaufrecht in den Allgemeinen Geschäftsbedingungen der deutschen Wirtschaft. Eine Sammlung von Prof. Dr. Manfred Rehbinder in Zusammenarbeit mit Dipl.-Hdl. Klaus Gehrmann und Dipl.-Hdl. Ulrich Richter.
Schriftenreihe zur Rechtssoziologie und Rechtstatsachenforschung Bd. 18. Duncker & Humblot, Berlin 1970. 2. A. in Zusammenarbeit mit Dipl.-Hdl. Klaus Gehrmann, 1979

5. Hans Wüstendörfer: Zur Methode soziologischer Rechtsfindung, hg. von M. Rehbinder.
Schriftenreihe zur Rechtssoziologie und Rechtstatsachenforschung Bd. 23. Duncker & Humblot, Berlin 1971

6. Einführung in die Rechtssoziologie. Ein Textbuch für Studenten der Rechtswissenschaft.
Athenäum Verlag, Frankfurt/M. 1971

7. Internationale Bibliographie der rechtssoziologischen Literatur.
J. Schweitzer Verlag, Berlin 1972; 2. A. 1977

8. Manfred Rehbinder/Helmut Schelsky (Hg.): Zur Effektivität des Rechts.
Jahrbuch für Rechtssoziologie und Rechtstheorie Bd. 3, Bertelsmann Universitätsverlag, Düsseldorf 1972

9. Lawrence M. Friedman/Manfred Rehbinder (Hg.): Zur Soziologie des Gerichtsverfahrens.
Jahrbuch für Rechtssoziologie und Rechtstheorie Bd. 4. Westdeutscher Verlag, Wiesbaden 1976

10. Ulrich Drobnig/Manfred Rehbinder (Hg.): Rechtssoziologie und Rechtsvergleichung.
Schriftenreihe zur Rechtssoziologie und Rechtstatsachenforschung Bd. 38. Duncker & Humblot, Berlin 1977

11. Karl N. Llewellyn: Recht, Rechtsleben und Gesellschaft. Aus dem Nachlaß hg. von Manfred Rehbinder.
Schriftenreihe zur Rechtssoziologie und Rechtstatsachenforschung Bd. 40. Duncker & Humblot, Berlin 1977

12. Margaret Gruter/Manfred Rehbinder (Hg.): Der Beitrag der Biologie zu Fragen von Recht und Ethik.
Schriftenreihe zur Rechtssoziologie und Rechtstatsachenforschung Bd. 54. Duncker & Humblot, Berlin 1983

13. Manfred Rehbinder (Hg.): Schweizerische Beiträge zur Rechtssoziologie. Eine Auswahl.
Schriftenreihe zur Rechtssoziologie und Rechtstatsachenforschung Bd. 56. Duncker & Humblot, Berlin 1984

14. Martin Killias/Manfred Rehbinder (Hg.): Rechtsgeschichte und Rechtssoziologie. Zum Verhältnis von Recht, Kriminalität und Gesellschaft in historischer Perspektive.
Schriftenreihe zur Rechtssoziologie und Rechtstatsachenforschung Bd. 58. Duncker & Humblot, Berlin 1985

15. Margaret Gruter/Manfred Rehbinder (Hg.): Ablehnung — Meidung — Ausschluß. Multidisziplinäre Untersuchungen über die Kehrseite der Vergemeinschaftung.
Schriftenreihe zur Rechtssoziologie und Rechtstatsachenforschung Bd. 60. Duncker & Humblot, Berlin 1986

16. Eugen Ehrlich: Gesetz und lebendes Recht. Vermischte kleinere Schriften, hg. von Manfred Rehbinder.
Schriftenreihe zur Rechtssoziologie und Rechtstatsachenforschung Bd. 61. Duncker & Humblot, Berlin 1986

17. Semen V. Pachman: Über die gegenwärtige Bewegung in der Rechtswissenschaft, neubearbeitet von Manfred Rehbinder.
Schriftenreihe zur Rechtssoziologie und Rechtstatsachenforschung Bd. 62. Duncker & Humblot, Berlin 1986

18. Manfred Rehbinder/Klaus-Peter Tieck (Hg.): Max Weber als Rechtssoziologe.
Schriftenreihe zur Rechtssoziologie und Rechtstatsachenforschung Bd. 63. Duncker & Humblot, Berlin 1987

19. Raimund Jakob/Manfred Rehbinder (Hg.): Beiträge zur Rechtspsychologie.
Schriftenreihe zur Rechtssoziologie und Rechtstatsachenforschung Bd. 64. Duncker & Humblot, Berlin 1987

20. Theodor Geiger: Vorstudien zu einer Soziologie des Rechts, 4. A. hg. von Manfred Rehbinder.
Schriftenreihe zur Rechtssoziologie und Rechtstatsachenforschung Bd. 65. Duncker & Humblot, Berlin 1987

21. Theodor Sternberg: Zur Methodenfrage der Rechtswissenschaft und andere juristische Schriften, ausgewählt und eingeleitet von Manfred Rehbinder.
Schriftenreihe zur Rechtssoziologie und Rechtstatsachenforschung Bd. 67. Duncker & Humblot, Berlin 1988

22. Eugen Ehrlich: Grundlegung der Soziologie des Rechts, 4. A. hg. von Manfred Rehbinder.
Schriftenreihe zur Rechtssoziologie und Rechtstatsachenforschung Bd. 69. Duncker & Humblot, Berlin 1989

23. Manfred Rehbinder/Ju-Chan Sonn (Hg.): Zur Rezeption des deutschen Rechts in Korea.
Nomos-Verlagsgesellschaft, Baden-Baden 1990

24. Theodor Geiger: Demokratie ohne Dogma. Die Gesellschaft zwischen Pathos und Nüchternheit. 4. A. hg. von Manfred Rehbinder.
Schriften zur Rechtssoziologie und Rechtstatsachenforschung Bd. 71. Duncker & Humblot, Berlin 1991

25. Ulrich Drobnig/Manfred Rehbinder (Hg.): Rechtsrealismus, multikulturelle Gesellschaft und Handelsrecht. Karl N. Llewellyn und seine Bedeutung heute. Schriftenreihe zur Rechtssoziologie und Rechtstatsachenforschung Bd. 75. Duncker & Humblot, Berlin 1994

IV. Beiträge zu Sammelwerken

1. Max Webers Rechtssoziologie: Eine Bestandsaufnahme.
König/Winckelmann: Max Weber zum Gedächtnis. Sonderheft 7 der Kölner Zeitschrift für Soziologie und Sozialpsychologie, Köln-Opladen 1963, S. 470-488

2. Bibliographie der internationalen rechtssoziologischen Literatur.
Hirsch/Rehbinder (Hg.): Studien und Materialien zur Rechtssoziologie, Köln-Opladen 1967, S. 373-412

3. Status - Kontrakt - Rolle. Wandlungen der Rechtsstruktur auf dem Wege zur offenen Gesellschaft.
Berliner Festschrift für Ernst E. Hirsch, Berlin 1968, S. 141-169, sowie gekürzt unter dem Titel: Wandlungen der Rechtsstruktur im Sozialstaat, in Hirsch/Rehbinder (Hg.): Studien und Materialien zur Rechtssoziologie, Köln/Opladen 1967, S. 197-222

4. Recht.
Die moderne Gesellschaft (Wissen im Überblick Bd. 12).
Verlag Herder, Freiburg 1972, S. 436-444

5. Die gesellschaftlichen Funktionen des Rechts.
Festschrift für René König, Opladen 1973, S. 354-368

6. Soziale Sicherung freier Mitarbeit in rechtssoziologischer Sicht.
Heinz Hübner/Manfred Rehbinder/Friedrich-Wilhelm Frhr. v. Sell/ Otto Kunze: Freie Mitarbeiter in den Rundfunkanstalten, München 1973, S. 17-37

7. Rechtssoziologie.
H. Kunst/R. Herzog/W. Schneemelcher (Hg.): Evangelisches Staatslexikon, Stuttgart/-Berlin, 2. A. 1975, Sp. 2036-2041; 3. A. 1987, Sp. 2798-2806

8. Zu den Methoden der Rechtstatsachenforschung.

Festschrift für Alois Troller, Basel 1976, S. 13-35

9. Erkenntnistheoretisches zum Verhältnis von Rechtssoziologie und Rechtsvergleichung. Ulrich Drobnig/Manfred Rehbinder (Hg.): Rechtssoziologie und Rechtsvergleichung, Berlin 1977, S. 56-71

10. Kann bei der Haftung des Staates für Fehlverhalten des öffentlichen Dienstes auf das Verschuldenserfordernis verzichtet werden?
Festschrift für Carl Hermann Ule, Köln/Berlin 1977, S. 399—416

11. Rechtssoziologie.
Rudolf Weber-Fas: Jurisprudenz. Die Rechtsdisziplinen in Einzeldarstellungen, Stuttgart 1978, S. 339-349

12. Neues über Leben und Werk von Eugen Ehrlich.
Festschrift für Helmut Schelsky zum 65. Geburtstag, Berlin 1978, S. 403-418

13. Der Beitrag der Rechtssoziologie zur Reform des Prozeßrechts. Landesbericht Schweiz, zusammen mit Robert Hauser.
Günter H. Roth (Hg.): Rechtssoziologie und Prozeßrecht, Wien 1983, S. 177—188, sowie bearbeitet unter dem Titel: Justizsoziologie in der Schweiz, in Manfred Rehbinder: Fortschritte und Entwicklungstendenzen einer Soziologie der Justiz, Frankfurt/M. 1989, S. 50—62

14. Fragen des Rechtswissenschaftlers an die Nachbarwissenschaften zum sog. Rechtsgefühl.
Margaret Gruter/Manfred Rehbinder (Hg.): Der Beitrag der Biologie zu Fragen von Recht und Ethik, Berlin 1983, S. 261—274, sowie in ZfIP 6 (1981), S. 207—217; JZ 1982, S. 1—5, und: Recht in Deutschland und Korea Bd. III (1982), S. 5—19

15. Erkenntnistheoretisches zum Verhältnis von Rechtssoziologie und Rechtsgeschichte. Martin Killias/Manfred Rehbinder (Hg.): Rechtsgeschichte und Rechtssoziologie, Berlin 1985, S. 133—146

16. Die Verweigerung sozialer Kooperation als Rechtsproblem. Zu den Rechtsinstituten Ostrazismus und Boykott.
Margaret Gruter/Manfred Rehbinder (Hg.): Ablehnung — Meidung — Ausschluß, Berlin 1986, S. 237—244

17. Max Weber und die Rechtswissenschaft.
Prof. Dr. Ernst E. Hirsch' in Hâtirasina Armagan (1902—1985), Ankara 1986, S. 409—438, sowie in Recht in Deutschland und Korea VI (1986), S. 26—48, in Manfred Rehbinder/Klaus—Peter Tieck (Hg.): Max Weber als Rechtssoziologe, Berlin 1987, S. 127—149, in Ritsumeikan Law Review (International Edition) 1987 No 2, S. 63—81 und verändert unter dem Titel: Recht und Rechtswissenschaft im Werk von Max Weber, in Johannes Weiß: Max Weber heute. Suhrkamp taschenbuch wissenschaft 711, Frankfurt/M. 1989, S. 497—514

18. Die Verwaltung als Schaltstelle zwischen Recht und Gesellschaft.
Festschrift Carl Hermann Ule, Köln u.a. 1987, S. 283—295

19. Ostrazismus als Schritt auf dem Weg in die Demokratie.

Olaf Gigon/Michael W. Fischer: Antike Rechts– und Sozialphilosophie, Frankfurt/M. 1988, S. 60–69

20. Zur Gesetzgebung im demokratischen Rechtsstaat.
Institute of Comparative Law, Waseda University (ed.): Law in East and West, Tokyo 1988, S. 431–442

21. Demoskopie als Beweismittel im Markenrecht.
Marke und Marketing, Bern 1990, S. 355–366

22. Ist Theodor Geigers Demokratietherapie realistisch?
Festschrift für Herbert Helmrich, München 1994, S. 1139–1150

23. Rechtsgefühl, Institutionen und Ganzheitspsychologie bei Karl N. Llewellyn.
Ulrich Drobnig/M. Rehbinder: Rechtsrealismus, multikulturelle Gesellschaft und Handelsrecht. Karl N. Llewellyn und seine Bedeutung heute, Berlin 1994, S. 175–186

V. *Zeitschriftenaufsätze*

1. Die Diskriminierung: ihre Ursachen und ihre Bekämpfung.
KZfSS 15 (1963), S. 6–23, sowie in M. Rehbinder: Einführung in die Rechtssoziologie, Frankfurt/M. 1971, S. 155–177

2. Die Grundlegung der Rechtssoziologie durch Eugen Ehrlich.
KZfSS 15 (1963), S. 338–353

3. Entwicklung und gegenwärtiger Stand der rechtssoziologischen Literatur.
KZfSS 16 (1964), S. 533–567

4. Karl N. Llewellyn als Rechtssoziologe.
KZfSS 18 (1966), S. 532–556

5. Die Rechtstatsachenforschung im Schnittpunkt von Rechtssoziologie und soziologischer Jurisprudenz.
Jahrbuch für Rechtssoziologie und Rechtstheorie 1 (1970), S. 333–359

6. Rechtskenntnis, Rechtsbewußtsein und Rechtsethos als Probleme der Rechtspolitik.
Jahrbuch für Rechtssoziologie und Rechtstheorie 3 (1972), S. 25–46,
sowie in Heiner Adamski: Politische Bildung – Recht und Erziehung. Quellentexte zur Rechtskunde und Rechtserziehung in der Weimarer Republik bis zur Gegenwart, Bd. 2. Weinheim/München 1986, S. 385–398

7. Rechtssoziologie.
JuS 1973, S. 272–276

8. Entwicklungstendenzen des Rechts in der modernen Gesellschaft.
Anales de la Catedra Francisco Suarez (Granada) 13 (1973), S. 47—60, sowie verändert unter dem Titel: Der Einfluß des wissenschaftlichen und technischen Fortschritts auf die Entwicklung des Rechts (zusammen mit Otto Triffterer), in ZVglR-Wiss. 75 (1974), S. 89—105, und verändert unter dem Titel: Entwicklungstendenzen im Recht der Gegenwart, in SJZ 1975, S. 373-381

9. Rechtssoziologie und Rechtsprechung.
SGb. 1975, S. 1—8, 50—51, sowie unter dem Titel: Über den Nutzen der Rechtssoziologie für die Rechtspraxis, in ÖJZ 1975, S. 565—572

10. Zur Soziologie des Gerichtsverfahrens.
Jahrbuch für Rechtssoziologie und Rechtstheorie 4 (1976), S. 7—10

11. Die Kosten der Rechtsverfolgung als Zugangsbarriere der Rechtspflege. Mißstände und Reformbestrebungen in der Bundesrepublik Deutschland.
Jahrbuch für Rechtssoziologie und Rechtstheorie 4 (1976), S. 395—413

12. Die Vereinheitlichung des Rechts und die heutige pluralistische Gesellschaft.
UNIVERSITAS 32 (1977), S. 1233—1238

13. «Sexualdelikte und Strafrechtsreform»: Sind die Reformer irrational? (zusammen mit Martin Killias).
ZBJV 119 (1983), S. 291—307

14. Die Rezeption fremden Rechts in soziologischer Sicht.
Recht in Deutschland und Korea Bd. IV, 1983, S. 5—15, sowie in erweiterter Fassung in Rechtstheorie 14 (1983), S. 305—315, sowie in Manfred Rehbinder/Ju—Chan Sonn (Hg.): Zur Rezeption des deutschen Rechts in Korea, Baden-Baden 1990, S. 5—16

15. Rechtsgefühl als Gemeinschaftsgefühl.
ZfIP 9 (1984), S. 21—29, sowie in veränderten Fassungen in Jahrbuch für Rechtssoziologie und Rechtstheorie 10 (1985), S. 174—183, und in Raimund Jakob/M. Rehbinder: Beiträge zur Rechtspsychologie, Berlin 1987, S. 183—196

16. Richterliche Rechtsfortbildung in der Sicht von Eugen Ehrlich.
Ritsumeikan Law Review 3 (1988), S. 91—100, sowie in recht 1989, S. 73—78

17. Zur Rechtsqualität des Richterspruchs im System kodifizierten Rechts.
Ritsumeikan Law Review 4 (1989), S. 157—160, sowie in JuS 1991, S. 542—543

18. Gesetzgebung in pluralistischen Rechtsordnungen.
Zeitschrift für Gesetzgebung 9 (1994), S. 125—133

VI. *Würdigungen, Berichte, Notizen*

1. Eugen Ehrlich, dem Begründer der deutschen Rechtssoziologie, zum 100. Geburtstag. JZ 1962, S. 613–614
2. Max Weber zum 100. Geburtstag. JZ 1964, S. 332–334
3. Zum Tode von Arthur Nussbaum. JZ 1965, S. 225–226, sowie gekürzt in KZfSS 17 (1965), S. 198–200
4. Roscoe Pound (1870–1964). JZ 1965, S. 482–484
5. Einführung zu Barna Horvath: Probleme der Rechtssoziologie. Berlin 1971, S. 5–6
6. Einführung zu Frederick K. Beutel: Die Experimentelle Rechtswissenschaft, Berlin 1971, S. 5–9
7. Ernst E. Hirsch 70 Jahre. JZ 1972, S. 61–62
8. Vorwort zu E. Wüstmann: Rolle und Rollenkonflikt im Recht, Berlin 1972, S. 7
9. Hans Kelsen (11. Okt. 1881–19. April 1973). KZfSS 25 (1973), S. 671–672
10. Barna Horvath (25.8.1896–3.3.1973). SJZ 69 (1973), S. 316
11. Svizzera, in Renato Treves/Vincenzo Ferrari (eds.): L'insegnamento sociologico del diritto, Milano 1976, S. 287–289
12. Einführung zu liber amicorum Ernst E. Hirsch. Amriswil 1977, S. 10–15
13. Vorwort zu Ulrich Horn: Der befangene Richter, Rechtstatsachen zur Richterablehnung im Zivilprozeß. Berlin 1977, S. 5–6
14. Einleitung zu Karl N. Llewellyn: Recht, Rechtsleben und Gesellschaft. Berlin 1977, S. 7–17
15. Llewellyn, Karl N. Bernsdorf/Knospe: Internationales Soziologenlexikon, Bd. 1, 2. A. Stuttgart 1980, S. 255–256
16. Nussbaum, Arthur. Bernsdorf/Knospe: Internationales Soziologenlexikon, Bd. 1, 2. A. Stuttgart 1980, S. 311–312
17. Pound, Roscoe. Bernsdorf/Knospe: Internationales Soziologenlexikon, Bd. 1, 2. A. Stuttgart 1980, S. 337–338

18. Ernst E. Hirsch zum 80. Geburtstag.
UFITA 92 (1982), S. VII–IX

19. Hirsch, Ernst E.
Bernsdorf/Knospe: Internationales Soziologenlexikon Bd. 2, 2. A. Stuttgart 1984, S. 360–361

20. Ernst E. Hirsch +.
JZ 1985, S. 523 f.

21. Einleitung zu Eugen Ehrlich: Gesetz und lebendes Recht. Vermischte kleinere Schriften. Schriftenreihe zur Rechtssoziologie und Rechtstatsachenforschung Bd. 61. Berlin 1986, S. 7–9

22. Einleitung zu Semen V. Pachman: Über die gegenwärtige Bewegung in der Rechtswissenschaft. Schriftenreihe zur Rechtssoziologie und Rechtstatsachenforschung Bd. 62. Berlin 1986, S. 7–10

23. Einleitung zu Theodor Geiger: Vorstudien zu einer Soziologie des Rechts, 4. A. Schriftenreihe zur Rechtssoziologie und Rechtstatsachenforschung Bd. 65. Berlin 1987, S. VII–XX

24. Einleitung zu Theodor Sternberg: Zur Methodenfrage der Rechtswissenschaft und andere juristische Schriften. Schriftenreihe zur Rechtssoziologie und Rechtstatsachenforschung Bd. 67. Berlin 1988, S. 7–15

25. Einleitung zu Theodor Geiger: Demokratie ohne Dogma. Die Gesellschaft zwischen Pathos und Nüchternheit, 4. A. Schriftenreihe zur Rechtssoziologie und Rechtstatsachenforschung Bd. 71. Berlin 1991, S. 11–36

26. Theodor Geiger zum 100. Geburtstag.
JZ 1991, S. 1022–1023

VII. Rezensionen

1. Simon: Katholisierung des Rechts?, 1962
KZfSS 15 (1963), S. 722–725

2. Handelingen van de Sociaal–Wetenschappelijke Raad: Nota betreffende de ontwikkeling der rechtssociologie in Nederland,1962
KZfSS 15 (1963), S. 725–726

3. Geck: Zur Sozialreform des Rechts, 1957
KZfSS 15 (1963), S. 728–729

4. Viehweg: Topik und Jurisprudenz, 2. A. 1963
KZfSS 16 (1964), S. 826–827

5. Stendenbach: Soziale Interaktion und Lernprozesse, 1963
ARSP 50 (1964), S. 296–299

6. Devlin: Samples of Lawmaking, 1962
ARSP 50 (1964), S. 588–589

7. Merz: Das Recht als soziale Ordnungsmacht, 1964
KZfSS 17 (1965), S. 163

8. Flechtheim: Von Hegel zu Kelsen,1963
KZfSS 17 (1965), S. 163–165

9. Ranulf: Moral Indignation and Middle Class Psychology, 1964
KZfSS 17 (1965), S. 349–350

10. Drath: Grund und Grenzen der Verbindlichkeit des Rechts, 1963
KZfSS 17 (1965), S. 978–979

11. Renner: Die Rechtsinstitute des Privatrechts und ihre soziale Funktion, 1965
KZfSS 17 (1965), S. 979–980

12. Wahlke/Eulau/Buchanan/Ferguson: The Legislative System, 1962
KZfSS 17 (1965), S. 980–981

13. Ermacora: Der Minderheitenschutz in der Arbeit der Vereinten Nationen, 1964
KZfSS 18 (1966), S. 196–198

14. Pernthaler: Der Schutz der ethnischen Gemeinschaften durch individuelle Rechte, 1964
KZfSS 18 (1966), S. 198

15. Lévy–Bruhl: La preuve judiciaire, 1964
KZfSS 18 (1966), S. 407

16. Hofmann: Legitimität gegen Legalität, 1964
KZfSS 18 (1966), S. 407–409

17. Weyrauch: The Personality of Lawyers, 1964
JZ 1966, S. 622

18. Eckhoff/Jacobson: Rationality and Responsibility in Administrative and Judicial Decision–Making, 1960
KZfSS 18 (1966), S. 614–615

19. Berra: Im Paragraphenturm, 1966
KZfSS 19 (1967), S. 581–582

20. Ernst Fuchs: Gerechtigkeitswissenschaft, 1965
KZfSS 19 (1967), S. 582–584

21. Montesquieu: Vom Geist der Gesetze, 1965
KZfSS 19 (1967), S. 584–585

22. Melsheimer: Sicherungsübereignung oder Registerpfandrecht, 1967
JZ 1968, S. 400

24. Trappe: Zur Situation der Rechtssoziologie, 1968
JZ 1969, S. 87–88

25. Barber: The Lawmaker, 1965
ARSP 54 (1968), S. 602–603

26. Berger: Equality by Statute, 1967
KZfSS 22 (1970), S. 198–199

27. Fedynskyj: Rechtstatsachen auf dem Gebiete des Erbrechts im Gerichtsbezirk Innsbruck 1937 bis 1941, 1968
RabelsZ 34 (1970), S. 180–181

28. Rotter: Zur Funktion der juristischen Person in der Bundesrepublik und in der DDR, 1968
KZfSS 22 (1970), S. 619-620

29. Larese: Wesen und Bedeutung der Realien, 1968
ARSP 56 (1970), S. 589–590

30. Friedmann: Recht und sozialer Wandel, 1969
Rechtstheorie 1 (1970), S. 247–250

31. Reich: Sociological Jurisprudence and Legal Realism im Rechtsdenken Amerikas, 1967
AöR 95 (1970), S. 670–671

32. Stucka: Die revolutionäre Rolle von Recht und Staat, 1969
KZfSS 23 (1971), S. 170–171

33. Bendix: Zur Psychologie der Urteilstätigkeit des Berufsrichters und andere Schriften, 1968
ARSP 57 (1971), S. 457–459

34. Abel: Presselenkung im NS–Staat, 1968
UFITA 61 (1971), S. 371–372

35. Raiser: Einführung in die Rechtssoziologie, 1972
JA 1972, ZRS. 71–72

36. Maier/Ritter/Matz (Hg.): Politik und Wissenschaft, 1971
DVBl. 1972, S. 360

37. Wittkämper: Theorie der Interdependenz, 1971
DVBl. 1972, S. 360–361

38. Stein: Gewissensfreiheit in der Demokratie, 1971
DVBl. 1972, S. 361

39. Ballweg: Rechtswissenschaft und Jurisprudenz, 1970
KZfSS 24 (1972), S. 178–180

40. Philippi: Tatsachenfeststellungen des Bundesverfassungsgerichts, 1971
DVBl. 1972, S. 935

41. Kallfass: Die Tübinger Schule der Interessenjurisprudenz, 1972
NJW 1973, S. 606–607

42. Werner: Recht und Gericht in unserer Zeit, 1971
KZfSS 25 (1973), S. 184–185

43. Freiherr–vom–Stein–Gesellschaft (Hg.): Politik und Wissenschaft, 1972
DVBl. 1973, S. 459

44. Schelsky: Systemüberwindung, Demokratisierung und Gewaltenteilung, 1973
DVBl. 1974,S. 248

45. Löw: Rechtsstaat, Demokratie, Sozialstaat, 1973
DVBl. 1974, S. 248

46. Vilmar: Mitbestimmung am Arbeitsplatz, Basis demokratischer Betriebspolitik, 1971
RdA 1974, S. 248

47. Meyer–Cording: Kann der Jurist heute noch Dogmatiker sein?, 1973
DVBl. 1974, S. 888–889

48. Röhl: Das Dilemma der Rechtstatsachenforschung, 1974
DVBl. 1974, S. 889

49. Sattler (Hg.): Recht und Staat, 1972
KZfSS 26 (1974), S. 653–654

50. Hogarth: Sentencing as a Human Process, 1971
KZfSS 26 (1974), S. 670–671

51. Twining: Karl Llewellyn and the Realist Movement, 1973
ARSP 61 (1975), S. 597–598

52. Hall: Foundations of Jurisprudence, 1973
Der Staat 14 (1975), S. 453–454

53. Müller: Recht – Sprache – Gewalt, 1975
DVBl. 1976,S. 88

54. Rödig/Baden/Kindermann: Vorstudien zu einer Theorie der Gesetzgebung, 1975
DVBl. 1976, S. 189

55. Hoffmann–Nowotny: Soziologie des Fremdarbeiterproblems, 1973
RdA 1976, S. 134

56. Görlitz: Politische Funktionen des Rechts, 1976
DVBl. 1977, S. 263–264

57. Stone: Lehrbuch der Rechtssoziologie, 1976
DVBl. 1977, S. 366

58. Sinzheimer: Arbeitsrecht und Rechtssoziologie, hg. von Kahn– Freund und Ramm, 2 Bde. 1976
DVBl. 1977, S. 658

59. Comes: Der rechtsfreie Raum, 1976
DVBl. 1977, S. 890

60. Hofmann, Hasso: Repräsentation, 1974
DVBl. 1978, S. 83

61. Ule: Rechtstatsachen zur Dauer des Verwaltungs–(Finanz–)Prozesses, 1977
DVBl. 1978, S. 188–189

62. Hofmann, Hasso: Legitimität und Rechtsgeltung, 1977
DVBl. 1978, S. 224

63. Döhring: Die gesellschaftlichen Grundlagen der juristischen Entscheidung, 1977
DVBl. 1978, S. 283

64. Opp: Soziologie der Wirtschaftskriminalität, 1975
KZfSS 1978, S. 192–193

65. Wege: Positives Recht und sozialer Wandel im demokratischen und sozialen Rechtsstaat, 1977
DVBl. 1978, S. 452–453

66. Pankoke/Nokielski: Verwaltungssoziologie, 1977
DVBl. 1978, S. 513–514

67. Kuhlen: Typuskonzeptionen in der Rechtstheorie, 1977
DVBl. 1978, S. 825

68. Eichenberger u.a.: Grundfragen der Rechtsetzung, 1978
DVBl. 1979, S. 475

69. Mayntz: Soziologie der öffentlichen Verwaltung, 1978
DVBl. 1979, S. 566

70. Hesse: Staatsaufgaben, 1979
DVBl. 1980, S. 390

71. Zielcke: Die symbolische Natur des Rechts, 1980
DÖV 1980, S. 697

72. Minelli: Obszönes vor Bundesgericht, 1981
SJZ 1981, S. 380

73. Baur u.a.: Nachrichtenökonomie, 1981
DVBl. 1982, S. 418–419

74. Bender/Schumacher: Erfolgsbarrieren vor Gericht, 1980
ZSR 101 (1982), S. 105–107

75. Hoffmann–Riem (Hg.): Sozialwissenschaften im Öffentlichen Recht, 1981
DVBl. 1982, S. 711

76. Gärtner/Klemm: Der Griff nach der Öffentlichkeit. Grundsätze und Ziele der neuen IG Medien im DGB, 1989
UFITA 113 (1990), S. 295

VIII. Herausgeber von Zeitschriften und Schriftenreihen

1. Schriftenreihe zur Rechtssoziologie und Rechtstatsachenforschung, Verlag Duncker & Humblot, Berlin, ab Bd. 18 (1970) zusammen mit Ernst E. Hirsch, ab Bd. 61 (1986) Alleinherausgeber. Bis Ende 1994: 75 Bände

2. Jahrbuch für Rechtssoziologie und Rechtstheorie, Bertelsmann Universitätsverlag, Bielefeld; Westdeutscher Verlag, Opladen. Bd. 1–15 (1970–1993).
Neue Folge ab 1994 unter dem Titel: Interdisziplinäre Studien zu Recht und Staat, Nomos Verlagsgesellschaft Baden–Baden. Mitherausgeber neben Werner Maihofer und Gerhard Sprenger

B. Veröffentlichungen in japanischer Sprache

1. Zu den Methoden der Rechtstatsachenforschung (Übersetzer Shigeaki Tanaka).
Minshoho–Zasshi (Zeitschrift für Zivil– und Handelsrecht) 77 (1977) Nr. 1, S. 80–98

2. Rechtssoziologie und Rechtsdogmatik (Übersetzer Yasuo Saito).
Jahrbuch der Japanisch–Deutschen Gesellschaft für Rechtswissenschaft 2 (1978), S. 73–91

3. Fragen des Rechtswissenschaftlers an die Nachbarwissenschaften zum sog. Rechtsgefühl (Übersetzer Toshihiko Hirano).
Minshoho–Zasshi (Zeitschrift für Zivil– und Handelsrecht) 86–5 (1982), S. 104–117

4. Die Rezeption fremden Rechts in soziologischer Sicht (Übersetzer Tetsuya Nakamura).
Hosei Riron (Journal of Law and Politics) Bd. 15 Nr. 3 (1983), S. 1-14

5. Rechtsgefühl als Gemeinschaftsgefühl (Übersetzer Toshihiko Hirano).
Hiroshima Law Journal 10 (1986), S. 227–240

6. Max Weber und die Rechtswissenschaft (Übersetzer Hideaki Mizobe).
Sandai Hogaku 20 (1987), S. 356–383

7. Erkenntnistheoretisches zum Verhältnis von Rechtssoziologie und Rechtsvergleichung (Übersetzer Yoshiaki Sanada und Tekachida Goto), in:
Ulrich Drobnig/Manfred Rehbinder (Hg.): Rechtssoziologie und Rechtsvergleichung (1977) (Übersetzer dieselben).
Universitätsverlag der Chuo–Universität, Tokyo 1987, S. 73–93
frühere Übersetzung durch Susumu Sakurai in Research Bulletin of the Tokushima Bunri High School 3 (1984), S. 25–34

8. Richterliche Rechtsfortbildung in der Sicht von Eugen Ehrlich (Übersetzer Shozuburo Yoshino und Goro Mizuno).
Ritsumeikan Hogaku 201/202 (1988) Nr. 5/6, S. 60–74

9. Zur Rechtsqualität des Richterspruchs im System kodifizierten Rechts (Übersetzer Shozaburo Yoshino und Akira Hashimoto), in:
Kasuo Amano/Peter Arens u.a. (Hg.): Rechtschöpfung im Gericht. Zur Funktion des Gerichts in der modernen Gesellschaft (japanisch), Kyoto 1989, S. 259–265

10. Rechtssoziologie (Übersetzung nach der 2. A. von Shozaburo Yoshino u.a.).
Verlag Koyoshobo, Kyoto 1990

C. Veröffentlichungen in englischer Sprache

1. Status, Contract, and the Welfare State.
Stanford Law Review 23 (1971), S. 941–955

2. The Development and Present State of Fact Research in Law in the United States.
Journal of Legal Education 24 (1972), S. 567–589

3. Sociology of Law. A Trend Report and Bibliography. With the cooperation of G.C. Landon.
Current Sociology XX (1972), No. 3, Mouton & Co., The Hague/Paris 1975

4. The Automobile Service Station Contract in the Federal Republic of Germany.
International Encyclopedia of Comparative Law VII 3 (1974), section 56–85

5. The Relationship between the Sociology of Law and Comparative Law: Epistemological Reflections (translated by M. Lefébure).
Law and State 18 (1978), S. 121–135

6. Strict Law and Considerations of Equity in the Legal System of the Federal Republic of Germany (translated by Richard Packham).
Ralph A. Newman: The Unity of Strict Law, Brussels 1978, S. 371–392

7. Questions of the legal scholar concerning the so–called sense of justice (translated by Ulrike E. Lieder).
Journal of Social and Biological Structures 5 (1982), S. 341–348, and in Margaret Gruter/Paul Bohannan (eds.): Law, Biology, and Culture. The evolution of law. Ross–Erikson, Santa Barbara, Cal. 1983, S. 34–45

8. Refusal of Social Cooperation as a Legal Problem: On the Legal Institutions of Ostracism and Boycott.
Margaret Gruter/Roger D. Masters: Ostracism. A Social and Biological Phenomenon, New York 1986, S. 173–179, sowie in Ethology and Sociobiology 7 (1986), S. 321–327

9. Michael T. McGuire/Manfred Rehbinder (eds.): Biology, Culture, and Environmental Law.
Schriftenreihe zur Rechtssoziologie und Rechtstatsachenforschung Bd. 73. Duncker & Humblot, Berlin 1993

10. The Sense of Justice as Sense of Community (translated by Margaret Robinson).
The Ecology of Law. Festschrift in Honor of Margaret Gruter, New York 1994, S. 265–277

D. Veröffentlichungen in türkischer Sprache

1. Wandlungen der Rechtsstruktur auf dem Wege zum Sozialstaat: Status – Kontrakt – Rolle (Übersetzer Hikmet Sami Türk).
Ankara Hukuk Fakültesi Dergisi 26 (1969), S. 77–106

2. Die Prinzipien der Interessenabwägung (Übersetzer Turgut Kalpsüz).
Ankara Üniversitesi Hukuk Fakültesi Dergisi 26 (1969), S. 271–287

3. Die gesellschaftlichen Funktionen des Rechts (Übersetzer Uelker Gürkan).
Ankara Üniversitesi Hukuk Fakültesi Dergisi 28 (1972), S. 455–475

4. Entwicklungstendenzen des Rechts in der modernen Gesellschaft (Übersetzer Ömer Teoman).
Istanbul Hukuk Fakültesi Mecmuasi 39 (1974), S. 481–492

5. Über den Nutzen der Rechtssoziologie für die Rechtspraxis (Übersetzer Ömer Teoman).
Halil Arslanli'nin anisina armagan, Istanbul 1978, S. 127–152

E. Veröffentlichungen in koreanischer Sprache

1. Rechtssoziologie (Übersetzer Younghee Lee und Chongko Choi).
Verlag Bum Moon Sa, Seoul 1981, 2. A. 1984

2. Aufgaben und Methoden der Rechtssoziologie (Übersetzer Chongko Choi).
Recht in Deutschland und Korea 2 (1980), S. 113—122

3. Fragen an die Nachbarwissenschaften zum sog. Rechtsgefühl (Übersetzer Chongko Choi).
Seoul Law Journal XII 4 (1981), S. 58—68

4. Die Rezeption fremden Rechts in soziologischer Sicht (übersetzt von Chongko Choi).
Recht in Deutschland und Korea Bd. IV, 1983, S. 17—26

F. Veröffentlichungen in italienischer Sprache

1. Sociologia del diritto. Traduzione e introduzione di Salvatore Patti.
CEDAM, Padova 1982

2. Le funzioni sociali del diritto (traduzione di Alberto Febbrajo).
Quaderni di Sociologia 22 (1973), S. 103—124

3. Il senso del giusto (traduzione di Salvatore Patti).
Rivista di diritto civile 1983, S. 1—13

4. Max Weber e la scienza del diritto.
Marta Losito/Pierangelo Schiera: Max Weber e le scienza sociali del suo tempo. Bologna 1988, S. 161—187

G. Veröffentlichungen in spanischer Sprache

1. Sociología del Derecho (traducción de Gregorio Robles Morchón).
Ediciones Pirámide, Madrid 1981

2. El sentimiento jurídico (traducción de Gregorio Robles Morchón).
Sociología y Psicología Jurídicas 1983, S. 21—31